Neumeister

Das antike Rom

Christoff Neumeister

DAS ANTIKE ROM

Ein literarischer Stadtführer

C.H.BECK

Mit 77 Abbildungen im Text

Die Deutsche Bibliothek – CIP-Einheitsaufnahme

Das antike Rom : ein literarischer Stadtführer /
Christoff Neumeister. – 3., durchges. Aufl. – München :
Beck, 1997
    ISBN 3-406-42683-2

NE: Neumeister, Christoff [Hrsg.]

ISBN 3 406 42683 2

Dritte, durchgesehene Auflage. 1997
© C. H. Beck'sche Verlagsbuchhandlung (Oscar Beck), München 1997
Satz: Fotosatz Otto Gutfreund GmbH, Darmstadt
Druck und Bindung: Parzeller, Fulda
Gedruckt auf alterungsbeständigem (säurefreiem) Papier,
gemäß der ANSI-Norm für Bibliotheken
Printed in Germany

Vorwort

Der Gedanke, dieses Buch zu schreiben, kam mir bei der Vorbereitung einer Rom-Exkursion für Studenten des Instituts für Klassische Philologie der Universität Frankfurt. Mein Kollege von der Klassischen Archäologie, Hans v. Steuben, schlug vor, es als Band der von ihm herausgegebenen Reihe von «Beck's Archäologischer Bibliothek» zu publizieren. Das Manuskript schwoll dann aber, infolge der zu verarbeitenden Stoffülle, zu einem solchen Umfang an, daß es den dieser Reihe gesetzten Rahmen bei weitem gesprengt hätte. Ich bin dem C. H. Beck Verlag dankbar, daß er, statt auf Kürzungen zu bestehen, sich entschlossen hat, das Buch außerhalb der Reihe (der es im Geiste aber nach wie vor zugehört) zu veröffentlichen.

Zu danken habe ich außerdem: den Kollegen G. Arrighetti, E. Berti, F. Montanari und A. Carlini (Università degli Studi di Pisa) für ihre Unterstützung während eines Arbeitsaufenthaltes in Pisa, bei dem ich mir die idealen Arbeitsbedingungen der Bibliothek der dortigen Scuola Normale Superiore zunutze machen konnte; Irene Leonhard und meiner Frau für die Korrektur und stilistische Glättung des Textes; H. v. Steuben und Herrn Dr. H. Schubert (Seminar für griechisch-römische Geschichte der Universität Frankfurt) für Rat und Hilfe bei der Beschaffung des Bildmaterials; und nicht zuletzt der zuständigen Lektorin des Verlages C. H. Beck, Frau Ingrid Kinzel-Amuser.

Zur dritten Auflage:

Der Text ist bis auf einige Kleinigkeiten unverändert geblieben, jedoch noch einmal genau durchgesehen worden. Ich danke allen Lesern, die mich auf Druckfehler und auch auf einige andere Unrichtigkeiten hingewiesen haben, ganz besonders aber dem aufmerksamsten Leser des Buches, Herrn Claudio Salone, der, sprachlich und sachlich überaus kompetent, die 1993 im Verlag Salerno Editrice, Rom, erschienene italienische Übersetzung angefertigt hat.

Januar 1997   *C. Neumeister*

INHALT

Anhang

Einleitung

Ein immer wiederkehrendes Thema in den Nationalliteraturen Europas ist *das Leben in der Hauptstadt* (heiße sie nun Paris, London, Wien, Berlin, Moskau oder wie sonst). Dies gilt auch für die römische Literatur: Zahllose Texte haben sich erhalten, in denen das Leben in der antiken Welthauptstadt Rom entweder selber Gegenstand ist oder doch zumindest Hintergrund der Darstellung. Monumente der Metropole werden lyrisch besungen, die in ihr herrschenden Lebensverhältnisse satirisch aufs Korn genommen; historische Begebenheiten, die sich in der Stadt abgespielt haben, aber auch die Sagen und Legenden der Stadtgeschichte werden nacherzählt; und nicht selten haben die Dichter die von ihnen erfundenen Handlungen und Geschehnisse ins Rom der damaligen Zeit versetzt, um der Fiktion einen erhöhten Anschein von Wirklichkeit zu geben.

Archäologen und Historiker (insbesondere die Kulturhistoriker) haben sich diese Texte seit jeher zunutze gemacht: Für die Archäologen sind sie neben den Ausgrabungsbefunden eine wichtige Quelle für ihre Rekonstruktionen der antiken Stadt, und noch wichtiger sind sie natürlich für die Kulturhistoriker. Bekannte, zum Teil inzwischen klassisch gewordene Werke sind in diesem Zusammenhang zu nennen: Jordan-Huelsens «Topographie der Stadt Rom im Altertum», Friedländers «Darstellungen aus der Sittengeschichte Roms», Carcopinos «La vie quotidienne à Rome».

Mit ihnen will das vorliegende Buch nicht konkurrieren. Die leitende Absicht ist hier eine andere: Die wichtigsten dieser Quellentexte sollen hier einmal nicht bloß als *Quellen* (d. h. als Mittel der Informationsgewinnung) benutzt, sondern als das, was sie von sich aus sind, selber ins Auge gefaßt werden: als historische Erzählung, als lyrisches Gedicht, als Elegie, Satire, Epigramm . . ., kurz: als (zum Teil sehr kunstvoll) gestaltete *Werke der Literatur*. Ich meine jedoch, daß sie auf diese Weise auch als Quellen besser genutzt werden. Bieten sie doch weit mehr als bloß jene isolierten Fetzchen faktischer Information, die nach der üblichen Methode aus ihnen gewonnen werden. Vielmehr tritt das Faktische uns in ihnen stets im Rahmen eines größeren, entweder selber faktischen oder aber fiktiven Zusammenhangs entgegen, von dem her es oft überhaupt erst recht verständlich wird, oder zumindest besser verständlich. Das kann ein *raum-zeitlicher* Zusammenhang sein: Der Weg einer Person durch ein Stadtviertel wird beschrieben; dabei wird die relative Lage der von diesem Weg berührten Örtlichkeiten in einer besonders anschaulichen Weise verdeutlicht (Martial II,14). Oder es wird von einer Belagerung und Erstürmung der Zitadelle (des Kapitols) erzählt, und dabei werden topographische Verhältnisse klar, die archäologisch nicht mehr faßbar sind (Tacitus, Historiae III,71). Aber oft ist es auch ein Lebenszusammenhang, in den die faktischen Informationen eingebunden erscheinen: Wir erfahren aus dem Text, wie die vom Autor fingierte Person (oder auch der Autor selbst) das damalige Rom und die in ihm herrschenden Lebensverhältnisse erlebten, welche Gedanken und Empfindungen sie in ihnen hervorriefen, und wie sie mit ihnen zurechtkamen (Juvenal, Satire 3). Wir bekommen so eine Ahnung von dem Lebensgefühl der damals in Rom lebenden Menschen, und von dem Bild, das sie sich von ihrer Stadt machten. Dieses Bild mag im Einzelfall zwar subjektiv, einseitig, ja verzerrt sein (verklärend geschönt oder karikierend verzeichnet), aber es ist, zumindest bei den großen Autoren, immer auch ein verdichtetes Bild der damaligen Lebenswirklichkeit, das uns helfen kann, ihre charakteristischen, typischen, wesentlichen Züge zu erfassen. Und davon abgesehen ist es auf jeden Fall auch ein sehr viel lebendigeres Bild als dasjenige, welches aus einer trockenen Auflistung der archäologisch und historisch gesicherten Fakten sich allenfalls ergeben kann.

Zahllose solche Texte, wie gesagt, sind uns überliefert. Eine Auswahl mußte getroffen werden. Ich habe mich auf die Zeit zwischen 55 v. Chr. und ungefähr 150 n. Chr. beschränkt, in der sich besonders viele für unser Thema brauchbare Texte finden, und innerhalb dieser Zeitspanne auf solche, die sich durch ihre literarische Qualität und durch einen besonders präzisen und ausführlichen Bezug auf die antike Stadt und ihre Lebenswirklichkeit auszeichnen. Eine sinnvolle Reihenfolge ihrer Präsentation mußte gefunden werden. Ich habe mich für eine topographische Anordnung entschieden. Das Buch wird so seinen Leser wie ein Reiseführer auf einem bestimmten Weg durch die antike Stadt geleiten; die Texte werden in der Reihenfolge besprochen, in der die Örtlichkeiten, auf die sie sich beziehen, an diesem Weg auftauchen. Der Leser bekommt so im Fortgang der Lektüre zugleich auch eine lebendige Vorstellung von den räumlichen Verhältnissen in der antiken Stadt; er nimmt auf seinem Gang nach und nach die verschiedensten Gebäude in Augenschein, begegnet allerhand Personen (teils historischen, teils vom Dichter erfundenen), wird Zeuge von Geschehnissen der verschiedensten Art, und so entsteht vor seinem geistigen Auge nach und nach ein Bild des antiken Rom, das seine bisherigen Vorstellung von dieser Stadt sicherlich in einigem ergänzen und in manchem sogar korrigieren wird: Dem Archäologen, dessen Aufmerksamkeit erfahrungsgemäß oft zu ausschließlich auf die architektonischen Monumente ausgerichtet ist, wird das bunte Leben, das die Straßen, Plätze und Gebäude der antiken Stadt einst erfüllte, vor Augen geführt. Der klassische Philologe, der sich oft zu sehr auf das beschränkt, was er schwarz auf weiß vor sich hat, wird bemerken, daß seine Texte häufig viel enger auf ganz konkrete Verhältnisse und Örtlichkeiten bezogen sind, als er ahnte. Der Romkenner wird in der folgenden Darstellung zwar manche wohlbekannte Monumente (das Pantheon, die *Ara Pacis*, den Titusbogen, die Kaiserpaläste) vermissen – sie fehlen, weil sie in der Literatur keine Rolle gespielt haben oder die betreffenden Texte verlorengegangen sind –, dafür aber wird er von anderen hören, die, heute spurlos verschwunden, im Leben der antiken Stadt eine wichtige Rolle gespielt haben. Und schließlich, ganz allgemein, wird, wie ich hoffe, auch jenes noch immer weitverbreitete feierlich-erhabene Bild vom Alten Rom, wie es die in Schule und Universität bevorzugt gelesene hohe Literatur vermittelt, gründlich korrigiert werden: Allein schon das für die Auswahl der Texte gewählte Prinzip (ein möglichst enger und präziser Bezug auf die Stadt und ihre Lebenswirklichkeit) sorgt dafür, daß in der folgenden Darstellung auch die banale Alltäglichkeit zu ihrem Recht kommt, und daß auch all die weniger erhabenen, die lächerlichen und die abstoßenden Seiten der damaligen Wirklichkeit nicht ausgeblendet bleiben.

Zum Abschluß noch einige technische Bemerkungen: Den *Haupttext* habe ich so abzufassen versucht, daß ihn auch ein Leser, der nicht Latein gelernt hat und sich in römischer Kultur und Geschichte nicht auskennt, ohne Mühe verstehen kann: Ich präsentiere die Texte entweder in Form einer Übersetzung, oder indem ich (wenn sie länger sind) ihren Inhalt nacherzähle. Dazu gebe ich dann die notwendigen archäologischen, philologischen und historischen Erläuterungen, mache unter Umständen auch durch eine kurze Interpretation auf ihre literarischen Qualitäten aufmerksam. Bei den Übersetzungen habe ich mich um ein möglichst natürliches Deutsch bemüht, sowie darum, daß sie so weit wie möglich schon aus sich heraus verständlich sind. Das hat es hin und wieder nötig gemacht, sehr frei zu übersetzen und im Originaltext ungesagt Vorausgesetztes zu ergänzen. Solche Ergänzungen sind in Klammern gesetzt und durch Kursivdruck gekennzeichnet. Die Übersetzungen poetischer Texte sind in der Regel so gedruckt, daß die Gliederung des Originals in Verse, Distichen beziehungsweise Strophen kenntlich bleibt.

Die auf den Haupttext folgenden *Anmerkungen* sind für den mehr fachlich interessierten Leser bestimmt. Sie sollen erstens demjenigen, der die lateinischen Originaltexte zur Hand hat, gewisse Freiheiten, die ich mir bei der Übersetzung genommen habe, plausibel machen.

Sie geben zweitens die antiken Belegstellen zu dem im Haupttext Ausgeführten an. Sie verweisen drittens auf die einschlägige wissenschaftliche Literatur und auf die in ihr diskutierten Probleme.

Die wissenschaftliche Literatur, die zu berücksichtigen gewesen wäre, ist unabsehbar, betrifft das Thema doch alle Abteilungen der Altertumswissenschaft: Archäologie, Klassische Philologie und die Alte Geschichte einschließlich der Kultur- und Religionsgeschichte. Ich habe mich im Rahmen des mir Möglichen mit ihr vertraut gemacht. Die Arbeiten, die mir wichtig erscheinen, finden sich in der *Bibliographie* zusammengestellt; sie werden in den Anmerkungen abgekürzt (durch Verfassernamen und Erscheinungsjahr) zitiert. Speziellere Arbeiten sind nur in den Anmerkungen und dann vollständig zitiert.

I.

ZUGANG ZUR STADT VON NORDEN HER

Anfahrt auf der Via Flaminia

Die Straße, auf der sich der von Norden her kommende Reisende in der Antike der Stadt Rom näherte, existiert noch heute: Es ist die 220 v. Chr. erbaute *Via Flaminia*. Nachdem sie auf dem *Pons Mulvius* (heute Ponte Milvio) den Tiber überquert hat, durchläuft sie zunächst eine Ebene, die rechts vom Fluß und auf der linken Seite von z. T. recht steil aufsteigenden Hügeln begrenzt ist, und die in der Antike unbebaut war. Wie alle Ausfallstraßen antiker Städte (und wie in Rom die Via Appia Antica noch heute) war die *Via Flaminia* von Grabmälern gesäumt. An der Stelle zum Beispiel, wo heute von der Piazza del Popolo die drei schnurgeraden Straßen Via di Ripetta, Via del Corso und Via del Babuino nach Süden abgehen, wurde sie von zwei Grabpyramiden ähnlich der Cestiuspyramide flankiert, genau dort, wo heute die beiden symmetrischen Kuppelkirchen so eindrucksvoll den Beginn des Corso markieren. Dann passierte sie das rechts in einiger Entfernung liegende gewaltige Grabmal, das Augustus für sich und seine Familie hatte errichten lassen: nach der Beschreibung Strabos (V,236) ein mit immergrünen Bäumen, wohl Zypressen, bestandener Grabhügel auf einer hohen trommelförmigen, mit weißem Marmor verkleideten Basis (Abb. 2). Kurz nachdem man an diesem vorbeigegangen war, erweiterte sich die Ebene durch ein Ausschwingen des Tiberlaufes nach Westen hin zu einer großen, freien Rasenfläche, dem Marsfeld (*Campus Martius*). Der antike Reisende, vor allem wenn er am Nachmittag vorbeikam, sah hier ein lebhaftes Treiben: Reiter tummelten sich; junge Männer der besseren Gesellschaft kutschierten zweirädrige Rennwagen herum oder fuhren wohl auch in rasender Fahrt auf der Straße selbst einher, um der neben ihnen auf dem Wagen stehenden Freundin zu imponieren; andere spielten Ball, trieben Reifen oder gingen sonst einer Sportart nach – kurz: Hier war das öffentliche Sportgelände des antiken Rom.[1]

Ein Stück weiter, auf der Höhe der heutigen Via Lucina, passierte der Reisende dann den gleich rechts neben der Straße gelegenen prächtigen Friedensaltar (*Ara Pacis*), den der Senat im Jahre 13 v. Chr. aus Anlaß der Rückkehr des Augustus von siegreichen Feldzügen in Spanien und Gallien beschlossen hatte, und der heute an anderer Stelle wiederaufgebaut ist (Abb. 3). Hinter ihm (von der Straße aus gesehen) erstreckte sich der mit Marmorplatten belegte Platz, der das

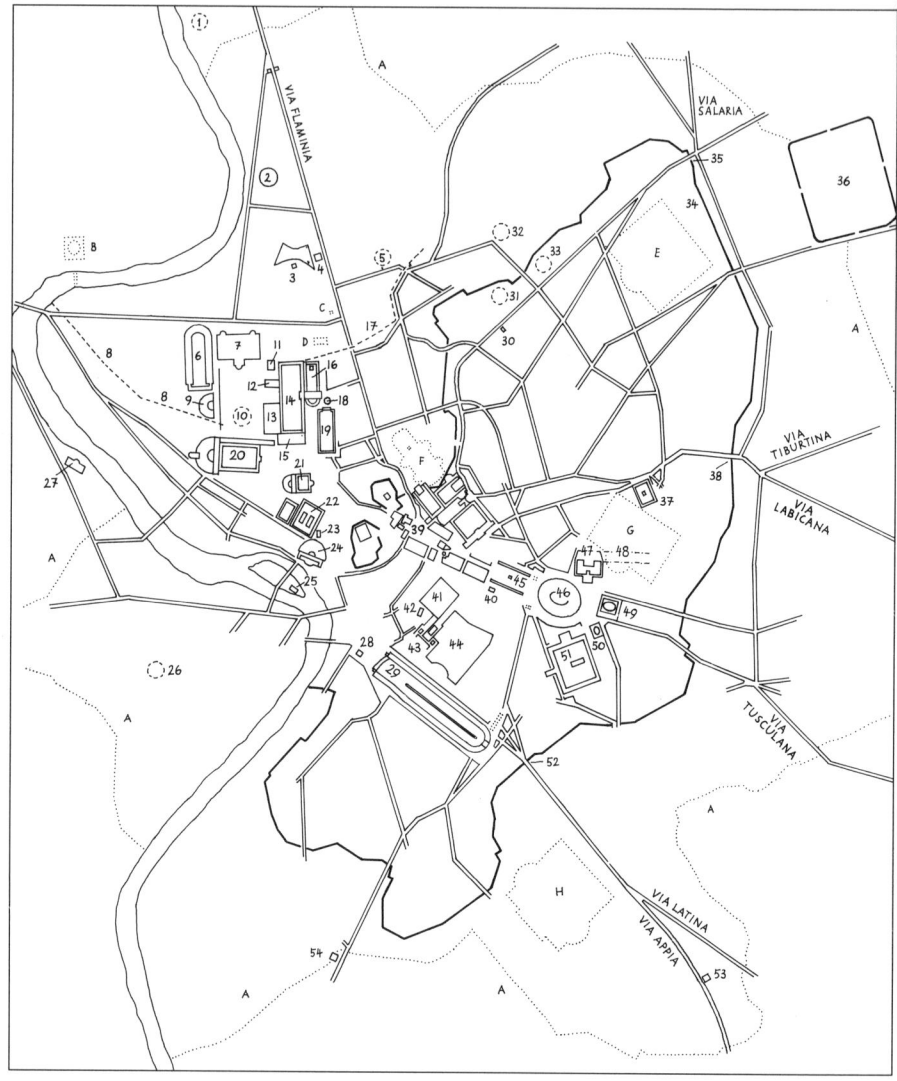

«Zifferblatt» der gewaltigen Sonnenuhr (*horologium*) des Augustus bildete; ihr Zeiger war der aus Ägypten nach Rom geholte Obelisk, der heute auf der Piazza di Montecitorio steht[2] (Abb. 4). Nach links (nach Osten hin) wird die Ebene vom Pincio (der damals *Collis Hortulorum* genannt wurde) begrenzt, auf dessen Höhen und Abhängen damals prächtige Villen und Parkanlagen zu sehen waren. Dann öffnete sich das Tal, in dem heute die Via del Tritone verläuft, und das auf der

Abb. 1: Schematischer Übersichtsplan: Rom gegen Ende der Herrschaft Domitians (96 n. Chr.). Gestrichelte Kreise: vermuteter Standort. Gepunktete Linien: Bauten des antiken Rom, die später errichtet wurden.

Marsfeld (Kapitel I, IX, XI):
1: Hain der Anna Perenna
2: Mausoleum des Augustus
3: Sonnenuhr des Augustus
4: Ara Pacis
5: Porticus Vipsania («Europa»)
6: Stadium des Domitian
7: Thermen des Nero
8: Euripus
9: Odeum des Domitian
10: Stagnum Agrippae
11: Pantheon des Agrippa
12: Basilica Neptuni
13: Thermen des Agrippa
14: Saepta
15: Diribitorium
16: Heiligtum der Isis und des Serapis
17: Aqua Virgo
18: Tempel der Minerva Chalcidica
19: Porticus Divorum
20: Theater und Portikus des Pompeius
21: Balbus-Theater
22: Porticus Octaviae
23: Tempel des Apollo Medicus (Apollo Sosianus)
24: Marcellus-Theater

Tiberinsel und Trans Tiberim (Kapitel XII):
25: Tempel des Aesculapius auf der Tiberinsel
26: Naumachie des Augustus in den Horti Caesarum
27: Haus der Clodia (?)

Forum Boarium und Circus Maximus (Kapitel XIII):
28: Ara Maxima des Hercules
29: Circus Maximus

Quirinal (Kapitel III):
30: Ara Incendii Neronis
31: Tempel des Quirinus
32: Tempel der Flora «ad Quirinalem»
33: Capitolium Vetus

34: Campus Sceleratus
35: Porta Collina
36: Prätorianerlager

Subura und Esquilin (Kapitel II und IV):
37: Porticus Liviae mit dem Altar der Concordia
38: Porta Esquilina («Arcus Gallieni»)

Altes Forum, Kaiserforen, Kapitol und Palatin (Kapitel V–VIII):
39: Foren und Kapitol (Details siehe Abb. 15, 27, 36)
40: Tempel des Jupiter Stator
41: Palast des Tiberius
42: Tempel der Magna Mater
43: Haus des Augustus, Tempel des Apollo Palatinus, Portikus der Danaiden (siehe auch Abb. 33)
44: Palast des Domitian

Bereich des Amphitheatrum Flavium (Kapitel XIV):
45: Koloß des Nero (ursprüngliche Position)
46: Amphitheatrum Flavium («Kolosseum»)
47: Thermen des Titus
48: Reste von Neros Goldenem Haus
49: Ludus Magnus
50: Ludus Matutinus
51: Portikus und Tempel des Claudius

Vorfeld der Stadt im Süden (Kapitel XV):
52: Porta Capena
53: Scipionengräber
54: Pyramide des Cestius

Nachdomitianische Bauten:
A: Aurelianische Mauer
B: Mausoleum des Hadrian
C: Säule des Mark Aurel
D: Tempel des Hadrian
E: Thermen des Diokletian
F: Forum des Trajan
G: Thermen des Trajan
H: Thermen des Caracalla

Abb. 2: Mausoleum des Augustus, heutiger Zustand

anderen Seite vom Quirinal begrenzt wird. Auf der Höhe des Quirinal aber begann dann das eigentliche Stadtgebiet: Der antike Reisende sah von der *Via Flaminia* aus die Front der alten Stadtmauer, die seinen damals noch viel steileren Abhang schützte, überragt von den Dachfirsten der Häuser und Tempel, die sich dahinter zusammendrängten. Und auch unten auf dem Marsfeld begann jetzt allmählich rechts und links von der Straße eine hauptsächlich aus großen öffentlichen Gebäuden (Tempeln, Thermen, Theatern, Säulenhallen) bestehende Bebauung; eine Wasserleitung (die *Aqua Virgo*) überquerte (in der Höhe der heutigen Via del Seminario) die Straße; ihr die Straße überschreitender Bogen war als Triumphbogen für den Kaiser Claudius gestaltet, in Erinnerung an die unter seiner Regierung 51/52 n. Chr. vollzogene Eroberung Britanniens.

An der Stelle, wo geschlossenes Wohngebiet anfing (*ubi continente* [sic!] *habitabatur*), mußten in der Antike alle Fahrzeuge (mit ganz wenigen, genau festgelegten Ausnahmen), falls sie in der Zeit zwischen Sonnenaufgang und dem Beginn der 10. Stunde[3] ankamen, ihre Fahrt beenden, Berittene mußten absteigen, und der Reisende mußte seinen Weg in die Innenstadt zu Fuß oder in einer Sänfte (*lectica*) fortsetzen. Caesar hatte nämlich kurz vor seiner Ermordung ein Gesetz entworfen (die *Lex Iulia municipalis*[4]), das postum in Kraft gesetzt wurde, und nach dem während dieser Zeit überall in den Städten des Reiches Fahr- und Reitverbot in zusammenhängendem Wohngebiet galt. Nur Transporte

Abb. 3: Ara Pacis Augustae

für sakrale und staatliche Bauvorhaben waren gestattet; auch einige hochrangige Priester durften in Ausübung ihrer Amtspflichten Wagen benutzen; in Rom waren natürlich auch der Wagen des Triumphators beim Triumphzug und die Wagen der Prozession, mit der öffentliche Spiele (Theatervorführungen oder Wagenrennen im Circus Maximus) eröffnet wurden, von dem Verbot ausgenommen; und nachts in die Stadt hineingefahrene Wagen durften tagsüber wieder hinausfahren, wenn sie leer oder mit Abfällen beladen waren.[5]

Grund für diese sehr einschneidenden Regelungen war das völlig unzureichende Straßensystem des antiken Rom: Die zum größten Teil sehr engen und krummen, oft auch steil ansteigenden Straßen wurden, wie wir im nächsten Kapitel sehen werden, während der Tageszeit durch den Fußgängerverkehr so stark beansprucht, daß sie bei

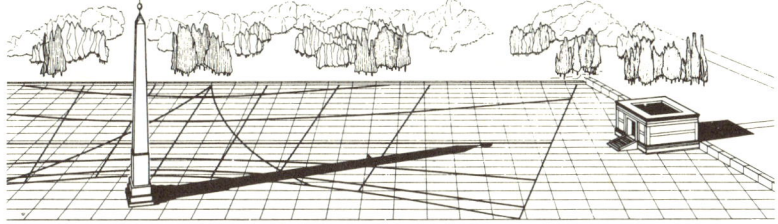

Abb. 4: Sonnenuhr des Augustus und Ara Pacis aus der Vogelperspektive

Freigabe des Wagenverkehrs in kürzester Zeit rettungslos verstopft gewesen wären.

Der auf der *Via Flaminia* ankommende Reisende mußte das letzte Stück Weges bis zur Stadtmauer also zu Fuß oder in einer Sänfte zurücklegen. Die nächsten Zugänge in die Innenstadt waren für ihn die zwei zwischen Quirinal und Kapitolshügel (genauer gesagt, dessen östlicher Kuppe, der *Arx*) gelegenen Stadttore. Das eine befand sich unmittelbar unterhalb der *Arx* im Bereich des heutigen Monumento Vittorio Emanuele, das andere in der Gegend der heutigen Piazza Magnapoli. Das Gelände sah hier im ersten Jahrhundert n. Chr. anders aus als heute: Der Quirinal lief viel allmählicher gegen die Senke zum Kapitol hin aus. Trajan hat hier Anfang des 2. Jahrhunderts n. Chr. gewaltige Erdmassen abtragen lassen, um Platz für sein Forum zu gewinnen. Die Höhe der Trajanssäule bezeichnet laut der Inschrift auf ihrem Sockel die Höhe der Abtragung.[6]

Soweit die Rekonstruktion dessen, was in der frühen Kaiserzeit ein Reisender der Reihe nach erblickte, wenn er sich von Norden her der Stadt näherte. In der römischen Literatur findet es sich nirgendwo ausführlich und zusammenhängend beschrieben; wir haben es aus verstreuten literarischen und archäologischen Quellen zusammentragen müssen. Wohl aber hat sich die Schilderung einer *kriegerischen* Annäherung von Norden her – eines militärischen Angriffs auf die Hauptstadt – erhalten, und zwar in einem Werk höchsten literarischen Ranges: in den «Historien» des Tacitus (III,78–84).

Angriff flavianischer Truppen
auf die Hauptstadt im Dezember 69 n. Chr.
(Tacitus, Historiae III,78–84)

In diesem ersten seiner beiden großen Geschichtswerke (erschienen im ersten Jahrzehnt des 2. Jahrhunderts n. Chr.) hat Tacitus die römische Geschichte vom sogenannten Vierkaiserjahr (69 n. Chr.) bis zum Sturz Domitians (96 n. Chr.) dargestellt. Erhalten ist allerdings nur der Anfang, d. h. die Darstellung der Ereignisse bis Herbst 70. Der historische Ablauf ist, kurz zusammengefaßt, der folgende: Im Sommer 68 hatte die Erhebung Galbas, des Statthalters der Provinz *Hispania Tarraconensis*, zum Sturz Neros geführt, aber schon im Januar 69 war Galba seinerseits der Verschwörung Othos zum Opfer gefallen, dessen Herrschaft jedoch sogleich durch den Kommandeur des Militärbezirks *Germania inferior*, Vitellius, angefochten wurde. Nach einem Sieg von Vitellius' Truppen bei Cremona beging Otho im April Selbstmord, Vitellius zog als Sieger in Rom ein. Aber schon rückten Truppen eines vierten, von den Legionen des Orients proklamierten Thronprätendenten, des Titus Flavius Vespasianus, vom Balkan her nach Oberitalien ein, schlugen unter Führung des Marcus Antonius Primus Ende Oktober das ihnen von Vitellius entgegengeschickte Heer, marschierten durch Umbrien auf die Hauptstadt zu und griffen sie am 20. Dezember an.

Die Schilderung dieses Angriffs in den Taciteischen «Historien» gibt uns einen Eindruck davon, wie das nördliche und nordwestliche Vorfeld der Stadt damals aussah.

Antonius, der von *Ocriculum* (heute Otricoli) auf der *Via Flaminia* her anrückte, hatte zunächst (am 19. 12.) über die andere große Einfallstraße von Norden her, die *Via Salaria*, eine Vorausabteilung von 1000 Reitern unter dem Kommando des Petilius Cerialis gegen die Stadt vorgeschickt. Das unmittelbare Vorfeld der Stadt ist dort hügelig und war damals Gartenland, in dem nur vereinzelt Gebäude standen; Wege liefen mit vielen Krümmungen aufwärts abwärts durchs Gelände: ein denkbar ungünstiges Terrain für Kavallerie. Überdies meinten die flavianischen Reiter, der Krieg sei schon gewonnen und galoppierten ohne jede Vorsicht auf die Stadt zu. Als sie wider Erwarten plötzlich auf Vitellianische Reiter und Fußsoldaten stießen, gerieten sie in Panik, wandten sich zur Flucht und kamen erst bei *Fidenae*, 12 km vom Stadtzentrum entfernt, wieder zum Stehen.

Antonius Primus selbst war mit dem Gros der flavianischen Truppen inzwischen am *Pons Mulvius* angelangt. Auf den Hügeln überm Fluß (den heutigen Monti Parioli) waren gegnerische Truppen aufmarschiert: Funkelnde Standarten waren zu sehen. Es waren allerdings nur zusammengewürfelte Volksmilizen, die Vitellius schnell noch aufgestellt hatte. Antonius reagiert auf diese Situation, indem er Truppen in drei Kolonnen gegen die Stadt vorrücken läßt; die erste marschiert geradeaus auf der *Via Flaminia* vor, eine zweite biegt nach Überqueren der Brücke nach links ab, zieht ein Stück den Fluß entlang und kämpft sich dann durch das hügelige Gelände der Monti Parioli in Richtung auf den vor der Stadtmauer gelegenen Park des Sallust (die *Horti Sallustiani*) vor; eine dritte – es ist wohl die eben erwähnte Reiterabteilung des Cerialis – rückt von neuem über die *Via Salaria* in Richtung auf die *Porta Collina* vor. Schwierigkeiten hat nur die zweite, nicht etwa, weil die Milizen auf den Hügeln ernsthaften Widerstand leisteten (als Reiter gegen sie vorgeschickt werden, ergreifen sie sofort die Flucht), sondern weil sie zwischen Gartenmauern auf engen und schlüpfrigen Wegen vorrücken muß. Den Vitellianischen Verteidigern, die sie von diesen Mauern herunter mit Steinen und Wurfspießen beschießen, gelingt es, sie bis zum Abend aufzuhalten. Dann aber sind die Reiter des Cerialis durch die *Porta Collina* in die Stadt eingedrungen und fallen den Vitellianern in den Rücken. Diese ergreifen die Flucht.

Der Kampf verlagert sich nun in die Stadt selbst, wo sich die
Verteidiger wieder sammeln. Tacitus beschreibt diese Straßenkämpfe
in einem Abschnitt (III,83), der zu den eindrucksvollsten der «Historien» gehört und den ich deshalb hier in Übersetzung vorführe:

«Unmittelbar neben den Kämpfenden stand der städtische Pöbel,
schaute zu wie bei einem Gladiatorenkampf und feuerte mit Geschrei
und Applaus bald die einen, bald die anderen an. Sooft eine Partei
zurückgewichen war, schrieen die Leute, falls sich Kämpfer in Läden
versteckt oder in ein Haus geflüchtet hatten, man solle sie herausholen
und ihnen «den Rest geben»[7]; zugleich sicherten sie sich den größeren
Teil der Beute, denn während die Soldaten ganz mit dem Abschlachten
und Blutvergießen beschäftigt waren, blieb es der Menge überlassen,
die Leichen zu fleddern. In der ganzen Stadt war es derselbe schreckliche und widerliche Anblick: hier Straßenkämpfe, Verwundete, da
Bäder und Restaurants voll in Betrieb; zur selben Zeit Blut und
Leichenhaufen, und gleich daneben die Prostituierten und Strichjungen[8]; Ausschweifungen wie in üppigen Friedenszeiten, Grausamkeiten wie bei der rücksichtslosesten Stadteroberung, so daß man glauben
konnte, ein und dasselbe Volk sei gleichzeitig von rasender Tobsucht
ergriffen und hemmungslosem Genuß hingegeben. Auch zu früheren
Zeiten waren schon bewaffnete Heere in der Stadt aufeinanderge-
prallt: zweimal, als Lucius Sulla, einmal, als Cinna gesiegt hatte; auch
damals war das mit nicht geringerer Rücksichtslosigkeit geschehen.
Das Neue jetzt war die unmenschliche Ungerührtheit (*mit der die Menge
dem zusah*), und daß die Amusements (*der Großstadt*) nicht den klein-
sten Moment unterbrochen wurden: So als ob zu den (*gerade laufenden*)
Festlichkeiten[9] auch dies noch, als Extra-Unterhaltung, hinzukäme,
bejubelten sie es, genossen es, ohne sich für eine der beiden Parteien
zu engagieren, und freuten sich an Vorgängen, die doch eine nationale
Katastrophe waren.»

Diese Schilderung gibt uns eine erste Ahnung von dem seltsamen und
in vieler Hinsicht abstoßenden Charakter der Stadt, mit der wir uns im
folgenden befassen wollen. Ihre Bevölkerung zählte aller Wahrscheinlichkeit nach mehr als eine Million.[10] Sie war schon in der späten
Republik *de facto*, seit 14 n. Chr. (als Tiberius die Wahlen der Magistrate
von der Volksversammlung auf den Senat übertrug) auch rechtlich von
jeder Mitwirkung an der Politik ausgeschlossen. Die Herrscher hielten
sie bei Laune einmal durch kostenlose Getreidezuteilungen (*frumenta-
tiones*) an Bedürftige und durch bei bestimmten, immer häufigeren
Gelegenheiten hinzukommende Wein- und Ölspenden (*congiaria*)[11],
dann aber auch durch kostenlose Vergnügungen, welche die Ämterträ-

ger oder die Kaiser selbst finanzierten: Theateraufführungen, Wagenrennen, blutige Gladiatorenspiele und Tierhatzen. Eine Anekdote aus
der Zeit des Augustus und ein Ausspruch des Kaisers Trajan zeigen,
daß die Funktion dieser Veranstaltungen (nämlich die Menge von der
Politik abzulenken und bei guter Laune zu halten) Einsichtigen durchaus bewußt war.[12] Berühmt ist jene Passage aus der 10. Satire (78–81)
des unter Hadrian schreibenden Dichters Juvenal, die da lautet:

«... seitdem wir (*Römer*) keinem mehr unsere Stimmen
verkaufen, hat das Volk längst jedes Interesse (*an Politik*) verloren.
  Denn während es einst
Befehlsgewalt, Liktorenbündel, Legionen, *alles* zu vergeben hatte, hält
  es sich jetzt
zurück und wünscht sich dringlich *zwei* Dinge nur noch: *Brot und
  Spiele*.»

Es ist diese Mischung aus politischer Gleichgültigkeit und sadistisch
eingefärbter Vergnügungssucht, welche uns Tacitus in der zitierten
Bürgerkriegsszene eindrucksvoll vor Augen führt.

II.

DIE SUBURA

Die *Subura* war das Proletarierviertel des antiken Rom. Ein von Norden her auf der *Via Flaminia* ankommender Reisender, der dorthin wollte, ging nach Passieren des Stadttores unterhalb der *Arx* die sanft ansteigende «Straße der Silberschmiede», den *Clivus Argentarius* hoch (von deren Pflasterung noch heute ansehnliche Reste erhalten sind) und dann hinunter zum alten Forum, das wir an anderer Stelle ausführlich besprechen werden. Dort bog er dann gleich hinter dem Versammlungshaus des Senats, der *Curia*, in eine nach links abgehende Straße ein, welche den Namen «*Argiletum*» trug. Sie war die Hauptstraße der *Subura*. Die *Subura* hatte ursprünglich bis zum Forum herangereicht, war dann aber durch den Bau der Kaiserforen immer weiter zurückgedrängt worden. Zuletzt ließ der Kaiser Domitian auch noch den

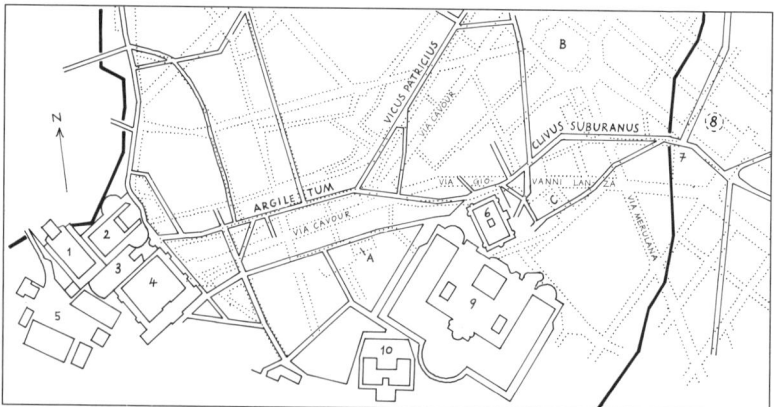

Abb. 5: Plan von Subura und Esquilin. Gepunktete Linien: das heutige Straßennetz.

1: Forum Iulium (Caesarforum)
2: Forum des Augustus
3: Forum Transitorium
4: Forum Pacis
5: Forum Romanum
6: Porticus Liviae mit Altar der Concordia
7: Porta Esquilina («Arcus Gallieni»)

8: Puticuli (Massengräber für Sklaven)
9: Thermen des Trajan
10: Thermen des Titus
A: S. Pietro in Vincoli
B: S. Maria Maggiore
C: S. Martino ai Monti («in Orfea»).
Ungefähr hier befand sich wahrscheinlich der Orpheusbrunnen.

untersten, zwischen den einander gegenüber liegenden Außenmauern des *Forum Augusti* und des Vespasianischen *Templum Pacis* diagonal hindurchlaufenden Abschnitt des *Argiletum* zu einem schmalen Forum umgestalten, das allerdings erst unter seinem Nachfolger Nerva (96–98 n. Chr.) vollendet wurde. Es hieß daher *Forum Nervae*, oder auch «Durchgangsforum», *Forum Transitorium*. Erst wenn man dieses passiert hatte, gelangte man in den Stadtteil *Subura*, welcher die Talsenke zwischen Quirinal und *Fagutal* (einem nach Westen vorspringenden, steil abfallenden Vorsprung des Esquilin) ausfüllte und sich von dort aus dann die drei sanft ansteigenden Täler zwischen Quirinal, Viminal, Cispius und Esquilin hinaufzog.

Juvenals Dritte Satire

Von dem Leben in diesem wohl am dichtesten bevölkerten Wohnviertel des antiken Rom, das den Ruf hatte, laut und im Sommer sehr heiß zu sein[1], gibt uns die dritte Satire des Juvenal einen überaus lebendigen Eindruck. Die Fiktion des Gedichtes ist die folgende: Umbricius, ein Bekannter des Dichters, der in der *Subura* gewohnt hat, ist im Begriff, nach Cumae bei Neapel umzuziehen. Sein Hausrat kann wegen des Fahrverbots in der Innenstadt nicht vor seiner Wohnung eingeladen werden, sondern wird von Trägern zu dem vor der *Porta Capena* wartenden Reisewagen (*raeda*) gebracht, der dann auf der *Via Appia* nach Süden abfahren wird.[2] Es ist offenbar ein sehr bescheidener Hausstand: Ein einziger Reisewagen genügt für alles. Während er beladen wird, erläutert Umbricius dem Dichter, warum er aus der glanzvollen Metropole Rom in das gottverlassene Provinznest Cumae wegzieht. Er kann so viele Gründe aufzählen (den Verkehr, die Unsicherheit der Straßen in der Nacht, die häufigen Hauseinstürze und Brände, den Lärm, die hohe Kriminalität . . .), daß der Umzugswagen eher beladen ist als er mit der Aufzählung fertig. Zuletzt hat der Kutscher schon eine ganze Weile durch Peitschenschnalzen Zeichen gegeben, daß man losfahren könne; Umbricius muß abbrechen.

Straßenverkehr
(Juvenal 3,239–267)

So charakterisiert Umbricius die Verkehrsverhältnisse in der Hauptstadt[3]:

«Wenn eine Verpflichtung ihn irgendwohin ruft, dann kann sich der *Reiche* durch die zurückweichende Menge dorthin tragen lassen, kann in einer Sänfte, die so groß ist wie ein riesiges Kriegsschiff, über die

Köpfe (*der anderen Passanten*) dahineilen und dabei ganz gemütlich lesen, oder in ihrem Inneren sogar einschlafen (denn wenn die Fenster geschlossen sind, macht das Schaukeln der Sänfte schläfrig). Trotzdem wird er früher am Ziel sein. Habe *ich* dagegen es eilig, dann hält mich der Passantenstrom vor mir auf, und es drängen mich die, die in langer Kolonne hinter mir kommen. Der eine stößt mich mit dem Ellbogen, ein anderer versetzt mir einen Schlag mit einer harten Stange; *der* rammt mir einen Balken gegen den Kopf, *der* ein großes Tongefäß. Meine Beine sind mit Schlamm bespritzt, dauernd werde ich von riesigen Plattfüßen getreten, und im Zeh steckt mir der Nagel eines Militärstiefels. Siehst du, mit wieviel Küchendampf man hier zu einem großen Picknick zieht? Hundert Gäste (*gehen hin*), jeder von seiner tragbaren Küche gefolgt: Selbst ein Riesenkerl wie Corbulo könnte nur mit Mühe soviel ungeheure Töpfe, soviel andere Sachen auf dem Kopf tragen, wie (*dort*) kerzengerade aufgerichtet ein schmächtiger Sklave, bedauernswerter Kerl, sie transportiert – und im Laufen noch durch Fächeln das Feuer in Gang hält. Gerade erst geflickte Kleider sind (*ehe man sich's versieht, schon wieder*) zerrissen. Ein langer Tannenstamm, der auf einem Karren daherkommt, wippt auf und nieder, andere Wagen transportieren einen Pinienstamm, schwanken hoch und drohend über den Leuten. Wenn aber bei dem Fahrzeug, das Steinblöcke aus Ligurien[4] transportiert, die Achse bricht und der ganze Berg auf die Passanten herabstürzt, dann bleibt von denen nichts mehr übrig. Wer findet dann noch die Glieder, die Knochen? Nicht nur die Leute selbst kommen um, sondern, zerquetscht, auch noch ihre Leichen.[5] – Zu Hause, wo niemand etwas davon ahnt, spült man unterdessen schon die Schüsseln fürs Essen, bläst ins Herdfeuer, um es anzufachen; das Klirren der gefetteten Schabeisen, die ins Bad getragen werden, ist zu hören, Handtücher werden neben die Ölflasche gelegt[6], die Sklaven hin und her gehetzt – aber er, ihr Herr, sitzt schon am Ufer des Styx; dem Neuankömmling graut es vor dem gräßlichen Fährmann, und er hat keine Hoffnung, in Charons Nachen über die schlammige Flut gesetzt zu werden, hat er doch keine Münze, die er auf herausgestreckter Zunge (*ihm*) darbieten könnte.»[7]

Der Straßenverkehr wurde, wie man sieht, hauptsächlich durch die in den engen Gassen sich voranwälzenden Massen der Fußgänger bestimmt, die sich buchstäblich gegenseitig auf die Füße traten. Sänften waren offenbar seltener – ein luxuriöses Fortbewegungsmittel, das sich nur reiche Leute leisten konnten. Die Träger trugen sie in rücksichtslosem Laufschritt durch die respektvoll Platz machende Menge. Dann waren da die Sklaven, die auf den Schultern oder auf dem Kopf

sperrige Lasten beförderten, eine Konsequenz des Fahrverbots am
Tage. Die Transportwagen, die Juvenal in der betreffenden Passage
erwähnt (*serraca*: Langholztransporter, erkennbar an ihrem vorn und
hinten offenen Wagenkasten, *plaustra*: schwere zweirädrige Lastwagen, deren Scheibenräder mit der Achse fest verbunden waren)[8]
transportieren nicht zufällig allesamt Baumaterial: Nur im Zusammenhang mit öffentlichen Bauvorhaben und Abrissen waren, wie schon
erwähnt, tagsüber Wagentransporte in der Innenstadt erlaubt. Als
Fußgänger war man offenbar auch schnell über und über mit Schlamm
bespritzt. Man kann daraus folgern, daß die Straßen damals in Rom
noch nicht durchgehend gepflastert waren – was sich übrigens, für die
Zeit um 44 v. Chr., auch aus der *Lex Iulia* erschließen läßt. Sie bestimmte nämlich, daß die Anwohner von Fußwegen (*semitae*) für deren
Pflasterung zu sorgen hätten; an Fahrstraßen (*viae*) hingegen wurden
sie nur verpflichtet, sie instand zu halten: Die Pflasterung sollte hier
auf öffentliche Kosten vorgenommen werden. Gerade daß solche
Regelungen erlassen werden mußten, beweist, daß das durch sie
Geforderte noch nicht selbstverständlich war.

Handel und Handwerk vor den Häusern
(Martial VII,61)

Der Straßenverkehr wurde noch zusätzlich dadurch behindert, daß
Geschäftsleute ihre Waren außen vor ihren Läden zur Schau stellten
und Handwerker ihre Tätigkeit auf der Straße ausübten. Das uferte mit
der Zeit so aus, daß Kaiser Domitian (81–96 n. Chr.) im Jahre 92 mit
einem Edikt dagegen einschritt. Der Dichter Martial feiert es in einem
Epigramm; es gibt uns einen lebendigen Eindruck von der Fülle der
feilgebotenen Waren und der Vielzahl der ausgeübten Gewerbe:

«Die Krämer hatten schon die ganze Stadt in Beschlag genommen
        und die Schwelle ihrer Ladentür war für sie schon keine Schwelle
        mehr;
da befahlst du, Germanicus[9], den schmalen Gassen, wieder breit zu
        werden,
und was eben nur mehr ein Fußpfad war, wurde wieder zur
        befahrbaren Straße.[10]
Kein Pfeiler ist mehr mit aneinandergeketteten Weinkrügen umgürtet,
        der Prätor ist nicht mehr gezwungen, im Schlamm der Straßenmitte
        zu gehen,
nicht mehr zückt ein Friseur mitten im Passantengedränge bedenken-
        los sein scharfes Rasiermesser[10a],

oder nimmt eine rußgeschwärzte Imbißstube die ganze Fahrstraße
ein.

Friseur, Gastwirt, Koch und Fleischer respektieren wieder ihre
Schwelle:
Jetzt ist wieder *Rom*, was eben noch ein einziges großes Kaufhaus
war.»

Das Martialepigramm bezieht sich nicht ausdrücklich auf die *Subura*,
aber die aufgezählten Gewerbe passen gut zum Charakter dieses
Viertels, in dem die alltäglichen Dienstleistungsbetriebe (Friseure,
Schuster, Gastwirte, Köche, Prostituierte), aber auch Lebensmittelge-
schäfte zu Hause waren. Hier wird der Fleischer genannt, in anderen
Martialepigrammen Geflügel-, Obst- und Gemüsehändler: «Alles, was
dir von deinen Landgütern . . . geschickt wird», so sagt der Dichter zu
dem offenbar sehr vermögenden Adressaten des Gedichts VII,31, «das
wächst für mich überall in der Subura»: *id tota mihi nascitur Subura.* [11]

Gefahren für nächtliche Passanten
(Juvenal 3,268–277)

Kehren wir zur dritten Juvenalsatire zurück. Nachdem der Dichter die
Strapazen und Gefahren geschildert hat, die den Passanten bei Tag
erwarten, schildert er die der Nacht:

«Denk jetzt noch an die ganz anderen Gefahren der Nacht: Was für
eine Höhe die Häuser haben, aus denen herunterfallendes Tongeschirr
deine Hirnschale trifft; wie oft Gefäße, die einen Sprung haben oder
von denen etwas abgebrochen ist, aus den Fenstern heruntergeworfen
werden; mit was für Wucht sie unten aufprallen, so daß sie sogar auf
den harten Steinen (*der Pflasterung*) eine Marke und Beschädigung
hinterlassen. Man würde dich für einen leichtsinnigen Menschen
halten, der mit plötzlichen Unglücksfällen überhaupt nicht rechnet,
wenn du zu einer Abendeinladung gingst, ohne vorher dein Testa-
ment gemacht zu haben. Denn die Zahl der tödlichen Gefahren, die
auf dich lauern, ist tatsächlich ebenso groß, wie die der Fenster, die,
wenn du unten vorbeigehst, noch erleuchtet sind. Also kannst du
nicht mehr tun, als dir *dies* zu erhoffen und zu wünschen: daß diese
Fenster sich damit begnügen möchten, nur den Inhalt großer Schüsseln auf dich herabzuschütten (*nicht die Schüsseln selbst herabzuwerfen*).»

Im folgenden schildert Juvenal dann noch, was passiert, wenn man als
nächtlicher Passant das Pech hat, einem reichen Nachtschwärmer in
die Arme zu laufen, erkennbar an seinem scharlachroten Mantel und

der großen Schar von Begleitern und fackeltragenden Sklaven. Wenn
so einer Streit sucht, kann man machen, was man will: Man wird erst
angepöbelt («Hungerleider», «Jude» lauten sinngemäß die Beschimp-
fungen), dann verprügelt, und zum Schluß hat man noch Glück
gehabt, wenn man wenigstens noch mit *einigen* Zähnen im Mund nach
Hause zurückkehren kann (3,301): *paucis cum dentibus inde reverti*.

Man kann dieser Juvenalpassage über die nächtlichen Gefahren in
den Straßen Roms mehrere wichtige Hinweise entnehmen: Die Miets-
häuser der Innenstadt waren offenbar sehr hoch.[12] Das geht u. a. auch
daraus hervor, daß Augustus es für nötig hielt, längs der Straßen die
maximale Haushöhe auf 70 Fuß (ca. 20 m) festzusetzen, Trajan sie dann
noch weiter auf 60 Fuß (ca. 18 m) reduzierte.[13] Der Grund für dieses
Hochhinaus war, wie in modernen Großstädten, der Wunsch der
Hausbesitzer, eine möglichst hohe Rendite zu erzielen.

In diesen Mietskasernen scheint die Abfallbeseitigung höchst unzureichend gewesen zu sein: Man warf, wie wir der Juvenalpassage
entnehmen können, den Müll einfach auf die Straße. Auch die sanitären Einrichtungen waren denkbar primitiv: Es gab keine Toiletten,
sondern man benutzte Nachttöpfe (*lasana*) und Nachtstühle (*sellae
pertusae*: «Lochstühle»), die, wenn sie voll waren, entweder in einen
Bottich (*dolium*) im Erdgeschoß unter der Treppe entleert oder zur
nächsten öffentlichen Jauchegrube (*lacus*, im Unterschied zu den Trink-
wasser-Reservoirs auch *lacus spurcus* genannt[14]) getragen wurden, oder
deren Inhalt man eben einfach in einem unbeobachteten Moment zum
Fenster hinausschüttete.[15]

Hauseinstürze
(Juvenal 3,190–196)

Ein weiterer Umstand, den Umbricius bei Juvenal als Grund für seinen
Wegzug aus Rom anführt, sind die häufigen Hauseinstürze und
Brände, nach Plutarch «die angeborenen und ständigen Übel Roms».[16]
Zu Hauseinstürzen kam es, weil die Mietskasernen nicht so stabil
gebaut waren, wie es bei ihrer Höhe erforderlich gewesen wäre. Das
wäre zwar auch damals schon technisch kein Problem gewesen: Man
hätte Quader- oder Ziegelmauerwerk verwenden können. Aber Quadermauerwerk wäre zu teuer gewesen, und bei Ziegelmauerwerk
hätte man die Erdgeschoßmauern recht dick machen müssen, was
jedoch durch ein veraltetes, auf niedrige (höchstens zweistöckige)
Wohnhäuser berechnetes Baugesetz verboten war: Die gemeinschaftliche Mauer benachbarter Häuser durfte danach nicht dicker als anderthalb Fuß (ca. 45 cm) sein. Also benutzte man eine Art Betonbauweise
(*opus caementicium*): Man errichtete Mauern, die aus dünnen Schalen

von Steinplatten bestanden, zwischen die man eine Mischung von Mörtel und Bruchsteinen einfüllte.[17] Mörtel besteht aus Sand und Kalk. Kalk ist der teurere Bestandteil. Also sparte man an ihm, was die Bindekraft des Gemischs herabsetzte.[18] Die Bruchsteinaufschüttung hatte nicht genügend inneren Halt mehr und rutschte in sich zusammen, die Wände begannen Risse zu zeigen und sich zu neigen. Energische, aber auch kostspielige Baumaßnahmen wären fällig gewesen, aber gerade davor scheute der Bauspekulant zurück. Man beschränkte sich also auf unzureichende Abstützmaßnahmen oder betrieb Außenputzkosmetik – bis irgendwann dann die Katastrophe über die armen Bewohner hereinbrach. Und wahrscheinlich war sie dem Hausbesitzer gar nicht so unwillkommen, denn ein neues Mietshaus zu errichten war billiger als ein schlecht gebautes zu sanieren. – Hier die Juvenalpassage über die Hauseinstürze:

«(*Im Unterschied zu den Einwohnern von Landstädten wie Praeneste, Volsinii, Gabii und Tibur*) bewohnen *wir* eine Stadt, die zu einem großen Teil mit dünnen Balken abgestützt ist[19]; denn das ist alles, was der Hausverwalter unternimmt, wenn die Wände sich zu neigen beginnen. Und den schon lange klaffenden Riß[20] läßt er einfach übertünchen und sagt dann den Mietern, sie sollten (obwohl doch ein Einsturz unmittelbar bevorsteht) ganz unbesorgt schlafen.»

Brände
(*Juvenal 3,197–222*)

Brände[21] waren so häufig, weil in den Wohnungen offenes Feuer zum Kochen und Heizen verwendet wurde und zur Beleuchtung Öllampen und Kerzen. Wie leicht gerieten da einmal die aus Holzbalken und -brettern bestehenden Fußböden beziehungsweise Decken der Zimmer in Brand! Bei Fachwerkbauten war es noch schlimmer, weshalb Vitruv, der in Augusteischer Zeit ein Lehrbuch der Architektur verfaßt hat, schrieb (II,8,20):

«Ich wollte, man hätte (*die Fachwerkbauweise*) nie erfunden. Sie bringt zwar durch die Schnelligkeit (*ihrer Ausführung*) und dadurch, daß sie (*auf gleicher Grundfläche*) mehr Wohnraum ermöglicht, viele Vorteile, aber weit größer und allgemein ist der fatale Nachteil, daß Fachwerk leichtentzündlich ist wie eine Fackel.»

Und wenn ein solcher Brand erst einmal ausgebrochen war, dann war er kaum noch zu löschen, denn das Wasser mußte erst vom nächsten Trinkwasserbassin (*lacus*) geholt werden, Schläuche gab es noch nicht, und die Feuerwehrspritzen der Antike (*sipones* genannt) reichten wohl kaum sehr weit.[22] Bewohner der oberen Stockwerke waren bei Bränden so gut wie verloren. Zwar richtete Augustus nach einem großen Stadtbrand im Jahre 23 v. Chr. eine städtische Feuerwehr ein, die 6 v. Chr. dann noch weiter ausgebaut wurde; sie bestand aus 7000 Feuerwehrleuten (*vigiles*), in sieben Kohorten eingeteilt, von denen jede für zwei der 14 Stadtbezirke zuständig war.[23] Aber das scheint keine durchgreifende Besserung gebracht zu haben. In Rom brannte es dauernd irgendwo, und das Brandrisiko zumal in der *Subura* war so groß, daß der Vorteil hoher Grundstücksrendite dadurch fast wieder ausgeglichen wurde.[24] Wohl auch, um diese Risiken aufzufangen, waren die Mieten in Rom sündhaft hoch: Für die Jahresmiete, die man in Rom für ein finsteres Loch von Wohnung zahlen mußte (*quantum tenebras unum conducis in annum*), so schreibt Juvenal (3,225), hätte man sich in Sora oder Frosinone (Kleinstädten südöstlich von Rom) schon ein sehr hübsches Haus mit kleinem Garten samt Brunnen auf eigenem Grundstück kaufen können (*optima domus... hortulus puteusque*).

Hier der den Bränden gewidmete Abschnitt aus Juvenals Dritter Satire:

«Dort (*scil. in den vorhin aufgezählten kleinen Landstädtchen*) sollte man leben, wo es keine Brände gibt, keine Angst in der Nacht. – Schon ruft der Nachbar nach Wasser und schafft seine Habseligkeiten aus dem Haus, und bei dir selbst kommt der Qualm schon aus dem dritten Stock; *du* aber hast noch gar nichts gemerkt, denn wenn die Panik im Erdgeschoß ausbricht, dann wird der oberste Mieter mit Sicherheit ein Opfer der Flammen, er, den nur noch die Dachziegel vorm Regen schützen, dort oben, wo die sanften Tauben ihre Eier legen. – Ein Bett, das nicht einmal für einen Zwerg groß genug gewesen wäre, besaß Cordus. Sechs winzige Krüge standen als Dekoration auf seinem Wandtischchen, und drunter ein klitzekleiner Trinkbecher und auch noch – unter derselben marmornen Tischplatte! – eine Figurine, einen liegenden Chiron darstellend; eine schon alte Truhe verwahrte griechische Schriftrollen, und verständnislose[25] Mäuse benagten (*in ihr*) die göttlichen Gesänge (*Homers*). Mit einem Wort: Cordus besaß zweifellos nichts, und trotzdem hat der Unglückliche auch dieses Nichts noch ganz und gar verloren. Der äußerste Gipfel seiner Not aber ist, daß ihm, wie er nun nackt dasteht und um einen Bissen bettelt, niemand mit Speise, niemand mit einem gastfreundlichen Dach aushelfen wird. – Wenn dagegen das große Stadthaus des Asturicus (*in Schutt und Asche*) zusammengestürzt ist, *dann* rauft sich seine Mutter die Haare, der Adel trägt Trauerkleidung, der Prätor verschiebt die Gerichtstermine: *dann* stöhnen wir über die Unglücksfälle, die die Stadt heimsuchen, *dann* verfluchen wir das Feuer. Es brennt noch, und schon eilt einer herbei, um kostenlos Marmor (*für den Neubau*) zur Verfügung zu stellen und einen finanziellen Beitrag für den Wiederaufbau zu leisten; dieser wird ihm nackte Statuen aus weißem Marmor, dieser irgendein berühmtes Werk des Euphranor und des Polyklet (Erzstatuen[26], die einst Göttertempel in Asien geschmückt haben) stiften, ein anderer Bücher mitsamt der Regale und ein Standbild der Minerva, in der Mitte der Bibliothek aufzustellen, ein dritter einen ganzen Scheffel voll Silbermünzen: Mehr und bessere Sachen (*als er vorher hatte*), stellt Persicus auf, von allen kinderlosen[27] reichen Herren Roms der eleganteste und mit gutem Grund bereits im Verdacht, daß er *selber* sein Haus angezündet habe.»[28]

Exkurs über Wohnungseinrichtung
(*Martial XII,32*)

Daß Juvenal im Zusammenhang mit dem Thema «Brände» auch die Wohnungseinrichtung beschreibt, die der arme Mieter verliert beziehungsweise die dem reichen Hausbesitzer von Freunden ersetzt wird, wollen wir zum Anlaß nehmen, darauf kurz einzugehen.[29] Wir nehmen, als weiteren Beleg zu diesem Thema, noch ein Gedicht Martials hinzu, das den Hausrat eines anderen armen Mieters beschreibt, der umziehen muß, weil er über zwei Jahre hinweg die Miete schuldig geblieben ist (XII,32):

«O du Skandal des Umzugstermins![30]
Ich hab, Vacerra, dein Gerümpel gesehn! ich hab's gesehn!
das selbst der Vermieter, obwohl du *zwei* Jahresmieten schuldig warst,
        nicht pfänden mochte.
Deine Frau trug es, eine Rote mit gerade noch sieben Haaren
und deine ungeheuer fette Schwester zusammen mit der grauhaarigen
        Mutter.
Ich glaubte, die Furien seien aus der Unterwelt aufgetaucht.
Sie gingen voraus, dann kamst du, von Kälte und Hunger ganz
        ausgetrocknet
und bleicher als altes Buchsbaumholz,
der klassische Habenichts[31] deiner Zeit.
Man hätte glauben können, daß das Obdachlosenheim[32] umzieht!
Da kam einer auf drei Füßen ein altes Bett und auf zwei Füßen ein
        Tisch,
und zusammen mit einer Lampe und einem Mischkrug aus Holz
ein kaputter Nachttopf, der aus einem Sprung an der Seite in die
        Gegend pinkelte;

der grünspanüberzogene Herd hatte einen abgebrochenen Amphoren-
    hals als Ständer;
der schamlose Gestank eines Kruges,
so stark, wie er kaum von einem Meerwasserbassin ausgeht, verriet,
daß Fische der billigsten Sorte dringewesen waren.
Und es fehlte auch nicht ein viereckiges Stück Toulouser Käse,
und nicht ein vier Jahre alter Kranz Flohkraut
und kahlgefressene Knoblauch- und Zwiebelzöpfe
und nicht ein Topf, randvoll mit dem schmutzigen Enthaarungsmittel
    deiner Mutter,
von der Sorte, mit der sich die Nutten an der Stadtmauer epilieren.
Wieso suchst du dir denn überhaupt eine neue Wohnung und grinst
    der Reihe nach die Hausverwalter an,
wo du doch gratis, mein lieber Vacerra, wohnen könntest!
Denn diese Prozession von altem Gerümpel gehört unter eine *Brücke!*«

Auf die Kosmetika, die Lebensmittel, die Kücheneinrichtung und den
Nachttopf wollen wir hier nicht näher eingehen. Es geht uns um die
Möblierung der Wohnräume. Sie scheint generell im Vergleich zu der
unseren eher spärlich gewesen zu sein. Das hängt wohl damit zusammen, daß der Mensch im Süden sich weniger in seiner Wohnung und
mehr im Freien aufhält. Bei dem armen Mieter Juvenals ist, wie man
sieht, durchgehend die *Kleinheit* der Möbel, bei dem Umzügler Martials ihr *defekter Zustand* hervorgehoben.
    Unverzichtbar ist natürlich das Bett (*lectus*). Die engen Kammern, in
denen die ärmeren Mieter wohnten, erforderten besonders kurze
Betten. Das des Vacerra hat außerdem nur noch drei Beine. Ein Tisch
wird bei Cordus nicht erwähnt, bei Vacerra hat er lustigerweise nur
noch zwei Beine. Sitzgelegenheiten (normal hohe Bänke: *scamnae*;
niedrige Bänke: *subsellia*; Stühle mit und ohne Rückenlehne: *cathedrae*
und *sellae*) werden wahrscheinlich deshalb nicht erwähnt, weil sie
selbstverständlich sind. Zur staubsicheren Aufbewahrung von Klei-
dern dienen Truhen (*arcae*), zur Aufbewahrung von Schmuck, Toilet-
tenartikeln und anderen kleineren Gegenständen Kästen (*cistae*). Cordus allerdings, ein literarisch gebildeter Mann, benutzt seine *cista* zur
Aufbewahrung dessen, was *ihm* am teuersten ist, nämlich einiger
Schriftrollen mit Abschriften griechischer Dichter. – Reiche Leute
hatten für ihre sehr viel umfangreichere Bibliothek natürlich einen
eigenen Bibliotheksraum mit Regalen, die *foruli* (von *foramen* = «Loch»)
genannt wurden, weil sie auf der Vorderseite runde Öffnungen hatten,
in die die Buchrollen hineingeschoben wurden. – Sehr großer Wert
wurde offenbar auf die Ausschmückung der Räume mit Gegenständen
von Kunst und Kunsthandwerk gelegt: Der reiche Mann stellt in

seinem Haus Skulpturen aus weißem Marmor und Bronzeplastiken auf, Kopien berühmter griechischer Originale, wie sie von der Kopier-industrie der Zeit in großer Zahl verfertigt wurden; in seiner Bibliothek z. B. stand, als obligates Ausstattungsstück, eine Statue der Athene-Minerva, der Göttin der Wissenschaft. Der weniger Vermögende dage-gen mußte sich mit Kleinkunst begnügen, die auf einem «Kredenz-tisch» zur Schau gestellt wurde. Dieser wurde *abacus* genannt, weil seine Platte gewöhnlich wie ein Rechenbrett (*abacus*) in quadratische Felder eingeteilt war, mit je einem Loch in der Mitte, in das der Fuß des daraufgestellten Gefäßes eingepaßt war. Cordus hat auf seinem *abacus* nur ein paar kleine Krüge (*urceoli*) stehen, und unter ihm, auf dem Fußboden, noch einen Kantharus (das ist ein bestimmter Typ von Trinkbecher) und eine Statuette des weisen Kentauren Chiron. Die letztere findet in dem beengten Raum dort jedoch nur deswegen Platz, weil Chiron in liegender Haltung (als *recubans*) dargestellt ist.

Eine sehr anschauliche Vorstellung einer solchen bescheidenen Ein-richtung gibt uns ein im holländischen Simpelveld gefundener, jetzt im Rijksmuseum Leiden aufbewahrter Sarkophag der frühen Kaiser-zeit: An seinen Innenwänden ist in flachem Relief u. a. die Einrichtung eines Wohnraums mit *cathedra, lectus, arca*, Schrank (*armarium*), *abacus* und Tisch dargestellt[33] (Abb. 6 und 7).

Abb. 6 und 7: Innenwände des Sarkophags von Simpelveld

Unerwähnt bleibt in beiden Texten das Speisezimmer. Der arme
Cordus hatte wahrscheinlich keines, im Hause eines reichen Mannes
wie Asturicus war dieses wegen seiner charakteristischen Möblierung
mit drei hufeisenförmig gestellten Speisesofas (κλίναι) *triclinium* genannte Zimmer mit Sicherheit einer der wichtigsten Repräsentations-
räume. Wir werden die Einrichtung von Triklinien später noch behan-
deln, wenn wir auf die nachmittägliche Hauptmahlzeit des Römers,
die *cena*, zu sprechen kommen.

Juvenals Umbricius nennt noch einige andere Umstände, die ihm das
Wohnen in der Subura unerträglich gemacht haben: so z. B. die hier in
der Großstadt besonders hohe Kriminalität (3,302–314) und den Lärm
des Reise- und Lastverkehrs, der am Abend nach Ende des Fahrverbots in der Innenstadt mächtig einsetzte und die ganze Nacht über
dauerte: Er machte in den direkt an der Straße gelegenen Mietwoh-
nungen Schlaf so gut wie unmöglich (3,232–238). Wir wollen darauf
nicht näher eingehen, sondern begeben uns jetzt in ein anderes, etwas
besseres Wohnviertel: auf den Quirinal.

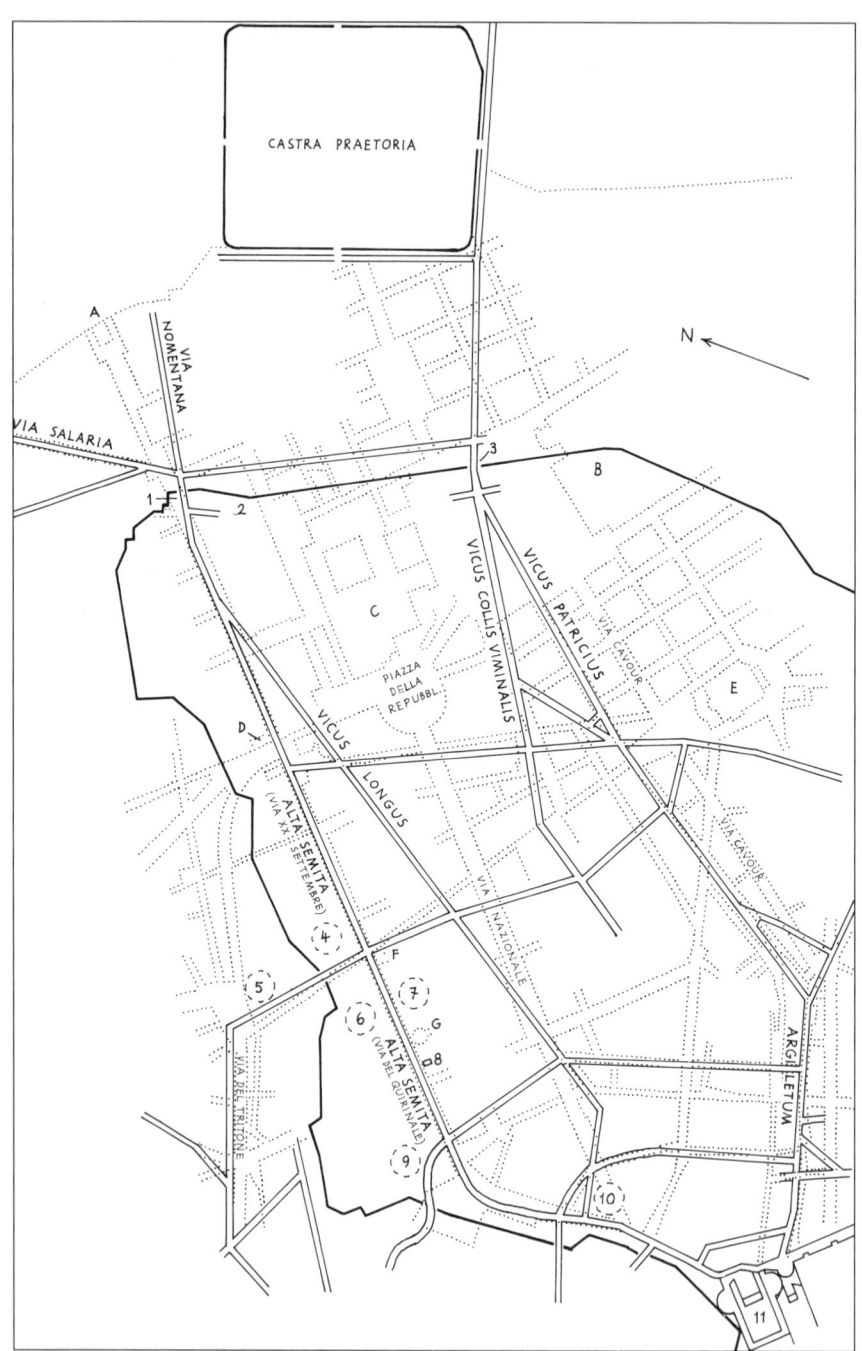

CASTRA PRAETORIA

A

VIA NOMENTANA

VIA SALARIA

N

B

1
2
3

VICUS PATRICIUS

VICUS COLLIS VIMINALIS

VIA CAVOUR

C

PIAZZA DELLA REPUBBL.

E

D

VICUS LONGUS

ALTA SEMITA (VIA XX SETTEMBRE)

VIA NAZIONALE

VIA CAVOUR

F

4

5

6

7

G

8

ALTA SEMITA (VIA DEL QUIRINALE)

ARGILETUM

VIA DEL TRITONE

9

10

11

III.

DER QUIRINAL

Zum Quirinal[1] gelangte man vom Forum aus, indem man zunächst wieder (wie im vorigen Kapitel beim Gang in die *Subura*) den untersten Abschnitt des *Argiletum* – denjenigen, den Domitian zum *Forum Transitorium* ausgestalten ließ – entlangging, dann aber, statt in die *Subura* hineinzugehen, nach links abbog und einer ansteigenden Straße folgte, deren Verlauf ungefähr dem der heutigen Salita del Grillo und ihrer Fortsetzung, der Via XXIV Maggio entsprach. Zur Linken hatte man hier zunächst die 30 m hohe, noch heute erhaltene Brandmauer, welche das Augustusforum gegen die häufigen Brände in der *Subura* absicherte, dann die Servianische Stadtmauer. Ungefähr auf der Höhe der heutigen Kirche S. Silvestro passierte man ein bei Tacitus erwähntes und auch inschriftlich belegtes Wasserreservoir, den *Lacus Fundani*.[2] Auf der Höhe der heutigen Piazza del Quirinale machte die Straße dann eine Biegung nach rechts und mündete in die «*Alta Semita*» genannte Gasse, welche die Hauptverkehrsader des Quirinalviertels war und deren Verlauf (auf dem Kamm des Quirinal) dem der heutigen Via del Quirinale / Via XX Settembre genau entsprach.

Entlang der Alta Semita

Gleich an ihrem Anfang passierte man den Tempel der *Salus*, der dem in der Nähe liegenden Stadttor der Servianischen Mauer, der *Porta Salutaris*, den Namen gab. Dann folgte auf der rechten Seite einer von den Altären, die Domitian zur Erinnerung an den großen Brand erbaut hatte, der 64 n. Chr. unter Nero die Stadt heimgesucht hatte[3]: eine *Ara*

Abb. 8: Plan des Quirinal zur Zeit Domitians. Gestrichelte Kreise: vermuteter Standort. Gepunktete Linien: das heutige Straßennetz.

1: Porta Collina	10: Lacus Fundani
2: Campus Sceleratus	11: Forum des Augustus
3: Porta Viminalis	A: Porta Pia
4: Capitolium Vetus	B: Stazione Termini
5: Tempel der Flora «ad Quirinalem»	C: Museo Nazionale (Thermen des
6: Tempel und Portikus des Quirinus	Diokletian)
7: Stadthaus der Gens Flavia. Tem-	D: S. Maria della Vittoria
plum Gentis Flaviae	E: S. Maria Maggiore
8: Ara incendii Neronis	F: S. Carlo alle Quattro Fontane
9: Tempel der Salus	G: S. Andrea al Quirinale

incendii Neronis also, auf der alljährlich an den Volcanalien (am 23. August) Sühneopfer dargebracht wurden. Man kann die Reste dieses Altars noch heute im Keller des Finanzministeriums besichtigen. Gleich dahinter lag, mit Aussicht über das Tal zum Viminal hin, das Stadthaus der Familie der Flavier. In diesem Haus wurde im Jahre 51 n. Chr. Domitian geboren. Er ließ, nachdem er 81 n. Chr. Kaiser geworden war, einen Teil der Gebäude abreißen und an ihrer Stelle den überaus prächtigen Tempel der Flavischen Familie (*Templum gentis Flaviae*) errichten. Martial feiert dieses Heiligtum in einem im Jahre 94 (wohl dem Datum der Weihung) verfaßten überschwenglichen Gedicht, das (wie solche höfische Dichtung meist) auf uns heute einen eher peinlichen und unfreiwillig komischen Eindruck macht (Martial IX,20[4]):

«Dieser Boden hier, der jetzt ganz zutage liegt, bedeckt[5] mit Marmor
      und mit Gold,
  hat einst die Kindheit unseres Herrschers erlebt,
glücklich zu preisen, o!, da er von so erhabenem Geschrei ertönte und
      die krabbelnden Händchen eines
  solchen Kindes sehen und stützen durfte:
Hier hatte das verehrungswürdige Haus gestanden, das dem *Erdkreis*
      eine (*ebenso große*) Gottheit geschenkt hat
wie (*einst*) Rhodos und Kreta[6] dem bestirnten *Himmel*...»

Ungefähr auf gleicher Höhe, aber auf der anderen Straßenseite, stand der Tempel des Quirinus, des nach seinem Tode unter die Götter erhobenen Romulus. Zu ihm gehörte eine Portikus, Treffpunkt der Müßiggänger dieses Viertels[7]. Hinter dem Heiligtum kreuzte dann eine Straße, deren Verlauf ungefähr dem der heutigen Via delle Quattro Fontane entsprach. Nach links führte sie durch ein Tor der Servianischen Mauer hinunter ins Tal, wo sich in der Gegend der heutigen Piazza Barberini ein Tempel der Flora befand, der «ad Quirinalem» genannt wurde, um ihn vom Hauptheiligtum der Göttin «ad Circum Maximum» zu unterscheiden.

   Nach dieser Kreuzung passiert die *Alta Semita* das zu ihrer Linken gelegene sogenannte «Alte Kapitol» (*Capitolium Vetus*), einen Tempel, der wie das eigentliche Kapitol der Göttertrias Jupiter, Juno und Minerva geweiht war. Noch ein Stückchen weiter vereinigte sich mit ihr, in spitzem Winkel von rechts her aus dem Tal zwischen Quirinal und Viminal heraufkommend, der *Vicus Longus*. Danach machte sie, anders als ihre moderne Entsprechung, die Via XX Settembre, einen leichten Knick nach rechts und passierte, noch innerhalb der Servianischen Mauer, einen von jeder Bebauung freien Geländestreifen, der sich nach rechts an der stadtseitigen Aufschüttung der Mauer (dem *agger*) entlangzog. Er trug den unheimlichen Namen *Campus Sceleratus* («Verbrecherfeld»), und unheimlich in der Tat war seine Funktion. Es war ein Friedhof, aber offensichtlich keiner der gewöhnlichen Art, da Tote ja bekanntlich nur außerhalb der Stadtmauern beigesetzt werden durften. Von dieser Regel waren jedoch einige Personenklassen ausgenommen, z. B. die unter die Götter erhobenen Kaiser (weshalb Vespasian und Titus im *Templum Gentis Flaviae* und Trajan in der nach ihm benannten Säule ihre letzte Ruhestätte hatten) – und dann, u. a., auch die Vestalinnen. Eine Vestalin unterlag bekanntlich, solange sie ihr Amt innehatte (sie wurde im Alter von 6 bis 10 Jahren verpflichtet und diente bis zum 40. Lebensjahr), einem strengen Keuschheitsgebot. Verging sie sich dagegen, wurde sie entweder vom Tarpeischen Felsen (dem steilen Südwestabhang des Kapitolshügels) herabgestürzt oder aber hier, auf dem *Campus Sceleratus*, lebendig begraben. Diese barbarische Strafe ist, nachdem sie schon lange nicht mehr angewandt worden war, 90 n. Chr auf Anordnung des Kaisers Domitian noch einmal an der Obervestalin Cornelia vollzogen worden, wovon uns der jüngere Plinius in einem seiner Briefe (IV,11,6 ff.) einen grauenerregenden ausführlichen Bericht gibt.[8]

Das Tor der Servianischen Mauer, auf das die *Alta Semita* zulief, war die uns aus dem ersten Kapitel schon bekannte *Porta Collina*. Gleich außerhalb des Tores gabelte sich die Straße in die nach Norden abgehende *Via Salaria* und die nach Ost-Nordost, in Richtung auf die Ortschaft *Nomentum* (heute Mentana) verlaufende *Via Nomentana*. Zu deren Rechten erstreckte sich vor der Stadtmauer ein weiter, von Gebäuden freier Platz: der Exerzierplatz der kaiserlichen Garde (*Campus Cohortium Praetorianarum*), deren Lager, die *Castra Praetoria*, hier in einiger Entfernung vor der Servianischen Mauer gelegen war.

Die Wohnungen Martials

Auf dem Quirinal wohnte der Dichter Martial, dessen Epigrammen es in erster Linie zu verdanken ist, daß wir uns von dem stadtrömischen Leben des ausgehenden 1. Jahrhunderts n. Chr. ein so lebendiges Bild machen können. Er wohnte zuerst im dritten Stockwerk eines Mietshauses, dann – spätestens ab 94, wahrscheinlich aber schon seit 89 – in einem eigenen kleinen Haus.[9] Da im antiken Rom nur wenige wichtigere Straßen oder Gassen einen eigenen Namen hatten und es überdies keine Hausnummern gab, wäre es schon in der Antike kein ganz leichtes Unterfangen gewesen, die Adresse ausfindig zu machen.[10] Man mußte sich nach in der Nähe liegenden öffentlichen Gebäuden oder sonstwie auffälligen Punkten orientieren.

Von der Mietwohnung Martials wissen wir aus dem Epigramm
I,117,6, daß sie *ad Pirum*, «beim Birnbaum» war. Ob das ein wirklicher,
in diesem dicht bebauten Viertel stehengebliebener Birnbaum war,
oder nur eine Bezeichnung, die an einen, der dort gestanden hatte,
erinnerte, läßt sich nicht mehr feststellen. Brauchbarer für uns ist der
Hinweis, daß Martial von dieser Wohnung aus auf die Lorbeerbäume
der *Porticus Vipsania* herabschaute (I,108,3: ... *mea Vipsanas spectant
cenacula laurus*): Diese war ein Teil des von M. Vipsanius Agrippa
ausgebauten, *Campus Agrippae* genannten Sportfeldes auf dem östlichen Marsfeld und lag (nach Martial IV,18,1) in der Nähe der *Aqua
Virgo* genannten Wasserleitung, deren Verlauf uns wohlbekannt ist. Es
ergibt sich eine Lage der Wohnung auf dem heute vom Quirinalspalast
eingenommenen Vorsprung des Quirinal, oberhalb der Fontana di
Trevi.

Über das kleine Haus, das er sich später leisten konnte (IX,97,8:
mihi ... est / parva ... in urbe domus[11]), hat der Dichter uns folgende
Angaben hinterlassen: Es befand sich dort, wo «die ländliche Flora den
alten Jupiter erblickt» (V,22,4: *qua videt antiquum rustica Flora Iovem*),
also zwischen Floratempel und *Capitolium Vetus*, und damit auch in der
Nähe des Quirinus-Tempels mit seiner Portikus. Weitere, noch exak-
tere, für uns allerdings nicht mehr brauchbare Hinweise: In der Nähe
befand sich eine *Pila Tiburtina* genannte Wegmarke (V,22,3) und eine
von einem gewissen Stephanus betriebene Badeanstalt.[12] Ganz zuletzt
mußte man wohl noch jemanden aus der Nachbarschaft fragen. Den
ob seiner frechen Epigramme in ganz Rom berühmten Dichter kannte
in seinem Viertel sicherlich jeder; bei weniger prominenten Personen
mochte das nicht so selbstverständlich gewesen sein, denn auch in der
antiken Großstadt lebte man oft Tür an Tür, ohne sich zu kennen.
Martial hat das in der Zeit, da er noch drei Treppen hoch zur Miete
wohnte, einmal zum Gegenstand eines charmanten kleinen Gedichtes
gemacht.

Der unbekannte Nachbar
(Martial I,86)

«Mein Nachbar ist Novius, ich kann ihn mit der Hand berühren,
(*und das sogar*) von meinem Fenster aus!
Wer würde mich nicht beneiden und meinen,
daß ich zu allen Stunden glücklich sein müßte,
weil ich mich eines Freundes erfreuen darf, der mir (*so*) *nah* ist.

(*Doch leider ist's nicht so.*)
So *fern* ist er mir, wie Terentianus,

der jetzt am Nil das Kommando hat, ganz unten in Syene.[13]
Nicht mit ihm zu feiern, nicht ihn zu sehen wenigstens,
ja nicht einmal ihn zu hören ist (*mir*) möglich, und in der ganzen Stadt
    ist nicht
einer mir so *nahe* und (*zugleich*) so *fern*.

Ich muß umziehn, weiter weg von ihm. Soll lieber *der* des Novius
Nachbar oder Hausgenosse sein,
der es *nicht* wünscht, den Novius zu sehen.»

Der Witz dieses kleinen, aus nur 13 Versen bestehenden Gedichts
beruht, wie man sieht, auf einem geistreichen Spiel mit dem Doppelsinn, den die Aussage «Ein Mensch ist mir nahe» haben kann: Damit
kann Nähe im eigentlichen Sinn (räumliche) gemeint sein, aber auch
Nähe im übertragenen Sinn (menschliche). Außerdem ist das Gedicht
auch sehr kunstvoll gebaut: Die Versfolge ist nach dem Schema
5 (=2+3) + 5 (=2+3) + 3 gegliedert.

In dem ersten, 5 Verse umfassenden Abschnitt macht der Dichter
zunächst einmal klar, wie nahe – räumlich – Novius ihm ist (2 Verse),
und was jedermann sogleich daraus schließen würde: daß er ihm auch
menschlich nahe stehe (3 Verse). Letzteres ist so formuliert, daß man
ein Kompliment für Novius heraushören kann: Jedermann (*quis
non . . .?*) würde sich glücklich schätzen, mit Novius befreundet zu sein
und beneidet deshalb Martial um seine vermeintlich auch menschliche
Nähe zu ihm.[14]

In dem zweiten, wieder 5 Verse umfassenden Abschnitt macht der
Dichter dann klar, wie fern – menschlich – ihm Novius trotzdem steht.
Das umschreibt er zunächst, sein Spiel mit dem Doppelsinn von «nah»
und «fern» fortsetzend, mit einem metaphorischen Vergleich: Novius
ist ihm (menschlich) so fern, wie ihm jemand (räumlich) fern ist, der
sich im südlichsten Ägypten befindet (2 Verse). Dann drückt der
Dichter dies direkt aus, und zwar in einem Steigerungs-Dreischritt:
Weder trifft er ihn auf Einladungen, noch bekommt er ihn auch nur zu
Gesicht; ja er hört nicht einmal etwas von ihm. Am Ende wird die
Paradoxie «räumliche Nähe/menschliche Ferne» dann noch, knapp
und geistreich, zu einem Oxymoron (einem Ausdruck, der auf den
ersten Blick sich selber zu widersprechen scheint) zusammengefaßt
(V. 10): Niemand in der ganzen Stadt ist ihm «so nahe und so fern
zugleich» (*nec in urbe tota quisquam est tam prope tam proculque nobis*).

Damit könnte das Epigramm schließen; das Oxymoron wäre als
Schlußpointe gut geeignet. Martial hat sich damit aber nicht begnügt,
sondern zieht in einem drei Verse umfassenden Schlußteil aus dieser
Paradoxie noch eine witzige scheinlogische Schlußfolgerung: Wenn in

der Großstadt der räumlich Nächste der menschlich Fernste ist, dann muß man offenbar, wenn man einem Nachbarn nahekommen will, aus seiner Nachbarschaft wegziehen (*migrandum est*), und *den* in seine Nähe, ja sogar ins selbe Haus ziehen lassen[15], der mit ihm auf *keinen* Fall in Kontakt kommen will. Und das nimmt Martial sich vor.

Dieser Schlußteil gehört zum Epigramm wesentlich mit dazu, und zwar deshalb, weil der Dichter in ihm noch einmal ganz deutlich macht, was er in den Versen 3–5 schon hatte durchklingen lassen: Er würde zu Novius tatsächlich sehr gern in eine nähere Beziehung treten. Und so könnte man sich vorstellen, daß das kleine Gedicht ursprünglich für diesen unbekannten Nachbarn Martials selbst bestimmt war, als anmutiger Ausdruck des Wunsches, ihn endlich einmal näher kennenzulernen.

Eine laute Wohnlage
(Martial XII,57)

Der Teil des Quirinal, in dem Martial wohnte, war also offenbar sehr dicht bebaut, außerdem aber auch betriebsam und laut, und somit keine besonders gute Wohnlage. Das ist für einen Hausbesitzer noch fataler als für den Bewohner einer Mietwohnung: Er kann nicht so ohne weiteres wieder wegziehen. In dem folgenden Gedicht spricht schon der Hausbesitzer Martial:

«Warum ich so oft mein kleines Landgut im dürren Nomentum
und mein schäbiges Landhaus aufsuche, fragst du? –
Weder für geistige Arbeit noch zum Ausruhn
hat in der Stadt einen Ort derjenige, der *arm* ist. *Ihm* machen das Leben
    unmöglich
am Morgen die Schulmeister, in der Nacht die Müller,
den ganzen Tag über die Hämmerchen der Erzschmiede.
Hier läßt der Geldwechsler, wenn kein Kunde da ist, auf seinem Tisch
die alten Münzen aus Neros Zeiten scheppern,
dort läßt einer, der Goldklumpen aus Spanien (*zu Blattgold*) verarbeitet,
seinen (*von Goldstaub*) glänzenden Stößel auf die abgebrauchte Arbeits-
    platte trommeln.
Weder gibt die ekstatische Anhängerschaft der Bellona auch nur einen
    Moment Ruhe
noch der geschwätzige Schiffbrüchige mit den bandagierten Rippen
noch der kleine Judenjunge, dem seine Mutter das Betteln beigebracht
    hat,
noch der triefäugige Schwefelholzhändler.

Wer könnte all das aufzählen, was Ausruhn und Schlafen unmöglich
      macht!
...
Du, Sparsus, weißt davon allerdings nichts und *kannst* es auch gar
      nicht wissen,
fein wie du wohnst in der ehemaligen Residenz des Petilius.
Dein Haus liegt so hoch, daß schon das Erdgeschoß auf die benachbar-
      ten Hügel (*Roms*) herabblickt;
du hast ein Landgut mitten in der Stadt, beschäftigst Winzer, die hier
      in Rom wohnen,
und selbst in den Falernerbergen ist die herbstliche Weinernte[16] nicht
      großartiger.
Innerhalb deines Grundstücks ist Auslauf genug für deinen Renn-
      wagen,
du kannst ganz tief schlafen, deine Ruhe wird durch keine
Stimmen gestört, und Tag wird es erst, wenn du die Läden aufmachst.
Mich dagegen weckt (*mitten in der Nacht*) das Lachen der Leute, die (*an
      meinem Haus*) vorübergehen,
und Rom ist gleich an meinem Bett. Sooft ich also, entnervt und
      erschöpft,
schlafen will, verzieh' ich mich auf mein Landhaus.»

Wir bekommen einen Eindruck von dem Lärm, der auch in einem von
Durchgangsverkehr freien Viertel wie diesem herrschte.[17] Schon vor
Tagesanbruch begannen die *pistores* ihre mit einem dumpfen, rhythmi-
schen Geräusch verbundene Arbeit: die Sklaven, die Mehl herstellten,
indem sie die Getreidekörner in großen Mörsern zerstampften[18]: Das
war die antike Methode, zu mahlen. Frühmorgens kam dann der Lärm
einer dem Hause des Martial benachbarten Elementarschule hinzu.
Solche Schulen waren damals durchweg privat; die Lehrer, auf der
untersten Stufe *litteratores*, auf der nächsthöheren *grammatici* genannt,
waren in der Regel Freigelassene, welche für ihre Bemühungen von
den Eltern einmal im Jahr ein kümmerliches Honorar bekamen. Sie
unterrichteten gewöhnlich in einem nach der Straße hin offenen Raum
oder sogar unter einem Vordach auf der Straße selbst, vom Straßenverkehr nur durch eine Zeltplane getrennt. Am ehesten Platz dafür war
an einer Weggabelung (*trivium*) oder Kreuzung (*quadrivium*). Der Ausdruck «trivial» im Sinne von «elementar», «banal» erklärt sich wahrscheinlich von daher.[19] Der Lehrer saß auf einer besonderen Art von
Lehnsessel (wegen seiner geraden Rücklehne *cathedra supina* genannt),
eine Sitte, auf welche unsere Bezeichnungen «Katheder» beziehungsweise «Lehrstuhl» zurückgehen. Die Schüler drückten die sprichwört-
liche Schulbank. Die didaktischen Methoden waren sehr schlicht:

Vorsprechen, Nachsprechen der Schüler im Chor, bei Disziplinarvergehen sofort körperliche Züchtigung, z. B. Schläge mit dem Stock auf die Hände. Man kann sich vorstellen, was für ein Lärm von einer solchen Schule ausging: der Singsang der Schüler, das Schreien der Lehrer, das Klatschen der Schläge, das Gebrüll der Gezüchtigten. Martial scheint durch die seinem Haus benachbarte Schule ganz besonders genervt worden zu sein: Noch zwei andere seiner Epigramme (IX,68; X,62) beziehen sich auf sie. In dem einen macht er dem Lehrer, der sie leitet, das ironische Angebot, eben die Summe, die er für sein pädagogisches Gebrüll bekommt, dafür zu zahlen, daß er seinen Beruf aufgibt und schweigt. In dem anderen bittet er ihn, unter heuchlerischem Hinweis auf das heiße und ungesunde Wetter, doch Mitleid mit den lieben Kleinen zu haben und sie schon jetzt, im Juli in die Ferien zu schicken – und gleich bis Anfang Oktober.

Später kam zum Lärm der Schule, die bis zur 6. Stunde, also bis 12 Uhr mittags dauerte, noch der Lärm der Handwerker, Straßenhändler, Bettler, umziehenden Sektenanhänger usw. hinzu. Er dauerte den ganzen Tag. – Von den Handwerkern nennt Martial als ein besonders krasses Beispiel den Kunstschmied, der mit seinem Hämmerchen kunstgewerbliche Gegenstände wie Gefäße, Statuetten, Möbelbeschläge u. ä. m. verfertigte, und den *malleator*, den die Kommentare wohl zu Recht als Blattgoldmacher deuten. – Für die Straßenhändler stehen der Geldwechsler und der Schwefelholzverkäufer. Der Geldwechsler tauscht alte Münzen aus der Zeit vor der Neronischen Münzreform (63/64 n. Chr.) zum Materialwert gegen neue ein und versucht seine Kunden dadurch anzulocken, daß er auf dem Tragbrett, das er als Bauchladen vor sich her trägt, die Münzen scheppern läßt.[20] Die auch sonst mehrfach erwähnten Schwefelholzhändler verkauften ihre Ware nicht, sondern tauschten sie gegen Altglas ein, das dann in den Glasmanufakturen der Region *Trans Tiberim* wiederverwendet wurde.[21] Der von Martial beschriebene Schwefelholzhändler hatte früher wahrscheinlich selber in der Glasfabrik gearbeitet und dabei seine Augen ruiniert: Triefäugigkeit ist eine Berufskrankheit von Glasbläsern. – Als Beispiele für die Bettler, deren Gejammere man den ganzen Tag über hört, nennt er zuerst einen Schiffbrüchigen, der jedem, der es hören will oder nicht, wortreich von seinem Unglück erzählt; er hat sich den Brustkorb bandagiert, um zu demonstrieren oder vorzutäuschen, daß er sich beim Schiffbruch die Rippen gebrochen habe. Das zweite Beispiel ist ein bettelnder Judenjunge. Die Juden, wegen ihrer seltsamen Sitten (Beschneidung, Sabbath, bildloser Gottesverehrung) schon vorher von den Römern mit Mißtrauen betrachtet und verfolgt[22], waren nach der Niederschlagung des großen Judenaufstandes durch Vespasian und Titus (66–70 n. Chr.) vollends diskriminiert und harten Repressalien ausgesetzt, was offenbar zu einer Verarmung vieler von ihnen geführt hatte. – Schließlich nennt Martial noch, als Beispiel für in lärmender Ekstase durch die Straßen ziehende Sektenanhänger, die *turba entheata* («gottbesessene Schar») der Anhänger der kappadokischen Göttin Ma-Bellona, die, in schwarze Gewänder gekleidet, wilde Tänze aufführten, sich Verwundungen zufügten und dabei wahrsagten.[23] Aus alledem wird deutlich, daß man, um in Rom gut schlafen zu können, schon ein reicher Mann wie Sparsus sein mußte, der ein weitab von der Straße in der Tiefe eines riesigen Parkes liegendes, palastartiges Haus bewohnte. Entsprechend heißt es in der uns schon bekannten 3. Satire Juvenals kurz und knapp (235):

«Schlaf in der *Stadt* erfordert ein großes Vermögen»
(*Magnis opibus dormitur in urbe*).

Exkurs A
Tageszeitangabe und Tagesablauf
im antiken Rom

In den nächsten Kapiteln werden wir verschiedene Bezirke des antiken Rom ungefähr in der Reihenfolge besprechen, in der sie ein Römer der damaligen Zeit, der Klient hochgestellter Patrone war, im Ablauf eines typischen Tages aufsuchte[1]: Sein Tageslauf läßt sich aus den literarischen Zeugnissen besonders gut rekonstruieren. Vorher ist allerdings eine Vorbemerkung über die Art, wie in der Antike die Tageszeit angegeben wurde, erforderlich.

Sonnenuhren

Die Zeitangaben, die im antiken Alltagsleben galten[2], waren am Sonnenstand orientiert, der mit Hilfe von Sonnenuhren gemessen wurde. Diese funktionierten bekanntlich folgendermaßen: Ein Stab (*gnomon* genannt) wirft seinen Schatten auf eine Fläche, die, je nach Art der Sonnenuhr, konkav oder eben sein und senkrecht, schräg oder waagerecht angebracht sein kann. Wohin zu einem bestimmten Zeitpunkt das Ende des Stabschattens hinfällt, hängt von der Tageszeit, aber auch vom Kalendertag ab. Ein auf der Fläche eingezeichnetes Liniennetz ermöglicht es, aus seiner Position Tag und Stunde abzulesen. Allerdings muß eine Sonnenuhr auf ihren Aufstellungsort abgestimmt sein, genauer ausgedrückt: auf seine geographische Breite. Deshalb gingen die ersten in Rom aufgestellten Sonnenuhren, Beutestücke aus griechischen Städten Unteritaliens, sämtlich falsch. Erst 164 v. Chr. wurde auf Veranlassung des Censors Quintus Marcius Philippus eine richtig abgestimmte aufgestellt.[3] Ihr folgten dann viele andere. Die großartigste war die, welche im Jahre 10 v. Chr. der Kaiser Augustus auf dem Marsfeld errichten ließ. Wir haben sie im ersten Kapitel schon erwähnt. Als Zeiger diente ihr ein aus Ägypten herbeigeschaffter Obelisk, auf dessen Spitze eine vergoldete Kugel mit einem vertikal aufgesetzten Dorn angebracht war. Das «Zifferblatt» bildete ein mit Travertinplatten belegter Platz, in den das Liniennetz und die zugehörigen erklärenden Beschriftungen in Bronze eingelassen waren. Der Obelisk geriet allerdings schon bald nach seiner Aufstellung aus dem Lot, weil der Sandboden des Marsfeldes unter seinem ungeheuren

Abb. 9: Obelisk der Sonnenuhr des Augustus vor dem Palazzo Montecitorio

Gewicht nachgab. Infolgedessen stimmte seine Anzeige nicht mehr. Der Kaiser Domitian (81 – 96) ließ deshalb das «Zifferblatt» durch ein berichtigtes ersetzen, d. h. er ließ den Platz samt seinem Liniennetz erneuern. Reste dieser zweiten Pflasterung sind ausgegraben worden.[4] Auch der Obelisk hat sich erhalten (Abb. 9). Er wurde, umgestürzt und in mehrere Stücke zerbrochen, samt seiner Basis im 16. Jahrhundert aufgefunden und 1748 an anderer Stelle, nämlich auf der Piazza di Montecitorio, wieder aufgerichtet. Seine Basis trägt die Inschrift:

IMP · CAESAR · DIVI · F ·
AVGVSTVS
PONTIFEX · MAXIMVS
IMP · XII · COS · XI · TRIB · POT · XIV
AEGYPTO · IN · POTESTATEM
POPVLI · ROMANI · REDACTA
SOLI · DONVM · DEDIT

(Der Imperator Caesar, Sohn des göttlichen (*Caesar*) / Augustus /
Pontifex Maximus / zwölfmal Imperator, elfmal Konsul, vierzehnmal
Inhaber der tribunizischen Gewalt / hat, nachdem er Ägypten unter
die Herrschaft des römischen Volkes gebracht hat[5] / (*diesen Obelisken*)
der Sonne als Weihegabe gewidmet)

Die römische Stundeneinteilung

Das Prinzip der Sonnenuhr – die Zeitangabe nach dem Sonnenstand –
bestimmte auch die römische Stundeneinteilung. *Wir* heute definieren
die Stunde als den 24. Teil des astronomischen Tages, der Zeit also,
welche die Erde für eine Umdrehung benötigt, und wir zählen die
Stunden von Mitternacht zu Mitternacht. Das hat einen großen Vorteil:
Da der astronomische Tag immer gleich lang ist, ist auch unsere
Stundeneinheit, sein 24. Teil, immer gleich lang. Die *Alten* dagegen
definierten die Stunde einerseits als den 12. Teil des Tages: der Zeitspanne von Sonnenaufgang bis Sonnenuntergang; das war ihre *Tagesstunde*; andrerseits als den 12. Teil der Nacht: der Zeitspanne von
Untergang bis Aufgang; das war ihre davon verschiedene *Nachtstunde*.
Das hatte den evidenten Nachteil, 1. daß Tag- und Nachtstunden so
gut wie immer ungleich lang waren (nur zu den Äquinoktien sind
beide einander und damit auch unserer Stunde gleich), und 2. daß sich
ihre Länge zudem, wie die Tage beziehungsweise Nächte, deren 12.
Teil sie sind, im Laufe des Jahres ununterbrochen verändert: Zur
Sommersonnenwende ist der Tag und damit die Tagesstunde am
längsten, die Nacht und damit die Nachtstunde am kürzesten. Danach
aber werden die Tagstunden immer kürzer, die Nachtstunden immer
länger, bis sich mit der Wintersonnenwende diese Tendenz wieder
umkehrt. Eine solche Zeitrechnung hat aber auch Vorteile: Sie ist auf
unmittelbar wahrnehmbare Naturabläufe bezogen und paßt sich ganz
von selbst dem Wechsel der Jahreszeiten an, der auf das psychische
und physische Befinden des Menschen einen so großen Einfluß hat –
im Gegensatz zu unserer abstrakt-mechanischen Zeiteinteilung, die
uns z. B. zwingt, im Winter noch vor Morgengrauen fröstelnd aufzustehen und bis in die Nacht hinein aufzubleiben.

Wasseruhren

Eine Sonnenuhr funktioniert nur bei Tage, und auch dann nur, wenn
die Sonne scheint. In der Nacht und bei trübem Wetter muß sie durch
andere, sonnenlichtunabhängige Zeitmeßverfahren ersetzt werden.
Diese Funktion hatten die Wasseruhren, die in Rom erst 159 v. Chr.
eingeführt wurden, was der ältere Plinius mit dem erstaunten Ausruf

kommentiert (VII,215): «So lange gab es bei den Römern keine Einteilung des Tages!» (*tam diu populo Romano indiscreta lux fuit!*) – gemeint ist: keine durchgängige, auch bei schlechtem Wetter und in der Nacht wirksame. Einfache Wasseruhren funktionierten etwa folgendermaßen: Aus einem höher angebrachten Behälter floß Wasser gleichmäßig in einen tieferen, aus durchsichtigem Material gefertigten. Das obere Gefäß wurde regelmäßig nachgefüllt, das untere an jedem Tag zu einer bestimmten Stunde (nämlich bei Sonnenuntergang) entleert.[6] Wegen der von Tag zu Tag sich verändernden Stundenlänge war an seiner Wand nicht nur eine Skala angebracht, sondern mehrere – mindestens vier (je eine für die Wintersonnenwende, die Frühlingsäquinoktien, die Sommersonnenwende und die Herbstäquinoktien). Im Idealfall hätten es für jeden Tag eine sein müssen. Sie zeigten an, welcher Wasserpegel an dem betreffenden Tag welcher Stunde entsprach. Falls das Gefäß nicht durchsichtig war, übernahm ein auf einem Schwimmer befestigter Zeiger die Anzeige. Die Skalen befanden sich dann über dem Auffanggefäß.

Die typische Tageseinteilung eines Römers

Nach dieser durch Sonnen- und Wasseruhren angezeigten Zeit richtete also der Römer seinen Tageslauf. Er mußte, wenn er Klient war, zeitig aufstehen, weil von ihm erwartet wurde, daß er, wenn irgend möglich, seinem Patron am Morgen seine Aufwartung (*salutatio*) mache. Der dafür übliche Zeitraum waren, nach Martial IV,8,1, die erste und zweite Tagesstunde. (Ich benutze von nun ab immer die römischen Zeitangaben. Der im Anhang S. 283 gegebenen «Umrechnungstabelle zur römischen Stundenzählung» mag man entnehmen, was ihnen zur Zeit der Sommer- beziehungsweise der Wintersonnenwende in unserer Zeitrechnung entspricht.) Das riß ihn oft mitten aus dem Schlaf (*rupit somnum*, wie es immer wieder heißt), und wenn der Patron weiter weg wohnte, mußte er schon vor Tagesanbruch aufbrechen, ohne Frühstück (*ientaculum*) oder doch ohne es schon recht verdaut zu haben. Und nicht nur die frühe Zeit, sondern auch die Witterungsverhältnisse, der Zustand der Straßen und die zurückzulegende Entfernung machten den Weg zur *salutatio* oft zu einer Strapaze: Der arme Kerl, der in der Regel nur *tunica*, *toga* und allenfalls einen mantelartigen Überwurf (*lacerna*) trug, zittert in der Morgenkälte; er muß durch Matsch waten, der seine Kleider bespritzt und an den Schuhen kleben bleibt[7]; aus dem geplatzten Schuhleder schaut der nackte Fuß hervor; während er auf dem Weg ist, zieht plötzlich ein Unwetter auf, ein Wolkenbruch geht nieder; er schreit nach dem Sklaven, der ihm für solche Fälle das Regencape nachträgt, aber der ist natürlich gerade

jetzt spurlos verschwunden[8]; völlig durchnäßt und mit eiskalten Ohren[9] kommt er beim Patron an, wo ihn dann neue Strapazen erwarten.

Je vornehmer ein Patron ist, desto größer ist das Klientengedränge
vorm Eingang seines Hauses. Die *salutatio*, ursprünglich als eine
Gelegenheit für den Klienten gedacht, bei der er sich beim Patron Rat
holen, ihm Wünsche und Bitten vortragen konnte, war zu Martials
Zeiten längst heruntergekommen zu dem Termin, bei dem die *sportula*
verteilt wurde – jene kleine Geldsumme von 100 Quadranten[10], die der
Patron verpflichtet war, seinen Klienten zu zahlen. Ein Sklave mit
besonders gutem Personengedächtnis, *nomenclator* genannt, war mit
der Verteilung beauftragt. Die Klienten wurden durch einen Ausrufer
(*praeco*) in einer durch Rang und gesellschaftliche Stellung bestimmten
Reihenfolge herangerufen; der *nomenclator* schaute jedem scharf ins
Gesicht und händigte ihm, wenn er ihn als Klienten identifiziert hatte,
die Summe aus[11], denn nur wer wirklich anwesend war, erhielt die
sportula. Arme Klienten brachten deshalb auch noch ihre Frau mit,
selbst wenn diese krank oder schwanger war, ganz schlaue versuchten
mit Hilfe von Tricks, mehr als die ihnen zustehenden *sportulae* heraus-
zuschlagen. Juvenal schildert, wie sich einer z. B. von einer leeren
Sänfte mit zugezogenen Vorhängen zum Patron begleiten läßt und
behauptet, seine Frau sei darin (Juvenal I,125): «Es ist meine Frau
Galla... Los, zahl schon aus! Du zögerst? / Galla, steck 'mal den Kopf
raus!» (*Nichts rührt sich in der Sänfte.*) «Stör sie nicht, sie schläft.»[12] Nur
ganz selten geschah bei der *salutatio* das, was jeder Klient sich am
sehnlichsten erwünschte: Ein Sklave des Patrons trat an ihn heran und
sagte ihm leise ins Ohr (Martial XII,29,13): «Der Patron lädt dich (*heute
nachmittag*) zum Essen ein» (*rogat ut secum cenes*).

Für viele Klienten waren die *sportulae* und die Geschenke, die sie
gelegentlich vom Patron erhielten, eine der Grundlagen ihrer Existenz:
Sie bestritten davon Miete, Essen, Feuerung, Kleidung...[13] Sie versuchten deshalb, sich möglichst vielen Patronen anzudienen. Das
bedeutete, daß sie in den ersten beiden Morgenstunden kreuz und
quer durch die Stadt, über u. U. weite Distanzen hasten mußten, von
einem Patron zum anderen.[14] Und manchmal war dieser, wenn sie
erschöpft vor seinem Hause ankamen, schon weg zu irgendwelchen
Geschäften, oder er ließ sich verleugnen, weil er ausschlafen wollte.
Dann war der lange Weg umsonst gewesen. Wir werden im nächsten
Kapitel ein Gedicht kennenlernen, in dem Martial einem solchen
Patron resigniert das Klientelverhältnis aufkündigt (V,22).

Mit der morgendlichen *salutatio* waren die Pflichten des Klienten
jedoch noch keineswegs erfüllt: Falls der Patron es wünschte, mußte er
ihn danach noch auf dem Wege hinunter ins Stadtzentrum zu Amts-

geschäften, Gerichtsterminen oder ähnlichem mehr geleiten (*prosequi*) und wieder zurück (*domum reducere*), am Nachmittag unter Umständen auch zum Sport und ins Bad – und dies eventuell zu ungewöhnlich später Stunde und in ein Bad, das er selber nicht so besonders mochte[15]; an Festtagen mußte er mit ihm in den Zirkus oder ins Theater gehen; oder er mußte ihn auf Reisen begleiten und sich dann im Reisewagen allerlei belanglosen small talk anhören. «Wie spät ist es? Wie schätzt du die Chancen des Gladiators X gegen den Gladiator Y ein? Die Morgen sind jetzt schon ganz schön kalt!» und so fort.[16]

Auf der anderen Seite hatten natürlich auch die Patrone nicht immer ein leichtes Leben: Wie ihre Klienten, so waren auch sie durch die Sitte der *salutatio* gezwungen, zeitig aufzustehen.[17] Nachdem diese mit der zweiten Stunde erledigt war, hatten sie gewöhnlich Verpflichtungen auf dem Forum: als Magistratsperson, als Senator, oder – was immer wieder genannt wird, weil es das typische *officium* eines Senators war – als Anwalt (*causidicus*). Diese Geschäfte konnten sich bis zur achten Stunde und noch länger hinziehen.[18] Normalerweise nahmen sie allerdings (nach Martial IV,8,3) nur den Vormittag bis in die fünfte Stunde hinein in Anspruch, und schon in der sechsten begann die Mittagsruhe, die bis zum Ende der siebenten dauerte. Das Übliche war also (glückliche Zeiten!) ein Sechsstundentag, wobei die *salutatio* mit eingerechnet ist. Ein anonymes, für eine Sonnenuhr bestimmtes griechisches Epigramm der Anthologia Graeca (X,43) formuliert diese menschenfreundliche Regel so:

«Sechs Stunden Arbeit genügen; die folgenden Stunden des Tages rufen mit deutlicher Schrift: «Lebe!» den Sterblichen zu.»[19]

In der Mittagspause nahm man eine kleinere Mahlzeit, das *prandium*, zu sich und hielt, falls man zu Hause war, auch ein Mittagsschläfchen (*meridiatio*). Danach war es Zeit für Sport und Bad. Zwar wurden die großen öffentlichen Badeanstalten (*thermae*), denen auch Sportstätten (*palaestrae*) angeschlossen waren, schon vorher geöffnet – Martial spricht X,48,4 von der sechsten Stunde –, aber es empfahl sich nicht, schon so zeitig hinzugehen, weil sie in den ersten Stunden, um die Warmwasserabteilungen (*calidaria*) in Gang zu bringen, besonders stark angeheizt wurden und das Badewasser infolgedessen dampfend heiß war[20]. Die übliche Badezeit war die achte und neunte Stunde. Wer lange von Geschäften aufgehalten wurde, konnte auch noch in der 10. Stunde oder noch später baden.

Mit Ende der neunten Stunde, also recht früh, war es dann Zeit, zur Hauptmahlzeit (der *cena*) Platz zu nehmen.[21] . Falls es sich um ein *convivium* handelte: um ein Essen mit anschließendem Gelage, konnte sich das Beisammensein bis in die Nacht hinein ausdehnen. Wir werden im Kapitel X davon noch ausführlicher sprechen. Die gemachten Angaben stellen natürlich nur den Durchschnittsfall dar. Aus uns bei verschiedenen Autoren erhaltenen Tageslaufbeschreibungen[22] ist zu ersehen, wie der einzelne je nach seinen besonderen Bedürfnissen davon abweichen konnte. Der normale Ablauf, den ich hier beschrieben habe, ist am knappsten zusammengefaßt in einem Martialgedicht, dessen Übersetzung an den Schluß gestellt sei. Es ist an einen Hofbeamten namens Euphemus gerichtet, der damals (88 n. Chr.) offenbar für die Organisation der *convivia* im kaiserlichen Palast zuständig war. Martial möchte erreichen, daß dort einmal in vorgerückter Stunde, wenn die Stimmung sich schon gelockert hat, seine Epigramme vorgetragen werden und so der Kaiser auf ihn aufmerksam gemacht wird (IV,8):

«Die erste und die zweite Stunde erschöpft die Klienten, die ihren
    Patronen die Aufwartung machen.
    Die dritte hält die heiseren Anwälte in Atem.
Bis zum Ende der fünften dehnt Rom seine verschiedenen Arbeiten
    aus.
Die sechste dient den Erschöpften zur Ruhe, die siebente wird
    dann die Ruhe beenden.
Die achte bis zum Ende der neunten reicht aus für die (*öl*)glänzende
    Palästra[23]
Dann heißt's, sich in die aufgeschichteten Polster (*der Speisesofas*) zu
    legen.
Die zehnte, Euphemus, ist die Stunde meiner Gedichte,
    (*jene Stunde*), da deine Sorgfalt über das Mahl wacht
und der gütige Kaiser sich an himmlischem Nektar erquickt und in
    seiner mächtigen Hand maßvolle Becher hält.
Dann gewähre meinen Scherzen Zutritt – denn es scheut sich meine
    Muse, ausgelassenen Schrittes
am *Morgen* schon dem höchsten der Götter zu nah'n.[24]

IV.

DER ESQUILIN

Ein Römer, der auf die *sportulae* angewiesen war, die er von seinen Patronen erhielt, mußte sich, wie wir gesehen haben, sehr früh auf den Weg begeben, um ihnen allen innerhalb der dafür vorgesehenen Zeit seine persönliche Aufwartung machen zu können. Sie wohnten in der Regel in anderen Wohnvierteln als er, manchmal weit entfernt. Einer von den Patronen Martials z. B. hatte sein Haus auf der anderen Tiberseite[1], ein anderer namens Paulus auf dem Esquilin. Dieses Stadtviertel, das in der Antike *Esquiliae* hieß, war offenbar eine typische Wohngegend von reichen Patronen.[2] Begleiten wir den Dichter einmal auf seinem Weg dorthin.

Zunächst mußte er hinunter in die *Subura*. Dort folgte er der Hauptstraße, dem *Argiletum* (dessen Verlauf ungefähr, nur parallel ein wenig verschoben, der heutigen Via Cavour entsprach), bis auf die Höhe des heutigen Largo Venosta und bog dann in eine nach rechts abzweigende Straße ein, den *Clivus Suburanus*, welcher in seinem ersten Stück ungefähr der heutigen Via in Selci entsprach.

Die Porticus Liviae
(Ovid, Fasti VI,637–643)

Hier kam er zunächst an der *Porticus Liviae* vorbei, einer großen Säulenhalle, die sich auf einen rechteckigen Innenhof hin öffnete, in dessen Mitte ein Heiligtum der *Concordia* (der personifizierten Eintracht) stand (Abb. 10 und 11). Augustus hatte sie 7 v. Chr. an der Stelle erbauen lassen, wo vorher der weitläufige Stadtpalast des steinreichen, wegen seiner Grausamkeit berüchtigten Vedius Pollio gestanden hatte. Von diesem wird berichtet, daß er in großen Bassins Muränen hielt (das sind aalartige, bis zu eineinhalb Meter lang werdende Raubfische mit einem gefährlich spitzen Gebiß). Ihnen warf er die Sklaven vor, die er aus irgendeinem Grunde mit dem Tode bestrafen wollte, – nicht (so erklärte er), weil er die Muränen nicht mit anderem Fleisch hätte füttern können, sondern weil auf keine andere Weise ein Mensch so gründlich zerrissen werden könne.[3] Cassius Dio erzählt[4], daß einmal, bei einem Gastmahl, an dem auch Augustus teilnahm, der Sklave, der als Mundschenk fungierte, aus Versehen einen kostbaren Kristallbecher zerbrach. Sofort ordnete Pollio die Muränen-Strafe an. Der Sklave warf sich dem Kaiser zu Füßen und bat

Abb. 10: Die Porticus Liviae und ihre Umgebung auf Fragmenten des antiken Stadtplans von Rom, der sogenannten Forma Urbis. Sie war auf Marmorplatten eingemeißelt, die an der Wand eines Raumes des Vespasiansforums angebracht waren (s. u. Abb. 27, Position D).

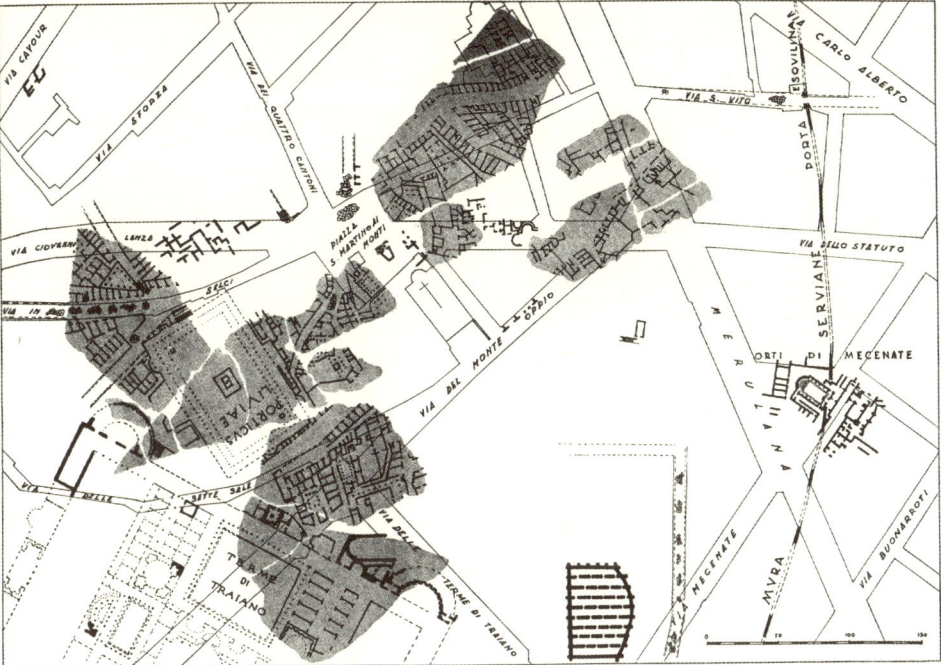

Abb. 11: Die Fragmente von Abb. 10, in den modernen Stadtplan der Gegend eingezeichnet. Wie man sieht, war der antike Stadtplan nicht nach Norden orientiert.

ihn um Fürsprache. Aber Pollio ließ sich nicht umstimmen. Da befahl Augustus, daß ihm alle bei dem Gastmahl verwendeten Kristallbecher gebracht würden, und ließ sie sämtlich zerschlagen. Nun konnte der Hausherr seinen Sklaven nicht gut mehr bestrafen und begnadigte ihn widerwillig.

Der Palast des Pollio ging nach seinem Tod in den Besitz des Kaisers über. Der ließ ihn dem Erdboden gleichmachen und an seiner Stelle die Portikus und das Heiligtum errichten, die er dann dem Gemeinwesen schenkte: *ex privato in publicum restituit*, wie es in einer am Ort gefundenen Inschrift heißt.[5] Nichts mehr sollte an den reichen Sadisten erinnern[6], und die Übereignung an das Gemeinwesen sollte als Demonstration gegen allen privaten Luxus verstanden werden.

Auch die Weihung des Heiligtums an die Personifikation der Eintracht (*Concordia*) und die Benennung der Anlage nach Livia, der Frau des Kaisers, war propagandistisch gemeint: Damit sollten die Bestrebungen des Kaisers unterstrichen werden, der der Institution der Ehe wieder Achtung in der römischen Gesellschaft

zu verschaffen suchte: Livia selbst vollzog die Weihung des
neuen Heiligtums, zum Zeugnis für die vorbildliche eheliche Eintracht, in der sie mit dem Kaiser zusammenlebe (Ovid, Fasti
VI,637 ff.)[7]:

«Dich auch, (*heilige*) Eintracht, ehrt mit einem prächtigen Tempel
    Livia – (*dich Eintracht*), die sie ihrem teuren Manne selber gewährt
    hat.
Erfahre dennoch (*obwohl es spurlos beseitigt worden ist*), kommende Zeit
    (*was vorher hier war*): wo jetzt Livias
Säulenhalle steht, da befanden sich (*einst*) die Gebäude eines uner-
    meßlichen Palastes;
ein einziger Palast war so groß wie eine ganze Stadt und nahm einen
    Raum ein,
größer als viele Landstädte ihn mit ihren Mauern umschließen.
Er wurde dem Erdboden gleichgemacht, nicht weil man seinem Besit-
    zer Streben nach Königsherrschaft vorgeworfen hätte,
sondern weil er durch seinen Luxus ein schlechtes Beispiel zu
    geben schien.
Der Kaiser nahm es auf sich, ein so großes Bauwerk abzureißen,
    und so große Werte, die durch Erbschaft sein Eigentum geworden
    waren, zu zerstören:
So ist man (*in rechter Weise*) Zensor, *so* schafft man Vorbilder,
    wenn der Sittenrichter das, wozu er andere ermahnt, selber vor-
    macht.»

Doch kommen wir zurück zu Martial, der auf dem Weg zu Paulus,
seinem auf dem Esquilin wohnenden Patron, ist: Hinter der *Porticus
Liviae* begann der *Clivus Suburanus* steiler anzusteigen; und wenn
Martial ihn kurz vor Sonnenaufgang hinaufging, war er meist völlig
verstopft von langen Zügen hintereinander gekoppelter Zugtiere (*man-
drae*), die mit schweren Marmorblöcken beladene Lastwagen zogen –
wohl eine Auswirkung des gleich beginnenden innerstädtischen Ver-
kehrsverbots – und der felsige Grund, auf dem er ging, war ver-
schmutzt von den lehmigen Schuhen der morgendlichen Passanten
(Martial V,22,5–8):

«Man muß (scil. *um dich, Paulus, aufzusuchen*) die hoch hinaufsteigende
    Gasse des Clivus Suburanus bewältigen,
    und den von den immer lehmigen Tritten (*der Passanten*) schmutzi-
        gen Felsen,
und kaum kommt man zwischen den langen Reihen der Maultiere
    hindurch

und den Marmorblöcken, die man, an vielen Tauen gezogen, daherkommen sieht...»

An einem bestimmten Punkt (in der Nähe der heutigen Kirche S. Martino ai Monti) kam dann eine Brunnenanlage in Sicht, die hier zwar nicht erwähnt wird, aber in einem anderen Gedicht Martials: Naß vom Strahl der Fontänen stand da Orpheus, auf seiner Leier spielend, und rings um ihn herum die staunend lauschenden Tiere.[8] Wo Martials Patron genau wohnte, läßt sich nicht mehr feststellen. Wir erfahren nur, daß der Dichter, als er ganz und gar erschöpft und mit naßgeschwitzter Toga (*togula madente*) endlich das Haus erreicht, vom Pförtner erklärt bekommt, der Herr sei nicht zu Hause. Das ist offensichtlich eine Ausrede: Paulus schläft noch. Und deshalb kündigt ihm Martial denn auch am Ende des Gedichts das Klientelverhältnis auf:

«Wenn du (*zur Stunde der salutatio*) noch nicht ausgeschlafen hast, kannst du auch nicht Patron sein – wenigstens nicht *meiner!*»
(*rex*[9], *nisi dormieris, non potes esse meus.*)

Lassen wir den enttäuschten Martial wieder heimgehen (oder, was wahrscheinlicher ist, zum nächsten Patron weiterziehen) und schauen wir uns in dieser Gegend noch ein wenig um.

Ein Privatpark über Massengräbern
(Horaz, Sermones I,8,8–16)

Der *Clivus suburanus* führte auf ein Stadttor der Servianischen Mauer zu, auf die *Porta Esquilina*. Sie wurde in Augusteischer Zeit erneuert und hat überraschenderweise die Zeiten überdauert; in der Via S. Vito kann man sie besichtigen (Abb. 12 und 13). In den Handbüchern wird sie unter der Bezeichnung *Arcus Gallieni* geführt, nach einer erst sehr viel später (262 n. Chr.) auf ihr angebrachten, diesen Kaiser nennenden Inschrift. Trat man durch sie hindurch, dann bot sich in *republikanischer* Zeit draußen vor der Stadt ein unheimlicher, ja grauenvoller Anblick: Durch Grenzsteine (*cippi*) war hier entlang der Straße ein Geländestreifen von ungefähr 300 x 90 m als Armen- und Sklavenfriedhof abgegrenzt. Sklaven wurden in der Antike bekanntlich nicht als vollwertige Menschen betrachtet, sondern als sächlicher Besitz, nur daß dieser hier auf Menschenfüßen lief. Die Griechen bezeichneten einen Sklaven infolgedessen mit dem sächlichen Wort ἀνδράποδον: «Sache mit Füßen wie ein Mensch» (so wie sie ein Stück Vieh als

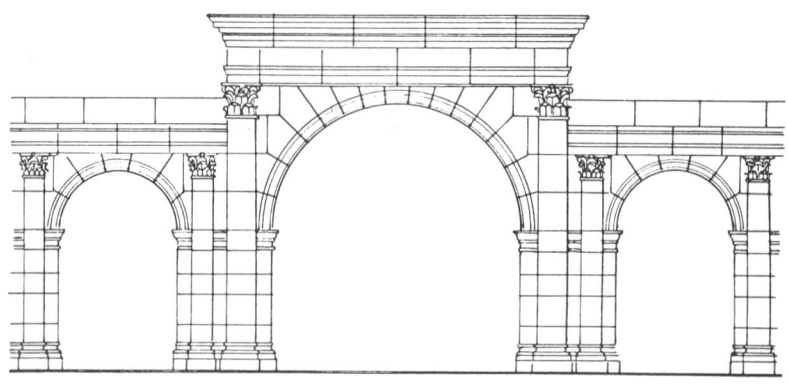

Abb. 12: Porta Esquilina (Arcus Gallieni), heutiger Zustand

Abb. 13: Porta Esquilina, Rekonstruktion nach G. Gatti

«Vierfüßler», τετράποδον, bezeichneten), oder auch als παῖς (lateinisch: *puer*): «Knaben» – wohlgemerkt ganz unabhängig vom Alter des betreffenden Sklaven –, billigten ihm also allenfalls den Status eines unmündigen Kindes zu. Ein solcher «Gegenstand» verlor, sobald er durch den Tod «unbrauchbar» geworden war, natürlich jeden Wert und wurde weggeworfen wie ein nicht mehr funktionsfähiges Gerät.

In Rom wurden die Leichen von Sklaven hier herausgebracht und in vorbereitete Gruben von vier bis fünf Meter im Quadrat geworfen, in denen sie dann unter freiem Himmel verrotteten. Das Gelände wurde deshalb mit dem Pluralwort *puticuli* bezeichnet[10], was sich entweder von *puteus* («Grube») oder von *putescere* («verwesen») ableitet. 1874 hat man beim Bau von Miethäusern in dieser Gegend nicht weniger als 75 solcher Massengräber gefunden![11] Die verwesenden Kadaver lockten Wölfe und Aasvögel an, welche Leichenteile hierhin und dorthin verschleppten.[12] Überall sah man verblichene Knochen herumliegen, und die Gegend galt sicherlich zu Recht als ungesund. Auch eine Hinrichtungsstätte war in der Nähe.[13]

So sah es also hier in republikanischer Zeit aus. Dann aber – zwischen 40 und 35 v. Chr. – ließ Maecenas, der reiche und mächtige Freund Octavians (des späteren Augustus) und berühmte Gönner der Dichter Horaz, Vergil und Properz, dieses unheimliche Gräberfeld einebnen und über ihm einen Park anlegen: die *Horti Maecenatis*. Die längst funktionslos gewordene alte Stadtmauer, die hier durch eine breite Aufschüttung (*agger*) hinterfangen war, wurde in die Gartengestaltung mit einbezogen und zu einem erhöhten Spazierweg umgestaltet.

Von alledem wissen wir unter anderem durch eine Satire des Horaz. Der Dichter läßt dort eine Gartenfigur dieses Parkes sprechen, ein hölzernes, roh geschnitztes Standbild des Fruchtbarkeitsgottes Priapus, wie es die Römer zur Abschreckung von Vögeln und Dieben aufstellten. So ein Gartenpriap trug in der Rechten eine Sichel, und aus dem Unterleib ragte ihm ein ungeheures, rot angemaltes Glied hervor. Folgendes sagt er bei Horaz über den Garten, den er bewacht (Sermones I,8,8–16):

«Hierher wurden *früher* die Leichen von Sklaven gebracht, die man aus
    den engen Zellen (*die sie bewohnt hatten*) hinausgeworfen
    hatte.
Mitsklaven hatten sie für den Transport in einen billigen Kasten gelegt;
dies hier war (*auch*) der gemeinschaftliche Begräbnisplatz für die arme
    Plebs:
Dem Spaßmacher Pantolabus und dem (*ruinierten*) Verschwender No-
    mentanus räumten

hier Grenzsteine ein vorn 1000 Fuß breites, 300 Fuß tiefes, «unveräu-
ßerliches Grab»[14] ein.

Jetzt aber kann man auf dem Esquilin wohnen, denn er ist nun eine
   gesunde Gegend, und kann
auf dem sonnenbeschienenen Stadtwall spazieren gehen, von dem
   man noch vor kurzem bedrückt
auf ein häßliches, von bleichen Knochen übersätes Feld hinaus-
   schaute.»

Aussicht vom Turm des Maecenas
(Horaz, Carmina III,29,5–12)

An einem genauer nicht mehr bestimmbaren Ort in diesem Park[15] ließ
Maecenas sich ein turmartiges Gebäude, später «Turm des Maecenas»
(*turris Maecenatis*) genannt, errichten, von dessen Obergeschoß oder
Dach aus er Aussicht über die ganze Stadt hatte, oder, wenn er nach
Osten und Südosten und Süden blickte, auf die fernen Sabiner- und
Albanerberge. Auf diesen Blick spielt Horaz am Anfang seiner Ode
III,29, der sogenannten «Großen Maecenas-Ode» an.

Wir müssen, wenn wir dieses Gedicht lesen, uns in die Zeit zwischen 30 und 23 v. Chr. zurückdenken. Es ist Juli, die Zeit der größten
Sommerhitze. Jeder, der es sich leisten kann, hat sich aus Rom in die
kühleren Gebirgsorte der Umgebung geflüchtet. Maecenas jedoch,
von Staatsgeschäften aufgehalten, weilt noch immer in der Stadt.
Horaz möchte ihn dazu bewegen, wenigstens vorübergehend einmal
die Politik Politik sein zu lassen und zu ihm auf sein schlichtes Landgut
in die Sabinerberge herauszukommen: Dort sei schon alles für ein
festliches *convivium* bereitet (VV, 25–12):

«... Entreiß dich allem, was dich aufhält,
und begnüg' dich nicht immer damit, nach dem wasserreichen Tibur
   und nach Aefulas[16]
Abhängen (*sehnsuchtsvoll bloß*) zu schauen und nach dem Höhenzug
   von Tusculum[17];

verlaß einmal (*deinen gewohnten*) Reichtum, der doch nur Überdruß
   erzeugt, und
deinen Riesenbau, der fast bis zu den hohen Wolken reicht;
vergiß einmal deine Bewunderung für das «glückliche»[18] –
das verqualmte, reiche, lärmende Rom.»

Von diesem Turm des Maecenas hat übrigens später, im Jahre 64
n. Chr., Nero dem großen Brand Roms zugeschaut, «die Schönheit der

Flammen genießend, wie er selber erklärte» (*laetus . . . flammae, ut aiebat, pulchritudine*), und dabei ein selbstkomponiertes Gedicht über die Einnahme und Brandschatzung Trojas rezitiert.[19]

Die gestörte Orgie
(Properz IV,8)

Bevor wir den Esquilin wieder verlassen, wollen wir uns noch eine Szene vergegenwärtigen, die sich hier oben einmal in Augusteischer Zeit abgespielt hat, und zwar im Hause des Dichters Properz. Nicht nur Reiche nämlich wohnten damals hier oben (wie Maecenas und später der jüngere Plinius[20]), sondern auch Prominente anderer Art: Vergil, Horaz und so eben auch Properz. Dieser Dichter hat uns vier Bücher Elegien hinterlassen. Thema der ersten *drei* (entstanden vor 20 v. Chr.) ist seine Liebesaffäre mit einer jungen Dame namens Cynthia. In einer Folge von über 80 Gedichten stellt er sie vom Anfang bis zum Ende dar: d. h. von jenem ersten, fatalen Moment an, da ihr Blick ihn «einfing», bis zu der abschließenden Szene, als er, ihrer dauernden Launen und Treulosigkeiten überdrüssig, ihr erklärt, er wolle nichts mehr von ihr wissen. In den Elegien des *vierten* Buches (um 16 v. Chr. herum verfaßt) wendet er sich dann anderen Themen zu. Aber zwei Gedichte sind auch hier noch der ehemaligen, inzwischen verstorbenen Geliebten gewidmet. In dem einen (IV,7) stellt er dar, wie sie ihm im Traum erscheint und wehmütig beteuert, daß sie ihm immer treu gewesen sei; in dem anderen (IV,8) erinnert er sich schmunzelnd an eine Episode aus jener längstvergangenen Zeit, bei der ihre kapriziöse Natur so ganz zum Vorschein gekommen war: Selber ständig treulos, erwartete sie von ihm bedingungslose Treue; selber unfähig zu wirklicher Liebe, war sie nichtsdestoweniger von wütender Eifersucht.

Daß die Szene sich auf dem Esquilin (den *Esquiliae*) abgespielt hat, erfahren wir gleich im ersten Vers des Gedichts. Die *Esquiliae* werden hier übrigens «wasserreich» (*aquosae*) genannt, wohl in Anspielung darauf, daß hier alle von Süden her kommenden Wasserleitungen, die seit der Zeit des Appius Claudius gebaut worden waren, zusammenliefen, bevor sie sich über das Stadtgebiet auffächerten: die *Aqua Appia* oder *Claudia* (erbaut 312 v. Chr.), der *Anio vetus* (272 v. Chr.), die *Aqua Marcia* (144 v. Chr.), die *Aqua Tepula* (125 v. Chr.), sicherlich auch schon die *Aqua Iulia* (33 v. Chr.). Auch auf die oben erwähnte Sanierung der Gegend durch die Einebnung des Armen- und Sklavenfriedhofes wird hingewiesen: Die *Esquiliae* werden nämlich als «neues Gebiet» (*novi agri*) bezeichnet.

Es war in einer Sommernacht jener Jahre. Der Dichter hatte sich darauf eingestellt, sie ohne die Geliebte verbringen zu müssen, denn diese war nach *Lanuvium* (einem Ort ungefähr 30 km südlich von Rom, dem heutigen Lanuvio) gefahren, angeblich, um dort an einem religiösen Fest zu Ehren der Göttin Juno teilzunehmen, in Wirklichkeit aber (glaubte er zu wissen), um mit einem reichen Rivalen zusammen sein zu können. In eifersüchtiger Phantasie malt er sich aus, wie Cynthia und ihr Galan in dessen großem (vierrädrigem), mit Seidenstoffen ausgeschlagenem, überdachtem und mit kurzgeschorenen Ponys bespanntem Luxuswagen (einem sogenannten *carpentum*) in rasender Fahrt auf der *Via Appia* nach Lanuvium fahren – Cynthia selber lenkt das Gefährt –, und so beschließt er denn trotzig, ihr einmal auch seinerseits untreu zu sein. Er lädt also zwei Frauen zu sich nach Hause ein, die bekannt dafür waren, daß sie, unter Alkohol gesetzt, schön in Schwung kamen: Die eine, in nüchternem Zustand eher steif, entfaltete dann plötzlich überraschenden Charme (V.30: *sobria grata parum: cum bibit, omne decet*); die andere, normalerweise ein anständiges Mädchen, verlor dann jede Hemmung (V.32: *candida – sed potae non satis unus erit*). Die kleine Party sollte in dem gegen Einsicht geschützten Garten des Hauses stattfinden. Wir können daraus schließen, daß Properz auf dem Esquilin ein Haus des aus Pompeji bekannten einstöckigen Typs hatte: Bei diesem Haustyp gelangt man von der Straße her zunächst in das Atrium, um das herum die einzelnen Räume angeordnet sind. Der Hauptraum, das *tablinum*, liegt dem Eingang gegenüber, und von ihm her hatte man dann, durch eine Flügeltür (*valvae*), Zugang zu dem dahinterliegenden geschlossenen kleinen Garten (*hortus*), der bei besseren Häusern von einer Säulenhalle umgeben war und dann *peristylium* genannt wurde[21] (Abb. 14). Hier hatte Properz ein Speisesofa aufstellen lassen, das wie üblich Platz für drei Personen bot (V.35):

«*eine* Liege für *drei* war auf lauschiger Wiese aufgestellt.
Du fragst nach der «Sitzordnung»[22]? Zwischen den beiden lag ich.
(*unus erat tribus in secreta lectulus herba.*
quaeris concubitus? inter utramque fui.)

Auch sonst hatte er alles wohl vorbereitet: Der Haussklave Lygdamus, auf dessen Diskretion er rechnen konnte, sollte den Mundschenk spielen, getrunken werden sollte (vorsichtshalber, da es voraussichtlich recht ausgelassen zugehen würde) aus billigen Glasbechern[23], der Wein jedoch, der die Damen in Fahrt bringen sollte, war von einer besseren, griechischen Sorte: lesbischer Wein aus Methymna. Zur Unterhaltung hatte Properz einen ägyptischen Flötenspieler engagiert sowie einen verwachsenen Zwerg, der zum Geklappere einer Kastagnettenspielerin (*crotalica*) etwas vortanzen sollte.

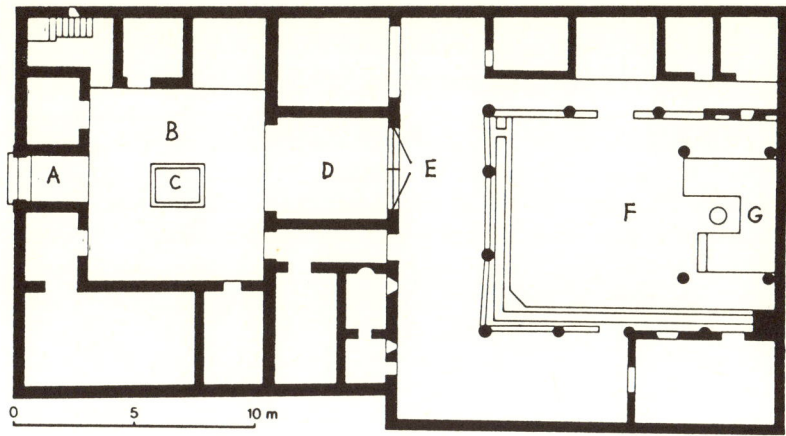

Abb. 14: Grundriß eines typischen Peristylhauses (Pompei, Haus des Trebius Valens)

A: vestibulum
B: atrium
C: impluvium (Bassin zum Auffangen des Regenwassers im Atrium)
D: tablinum

E: Flügeltür zwischen tablinum und peristylium
F: peristylium
G: Sommer-Triclinium

Trotz dieser sorgfältigen Vorbereitung wollte jedoch nichts klappen: Erst gingen, obwohl frisch aufgefüllt, die Öllampen aus; dann brach der vor dem Speisesofa aufgestellte Tisch zusammen; und als man zum Würfelspiel überging, wollte und wollte dem Gastgeber der Glückswurf nicht glücken, der sogenannte (*nomen est omen!*) Venuswurf; es kam immer nur der niedrigste Wert. Die drei spielten übrigens nicht mit Würfeln der uns vertrauten Art (*tesserae*), die es in der Antike auch schon gab, sondern mit Knöcheln (*tali*); gemeint sind die annähernd würfelförmigen Knöchel, die bei vielen Tieren das Wadenbein mit der Ferse verbinden (beziehungsweise Nachbildungen derselben). Jeder Knöchel konnte auf vier verschiedene Flächen fallen, denen die Nummern 1 3 4 6 zugeordnet waren. Man würfelte mit vier Knöcheln gleichzeitig. Vom Venuswurf sprach man dann, wenn jeder auf eine andere Seite fiel. Das Schlimmste aber war: Er war überhaupt nicht bei der Sache, obwohl die beiden Damen alle Anstrengungen machten, ihn zu animieren. Seine Gedanken schweiften immer wieder ab und wanderten fort zu jenem Festplatz vor den Toren von *Lanuvium*, wo er in diesem Augenblick seine Cynthia vermutete (Vers 47):

«Sie (*die beiden Mädchen*) sangen für einen Tauben, entblößten ihre Brüste für einen Blinden:

Ich aber, ach, vor den Toren von Lanuvium war ich mit mir allein.»
(*cantabant surdo, nudabant pectora caeco:*
Lanuvii ad portas ei mihi solus eram.)

Doch plötzlich sind vorn nach der Straße zu die knarrenden Angeln des
großen Haustores zu hören, dann aufgeregtes Gemurmel, und schon
wird die Flügeltür, die das *tablinum* mit dem Garten verband, weit
aufgerissen, und Cynthia erscheint, mit wildem Haar, blitzenden
Augen, hinreißend in ihrer Wut (Vers 52: *non operosa comis, sed furibunda
decens*). Properz läßt vor Schreck den Becher, den er in der Hand hält,
fallen und erbleicht bis an die Lippen. Cynthia verjagt zuerst die beiden
Rivalinnen – durch den Tumult wird das ganze Viertel aus dem Schlaf
geweckt –, dann stürzt sie sich auf ihn selbst, zerkratzt ihm das Gesicht,
beißt ihn in den Hals, boxt insbesondere auf seine Augen ein, die sich an
den entblößten Reizen der beiden Damen geweidet hatten. Schließlich
fällt er ihr zu Füßen und fleht um Gnade. Dazu ist sie jedoch nur unter
bestimmten Bedingungen bereit: Erst muß er ihr versprechen, nicht
mehr anderen Frauen nachzustellen – konkret: nicht mehr, elegant
gekleidet, auf dem Marsfeld in der Säulenhalle des Pompeius (*Porticus
Pompeia*), wo die römische Lebewelt sich traf[24], herumzupromenieren;
oder auf dem Forum, wenn dort Gladiatorenspiele vorbereitet wurden;
sich im Theater nicht mehr ständig nach den höheren Rängen, wo die
Frauen ihre Sitzplätze hatten, umzuschauen[25]; nicht mehr auf der Straße,
neben Sänften hergehend, mit den darin sitzenden Damen zu plaudern.
Außerdem muß er ihr noch zusichern, daß er den Sklaven Lygdamus, der
Komplize der Orgie gewesen war, sofort verkauft, und zwar in Ketten.
Dem armen Properz bleibt nichts übrig, als alles zu akzeptieren: «Sie
stellte ihr Bedingungen», heißt es Vers 81, «Ich antwortete: «Ich nehme
die Bedingungen an.» (*indixit leges: respondi ego «legibus utar».*). Nachdem er so kapituliert hat, bricht sie in ein triumphierendes Gelächter aus
und führt zum Schluß noch so etwas wie einen erotischen Reinigungs-
ritus durch: Jede Stelle, die von den beiden Mädchen berührt worden
war, wird mit Schwefeldämpfen desinfiziert, die Schwelle der Haustür
mit reinem Wasser abgewischt, das Öl der Lampen, die die nächtliche
Orgie beleuchtet hatten, erneuert – obwohl es doch, wie wir wissen[26],
gerade erst nachgefüllt worden war; auch seinen Kopf umräuchert sie
dreimal mit Schwefel. Erst dann läßt sie ihn als geheilt gelten, und beide
feiern, gleich auf dem Speisesofa (dessen sämtliche Decken vorher
natürlich ebenfalls ausgewechselt worden sind) in der angemessenen
Weise das Ende ihres erotischen Kriegszustandes (Vers 88):

... et toto solvimus arma toro.[27]

V.

DAS ALTE FORUM

Eine der Pflichten des Klienten war es, wie gesagt, den Patron zu begleiten, wenn dieser sich zu Geschäften aufs Forum begab. Das geschah gewöhnlich zu Beginn der dritten Stunde. Nehmen wir einmal an, der Patron wohnte wie Paulus oder wie Maecenas auf dem Esquilin. Dann gelangten er und die ihn begleitenden Klienten zum

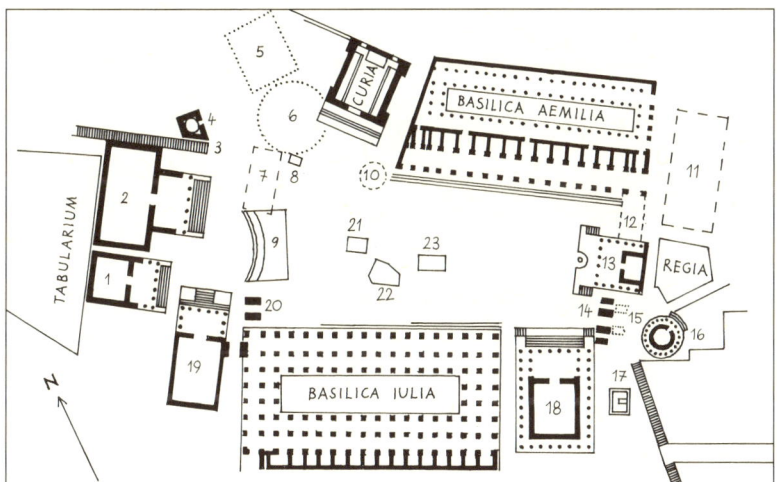

Abb. 15: Plan des Forums gegen Ende der Regierungszeit Domitians (96 n. Chr.)

1: Tempel des Vespasian und des Titus
2: Tempel der Concordia
3: Gemoniae
4: Carcer
5: Position der 52 v. Chr. abgebrannten Curia Hostilia
6: Comitium
7: Position des 203 n. Chr. errichteten Triumphbogens des Septimius Severus
8: Lapis Niger
9: Rostra des Augustus
10: Vermutete Position des Tempels des Ianus Geminus
11: Position des 141 n. Chr. errichteten

Tempels des Antoninus Pius und der Faustina
12: Partherbogen des Augustus
13: Tempel des vergöttlichten Caesar
14: dreitoriger Bogen des Augustus (neuer Actium-Bogen?)
15: älterer, eintoriger Bogen des Augustus (alter Actium-Bogen?)
16: Tempel der Vesta
17: Quelle der Iuturna
18: Tempel des Castor
19: Tempel des Saturn
20: Bogen des Tiberius
21: Statue des Marsyas
22: Lacus Curtius
23: Reiterstandbild Domitians

Forum, indem sie sich zunächst hinunter in die *Subura* begaben und dann deren Hauptstraße, das *Argiletum*, stadteinwärts gingen. Das *Argiletum* mündete ursprünglich (d. h. vor dem Bau des *Forum Transitorium*) direkt aufs alte Forum, das wir heute «Forum Romanum» nennen; in der Antike sprach man stattdessen einfach von dem *Forum*.

Der alte Janustempel
(Vergil, Aeneis I,291–296; VII,601–617)

In oder unmittelbar vor der Einmündung des *Argiletum* ins Forum (die Quellen sagen: *ad infimum Argiletum*) stand der alte Tempel des *Ianus Geminus*, des «zweigesichtigen Janus» (Abb. 16). Er hatte die Form

Abb. 16: Sesterz aus der Zeit Neros (65/66 n. Chr.): Tempel des Janus Geminus

eines Tordurchgangs: Zwei einander gegenüberliegende, von korinthischen Säulen getragene Torbögen waren seitlich durch Quadermauerwerk verbunden, das bis zu drei Vierteln der Säulen hinaufreichte; das oberste Viertel war durch ein Gitter verschlossen, darüber befand sich ein mit Rankenwerk verziertes Gebälk. Es war also ein nach oben offenes *templum* – dieses Wort bezeichnet im Lateinischen nämlich nicht ein Gebäude, sondern lediglich einen aus profanem Gelände ausgegrenzten heiligen Bezirk. In der Mitte des merkwürdigen Bauwerks stand, unter freiem Himmel, der Gott, mit seinen zwei Gesichtern durch die beiden Tore hinausschauend. Diese konnten durch Flügeltüren (*valvae*) verschlossen werden. Das durfte aber nur dann geschehen, wenn im ganzen Reich (*toto orbe terrarum*) Frieden herrschte – was selten genug vorkam: nur einmal in der Königszeit,

nur einmal in der gesamten Zeit der Republik, nämlich 235 nach dem
Ende des Ersten Punischen Krieges, immerhin dreimal (29, 25 und 13
v. Chr.) unter Augustus – ein Umstand, dessen er sich in seinem
Tatenbericht ausdrücklich rühmt – ; je einmal unter Nero (66 n. Chr.)
und unter Vespasian (um 70 n. Chr.).[1]
Die Schließung im Jahre 13 v. Chr. wird von Horaz im Schlußgedicht
des vierten Odenbuches gefeiert, und auch Vergil spielt mehrmals auf
diesen unter Augustus erneuerten Brauch an. So erzählt er im 7. Buch
seiner Aeneis, wie der König Latinus, als er den Trojanern unter
Aeneas den Krieg erklärt, «die Pforten des Krieges öffnen läßt»
(VII,601–617):

«Einen Brauch gab es im hesperischen Latium, den von da an die
    albanischen
Städte heilig hielten und noch jetzt die Hauptstadt der Welt,
Rom, einhält, wenn sie einen Krieg beginnen und in die ersten Kämpfe
    ziehen,
sei es nun, daß sie sich anschicken, mit (bewaffneter) Hand ins Land der
    Geten tränenbringenden Krieg zu tragen
oder zu den Hyrkanern oder Arabern, oder daß sie zu den Indern
    marschieren
und gen Sonnenaufgang hinziehen und von den Parthern die verlore-
    nen Feldzeichen[2] zurückfordern:
Es gibt die doppelten «Pforten des Krieges» (so nennen sie sie),
in Götterscheu geheiligt und in Furcht vor dem wilden Mars;
hundert eherne Riegel verschließen sie und die ewige Kraft
des Eisens, und nicht weicht der Wächter von der Schwelle, Janus.
Diese – sobald den Vätern[3] feststeht der Entschluß zum Kampfe –
entriegelt, angetan mit der purpurbesetzten Toga des Quirinus[4], nach
    gabinischer Sitte gegürtet,
der Konsul selbst – (entriegelt) die knarrenden Tore,
ruft selbst zum Kampf; ihm folgt die übrige Jugend,
und erzene Hörner stimmen in heiserem Chore zu.
Diesem Brauch gemäß den Aeneaden den Krieg zu erklären, wurde
    damals Latinus
aufgefordert, und die leidbringenden Pforten zu öffnen.»

An anderer Stelle in der Aeneis läßt Vergil den höchsten Gott, Jupiter,
mit folgenden Worten den Frieden voraussagen, den einst Augustus
den Römern bringen werde (I,291–296):

«... die rauhen Zeiten werden dann, nach Beilegung aller Kriege,
    milder werden:

die grauhaarige Treue und Vesta, Quirinus zusammen mit seinem
    Bruder Remus
werden Recht sprechen; die schrecklichen Pforten des Krieges werden
    mit Eisen und festen Riegeln
verschlossen; ruchlose Raserei wird drinnen,
auf wilden Waffen kauernd und mit hundert erzenen
Knoten rücklings gefesselt, gräßlich brüllen aus blutigem Maule.»

Beide Vergilstellen sind typisch für die Art und Weise, wie in der
Aeneis Geschichte, ja Zeitgeschichte, in eine mythische Vergangenheit
zurückprojiziert und dadurch verklärt wird.

Am Janustempel vorbeigehend trat man auf das Forum hinaus, und
wir wollen jetzt einmal den Anblick beschreiben, den es in spätaugu-
steischer Zeit bot. Versetzen wir uns in einen Betrachter, der zur
damaligen Zeit, in der Mitte des Forums stehend und langsam im

*Abb. 17: Blick auf die westliche Schmalseite des Forums. Im Vordergrund die Reste
der Basilica Iulia, dahinter die noch stehenden Säulen des Saturntempels. Die zwei
Säulen rechts davon gehören zum Tempel des Vespasian und des Titus. Im
Hintergrund der auf den Resten des Tabulariums errichtete Palazzo Senatorio.*

Uhrzeigersinn sich drehend, der Reihe nach die den Platz umgebenden Gebäude ins Auge faßte. Lassen wir ihn dabei mit der westlichen
Schmalseite des Forums beginnen (Abb. 17). Da damals der überdimensionierte Triumphbogen des Kaisers Septimius Severus (errichtet 203 n. Chr.) noch fehlte, wurde es noch mehr
als heute von dem auf hohem Unterbau stehenden *Tabularium* beherrscht. Das Gebäude, 78 v. Chr. statt eines abgebrannten Vorgän-
gerbaus neu errichtet, hat seinen Namen von den auf Bronzetafeln
festgehaltenen Staatsurkunden, die in ihm aufbewahrt wurden. – Vor
ihm, etwas nach rechts, stand der *Tempel der Concordia* (der personifizierten Eintracht des römischen Volkes). Er war 367 v. Chr. anläßlich
der Beilegung von innenpolitischen Auseinandersetzungen zwischen
Patriziern und Plebejern errichtet, 121 v. Chr. nach der Niederschlagung der gracchischen Revolution erneuert und dann, noch während
der Regierungszeit des Kaisers Augustus (31 v. Chr. bis 14 n. Chr.) von
dessen Stiefsohn und späteren Nachfolger Tiberius durch einen sehr
viel größeren und prachtvolleren Neubau ersetzt worden. – Rechts von
ihm führte eine Freitreppe hinauf zur «Burg» (*Arx*), wie die östliche
Kuppe des kapitolinischen Hügels genannt wurde. Sie trug den omi-
nösen Namen «Seufzertreppe» (*Gemoniae*): Vor ihr unteres Ende wurden nämlich mit einem Haken die Leichen der im Staatsgefängnis
Erdrosselten hingeschleift und abschreckend zur Schau gestellt.

Das Staatsgefängnis

(Sallust, Catilinae Coniuratio 55,3–6; Tacitus, Annales V,9)

Das Staatsgefängnis selbst, der *Carcer*, befand sich ein Stückchen
weiter hinten, dort, wo die Straße der Silberschmiede (der *Clivus
Argentarius*) von dem Stadttor unterhalb der *Arx* her auf das Forum
herunterkam. Ein Teil der Gefängnisräume waren in den Felsabhang
des kapitolinischen Hügels hinein ausgehauen; sie hießen deshalb
Lautumiae (von griechisch λατομίαι = «Steinbrüche»). Erhalten hat sich
in der Kirche S. Giuseppe dei Falegnami der Raum, der als «Todes-
zelle» diente: ein kreisrundes Gelaß, das nur durch ein Loch in seiner
Decke zugänglich war (Abb. 18). Es wurde *Tullianum* genannt, weil es
angeblich unter dem König Servius Tullius oder dem König Tullus
Hostilius errichtet worden war. Hier sind z. B. 121 v. Chr. die Anhänger des Revolutionärs C. Gracchus, 63 v. Chr. die in der Stadt verhafte-
ten Anhänger des Umstürzlers Catilina, 46 v. Chr. der Führer des
Gallieraufstandes gegen Caesar, Vercingetorix, und 31 n. Chr. der
Prätorianerpräfekt Sejan hingerichtet worden.
Die Hinrichtung der Anhänger Catilinas hat der Historiker Sallust in
seiner Schrift «Die Verschwörung des Catilina» (*Catilinae Coniuratio*)

Abb. 18: Das Tullianum, heutiger Zustand. Einer Legende zufolge soll auch der Heilige Petrus im Tullianum gefangengehalten worden sein und bei dieser Gelegenheit (wie auf dem Altarrelief dargestellt) die Wächter zum Christentum bekehrt und getauft haben. Deshalb wurde das Tullianum im XVI. Jahrhundert in eine Kapelle umgewandelt. Sie befindet sich im Kellergeschoß der Kirche S. Giuseppe dei Falegnami. Oben links ist die runde Öffnung zu erkennen, durch die in der Antike die zum Tode Verurteilten herabgelassen wurden.

erzählt und dabei auch eine kurze Beschreibung des *Tullianum* gegeben (55,3–6):

«Es gibt im Staatsgefängnis einen Raum, der Tullianum genannt wird. (*Man gelangt zu ihm*), wenn man (*vom Eingang her*) ein kleines Stück nach links hinaufsteigt. Er ist ungefähr 12 Fuß (= 4 m) in die Tiefe hinunter ausgeschachtet; ihn sichern ringsum Mauern, nach oben ist er durch ein steinernes Gewölbe abgedeckt. Durch seinen verwahrlosten Zustand, die Dunkelheit und den Gestank ist der Eindruck widerwärtig und schrecklich. In diesen Raum wurde Lentulus (*der Anführer der in der Stadt verbliebenen Verschwörer*) hinabgelassen, und ihn richteten diejenigen, die die Todesurteile vollstrecken, auftragsgemäß

hin: durch Erdrosseln mit dem Strang. So fand damals dieser Patrizier
aus dem hochberühmten Geschlecht der Cornelier, der einmal (*sogar*)
das Amt eines Konsuls bekleidet hatte, das seinen Sitten und Handlungen gebührende Ende. Cethegus, Gabinius und Caeparius wurden
in derselben Weise hingerichtet.»

Die Hinrichtung des Prätorianerpräfekten Sejan, der versucht hatte,
den Kaiser Tiberius zu stürzen, hatte Tacitus in einer verlorengegange-
nen Partie seiner Annalen dargestellt. Erhalten hat sich die Darstellung
des griechischen Historikers Cassius Dio (LVIII,9–11): Am 18. Oktober
des Jahres 31 n. Chr. war Sejan, nachdem Tiberius von seinen Um-
sturzplänen erfahren hatte, völlig überraschend aus einer Senatssitzung heraus verhaftet und sogleich ins Staatsgefängnis abgeführt
worden. Schon auf dem Wege dorthin bekam er die Volkswut, die sich
im Laufe der Zeit gegen ihn aufgestaut hatte, zu spüren: Er wurde
geschlagen, beschimpft, verhöhnt; man zwang ihn, mit anzusehen,
wie die ihm errichteten Ehrenstatuen umgestürzt und zertrümmert
wurden. Juvenal hat eben diese Szene als Exemplum für die Gefährlichkeit und letztliche Sinnlosigkeit der Machtgier anschaulich dargestellt.[5] Noch am gleichen Tag wurde er hingerichtet, sein Leichnam am
Haken zu den *Gemoniae* geschleift, dort drei Tage lang der Wut des
Pöbels preisgegeben und schließlich in den Tiber geworfen. Und schon
hatte auch die Treibjagd auf seine Freunde und Angehörigen begonnen. Der erhaltene Text der Taciteischen Annalen setzt mitten in der
betreffenden Schilderung wieder ein, und es wird deutlich, daß der
Historiker die Tendenz seiner Darstellung inzwischen geändert hat:
Nachdem er vorher Sejan und seine Parteigänger rücksichtslos bloßge-
stellt hatte, beginnt er jetzt, da sie selber zu Opfern geworden sind, auf
einmal das Mitleid der Leser für sie zu mobilisieren: Nicht sie sind jetzt
mehr das Hauptziel seiner moralischen Verurteilung, sondern der
Senat, der, vorher angstvoll unterwürfig gegenüber dem mächtigen
Mann, jetzt, nach seinem Sturz, um so rücksichtsloser gegen seine
Freunde und Angehörigen wütet – wohl auch aus Angst, wegen seiner
früheren Liebedienerei selber mit zur Verantwortung gezogen zu werden. Der Taciteische Bericht gipfelt in der mitleiderregenden Schilderung der Hinrichtung von Sejans noch minderjährigen Kindern (Annales V,9):

«Man beschloß danach, auch gegen die übrigen Kinder Sejans[6] vorzugehen, obwohl die Wut der Menge schon im Abnehmen begriffen und
die meisten durch die vorangegangenen Hinrichtungen besänftigt
waren. Also werden sie ins Staatsgefängnis gebracht, der jüngere
Sohn, der begriff, was ihm bevorstand, und das Mädchen, das so

ahnungslos war, daß es immer wieder fragte, wegen welchen Verge-
hens es denn weggebracht werde und wohin; sie verspreche, es auch
bestimmt nicht mehr zu tun, und man könne sie doch, wie man das bei
Kindern mache, mit der Rute züchtigen. Gewährsleute aus jener Zeit
berichten, sie sei, da es für die von den *tresviri capitales* angeordnete
Hinrichtung eines kleinen Mädchens keinen Präzedenzfall zu geben
schien, vom Henker unterm Strang noch geschändet worden; danach
seien beide erdrosselt und ihre Leichen, so jung sie waren, auf die
Gemonische Treppe geworfen worden.»

Gegenüber dem *Carcer*, auf der anderen Seite des *Clivus Argentarius*,
stand ursprünglich das Tagungsgebäude des Senats, die alte Kurie, die
noch auf den König Tullus Hostilius zurückgeführt und deshalb *Curia
Hostilia* genannt wurde. Sie brannte 52 v. Chr. unter tumultuarischen
Umständen ab: Publius Clodius, der skrupellose Demagoge und erbit-
terte Feind Ciceros, der diesen 58 v. Chr. in die Verbannung getrieben
hatte, war von den Leuten seines Gegners Milo umgebracht worden.
Seine fanatisierten Anhänger hatten die Leiche in die Kurie hineinge-
tragen und ihr dort aus den Sitzbänken, Tribünen, Tischen und Akten
einen Scheiterhaufen errichtet. Die Kurie und auch die benachbarte
Basilica Porcia waren in Flammen aufgegangen.[7] Der Senat beauftragte
sogleich den Sohn des Diktators Sulla, Faustus, mit einem Neubau, der
jedoch offenbar niemanden so recht befriedigte.[8] Das kam Caesar, der
damals noch Gouverneur der gallischen Provinzen war, sehr gelegen.
Er hatte nämlich schon 54 durch Mittelsmänner (Cicero und Oppius)
Grundstücke im Nordwesten des Forums aufkaufen lassen, mit dem
Ziel, dieses zu erweitern und bis zum *Atrium Libertatis* (dem Archiv der
Censoren auf dem Geländesattel zwischen Kapitol und Quirinal) hin
auszudehnen.[9] Geld hatte dabei keine Rolle gespielt, stand ihm doch
die riesige Beute seiner gallischen Kriege zur Verfügung. Er erbot sich
nun, die Kurie des Faustus Sulla wieder abzureißen und durch einen
repräsentativeren Neubau zu ersetzen. Diese neue, nach ihm be-
nannte, aber erst von Octavian 29 v. Chr. eingeweihte Kurie, die *Curia
Iulia*, wurde näher am Forum und mit anderer Orientierung als die
Vorgängerbauten errichtet. Dadurch ermöglichte es sich Caesar, das
von ihm aufgekaufte Gelände statt bloß für eine Erweiterung des alten
Forums für den Bau eines neuen Forums zu nutzen: des *Forum Iulium*.
Aber auch auf dem alten Forum erzwang die neue Position der Kurie
Veränderungen: Der Versammlungsplatz (*Comitium*) samt der dazugehörigen Rednertribüne (den *Rostra*) mußte weiter zur Platzmitte hin
verschoben werden. Das alte *Comitium* wurde eingeebnet und verschwand unter einer neuen Pflasterung, die neuen *Rostra* wurden in
der Längsachse des Forums und auf diese ausgerichtet gebaut.

Rechts neben der *Curia Iulia*, durch die schmale Einmündung des *Argiletum* von ihr getrennt, sah ein Betrachter in Augusteischer Zeit dann die Vorderfront der *Basilica Aemilia*, und die östliche Schmalseite des Forums (Abb. 19). Sie wurde durch den *Caesartempel* begrenzt. Sein Bau geht auf einen Senatsbeschluß des Jahres 42 v. Chr. zurück, der bestimmte, daß der an den Iden des März 44 ermordete Caesar von nun an als ein Gott zu verehren sei. Für den ihm zu errichtenden Tempel bot sich ein bestimmter Ort ganz von selber an: die Stelle auf dem Forum, wo sein Leichnam verbrannt worden war[10], nämlich an diesem östlichen Ende des Forums vor der *Regia* – die ja übrigens seit seiner Wahl zum *Pontifex Maximus* im Jahre 63 v. Chr. sein Amtssitz gewesen war. Der dort errichtete, allerdings erst 29 v. Chr. von seinem Adoptivsohn Octavian geweihte Tempel war nicht, wie sonst üblich,

Abb. 19: Blick auf die östliche Schmalseite des Forum (älteres Foto, zur Zeit der Forumsgrabungen am Anfang dieses Jahrhunderts aufgenommen). Im Vordergrund von links nach rechts: der Triumphbogen des Septimius Severus vor der von Kaiser Diokletian erneuerten Curia Iulia; die Reste der Neuen Rostra, erkennbar an ihren uns zugekehrten leicht konkaven Stufen; die zwei noch stehenden Säulen des Tempels des Vespasian und des Titus; die Front des Saturntempels; hinter diesem, in die Tiefe sich erstreckend, die Reste der Basilica Iulia, dann die drei noch stehenden Säulen des Castortempels auf ihrem hohem Podium. Links vom Castor-tempel, hinter der im Mittelgrund hoch aufragenden Phokas-Säule (6. Jahrh. n. Chr.) erkennt man die Reste des Podiums des Caesartempels; die halbrunde Einziehung seiner Vorderseite war zur Zeit der Aufnahme durch ein Schutzdach gesichert; noch weiter nach links der in eine Kirche umgewandelte Tempel des Antoninus und der Faustina.

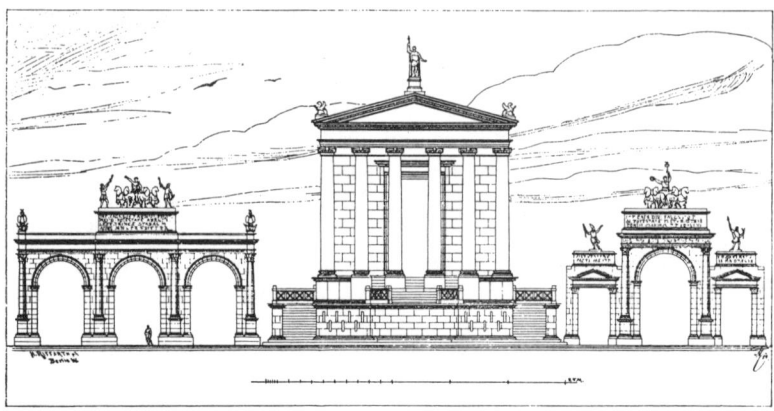

Abb. 20: Der Caesartempel mit den beiden ihn flankierenden Bögen. Rekonstruktionsversuch nach O. Richter.

von vorn her über eine Freitreppe zugänglich, sondern über zwei Treppen rechts und links. Die senkrechte Podiums-Vorderwand dazwischen war in der Mitte halbrund eingezogen, um Platz für einen runden Altar zu geben, der mit aller Wahrscheinlichkeit die Stelle bezeichnet, wo Caesars Leiche verbrannt worden ist. Das bronzene Kultbild im Tempel, das bei geöffneten Tempeltüren vom Forum her sichtbar war, zeigte den Vergöttlichten mit einem goldenen Stern auf der Stirn. Dieser erinnerte an den Kometen, der zur Zeit seiner Leichenfeier am Himmel erschienen war, was als Indiz für seine Erhebung unter die Götter ausgelegt worden war. Die Seitenwände des Podiums waren als Säulenhallen gestaltet.

Der Bau des Caesartempels störte das Erscheinungsbild des Forumplatzes erheblich. Die Vorderfronten der *Basilica Aemilia* und des Castortempels gerieten zum Teil hinter die östliche Platzbegrenzung, der Vestatempel gänzlich außerhalb. Die Störung war besonders spürbar, wenn man vom Forum aus in die Gassen rechts und links des neuen Tempels hinein sah. Augustus ließ deshalb den rechten, möglicherweise sogar beide Gasseneingänge durch Bögen monumental ausgestalten[11] (Abb. 20).

Rechts vom Caesartempel und dem an seiner Südflanke stehenden dreitorigen Bogen, schon wieder auf der Langseite des Forums, sah der Betrachter in augusteischer Zeit dann den *Tempel des Castor*, in dem aber auch Castors Bruder Pollux mit verehrt wurde. Die beiden Dioskuren (Söhne des Zeus und der Leda) waren der Legende nach 499 beim See *Regillus* den Römern gegen die mit dem vertriebenen König Tarquinius Superbus verbündeten Latiner zu Hilfe gekommen, und

auf dieses legendäre Ereignis wurde die Gründung des 484 v. Chr.
geweihten Tempels zurückgeführt.[12] Die Dioskuren galten seither als
eine Art Schutzpatrone Roms.
Der Reiter Castor war auch der Schutzpatron des Ritterstandes.
Dieser hatte im republikanischen Rom aufgrund der 218 beschlossenen
Lex Claudia de modo navium, welche Senatoren den Besitz von Handels-
schiffen untersagte, das Monopol im Großhandel und im Bankge-
schäft. Es ist deshalb nicht überraschend, daß der Castortempel u. a.
auch als Banktresor diente: «Geld auf die Bank tragen» heißt an einer
Stelle bei Juvenal (14,260): «beim wachsamen Castor Münzen hinterlegen» (*ad vigilem ponere Castora nummos*). Ebenso erklärt sich wohl, daß
sich hier eine Eichungsstelle für Gewichte befand.

Gerichtsverhandlungen in der Basilica Iulia
(Plinius, Epistulae VI,33; Martial VI,38)

Rechts vom Castortempel mündete eine *Vicus Tuscus* genannte Gasse
aufs Forum, auf deren anderer Seite dann die 101 m lange, zwei
Stockwerke hohe Front der *Basilica Iulia* begann (Abb. 21). Caesar hatte
sie anstelle eines älteren Gebäudes, der *Basilica Sempronia*, errichten
lassen. In ihren Arkaden waren Läden, vor allem aber die Stände der
Geldwechsler untergebracht. Im Innern fanden in der Kaiserzeit Gerichtsverhandlungen statt.[13] Hier tagte das Centumviralgericht, ein
Gerichtshof, vor dem Erbschafts- und Eigentumsprozesse verhandelt
wurden, wenn sie für eine Verhandlung vor einem Einzelrichter (*iudex
privatus*) zu heikel oder zu bedeutend waren. Das Centumviralgericht
war seit Tiberius (14–37 n. Chr.) einem der Prätoren zugewiesen; er
wurde *praetor hastarius* genannt, da die Verhandlungen unter dem
uralten Symbol des Eigentums, einer aufgepflanzten Lanze (*hasta*),
stattfanden. Es war in vier Kammern (*concilia, iudicia, collegia*) unter-
teilt, die in der Basilika normalerweise gleichzeitig tagten. Die Verhandlungen waren öffentlich, und wenn der Fall irgendwie sensatio-
nell war und bekannte Staranwälte auftraten, sammelte sich ein zahl-
reiches Publikum an, das bei rhetorischen Glanzleistungen der Anwälte in Beifallsgeschrei (*clamores* – und zwar rief man griechisch
σοφῶς = «gekonnt») ausbrach und dadurch die gleichzeitig nebenan
laufenden Verhandlungen unter Umständen erheblich störte.[14] Ein
solcher Staranwalt war der jüngere Plinius. Geboren 61 oder 62 n.
Chr., hatte er unter Domitian alle Staatsämter bis einschließlich der
Prätur nacheinander innegehabt. Unter Trajan erreichte er 100 das
Konsulat und verwaltete 110–112 die Provinz Bithynien (an der türki-
schen Nordküste), wo er wahrscheinlich gestorben ist. Uns ist von ihm
u. a. eine Sammlung Briefe (*Epistulae*) erhalten, die, an die verschie-

densten Adressaten gerichtet, sich durch ihre sorgfältige Stilisierung und thematische Beschränkung sogleich als literarische, d. h. von vornherein für eine Veröffentlichung bestimmte Briefe erweisen. In einem erzählt er von seinem Auftreten in einem Centumviralprozeß. Ich gebe eine Übersetzung (Epistulae VI,33):

«Lieber Romanus,
‹Legt alles weg› (*sagt Vulcan bei Vergil zu seinen Schmiedegesellen, als Venus ihn bittet, ihrem Sohn Aeneas neue Waffen zu schmieden*) ‹und räumt die begonnenen Arbeiten beiseite!›: Falls du gerade etwas schreibst

Abb. 21: Einer der beiden Plutei Traiani. So werden zwei marmorne Reliefplatten genannt, die man 1872 auf dem Forum gefunden hat und die heute in der Curia Iulia aufbewahrt werden. Auf der hier abgebildeten sieht man die Längsseite des Forums zum Palatin hin. Ganz links ist ein von Liktoren begleiteter Mann zu erkennen, der von einer Tribüne herunter zu vor ihm versammelten römischen Bürgern spricht. Die Tribüne ist die des Caesartempels; auf dem Original des Reliefs kann man nämlich bei genauerem Hinsehen an ihrer Vorderseite einen der dort befestigten Rammsporne (rostra) der von Octavian bei Actium 31 v. Chr. erbeuteten Kriegsschiffe erkennen. Im Hintergrund sind von links nach rechts angedeutet: ein Bogen, der vielleicht den neuen Actiumbogen des Augustus symbolisieren soll; der Tempel des Castor; und dann, durch die Einmündung des Vicus Tuscus von ihm getrennt, die Arkaden der Basilica Iulia. Vor ihnen ist, auf einem Sockel, die auf einem Thron mit Löwenfüßen sitzende Figur eines Mannes zu erkennen, dem eine Frau ein Kind entgegenhält. Es handelt sich mit großer Wahrscheinlichkeit um ein Denkmal, das die im Jahre 97 n. Chr. vom Kaiser Nerva zugunsten armer freigeborener Kinder gemachten Stiftungen (die sogenannten alimentationes) feierte. Trajan erneuerte diese Stiftungen. Also ist wohl er der Redner auf der Tribüne, dargestellt bei der Ankündung dieser Maßnahme. – Ganz rechts auf der Platte sieht man noch das auf dem Forum aufgestellte Symbol der römischen Bürgerfreiheit: eine Statue des Satyrs Marsyas, der einen Weinschlauch geschultert hat. Hinter ihm ein Feigenbaum.

oder liest, laß es weglegen, beiseite räumen und nimm meine Rede entgegen, die göttlich ist wie die Waffen des Aeneas (könnte ich mich stolzer ausdrücken?), oder, um im Ernst zu reden, nach dem Maßstab meiner anderen (*Reden*), schöner – denn mir genügt die Konkurrenz mit mir selber. Es ist ein Plädoyer für Attia Viriola, gleichermaßen außergewöhnlich wegen der gesellschaftlichen Stellung meiner Mandantin, der Seltenheit derartiger Fälle und der Größe des Gerichtshofes. Denn hier erhob eine Frau aus bester Familie, verheiratet mit einem ehemaligen Prätor, enterbt von ihrem achtzigjährigen Vater, knapp elf Tage, nachdem er ihr durch eine Liebesheirat eine Stiefmutter vor die Nase gesetzt hatte, vor allen vier Kammern gerichtlich Anspruch auf das väterliche Vermögen. Zu Gericht saßen 180 Richter – soviel nämlich kommen zusammen, wenn alle vier Kammern tagen –, beide Seiten hatten eine ungeheure Anzahl Anwälte aufgeboten und zahlreiche Bänke gefüllt, und außerdem umgab eine Korona ringsumstehender Zuschauer das riesige Richterkollegium in vielfachem Kreis. Außerdem war das Tribunal voll (*mit Amtspersonen*), und auch von den Emporen im Oberstock der Basilika streckten hier die Frauen, dort die Männer die Köpfe vor und bemühten sich, das (*was unten vorging*) zu verstehen (was schwierig ist) und zu sehen (was leicht ist). Große Spannung bei den Vätern, große Spannung bei den Töchtern, große auch bei den Stiefmüttern. Der Ausgang (*des Prozesses*) war unterschiedlich, denn zwei Kammern sprachen uns den Sieg zu, ebensoviele der Gegenseite. Äußerst merkwürdig und erstaunlich: in ein und derselben Sache, vor denselben Richtern, mit denselben Anwälten und zur selben Zeit eine so große Gegensätzlichkeit (*der Urteile*). Es ergab sich durch Zufall, was nicht wie Zufall aussah: Die Stiefmutter unterlag, erbte nur ein Sechstel, es unterlag Suburanus[15], der, vom Vater enterbt, mit einzigartiger Unverschämtheit das Vermögen eines fremden Vaters beanspruchte, nachdem er es nicht gewagt hatte, das seines eigenen für sich zu fordern.

Dies alles habe ich Dir erzählt, erstens damit Du durch den Brief erfährst, was Du der Rede selbst nicht entnehmen kannst; dann (denn ich will Dir alle meine Hintergedanken verraten), damit Du die Rede bereitwilliger liest – wenn Du (*nämlich*) das Gefühl hast, sie nicht bloß zu lesen, sondern bei der Verhandlung dabei zu sein. Und obwohl sie zugegebenermaßen lang ist, habe ich doch die Hoffnung, daß sie sich ebenso angenehm liest wie eine ganz kurze, denn durch die Fülle der Themen, die klare Gliederung, durch mehrere eingeschobene kleine Erzählungen und durch den vielfältigen Wechsel des Stils wirkt sie immer wieder neu. Sie hat – ich wage dies nur Dir gegenüber auszusprechen – viele feierliche, viele kämpferische, viele scharfsinnige Partien. Zwischen den leidenschaftlichen und erhabenen Passagen

war es nämlich öfter nötig, Berechnungen vorzuführen (fast daß ich
mir Rechensteine und ein Rechenbrett reichen lassen mußte!), so daß
man sich plötzlich vom Centumviralgericht vor den Einzelrichter versetzt glauben konnte. Ich überließ mich bald der Entrüstung, bald dem
Zorn, bald dem Schmerz und bewegte mich in dieser außerordentlich
umfangreichen Sache wie auf einem weiten Meer: nicht bloß *einen*
Wind ausnutzend. Kurz: Gewisse Leute aus meinem Freundeskreis
haben schon wiederholt das Urteil geäußert, diese Rede sei nach dem
Maßstab meiner anderen Reden (um das noch einmal zu wiederholen)
meine «Kranzrede».[16] Ob zu Recht, wirst *Du* am leichtesten beurteilen
können, da Du alle (*meine Reden*) so gut im Gedächtnis hast, daß Du sie
mit dieser hier, auch während Du nur diese hier liest, vergleichen
kannst.

Alles Gute!

Dein C. Plinius.»

Was die in diesem Brief enthaltenen *sachlichen* Informationen betrifft,
so erfahren wir, daß die vier Kammern des Centumviralgerichts, je 45
Richter, gelegentlich einen Fall gemeinsam (*quadruplici iudicio*, wie es
hier heißt) verhandelten, bei der Urteilsfindung dann aber offenbar
getrennt abstimmten. Wir erfahren weiterhin, daß bei Gerichtsverhandlungen Magistrate (Ämterträger) auf einem erhöhten Tribunal
(lateinisch: *tribunal*) Platz nahmen – nicht nur der das Gericht leitende
Magistrat (hier der *praetor hastarius*), sondern auch solche, die dem
Prozeß nur als Zuschauer beiwohnen wollten, so daß das Tribunal je
nach der Bedeutung des Falles mehr oder weniger stark besetzt sein
konnte. Hier war es *stipatum*: brechend voll. Das Gericht (hier also
nicht weniger als 180 Personen) und die am Prozeß beteiligten Personen (Klägerin, Beklagte, Zeugen und die *advocati* – womit nicht bloß
die Anwälte, die plädierten, sondern auch alle Personen bezeichnet
wurden, die der einen oder anderen Partei durch ihre Anwesenheit
moralische Unterstützung geben wollten) nahmen zu Füßen des Tribu-
nals auf Bänken (*subsellia*) Platz. Die nicht am Prozeß beteiligte Öffentlichkeit stand entweder in einer mehr oder weniger zahlreichen *corona*
um Tribunal und *subsellia* herum, oder sie schaute von den Emporen
des Oberstocks (*ex superiore basilicae parte*) herunter. Hier war offenbar,
wie im Theater, den Frauen ein abgesonderter Bereich reserviert.[17]
Übrigens: sogar Kinder wurden gelegentlich mitgenommen. Als ein
bekannter Anwalt namens Regulus einmal vor dem Centumviralgericht besonders glänzend plädiert hatte und dafür vom Publikum mit
Beifall bedacht wurde, stimmte plötzlich auch sein noch nicht ganz
dreijähriges Söhnchen, das mit seiner Mutter oben auf der Empore
saß, in das allgemeine Geschrei mit ein – ein Vorfall, den Plinius'

Zeitgenosse Martial zum Anlaß für ein kleines Gedicht nahm. Regulus ist wahrscheinlich identisch mit einem berüchtigten Denunzianten und Opportunisten der Neronischen und Domitianischen Zeit, der bei Plinius mehrfach und einmal auch bei Tacitus erwähnt wird[18], aber er war sehr reich, und das wird der Grund dafür gewesen sein, daß Martial sich auch bei ihm mit Gedichtchen dieser Art einzuschmeicheln versuchte (VI, 38):

«Siehst du, wie sogar der kleine, noch nicht einmal ganz dreijährige Regulus, nachdem er die Rede des Vaters gehört hat, Beifall spendet?
wie er, den Vater erblickend, den Schoß der Mutter verläßt
und sehr wohl spürt, daß der Ruhm des Vaters auch der seine ist?
Schon gefallen ihm, obwohl er doch noch nicht einmal richtig sprechen kann[19], das Geschrei, die hundert zu Gericht sitzenden Männer[20], das in dichter Korona
ringsum stehende Volk und die julische Halle.
Eines feurigen Rosses Fohlen hat *so* Freude daran, kräftig den Staub aufzuwirbeln,
so verlangt das kleine Böcklein, obwohl noch ohne Hörner auf der Stirn, zu kämpfen.
Ihr Götter, erfüllt, ich bitt' euch, der Mutter ihre Wünsche und dem Vater:
daß (*Vater*) Regulus einst so seinen Sohn (*unten*) hören möge, die Mutter Vater *und* Sohn.»

Doch zurück zu Plinius: Aus seinem Brief können wir auch einiges über das Selbstverständnis des römischen Anwalts lernen. Er verstand sich, anders als der heutige, eher als Redner denn als Jurist: Seine Aufgabe war in erster Linie das *persuadere*: die Überredung der Richter mit allen Mitteln, auch den psychologischen der Schmeichelei und der Affekterregung; das *docere* und *probare*: die sachliche Information und logische Argumentation waren für ihn nur Überredungsmittel unter anderen, und oft nicht einmal die wichtigsten. Die Rechtskenntnisse römischer Anwälte beschränkten sich infolgedessen auf das Elementare; für schwierigere Rechtsprobleme gab es Rechtsexperten (*iuris consulti*), die man zu Rate ziehen konnte. Rhetorisch dagegen waren sie auf das sorgfältigste geschult. Rhetorische Schulung galt überhaupt als der Inbegriff höherer Allgemeinbildung, und infolgedessen war jeder gebildete Römer rhetorisch versiert und interessiert. Die Leute, die Gerichtsverhandlungen besuchten, taten das weniger aus Sensationslust, als vielmehr um eine Kunst, die sie selbst einmal studiert hatten, in professioneller Anwendung zu erleben. Der Beifall der Korona galt hier den rednerischen Glanzleistungen der Anwälte, nicht ihrer juristischen Argumentation. Eitle Anwälte richteten infolgedessen ihre Anstrengungen fast ebensosehr darauf, die anwesenden Zuhörer zu Begeisterungsstürmen hinzureißen, als die Richter von der Richtigkeit des von ihnen vertretenen Standpunktes zu überzeugen – worauf es ihnen doch eigentlich allein hätte ankommen sollen. Und die vielgefeierten Staranwälte fühlten sich wie Halbgötter: Man lese nur, mit welch einer ungeheuren, durch eine schwache Andeutung von Selbstironie nur ungenügd kaschierten Eitelkeit Plinius hier die Vorzüge seiner Rede herausstreicht: Sie sei göttlich; sie sei trotz ihrer Länge ebenso kurzweilig zu lesen wie eine ganz kurze; sie sei, was die Erfindung betrifft, stoffreich, in bezug auf die Gliederung klar, durch eingestreute Anekdoten unterhaltsam; alle Register des Stils seien gezogen, sei sie doch bald erhaben (*elata, erecta*), bald kämpferisch (*pugnax, acer*), bald scharfsinnig (*subtilis*); er habe in ihr den Richtern alle Affekte (Entrüstung, Zorn, Schmerz) vorgespielt... Kurz, es sei die beste Rede, die er je gehalten habe, der Glanzrede des Demosthenes vergleichbar. Auch das gehört noch zu seiner Eitelkeit hinzu. daß er es als selbstverständlich voraussetzt, daß der Adressat des Briefes alle seine früheren Reden so gut wie auswendig kennt und jetzt alles stehen und liegen lassen werde, um die neue Rede zu lesen, deren Text Plinius ihm zusammen mit dem Brief übersendet. Die Redner der damaligen Zeit legten nämlich eine gehaltene Rede, nachdem sie vor Gericht oder im Senat ihren Zweck erfüllt hatte, nicht etwa beiseite, sondern arbeiteten sie sorgfältig aus, gaben sie dann zuerst Freunden zu lesen, deren Kritik sie zum Anlaß für weitere Verbesserungen nahmen, trugen sie später vor einem größeren geladenem Publikum vor, und veröffentlichten sie schließlich, in der Hoffnung, sich so vor Mit- und Nachwelt den Ruf eines neuen Cicero oder Demosthenes zu erwerben. In diesem Sinne schreibt Martial über Plinius (X,20,14–17):

«Jeden Tag von früh bis spät widmet er der strengen Minerva[21],
indem er für die Ohren der Centumviralrichter
seine Reden so ausarbeitet, daß die (*kommenden*) Jahrhunderte und die Nachfahren
sie sogar Ciceros Schriften an die Seite werden stellen können.»
(*Totos dat tetricae dies Minervae, / dum centum studet auribus virorum / hoc, quod saecula posterique possint / Arpinis[22] quoque comparare chartis*)

Die Pointe des Vergleichs, welche in den Antithesen *aures / chartae*, *centum viri / saecula posterique* enthalten ist, läßt sich so formulieren:

Plinius gibt sich für etwas, was eigentlich nur für den mündlichen Vortrag vor einem eng begrenzten Hörerkreis bestimmt ist, so viel Mühe, daß es, schriftlich fixiert, die Leser aller Zeiten beeindrucken wird. Damit hatte Martial dem eitlen Plinius aus dem Herzen gesprochen, wie dessen Nachruf auf Martial (Epistulae III,21) beweist. In ihm kann Plinius es sich nämlich nicht verkneifen, gerade diese Verse im Wortlaut zu zitieren. Sein Wunsch nach ewigem rhetorischem Ruhm ging allerdings nicht in Erfüllung, denn von seinen Gerichtsreden hat sich keine einzige erhalten, und selbst wenn wir sie noch hätten, würden sie wahrscheinlich allenfalls von Altphilologen gelesen. Zu dieser Vermutung berechtigt die erhaltene, unendlich lange und unendlich langweilige Lobrede des Plinius auf den Kaiser Trajan. Umgekehrtes gilt für Martial, von dem der eitle Plinius in eben diesem Nachruf gönnerhaft-herablassend sagt (III,21,6): «Was er schrieb, ist nicht für die Ewigkeit.» Gewiß, Martial schrieb seine Epigramme für den Tag, ohne nach Unsterblichkeit zu schielen. Gerade deswegen sind sie ganz frisch geblieben, haben eine ungeheure Nachwirkung gehabt und würden, könnten mehr Leute Latein, sicherlich auch heute noch nicht nur von den Altphilologen mit Vergnügen gelesen.

Caesar erzwingt sich den Zugang zum Staatsschatz im Tempel des Saturn
(Lukan III,113–168)

Daß in Rom die Rhetorik eine so beherrschende Rolle in der höheren Bildung spielte, als *die* Form sprachlicher Ausbildung, hatte zur Folge, daß sie mit der Zeit mehr und mehr auch nichtrhetorische Gattungen der literarischen Prosa (Geschichtsschreibung, Roman, Briefliteratur) infizierte – und auch die Dichtung. Diese zunehmende Rhetorisierung war um so verhängnisvoller, als infolge sich verändernder politischer Verhältnisse die Rhetorik selber mehr und mehr verkam. In den Zeiten der Republik hatte sie, als Kunst der Überredung, eine wichtige Funktion gehabt: Viele folgenreiche politische Entscheidungen wurden in Gremien (Senat, Volksversammlung, Gerichten) getroffen, und wer Einfluß auf sie nehmen wollte, mußte diese Gremien überreden. Die Rhetorik war in diesem Falle Mittel zu einem ernsthaften Zweck, und die Wichtigkeit der Sache, um die es ging, disziplinierte den Redner: Er wandte nur die rhetorischen Mittel an, die dem jeweils verfolgten Zweck dienlich sein konnten. Mit dem Aufkommen der Monarchie aber wurden solche Entscheidungen mehr und mehr zur Sache des Kaisers und seiner Berater: Die Volksversammlung wurde abgeschafft, der Senat verwandelte sich in eine Art Standesgerichtshof, die vor den Gerichten verhandelten Fälle hatten in der Regel keinerlei politische Bedeutung mehr. Die Rhetorik verlor so ihre Hauptbetätigungsfelder und wurde zum Selbstzweck; sie verkam zu einer Demonstration ihrer selbst. Das typischste Produkt dieser Entwicklung war die sogenannte Deklamation: Der Redner hielt vor geladenem Publikum über ein fiktives (dem Mythos oder der Geschichte entnommenes) Thema eine Rede, deren einziger Zweck es war, seine rhetorische Virtuosität zu demonstrieren. Ziel war nicht mehr Überredung, sondern der Beifall der Hörer. Alle dafür geeigneten rhetorischen Mittel wurden eingesetzt. Eine Tendenz zum hohen, aber leeren Pathos, zur geistreichen Sentenz, zu einer interessant indirekten, verrätselten Ausdrucksweise und zu ungewöhnlicher Wortwahl machte sich in der Redekunst breit – und griff mehr und mehr auch auf die rhetorisierte Literatur über.

Die im folgenden zu besprechende Passage ist dafür ein gutes Beispiel. Sie stammt aus Lukans «Pharsalia», einem zwischen 60 und 65 n. Chr. (in Neronischer Zeit also) verfaßten Epos über den Caesarianischen Bürgerkrieg. Sie bezieht sich auf den der *Basilica Iulia* benachbarten *Saturntempel*. Dieser uralte Tempel (497 v. Chr. gegründet, 42 v. Chr. erneuert), an dessen Einweihungstag, dem 17. 12., alljährlich die siebentägigen Saturnalien begannen, beherbergte in seinem hohen Unterbau den römischen Staatsschatz. Um ihn geht es in dieser Lukanpassage.

Zunächst der historische Vorfall, der hier dichterisch gestaltet wird: Nachdem Caesar am 10. Januar 49 den Rubikon (den Grenzfluß zwischen seiner Provinz und dem italischen Kernland) überschritten und damit den Bürgerkrieg eröffnet hatte, verfolgte er zunächst Pompeius, den Feldherrn der Gegenpartei, bis hinunter nach *Brundisium* (Brindisi), aber dieser konnte sich mit seinem Heer noch im letzten Moment

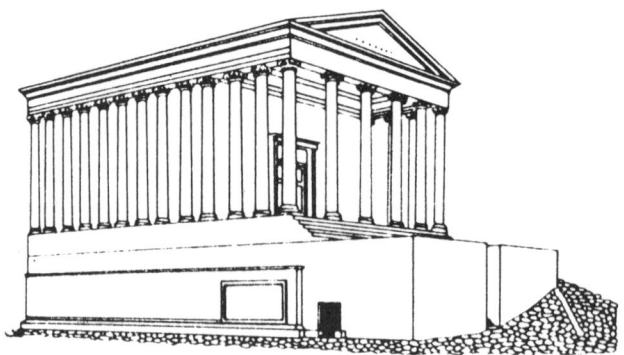

Abb. 22: Der Saturntempel. Rekonstruktion nach F. Coarelli

einschiffen und nach Westgriechenland entkommen. Caesar marschierte daraufhin nach Rom, um sich in den Besitz des Staatsschatzes
zu setzen. Aber vor der verschlossenen Tür des *Aerarium* – wahrscheinlich befand sie sich, genauso wie bei dem 42 v. Chr. errichteten
Neubau, dessen Reste sich erhalten haben, in der der *Basilica Iulia*
zugewandten Seite des Podiums[23] (Abb. 22 und 23) – trat ihm der
Volkstribun L. Caecilius Metellus entgegen, eine durch sein Amt nach
römischem Staatsrecht sakrosankte Person, und verwehrte ihm, unter
Berufung auf gesetzliche Bestimmungen, den Zutritt. Caesar erwiderte
zynisch, jetzt sei die Zeit der Waffen und nicht der Gesetze, und hieß
ihn, beiseite zu treten, auch ließ er Schmiede holen, die die verschlos-
sene Tür gewaltsam öffnen sollten. Als Metellus neuerlich den Versuch
machte, das zu verhindern, wurde Caesar wütend und drohte ihm den
Tod an.

Hören wir nun – wenigstens in Auszügen –, wie Lukan in seiner
pathetisch rhetorisierenden Manier diese Szene ausgestaltet hat (Pharsalia III,113–168). Die Passage wird eingeleitet mit dem Satz:

«Ob das Recht der Gewalt entgegentreten könne – durch *Einen*
erprobte es die Freiheit...»

(Man beachte die Personifikationen abstrakter Begriffe, die sich im
folgenden noch häufen werden.)
    Metellus eilt also herbei und nimmt vor der noch verschlossenen Tür
des *Aerarium* Aufstellung. Der Dichter kommentiert das mit einem
klagenden Ausruf:

«So sehr (*ist's wahr*), daß gegenüber Schwert und Tod furchtlos allein
    noch
die Liebe zum Gold zu sein versteht. Ohne jeden Kampf gehn unter
die aufgegebenen Gesetze – doch du, von allen Dingen das wert-
    loseste,
Reichtum, du lösest Kämpfe aus.»

(Die Klage ist deplaziert, da Metellus sicherlich nicht aus Habgier,
sondern aus grundsätzlichen Erwägungen Caesar entgegentrat – aber
der Dichter wollte die Gelegenheit nicht vorübergehen lassen, den
Allgemeinplatz von der Macht der Habgier einzufügen: Effekt geht
ihm über gedankliche Konsequenz.)
    Metellus schleudert also dem Caesar sein «Nur-über-meine-Leiche!»
entgegen:

Abb. 23: Eingang zum Aerarium im Podium des Saturntempels, Zustand heute

«Nur durch meine Seite wird euch, durchbohrt, der Tempel offen-
stehn,
und nur mit heiligem[24] Blut
besprizte Schätze wirst du, Räuber, davontragen!»

(Lukan läßt den Sprecher sich pathetisch mit dem *Aerarium* identifizieren: Wer seine Seite durchbohrt, durchbohrt die Seite des *Aerarium*.)
Daraufhin erwidert Caesar wutentbrannt: «Du bist mir viel zu unbe-
deutend, als daß ich dich umbringen würde» – in Lukans Worten:

«... nicht wird sich besudeln mit *deiner* Kehle
meine Hand, Metellus. Kein Ehrenamt wird
dich Caesars Zorn wert machen...»

(Die Entgegensetzung «dein / mein» ist im lateinischen sehr stark
hervorgehoben, und zwar durch die Anordnung der beiden Worte um
die Versgrenze herum: *isto / nostra*, sowie dadurch, daß die Antithese
noch einmal variierend wiederholt wird: *te Caesaris*.)
Diese verachtungsvolle Gegenüberstellung der eigenen Größe und
der Bedeutungslosigkeit des Metellus wird im folgenden bis ins Gro-
teske gesteigert:

«... Nicht bis zu diesem Grad hat mit dem Niedrigsten
die lange Zeit das Höchste gleichgestellt, daß die Gesetze, wenn sie
durch die Stimme eines *Metellus*
verteidigt werden, es nicht vorzögen, daß ein *Caesar* sie aufhebt.»

(Die Personifikation des Abstrakten – in diesem Fall der Gesetze – geht
hier soweit, daß ihnen ein eigenes Würdegefühl, ein eigener Stolz
zugeschrieben wird: Sie empfinden es – so die Unterstellung Caesars –
als Ehre, von ihm verletzt, als Ehrenkränkung, von einem so unbedeutenden Mann wie Metellus verteidigt zu werden.)
Als Metellus noch immer nicht weicht, so daß Caesar in seiner Wut
sich schon nach einer Waffe umschaut, tritt ein anderer Volkstribun
namens Cotta auf und redet seinem Kollegen Vernunft zu:

«Die Freiheit, sprach er, eines Volkes, das durch Tyrannei unterdrückt
wird,
geht durch Freiheit zugrunde, von der man (*sonst wenigstens*) einen
Schatten sich noch bewahrt,
wenn man alles Befohlene *will*.»

(Auffällig und wohl auch nicht auf den ersten Blick verständlich die
Formulierung «Die Freiheit geht durch Freiheit zugrunde» (*libertas*

libertate perit). Es handelt sich um eine Stilfigur, welche die Alten Oxymoron: «scharfsinnigen Unsinn» nannten. Sie offenbart ihren Sinn dann, wenn man erkannt hat, daß «Freiheit» beim ersten Mal im Sinn von «bloß äußerliche Form, äußerlicher Anschein von Freiheit», beim zweiten Male im Sinne von «wirkliche Freiheit, die sich in freien Handlungen äußert» gemeint ist: Der äußere Anschein einer längst verlorenen Freiheit läßt sich noch eine Weile aufrechterhalten, wenn man darauf verzichtet, auf wirkliche Freiheit zu bestehen: wenn man, mit anderen Worten, sich dem Tyrannen *freiwillig* unterwirft.)

Vor Drohungen zurückzuweichen (fährt Cotta fort) sei verzeihlich, wenn Widerstand sowieso zwecklos sei. Jetzt komme es nur noch darauf an, daß der Bürgerkrieg schnell beendet werde. Und was den Verlust des Staatsschatzes betreffe, so gelte:

«Verluste treffen Völker, wenn diese *(noch)* unter ihren eigenen Geset-
zen leben;
Armut, die Sklavin ist, ist nicht sich selber, sondern ihrem Herr'n zur
Last.»

(Man beachte wieder die Personifikation eines abstrakten Begriffs, welche eine extreme, sentenzhafte Verkürzung des Ausdrucks ermöglicht.)

Schon diese wenigen Beispiele genügen, um einen Eindruck von der Manier Lukans zu geben. Der Einfluß der zur Deklamation verkomme-nen Redekunst der Zeit macht sich in verheerender Weise bemerkbar. Das erste, was auffällt, ist das verkrampfte Pathos, von dem alles durchsetzt wird: Nicht nur die dargestellten Personen, sondern auch der Dichter selbst zeigt sich ununterbrochen von stärksten Affekten beherrscht. Es sind vor allem *moralische* Affekte wie Entrüstung, Scham, Stolz, Verachtung usw. Die Personen äußern sie in den zahl-losen Reden, die der Dichter ihnen in den Mund legt; der Dichter selbst in ausrufartigen Parenthesen, die er in seine Erzählung ein-schiebt, aber auch durch die reichliche Verwendung massiv wertender Ausdrücke. In der Lebenswirklichkeit ist die Sprache eines erregten Menschen eher schlicht, einfach: Die Erregung macht es ihm unmög-lich, nach geistreichem, geschliffenem Ausdruck zu suchen. Gerade das tut Lukan jedoch ständig, und das macht sein und seiner Personen Pathos so unglaubwürdig – zu einem «hohlen» Pathos. Kein Mensch könnte in einem Augenblick höchster Lebensgefahr (wie Metellus) oder in höchstem Zorn (wie Caesar) so kunstvoll gedrechselte Sätze von sich geben. – Mit diesem übersteigerten Pathos hängt es zusam-men, daß die Sprache außerdem noch in einem fort *emphatisch* ist, d. h. fast jedes zweite Wort trägt eine starke Betonung; die in der lateini-schen Dichtersprache hochentwickelte Technik der Worthervorhebung durch kalkulierte Wortstellung (auf die ich hier nicht näher eingehen kann) macht das möglich. – Schließlich ist noch eine starke Tendenz zur Sentenz (zur knappen allgemeingültigen Aussage) unübersehbar. Die damit einhergehende Abstraktheit wird ausgeglichen durch eine künstliche, nämlich *stilistische* Konkretisierung und Belebung: Ständig werden abstrakte Begriffe mit Verben verbunden, die eigentlich ein personenhaftes Subjekt erfordern, und werden so personifiziert. Solche Personifizierungen dienen oft gleichzeitig auch noch einer anderen Tendenz: der zur extremen Verkürzung, Verdichtung des Ausdrucks, mit der eine gewollte Dunkelheit einhergeht, die bis an die Grenze der Unverständlichkeit gehen kann. Die verdichteten, verrätselten Wendungen sollen den Leser zunächst verblüffen, ihm dann die Lust überraschenden Begreifens verschaffen. Die Extremform solcher Verrätselung ist das Stilmittel des Oxymoron, von dem wir eben ein Beispiel kennengelernt haben. – Sentenzen eignen sich, wegen ihrer Kürze und ihrer aufs Allgemeingültige zielenden Aussage, besonders gut zum Zitieren. Aber wenn sie, wie hier, in dichtester Folge auftreten, gleichsam abknattern wie die Raketen eines Feuerwerks, dann neutralisieren sie sich gegenseitig: Man stumpft schnell ab, und die Veranstaltung wird langweilig.

Hier noch der Schluß der Szene: Metellus läßt sich, nachdem Cotta ihm zugeredet hat, schließlich wegführen, und das *Aerarium* wird geöffnet:

«Da nun ertönt der Tarpeische Felsen und bezeugt mit lautem Knarren,
daß die Türflügel geöffnet worden sind; da nun wird der im innersten
Tempel verborgene,
seit vielen Jahren nicht mehr angerührte Schatz des römischen Volkes
hervorgeholt, den (*ihm*) die punischen Kriege,
den (*ihm*) Perseus eingebracht hatte, und die Beute des Sieges über
Philipp;
das Gold, was dir, Rom, Pyrrhus auf seiner hastigen Flucht zurückließ
(und für das Fabricius dich dem König nicht verkaufte),
das, was *ihr* aufbewahrtet, ihr Tugenden unserer sparsamen Vorfahren;
was die reichen Völker Asiens als Tribut schickten
und das Kreta des Minos dem Sieger Metellus übergab, was Cato über
ferne Meere heimbrachte von Zypern.
Da nun werden die Reichtümer des Orients und die Schätze der
gefangenen Könige, die ganz zuletzt noch
dem Triumph des Pompeius vorangetragen wurden,
herausgebracht[25]; erbärmlicher Raub leert den Tempel
und damals zuerst war Rom *ärmer* durch Caesar.»

(Die Schlußpointe spielt darauf an, daß Caesar Rom bisher immer –
z. B. durch die Beute seiner gallischen Kriege – *bereichert* hatte.)

Soviel zu Lukan und zum Saturntempel. Wir haben damit die Bauten,
die in augusteischer Zeit das Forum umgaben, allesamt besprochen.
Nun zu den Monumenten, die sich *auf* dem Forum befanden. Es waren
so viele, daß schon 158 v. Chr. die Zensoren all diejenigen entfernen
ließen, die nicht aufgrund eines Beschlusses des Senats und Volkes
von Rom aufgestellt worden waren.[26] Nur zwei davon sollen im
folgenden behandelt werden: der *Lapis Niger* und das Reiterstandbild
Domitians.

Der Lapis Niger
(Horaz, Iambi 16,1–14)

Der *Lapis Niger* («Schwarze Stein») war eine quadratische Platte, die
vor der *Curia Iulia* in die helle Travertinpflasterung des Forums eingelassen war, zum Zeichen, daß dieser Ort ein Ort der Trauer *(funestus)*
sei: Unter ihm befand sich angeblich das Grab des Stadtgründers
Romulus.[27] Man hat ihn 1899 bei Ausgrabungen wiedergefunden und
unter ihm die Reste eines Altars, daneben eine Statuenbasis und ein
Bruchstück eines in archaischem Latein beschriebenen Inschriften-
steins (Abb. 24). Die Inschrift ist allerdings so verstümmelt, daß man
sie nicht mehr verläßlich ergänzen kann. Sie sprach offenbar einen
Fluch gegen denjenigen aus, der diesen Ort entweihe, und auch von
einem König ist die Rede. So konnte leicht der Glaube entstehen, daß
es sich um ein Königsgrab handle.
   Auf dieses «Romulusgrab», daß damals vielleicht noch nicht verdeckt war, bezieht sich Horaz in seiner um 40 v. Chr. herum entstan-
denen 16. Epode, in der er beklagt, daß der Bürgerkrieg noch immer
andauere[28] und nun schon die zweite Generation in Mitleidenschaft
ziehe. In tiefem Pessimismus sagt er voraus, daß Rom darüber endgül-
tig zugrunde gehen werde; demjenigen, der sich diesem Untergang
entziehen wolle, bleibe nur die Auswanderung in ein fernes, glück-
licheres Land. Ich übersetze den Anfang des Gedichts (Verse 1–14):

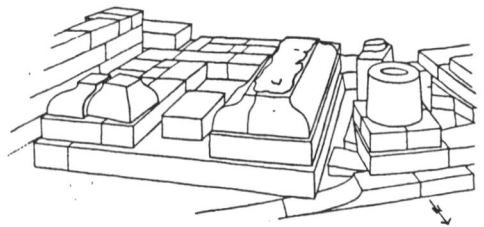

*Abb. 24: Reste des
Monuments unter dem
Lapis Niger. Zeichnung
nach H. A. Stützer*

«Das zweite Menschenalter schon reibt sich auf in Bürgerkriegen,
und durch seine eigenen Kräfte kommt Rom zu Fall.
(*Die Stadt*), die weder die benachbarten Marser vermochten zu vernichten,
oder die Etruskerschar des drohenden Porsenna,
noch, wettstreitend, Capuas Tapferkeit, noch der blutige Spartakus,
noch der treulos auf Umsturz sinnende Allobroger,
sie, welche auch das wilde Germanien mit seiner blauäugigen Jugend
nicht bezwang
und der von unseren Vorfahren verfluchte Hannibal:
sie werden *wir*, ruchloses Geschlecht verfluchten Blutes, wir *selbst*
zugrunde richten,
und wilde Tiere werden wieder den Boden (*dieser Stadt*) in Besitz
nehmen;
der Barbar wird, weh!, auf ihren Aschenresten siegreich seinen Fuß
setzen und über ihren Grund
hoch zu Roß donnernden Hufschlags galoppieren;
und die jetzt noch vor Wind und Sonnenstrahlen geborgen sind – die
Gebeine des Romulus –
er wird sie (wendet eure Blicke ab!) voll Übermut in alle Windrichtungen zerstreuen.»[29]

Das Reiterstandbild Domitians
(*Statius, Silvae I,1*)

Das zweite Monument, das wir besprechen wollen, ist der *Equus Domitiani*, jenes überdimensionale Reiterstandbild des Kaisers Domitian, das eine kurze Zeit (von 91 n. Chr. bis zum Sturz des Herrschers 96) in der Mitte des Forums gestanden hat. Der Dichter P. Papinius Statius (geb. ca. 40, gestorben ca. 96 n. Chr.) hat seine Fertigstellung in einem Gedicht gefeiert. Es ist ein gutes Beispiel für den unglaublich kriecherischen, lobhudelnden Ton, den beflissene Untertanen diesem Kaiser gegenüber anstimmten, und den er, *dominus ac deus* wie er sich nannte, nicht nur duldete, sondern sogar wie etwas ihm Geschuldetes erwartete.[30] Auf uns wirkt es eher komisch, ganz ähnlich wie das im Kapitel III besprochene Martialgedicht auf das *Templum Gentis Flaviae*. Aber es ist, abgesehen von den Resten seines Sockels und einer Abbildung auf einer inzwischen verschollenen Münze (Abb. 26), die einzige Informationsquelle zu diesem Monument.[31]

Statius beginnt sein Gedicht mit einer Reihe von Fragen, die Erstaunen und Bewunderung ausdrücken sollen: Was ist das für ein riesenhaftes Standbild (so fragt er) auf ebenso riesenhaftem Sockel (*superim-*

Abb. 25: Porträtbüste des Kaisers Domitian

posito moles geminata colosso), welches da das ganze Forum beansprucht? Woher kommt es? Ist es etwa vom Himmel herabgeschwebt?
oder in der Schmiede des Feuergottes Vulkan verfertigt? oder hat es
gar, eigenhändig, Pallas Athene[32] geschaffen? Es übertrifft an Größe
selbst das Trojanische Pferd, von dem es sich auch dadurch unterscheidet, daß es in seinem Bauche nicht Unheil bringt (die grimmigen
Krieger der Griechen), sondern auf seinem Rücken den milden Herr-

*Abb. 26: Sesterz aus der Zeit des
Domitian: Das Reiterstandbild
Domitians auf dem Forum*

scher trägt, auf dessen Antlitz sich kriegerische Kraft und friedfertige Ruhe gleichermaßen abzeichnen.

Nun wird der Ort seiner Aufstellung und die Umgebung, in der es steht, beschrieben: Ihm *gegenüber* (*obvius*), also in der Blickrichtung seines kaiserlichen Reiters, öffnen sich die Pforten von Caesars Tempel, des ersten römischen Herrschers, der in neuerer Zeit unter die Götter erhoben worden ist – oder, wie es wörtlich heißt (V23): «der . . . / als erster den Weg hinauf zum Äther *unseren* Göttern gewiesen hat» (*qui . . . / primus iter nostris ostendit in aethera divis*). Und Caesar, der sich bekanntlich viel auf seine Milde (*clementia*) zugute tat, kann, aus seinem Tempel herausschauend, am Gesicht Domitians ablesen, um wie viel milder noch dieser ist als er selbst: Dem Domitian hätten sich Pompeius und Cato bereitwillig untergeordnet, statt ihn erbittert zu bekämpfen. – Von der *rechten* Seite her (*hinc*) blickt dann die *Basilica Iulia* auf das voranschreitende Roß des Kaisers, von der *linken* die Basilika des Aemilius Paulus, von *hinten* her schauen ihm aus ihren jeweiligen Tempeln der Vater – nämlich Vespasian, dem Domitian einen Tempel hatte errichten lassen – und die Concordia nach.

Jetzt beschreibt Statius den Reiter selbst. Er stellt sich zunächst vor, was er von seinem hohen Sitz herab («das hohe Haupt von reiner Luft umgeben»: *puro celsum caput aere saeptus*) prüfend überschaut, nämlich: ob sich die Kaiserpaläste auf dem Palatin nach den Zerstörungen des großen Brandes[33] jetzt auch wirklich schöner erheben – eine Anspielung auf die prachtvolle Erweiterung, die sie durch Domitian erfuhren –; ob Vesta das Herdfeuer Roms getreulich bewahre und mit ihren «geprüften Dienerinnen» zufrieden sei – eine Anspielung auf die äußerst strenge Religions- und Sittenpolitik dieses Kaisers.[34] Dann wird der Gestus des Reiters beschrieben, den auch die oben erwähnte Münze zeigt: Die vorgestreckte Rechte gebietet Frieden, die Linke hält ein kleines Standbild seiner Schutzgöttin Minerva, die sich hier (wie es heißt) wohler fühlt als selbst im Schoße ihres Vaters Jupiter (V39: *nec dulcior usquam / laeta deae sedes nec si, pater, ipse teneres*). Der Herrscher ist mit einem Kriegsmantel griechischer Art (einer *chlamys*) bekleidet; sein Schwert ruht in der Scheide. Das Pferd ist, mit gesträubter Mähne und angespannten Muskeln, im Begriff loszugaloppieren und setzt den erzenen Fuß auf die Personifikation des Rheins. So gewaltig ist es, daß sogar das Pferd der Dioskuren, das vor ihrem Tempel steht – sie hatten bekanntlich nur eines, namens Cyllarus, das sie abwechselnd benutzten – es mit der Angst zu tun bekommt (*pavet aspiciens*).

Der Boden unter dem Monument, heißt es weiter, kann es nur mit Mühe und keuchend aushalten – aber nicht etwa (wie der Dichter sogleich schmeichelnd hinzufügt) wegen des gewaltigen Gewichtes, das das Eisen und das Erz der Statue haben, sondern wegen der Größe des kaiserlichen Genius – und dies, obwohl ein Sockel das Standbild tragen hilft, welcher selbst für den Riesen Atlas samt dem von ihm getragenen Himmelsgewölbe ausreichen würde. Nun erzählt der Dichter, wie das Getöse, das die Aufrichtung des Standbildes begleitete, den «Wächter des Ortes» (d. h. des Forums) in seiner Tiefe aufstörte. Gemeint ist Marcus Curtius, die Hauptperson einer um den *Lacus Curtius* sich rankenden Gründungslegende, die unter anderen Livius erzählt.[35] Danach hatte sich einst mitten auf dem Forum ein bodenloser Erdspalt aufgetan, und die Wahrsager, deswegen befragt, hatten erklärt, er werde sich erst dann wieder schließen, wenn ihm das aufgeopfert würde, worauf am meisten die Macht des römischen Volkes beruhe (*quo plurimum populus Romanus posset*). Daraufhin erklärte Marcus Curtius, ein für seine kriegerische Tüchtigkeit bekannter Jüngling, damit könnten nur «Waffen und männliche Tüchtigkeit» (*arma virtusque*) gemeint sein. Er bestieg, mit seiner Rüstung angetan, sein festlich geschmücktes Kriegsroß und stürzte sich in den Abgrund, worauf sich der Spalt prompt wieder schloß. – Als dieser «Wächter des Forums» also den Lärm hört, steckt er den Kopf heraus und erschrickt zunächst über die Riesenhaftigkeit des Rosses. Aber als er dann den Reiter erkennt, freut er sich und spricht ihn feierlich an (Vers 74 ff.):

«Heil dir, du Sproß und Erzeuger großer Gottheiten,
von dem ich schon längst gehört habe: Jetzt ist mein Sumpf[36] glücklich,
jetzt verehrungswürdig, da es ihm vergönnt ist, dich nahe zu wissen
und deinen
unsterblichen Glanz aus nächster Nähe zu erblicken,»

und bescheiden vergleicht er sich selbst, der das Volk des Romulus *einmal* gerettet habe, mit Domitian, der für Rom *vier* Kriege siegreich beendet hat: den Krieg gegen Vitellius[37], den gegen die Chatten, den gegen den Aufrührer Saturninus und den gegen die Daker. Wenn Domitian (so Marcus Curtius weiter) damals, als der Schlund sich auftat, schon gelebt hätte, dann hätte er, Curtius, sich bescheiden im Hintergrund gehalten, und Domitian hätte sich zu dieser Selbstaufopferung für Rom bereitgemacht – man versteht: weil *Domitian* dann das gewesen wäre, worauf die Macht des römischen Volkes vor allem beruht hätte –, aber Rom (so setzt er sogleich hinzu) wäre ihm, um ihn nicht zu verlieren, in die Zügel gefallen.

Nach dieser Lobhudelei des Marcus Curtius ergreift wieder Statius das Wort und erklärt, daß im Vergleich zu dem *Equus Domitiani* auch das Reiterstandbild Caesars, das auf dem Caesarforum vor dem Venustempel stand, sich jetzt mit dem zweiten Rang zufriedengeben müsse, denn (Vers 87 ff.):

«... mit Mühe nur (die Augen werden müd' dabei)
mißt man wohl ab, aus welcher Höhe jener (scil. *Domitian*) auf diesen
herabschaut;
wer wäre wohl so einsichtslos, daß er nicht, wenn er beide sieht,
zugäbe, daß die beiden Rosse ein ebenso großer Abstand voneinander
trennt, wie die Reiter, die sie lenken.»

Statius schließt mit der Voraussage, daß dieses Standbild so lange dauern werde, wie Himmel und Erde, und mit dem Wunsch, daß der göttliche Herrscher noch lange die Erde dem Himmel vorziehen möge. – Domitian wurde fünf Jahre später ermordet und das Standbild wieder beseitigt.

VI.

DIE KAISERFOREN

Das Forum Iulium

Wir verlassen jetzt das alte Forum und begeben uns zum *Forum Iulium.*
Über seine Entstehungsgeschichte ist im vorigen Kapitel schon einiges
gesagt worden: Durch den Wiederaufbau der 52 v. Chr. abgebrannten
alten Kurie in veränderter Position und Orientierung hatte Caesar sich
die Möglichkeit geschaffen, das von ihm seit 54 angekaufte Gelände

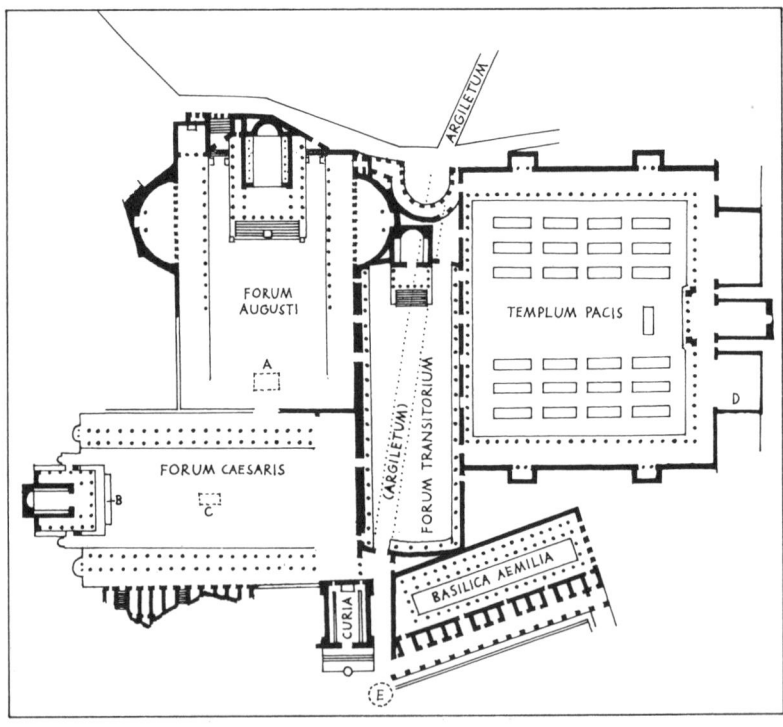

Abb. 27: Die Kaiserforen zur Zeit Nervas (96–98 n. Chr.)

A: Statue des Augustus mit Quadriga
(vermuteter Standort)
B: Brunnen vor dem Tempel der Venus Genetrix («Appiades»)
C: Reiterstandbild Caesars (vermuteter Standort)

D: Wand, an der später (Anfang des
3. Jahrhunderts) der marmorne
Stadtplan («Forma Urbis») angebracht wurde
E: Tempel des Ianus Geminus (vermuteter Standort)

dahinter statt für eine Erweiterung des alten Forums für den Bau eines selbständigen neuen Forums zu nutzen. Der 49 ausbrechende Bürgerkrieg, der ihm die Alleinherrschaft brachte, führte dann zu einer nochmaligen Änderung der Planungen: Das neue Forum wurde nun zu einem *Forum Caesaris* nicht bloß in dem Sinne, daß er es finanzierte, sondern in dem noch viel weitergehenden Sinne, daß es der Verherrlichung seiner Person und seines Geschlechtes diente. Caesar hatte vor der ersten Entscheidungsschlacht dieses Krieges (der bei Pharsalus) der Venus in ihrer Eigenschaft als Ahnherrin seines Geschlechts (der *Venus Genetrix*) für den Fall, daß sie ihm den Sieg bringen würde, einen Tempel gelobt. Dieser nahm, mit dem Rücken an den später unter Trajan abgetragenen Hügelrücken zwischen Kapitol und Quirinal hinangebaut, die nordwestliche Schmalseite des neuen Forums ein. Wenn die Tempeltüren geöffnet waren, konnte man vom Forumsplatz aus in der Apsis der Cella das von einem zeitgenössischen griechischen Bildhauer geschaffene Kultbild der Göttin sehen. Die Vorderseite des Tempelpodiums wurde von einem Springbrunnen eingenommen, der mit Statuen von Wassernymphen geschmückt war. Sie (beziehungsweise der ganze Brunnen) wurden *Appiades* genannt, weil sie die von Appius Claudius Caecus angelegte Wasserleitung, die *Aqua Claudia*, personifizierten.[1] Die Mitte des Platzes schmückte das in dem oben besprochenen Statiusgedicht schon erwähnte Reiterstandbild Caesars. Eingeweiht wurde das noch unvollendete Forum im September 46, als Caesar seinen vierfachen Triumph über Gallien, Ägypten, Pontos und Africa feierte.

Auch das Caesarforum diente, wie das alte, als Einkaufszentrum – deshalb die Ladenreihe hinter der Portikus, die es zum *Clivus Argentarius* hin begrenzte – und als Zentrum des Gerichtswesens: Hier erhielt der *Praetor urbanus* seinen neuen Sitz. In dieser Eigenschaft als Ort des Rechts kommt es in Ovids «Liebeskunst» vor.

Der verliebte Rechtsanwalt
(Ovid, Ars amatoria I,81–88)

Die im Jahre 1 v. Chr. veröffentlichte «Liebeskunst» ist, wie der Titel klarmacht, ein Lehrgedicht. Es ist allerdings nicht, wie sonst bei dieser literarischen Gattung in der Antike üblich, in fortlaufenden Hexametern abgefaßt, sondern in elegischen Distichen (Hexameter wechseln mit Pentametern ab). Das deutet auf die enge thematische Beziehung hin, die zwischen ihm und den Elegien besteht, die Ovid unter dem Titel «Amores» vorher verfaßt hatte, und in denen er seine (fiktiven) Liebesbeziehungen zu einer Dame namens Corinna und zu anderen Frauen dargestellt hatte. In dem Lehrgedicht gibt er, aus dem reichen Schatz der dabei gewonnenen Erfahrungen schöpfend, seinen Lesern Tips (*praecepta*), wo man in Rom 1. am besten Frauenbekanntschaften machen. oder, wie er es ausdrückt: Frauen «finden» könne (*invenire*, *reperire*); wie man dann 2. die gefundene Frau herumkriegen könne (*exorare*); und schließlich – falls man nicht bloß an einem schnellen Abenteuer, sondern an einer länger dauernden Beziehung interessiert sein sollte – wie man 3. die so eroberte Frau halten könne (*tenere*). Wo also konnte man im damaligen Rom am besten die Frau finden, der man (aus ehrlicher Überzeugung oder in taktischer Absicht) sagen konnte: «Du allein gefällst mir» (*Tu mihi sola places*)? Ovid gibt eine lange Liste von Örtlichkeiten, von denen wir die meisten im folgenden noch aufsuchen werden. Genannt werden vor allem Säulenhallen (*porticus*): die des Pompeius auf dem Marsfeld, die der Octavia beim Marcellustheater, die uns schon bekannte der Livia auf dem Esquilin, die am Palatinischen Apollotempel, dann aber auch der Tempel der Isis auf dem Marsfeld... Zum Schluß heißt es:

> «und auch die *Foren* eignen sich, so unglaublich das klingt, für die Liebe:
> und vielen ist dort ihre Flamme begegnet: auf dem lärmenden Markt.»

Ovid exemplifiziert das sogleich an einem der drei zu seiner Zeit existierenden Foren, und zwar, wie zu erwarten, am Caesarforum: weil hier die Liebesgöttin ihren Tempel hatte. Ich übersetze die betreffende Passage (I,81 ff.):

> «Dort, wo unterhalb des marmornen Tempels der Venus
> die appischen Nymphen mit kraftvollem Wasserstrahl die Luft durchpeitschen –
> an jenem Ort gehen oft sogar Rechtsanwälte dem Amor in die Falle,
> und derjenige, der für *andere* (scil. *seine Klienten*) auf der Hut war, ist (*dann auf einmal*) *selber* nicht mehr auf der Hut;
> an jenem Ort fehlen oft sogar ihm, dem (*sonst so*) redegewandten, die Worte,
> Dinge geschehen, für die er keinen Präzedenzfall weiß, und er (*der sonst andere vertritt*), muß auf einmal in *eigener* Sache plädieren.
> Ihn erblickt Venus, aus ihrem nahen Tempel herausschauend, und muß lachen;
> Er (*aber*), der eben noch Anwalt *anderer* war, wünscht jetzt, *selber* Klient zu sein.»

Der Abschnitt ist, wie man sieht, durchgehend ausgerichtet auf den Gegensatz, der zwischen dem Berufsbild des Anwalts und dem Zustand eines Verliebten besteht: Ein Anwalt ist *consultus*, d. h. er kennt alle juristischen Tricks und Fallstricke und kann deshalb dafür sorgen, daß sein Klient nicht über sie stolpert – jetzt aber ist er selber nicht vorsichtig genug gewesen und hat sich prompt in den Netzen Amors verfangen *(capitur)*. Ein römischer Anwalt war im allgemeinen nie um ein Wort verlegen, war er doch, wie oben ausgeführt, in erster Linie Redner – jetzt aber, wo es sich darum handelt, eine Frau anzusprechen und für sich einzunehmen, ist er genauso schüchtern wie jeder andere Verliebte und bringt kein Wort mehr heraus. Die Geschicklichkeit eines römischen Anwalts bestand unter anderem darin, daß er für jeden von ihm vertretenen Fall einen passenden Präzedenzfall anführen konnte, denn darauf vor allem, weit mehr als auf kodifizierten Gesetzen, beruhte die damalige römische Rechtsprechung – hier aber kann ihm kein Präzedenzfall helfen, sondern nur eigene Erfahrung, die ihm aber fehlt: Es ist in diesem Sinne zu verstehen, daß die Dinge, die hier auf ihn zukommen, *novae res* genannt werden: Dinge, für die es in seinem Leben noch keinen Präzedenzfall gegeben hat. Wesentlich für den Beruf des Anwalts ist bekanntlich auch, daß er die Sache *anderer* vertritt, denn nur so kann er sich die kühle innere Distanz bewahren, die für ein geschicktes, situationsgerechtes Taktieren notwendig ist – hier aber muß er vor der Angebeteten auf einmal in eigener Sache plädieren. Er ist hier also nicht mehr Sachwalter anderer, sondern hätte jetzt liebend gern selber jemanden, der sich seiner Sache an-

Abb. 28: Porträtbüste des Augustus

nähme. Und glücklicherweise ist die beste Schutzpatronin, die ein
Verliebter sich wünschen kann, ganz in der Nähe: Amüsiert lächelnd
schaut sie aus ihrem Tempel der Szene zu.

Das Augustus-Forum
(Ovid, Fasti V, 545–598)

Hinter dem Caesarforum (vom alten Forum aus gesehen) lag das
Forum, das Augustus errichten ließ, und das nach einer sehr langen
Bauzeit im Jahre 2 v. Chr. eingeweiht worden war. (Abb. 29 und 30)
Den Baugrund dafür hatte er sich, genauso wie Caesar, erst zusam-
menkaufen müssen, denn er wagte es nicht, wie spätere Kaiser, die
Vorbesitzer einfach zu enteignen. Und sein Architekt mußte sich den
bestehenden Straßenverhältnissen anpassen: dem Verlauf der zum
Quirinal hinaufführenden Straße und dem Verlauf des *Argiletum* zum
Alten Forum hin.[2] Die durch die erstere vorgegebene unregelmäßige
Begrenzung des Geländes zur *Subura* hin kaschierte er so geschickt,
daß sie vom Forum selbst her gar nicht zu bemerken war. Und daß die
südöstliche der beiden Apsishallen (und der Symmetrie halber auch
ihr nordwestliches Pendant) nicht in der Mitte der das Forum seitlich
begrenzenden Portikus, sondern an deren Ende zum Tempel hin liegt,
scheint eine Konsequenz davon zu sein, daß der Verlauf des unteren
Argiletum damals nur hier seitlich noch Raum ließ. Trotzdem entstand
ein Ensemble von harmonischen Proportionen.[3] Es ist im übrigen auf
das schon bestehende *Forum Iulium* ausgerichtet: Es schließt sich im
rechten Winkel an dieses an; seine südwestliche Schmalseite liegt in
einer Linie mit dessen nordöstlicher Langseite. Wie die Verbindung
der beiden gestaltet war, weiß man nicht, da dieser Bereich unter der
Via dei Fori Imperiali gelegen und noch nicht ausgegraben ist.

Abb. 29: Augustusforum, Rekonstruktionsmodell von I. Gismondi

Abb. 30: Augustusforum, heutiger Zustand

Zentrum des Forums war der Tempel des Mars Ultor. Augustus, der sich damals noch Octavian nannte, hatte ihn schon 42 v. Chr., unmittelbar vor der Entscheidungsschlacht gegen die Caesarmörder Brutus und Cassius bei Philippi, für den Fall des Sieges gelobt. Für ihn, den Adoptivsohn Caesars, war damals die Stunde der Rache für die Ermordung des Vaters gekommen: deshalb gelobte er den Tempel dem «Rächer Mars» (*Mars Ultor*). Der alljährlich gefeierte Einweihungstag war nach dem im folgenden zu besprechenden Ovidtext (Fasti V,545 ff.) der 12. Mai.[4]

Die «Fasten» (zu Deutsch: «Kalendertage») sind ein Gedicht in elegischen Distichen, in dem Ovid – nach dem Vorbild der «Aitia» des hellenistischen Dichters Kallimachos – in chronologischer Folge die Feste des römischen Kalenders und ihre Ursprungsgeschichten behandelt. Zum Gründungsfest des Mars-Ultor-Tempels schreibt Ovid folgendes (Fasti V,545):

«...
Aber warum beeilen sich (*scil. an diesem Tag*) Orion und die übrigen
    Sterne, vom Firmament
  zu weichen? (*warum*) verkürzt die Nacht ihre Bahn?
Warum erhebt sich früher als gewohnt aus den Fluten des Meeres,
  durch den Morgenstern angekündigt, das glänzende Gestirn des
    Tages?[5]

Täusche ich mich, oder klirren Waffen? – Ich täusche mich nicht:
    Waffen klirrten,
    Mars erscheint und hat, erscheinend, Zeichen des Krieges ge-
    geben.
Der *Rächer* ist selbst vom Himmel herabgekommen – zu den ihm
    veranstalteten Ehrungen
    und in den Tempel, der auf dem erhabenen Forum die Blicke auf
    sich zieht.
Wie der Gott, so ungeheuer ist auch der Bau: Nicht anders durfte
    die Wohnung des Mars sein in der Stadt seines Sohnes (scil. *des
    Romulus*).»

(Die Vorderfront des Tempels übertraf in der Tat an Breite und Höhe
alle Tempel des damaligen Rom. Nur der kapitolinische Jupitertempel
war noch größer.)

«Würdig wäre dieses Heiligtum, (*sogar*) die Trophäen des Kampfes (*der
    Götter*) gegen die Giganten aufzunehmen,
    angemessen ist's, daß von hier aus Mars vorausschreitend[6] Kriege
    beginnt,
sei es nun, daß dort, wo der Morgen rot sich am Himmel zeigt, ein
    ruchloser Feind uns herausfordert,
    oder dort, wo die Sonne untergeht, einer zu bezwingen ist.»

Ovid spricht hier auf einige der vielen Funktionen an, die Augustus
dem neuen Tempel zugewiesen hatte, und die allesamt einen Bezug
auf Mars als Kriegsgott hatten: Von nun an hatte jeder junge Römer,
der bei Vollendung des 17. Lebensjahres die *toga praetexta* (die mit
einem Purpurstreifen verzierte Toga) des Knaben ablegte und statt
ihrer zum ersten Mal die weiße Toga des Erwachsenen (die *toga virilis*)
anlegte, nicht mehr nur, wie bisher, auf dem Kapitol ein Opfer
darzubringen, sondern hatte sich auch zum Tempel des Mars Ultor zu
begeben (wohl ebenfalls zu einem Opfer), denn er wurde an diesem
Tag ja zugleich auch militärpflichtig. Hier auch hatte der Senat zu
tagen, wenn Beschlüsse über Krieg und Frieden zu fassen waren; von
hier aus gingen diejenigen, die *imperia* außerhalb Italiens übertragen
bekommen hatten, in ihre jeweiligen Provinzen; auch Beschlüsse über
die Zubilligung eines Triumphes bzw. der Triumphalinsignien mußten
hier gefaßt werden, und die Triumphierenden hatten von nun an hier
(und nicht mehr wie bisher im kapitolinischen Jupitertempel) die
Insignien des Triumphs (Lorbeerkranz und Adlerszepter) niederzule-
gen, und sie erhielten ihre bronzene Ehrenstatue auf diesem Forum.[7]

Abb. 31: Der Giebel des Mars-Ultor-Tempels. Reliefdarstellung von der aus der Zeit des Kaisers Claudius stammenden Ara Pietatis Augustae

«Der waffengewaltige Gott besichtigt den Giebel ganz oben am Bau
    und billigt, daß unbesiegte Götter (*hier*) die höchste Stelle einneh-
    men;
er besichtigt auf den Toren die (*dort abgebildeten*) Lanzen verschieden-
    ster Gestalt
und die Waffen aller Länder, die durch seine Soldaten besiegt
    wurden.»

Ovid geht, wie man sieht, jetzt auf den äußeren Schmuck des Tempels ein: Im Giebelfeld (Tympanum) waren, wie man einer Abbildung des Tempels auf einem Relief Claudischer Zeit entnehmen kann (Abb. 31), folgende Götter dargestellt: in der Mitte Mars selbst, links von ihm Venus mit Amor, rechts von ihm Fortuna. Venus erscheint hier sicherlich nicht wegen ihres bei Homer beschriebenen Liebesverhältnisses mit Mars, bei dem sie von ihrem Gatten Vulkan ertappt und dann dem Gelächter der übrigen Götter preisgegeben wurde, sondern weil sie die Mutter des Aeneas und damit auch, über Aeneas' Sohn Iulus, die Stammutter des julischen Kaiserhauses war. Damit wurde zugleich auch eine Beziehung zum benachbarten *Forum Iulium* hergestellt, dem Venus ja eben in dieser ihrer Eigenschaft (als *Venus Genetrix*) präsidierte. Die mittlere Dreiergruppe wurde flankiert von zwei ihnen zugewandten, sitzenden Gestalten. Die linke, einen Jüngling in Hirtenkleidung, mit einem Stab in der Hand auf einem Felsen sitzend, deute ich im Gegensatz zur *communis opinio* als Personifikation jener Hirtensiedlung, die Aeneas bei seiner Ankunft in Latium vorfand. Die rechte, eine Frau mit Lanze und Schild, auf den Waffen geschlagener

Feinde sitzend, läßt sich eindeutig als die Personifikation der *Roma Victrix* (des «siegreichen Rom») identifizieren.[8] Ganz außen, in den beiden Spitzwinkeln des Giebels, sind liegende Gestalten zu sehen. Die rechte neben der *Roma Victrix* ist an Schilf und Urne eindeutig als Flußgott zu erkennen; ich deute ihn als den Fluß, der nach der Bezwingung der Parther durch Augustus die ferne östliche Grenze des Reiches bildete: als Euphrat. Entsprechend deute ich auch die Figur ganz links, deren Attribute nicht mehr deutlich erkennbar sind, als Flußgott: als den zum Hirtenrom gehörenden Tiber.

Ovid geht nun zur Beschreibung des Skulpturenschmucks der Säulenhallen links und rechts des Tempelvorplatzes über:

«Auf der *einen* Seite sieht er (scil. *Mars*) den Aeneas mit seiner teuren
Last auf den Schultern
und so viele Ahnen des julischen Geschlechts,
auf der *anderen* Ilias Sohn (scil. *Romulus*), auf seinen Schultern die
Waffen (*des von ihm erschlagenen feindlichen Führers*) tragend,
und unter den aufgereihten (*Standbildern großer*) Männer (*aufgezeichnet*) deren glanzvolle Taten.»

Das Standbild des Venus-Sohns Aeneas, der seinen Vater Anchises auf den Schultern aus dem brennenden Troja hinausträgt, an der Hand das Söhnchen Ascanius, war in der Säulenhalle *links* vom Tempel – auf der Venusseite des Giebels also – aufgestellt, und zwar in der rückwärtigen Nische der großen Apsis, die genau in der Flucht der Tempelfassade lag. Sie bildete sozusagen die Fortsetzung der Darstellungen im Giebelfeld nach links hin, aber auf einer niedrigeren Ebene, da Aeneas hier als sterblicher Mensch, nicht als der Gott, der er später wurde, dargestellt ist. Neben ihm, in den kleineren Nischen der Apsisrückwand und der sie fortsetzenden Rückwand der Portikus standen Statuen der Nachfahren des Aeneas, von den sagenhaften Königen von Alba Longa bis hin zu prominenten historischen Mitgliedern des julischen Geschlechts.

In der Mittelnische der anderen, *rechts* neben dem Tempel gelegenen Apsishalle stand, Aeneas genau gegenüber, Romulus. Er trug ebenfalls etwas auf seinen Schultern, nämlich die Waffen des Königs der Caeninenser, den er in den Kriegen, die sich dem Raub der Sabinerinnen anschlossen, im Zweikampf getötet hatte.[9] Solche Beutewaffen, von einem römischen Feldherrn dem gegnerischen Feldherrn im Kampf Mann gegen Mann abgenommen, wurden als *spolia opima* bezeichnet und traditionell im Tempel des Jupiter Feretrius auf dem Kapitol hinterlegt. Die *spolia opima*, die Romulus trägt, sind im Bildprogramm des Augustusforums also die genaue Entsprechung des von Aeneas getragenen Anchises. Während Anchises Symbol jener Ahnenreihe ist, welche von dem Dardanerkönig Assaracus her über Aeneas und die auf der linken Seite abgebildeten Mitglieder des julischen Geschlechts bis hin zu Caesar und Augustus reicht und den dynastischen Anspruch des Augustus rechtfertigt, symbolisieren die *spolia opima* des Romulus die Tradition römischen Heldentums, welches ebenfalls die gesamte römische Geschichte durchzieht und dessen wichtigste Repräsentanten in den Figuren der rechten Seite dargestellt waren. Von daher bekommt übrigens die Fortuna des Tempelgiebels, die rechts von Mars, also nach dieser Seite hin steht, einen präzisen Sinn: Während links Venus als Göttin der Fruchtbarkeit den Fortbestand der Ahnenreihe des julischen Hauses garantiert, ermöglicht rechts Fortuna (wohl als *Fortuna populi Romani*) die Heldentaten römischer Feldherren, denn dazu bedarf es nicht bloß der Tüchtigkeit (*virtus*), sondern auch des Glückes.[10] Alle Statuen, links wie rechts, waren doppelt gekennzeichnet: durch eine Aufschrift (*titulus*) auf dem Sockel der Figur, die die Namen und Ämter des Betreffenden angab, und durch ein *elogium* auf der Wand unterhalb der Figurennische, die seine Leistungen aufzählte. Das Skulpturenprogramm fand ·im übrigen seinen Abschluß in einer Darstellung des Kaisers selbst auf

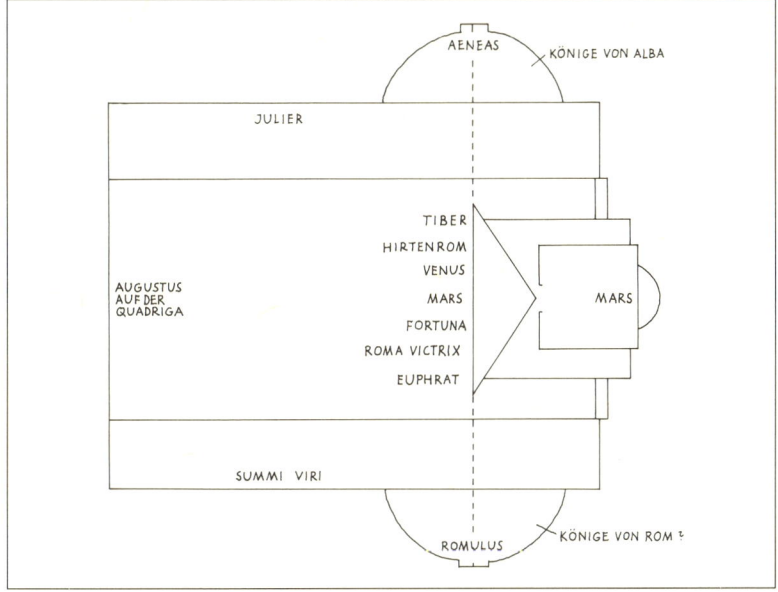

Abb. 32: Augustusforum, Schema des Bildprogramms

einem Viergespann. Der Standort läßt sich nicht mehr genau feststellen, da der in Frage kommende Bereich des Forums unter der Via dei Fori Imperiali verschüttet liegt, aber ich glaube, daß diese Quadriga nicht in der Mitte[11], sondern eher an dem dem Tempel gegenüberliegenden Ende des Forumplatzes stand, vielleicht über einem monumentalen Durchgang zum Caesarforum: Dann nämlich bekäme der Kaiser auch im Bildprogramm seines Forums diejenige Rolle, die ihm schon Vergil in der Aeneis zugewiesen hat (Aeneis I,268–288): die eines Vollenders der durch Mars (als Vater des Romulus) und Venus (als Mutter des Aeneas) in Gang gebrachten römischen Geschichte. Denn dann würden die beiden Reihen von Statuen – die des von Aeneas ausgehenden julischen Geschlechtes und die der mit Romulus beginnenden Helden der römischen Geschichte – in ihm wieder zusammenlaufen: Er ist beides zugleich, Julier und römischer Held.[12] Die Quadriga war zugleich natürlich auch das größere Pendant zu Caesars Reiterstandbild auf dessen Forum (Abb. 32).

Die Attika des Marstempels unterhalb des Giebelfeldes trug eine Inschrift, welche den Stifter angab; Ovid erwähnt sie am Schluß seiner Tempelbeschreibung, wobei er in höfisch eleganter Schmeichelei auf die Bedeutung des Wortes «Augustus» anspielt:

«Er (scil. *Mars*) betrachtet auch den vorn mit dem *erhabenen* Namen
 (*augusto nomine*) geschmückten Tempel,
und ihm erscheint, da er Caesars Namen gelesen, noch größer das
 Werk.»

Nach dieser dichterischen Beschreibung des Forums erzählt Ovid das *Aition* des Tempels (seine Ursprungsgeschichte): wie der junge Octavian ihn vor der Entscheidungsschlacht bei Philippi gelobte, falls Mars ihm hülfe, die Rache an den Mördern seines Vaters zu vollziehen; dies war der *erste*, ursprüngliche Grund für den Beinamen *Ultor*, den der Gott hier trug. Dann erzählt er, wie der Beiname durch ein zweites Ereignis noch eine *zweite* Begründung erhielt: Anfang des Jahres 20 v. Chr. war es Augustus durch Verhandlungen und militärischen Druck gelungen, die Parther zur Herausgabe der 53 v. Chr. bei Karrhae erbeuteten römischen Feldzeichen zu bewegen. Das Ereignis wurde als großer Erfolg gefeiert: Es war die Auslöschung einer großen Schande und insofern auch eine Art «Rache». Die zurückgewonnenen Feldzeichen wurden 2 v. Chr. in den fertiggestellten Mars-Ultor-Tempel überführt. So erhielt der Beiname des Gottes noch eine zweite Bedeutung, welche die erste überdeckte und vielleicht durchaus auch überdecken *sollte*: An die Stelle der Erinnerung an jene Racheschlacht des Bürgerkriegs, deren Opfer römische Bürger gewesen waren, sollte die an eine

«Rache» treten, welche an auswärtigen Feinden vollzogen worden war.[13] Unser Abschnitt schließt mit einem Hinweis auf die Spiele im Circus (Wagenrennen also), die an diesem 12. Mai, den Ovid dem Tempel als Weihedatum zuweist, abgehalten wurden:

«Alljährlich Spiele im *Circus* feiert, ihr Quiriten,
nicht schien angemessen die *Bühne* dem heldischen Gott!»

VII.

VOM ARGILETUM ZUM PALATIN

Vom Augustusforum begeben wir uns jetzt wieder hinüber zum *Argiletum*. An seinem untersten Abschnitt, den später Domitian zum *Forum Transitorium* ausgestalten ließ, hatten in flavischer Zeit Buchhändler ihre Stände; Zeugnis dafür ist u. a. das Martialepigramm I,117.[1]

Der Verleger Martials
(Martial I,117)

Das Gedicht ist an einen gewissen Lupercus gerichtet, der sich für das neueste Epigrammbuch des Dichters interessiert, aber zu geizig ist, es zu kaufen.

«Sooft du mir, Lupercus, begegnest,
sagst du jedesmal: ›Möchtest du, daß ich einen Sklaven schicke,
dem du das Epigrammbüchlein mitgibst,
das ich dir dann, wenn ich's gelesen habe, sofort wieder zurückschicke?‹

Es gibt keinen Grund, Lupercus, deinem Sklaven eine solche Strapaze
    zuzumuten:
Es ist ein weiter Weg, wenn er zu mir[2] kommen will,
und ich wohne (*zwar nur*) drei Treppen hoch – aber mit vielen Stufen!
Was du haben möchtest, kannst du dir an einem Ort, der dir näher
    liegt, abholen:
Du gehst doch öfters zum Argiletum;
da ist, gegenüber vom Caesarforum, ein Laden,
wo die Türpfosten auf beiden Seiten (*des Eingangs*) mit Buchanzeigen
    ganz bedeckt sind,
so daß du hier *alle* Dichter schnell durchlesen kannst.
Dort hol mich ab. Du brauchst den Atrectus –
so heißt der Besitzer des Ladens – auch gar nicht erst lange zu bitten:
Er reicht dir (*sofort*) aus dem ersten oder zweiten Fach
einen mit Bimsstein geglätteten und elegant in Purpur gekleideten
Martial – für fünf Denare.
‹So viel bist du nicht wert›, sagst du? Du hast einen guten Geschmack,
    Lupercus!»

Die ersten vier Verse machen deutlich, daß Lupercus seine Bitte, obwohl Martial sie bisher nicht erfüllt hat, hartnäckig bei jeder Gelegenheit wiederholt und sie außerdem auf eine recht unverschämte Weise vorbringt. Er tut nämlich so, als ob es gar keine Frage sei, daß Martial ihm das Buch für eine Weile auszuleihen bereit ist; daß vielmehr lediglich noch abgesprochen werden müsse, wie es von Martial in seine Hände gelange und dann wieder zu Martial zurück. Sein Vorschlag: Ein Sklave holt es in Martials Wohnung auf dem Quirinal ab und bringt es gleich nach der Lektüre wieder zurück.

Die Antwort Martials macht zunächst den Eindruck, als ob der Dichter diese Unterstellung akzeptiere und nur noch, aus Mitleid mit dem armen Sklaven, der den weiten Weg von Lupercus zu ihm machen soll, einen *noch* bequemeren Weg der Übermittlung des Buches vorschlagen wolle. Und zwar nennt er eine Adresse in der Innenstadt, wo Lupercus, wenn er Geschäfte auf dem Forum hat, sowieso öfters vorbeikommt: am *Argiletum*. Man erwartet den Vorschlag: «Dort werde ich das Buch für dich hinterlegen.» Aber dann merkt man allmählich, daß das, was Martial, scheinbar auf das Ansinnen des Lupercus eingehend, da vorschlägt, in Wirklichkeit eine boshaft-witzige Ablehnung ist, und daß er das geheime Motiv von Lupercus' Vorschlag sehr wohl durchschaut. Martial nennt nämlich die Adresse eines Ladens am *Argiletum*, gegenüber dem Caesarforum – und ein zeitgenössischer Leser merkte wahrscheinlich schon hier, daß es sich um einen Buchladen handelt. Aber das wird gleich auch noch direkter gesagt: So, als ob er dem Lupercus das Finden dieses Ladens erleichtern wolle, nennt Martial nämlich jetzt noch sein auffallendstes Kennzeichen: Die Türpfosten auf beiden Seiten des Eingangs sind ganz und gar «beschriftet», d. h. doch wohl: mit Anzeigen zugeklebt, und zwar sind es Textproben aus Dichtern (*poetae*). Es ist also eine auf schöne Literatur spezialisierte Buchhandlung. Und wenn Martial dann sagt: «Hier kannst du *alle* Dichter schnell durchlesen» (*omnes . . . cito perleges poetas*), so ist das ein boshafter Rückbezug auf das Angebot des Lupercus, Martials Buch sofort (*protinus*) nach der Lektüre zurückzuschicken; verriet Lupercus dadurch doch, daß er bei Dichtern wie Martial eine einmalige, flüchtige Lektüre für völlig ausreichend hält. Martial weist noch auf einen weiteren Vorteil seines Vorschlags hin: Den Buchhändler, im Unterschied zu ihm selbst, brauche Lupercus um das Buch gar nicht erst lange zu bitten, sondern der werde es ihm sofort aus dem Regal holen, in einer sehr schönen Ausgabe – und für nur fünf Denare.

Die Nennung des Preises zielt auf das geheime Motiv von Lupercus' Bitte: Er ist viel zu geizig, um das Buch zu *kaufen*. Der Dichter läßt es ihn selber aussprechen («Fünf Denare bist du nicht wert») und erwi-

dert darauf zum Schluß, in gutgelaunter Selbstironie: «Du hast natürlich recht, und man merkt daran, daß du einen guten Geschmack
hast».

Antike Bücher

Das kleine Gedicht erfordert noch einige sachliche Erläuterungen.
Zunächst einmal: Martial verweist den Lupercus nicht etwa deshalb an
den Buchhändler, weil er an dessen Umsatz mitverdient hätte: Es gab
in der Antike kein von der Zahl der verkauften Exemplare abhängiges
Autorenhonorar, allenfalls eine einmalige Zahlung für die Überlassung des Manuskripts.[3] – Weiter: Die Bücher, die in einer solchen
Buchhandlung verkauft wurden, waren in der Regel keine Bücher in
unserem Sinne (obwohl es solche «Klötze», *codices*, wie der Römer sie
nannte, durchaus auch schon gab), sondern es waren Papyrusrollen.[4]
Sie wurden folgendermaßen hergestellt: Man schnitt das Mark der
Papyrusstaude (griechisch βύβλος / *byblos*) in längliche Streifen, legte
diese auf einem Brett dicht bei dicht und bestrich sie mit Leim. Dann
legte man eine zweite Lage solcher Markstreifen quer darüber und
hämmerte sie gleichmäßig, bis sie ganz glatt und mit der unteren Lage
fest verbunden waren. Das Ergebnis ist eine Seite: *pagina* (abgeleitet
von *pangere* = «schlagen»). Nun wurden viele solche Seiten mit einer
etwa fingerbreiten Überlappung aneinandergeklebt und an dem einen
Ende des so hergestellten langen Papierstreifens ein runder Holzstab
befestigt, um den er aufgerollt werden konnte. Der Holzstab beziehungsweise sein oben und unten über die Rolle hinausragendes Ende
hieß *umbilicus* («Nabel»), die Rolle im Ganzen *volumen* (abgeleitet von
volvere = «drehen, wickeln»). Die Ränder des Papierstreifens, der die
Rolle bildete, fransten leicht aus. Man schnitt sie deshalb möglichst
gleichmäßig gerade ab, so daß sie im zusammengerollten Zustand
bündig übereinanderlagen, und glättete den «Schnitt» der Rolle noch
zusätzlich, indem man ihn mit Bimsstein abrieb (*radere pumice*). Auch
wurde die Buchrolle, wenn sie nicht gebraucht wurde, in ein pergamentenes Schutzfutteral (*membrana*) gesteckt, das schön ausgestaltet,
etwa mit Purpur eingefärbt sein konnte. Martial spielt in unserem
Gedicht, wie man sieht, sowohl auf das Glätten des Schnittes als auch
auf die purpurne Einfärbung des Futerals an. Und zwar benutzt er
beides, um das Buch zu personifizieren: Das Futteral ist das Gewand
der Rolle – in einem anderen Gedicht (X,93,4) nennt er es tatsächlich
toga –, das Glätten mit Bimsstein entspricht der im Altertum üblichen
Methode des Gesichtspeeling. Letzte Deutlichkeit erhält die Personifikation dann noch dadurch, daß der Dichter ab Vers 13 das Buch mit der
auch uns geläufigen metonymischen Gleichsetzung von Autor und
Werk «Martial» nennt: *illinc me pete ... Martialem.*

Ein Fremder auf der Suche nach einer Herberge
(Ovid, Tristia III,1)

Auch schon vor Martial, in augusteischer Zeit, hatten am untersten *Argiletum* die Buchhändler ihre Stände. Das läßt sich aus dem Einleitungsgedicht von Ovids 3. Tristienbuch erschließen, das 10 n. Chr. herauskam. Ovid lebte zu diesem Zeitpunkt schon zwei Jahre an seinem Verbannungsort *Tomi* (heute Constanza in Rumänien), an der äußersten Nordostgrenze des Reiches. Seine Verbannung war der Öffentlichkeit gegenüber mit der Anstößigkeit seiner uns bereits bekannten «Liebeskunst» (*Ars amatoria*) begründet worden; der eigentliche Grund dürfte aber der gewesen sein, daß er in eine Skandalaffäre um ein Mitglied der kaiserlichen Familie (die jüngere Julia) als Mitwisser verwickelt gewesen war. Die Verbannung in den entlegenen kleinen Grenzort hatte den Dichter, der mit allen Fasern seines Wesens Großstädter und Römer war, bis ins Mark getroffen: Alles, was er von nun an schreibt (als erstes die fünf Bücher «Gedichte der Trauer», *Tristia*), ist Klage über sein Schicksal, Bitte um Begnadigung, verdeckte Anklage gegen den Herrscher, der ihm das angetan hat, und am Ende dann schließlich Resignation. Ovid ist in der Verbannung gestorben.

Um das Gedicht Ovids zu verstehen, müssen wir uns in einen Passanten hineinversetzen, der in der damaligen Zeit auf dem unteren *Argiletum* an den dortigen Buchhandlungen vorbeiging, und uns vorstellen, wir würden dort auf einmal von jemandem angesprochen – schüchtern und leise, mit stotternder Stimme und in einem nicht ganz korrekten Latein; er bittet uns, ihm den Weg zu einer Unterkunft zu weisen, er sei fremd hier. Es ist niemand anderes als das Dritte Tristienbuch oder konkreter: die die Gedichte dieses Buches enthaltende Schriftrolle, die uns hier mit ihrem Einleitungsgedicht anspricht – doch wohl von der Buchhandlung aus, in der sie zum Verkauf ausliegt. Und die Unterkunft, die sie sucht, ist eine *Bibliothek*. Ich übersetze zunächst einmal die ersten 26 Verse:

«Hierher geschickt (*von meinem Autor*), komme ich, Buch eines Verbannten, mit Bangen in diese Stadt;
(*von der langen Reise bin ich ganz und gar*) erschöpft. Gib mir, lieber Leser, zur Beruhigung deine Hand[5],
schrick auch nicht zurück aus Angst, daß ich dich etwa kompromittieren könnte:
Nicht ein einziger Vers auf diesem Papyrus gibt Liebeslehren:
Ist doch die Lage meines Herren so, daß er es sich gar nicht leisten könnte, der Unglückliche,

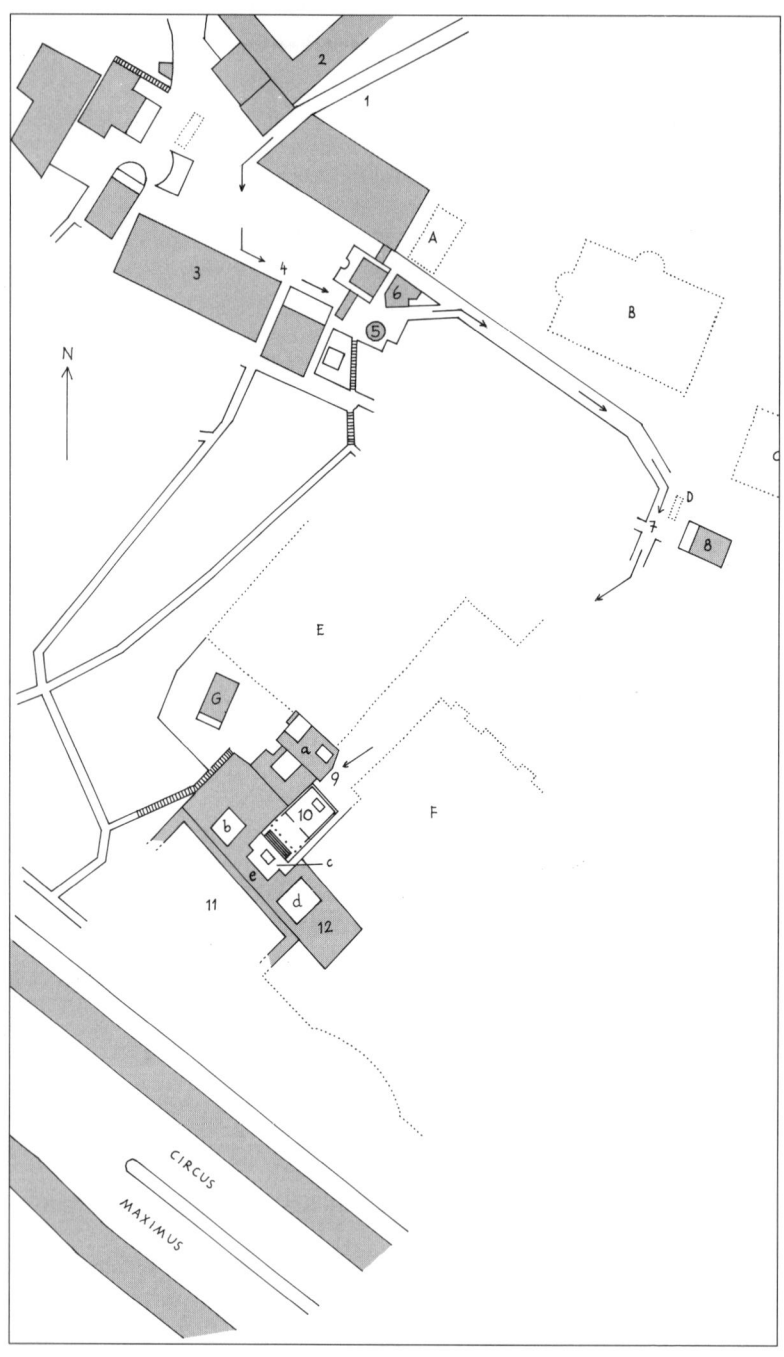

noch durch irgendwelche Scherze über sein Unglück hinwegzutäuschen.
Auch die Liebeselegien, den törichten Zeitvertreib seiner Jugend,
verflucht er nun – ach, allzuspät! – und verabscheut sie.
Schau nur her, was ich mitbringe[6]: Nur Trauriges wirst du erblicken;
die Gedichte entsprechen den Umständen, in denen sie entstanden.

*Abb. 33: Plan: Der Weg von Ovids Buch (Tristia III,1) vom Argiletum zur
Bibliothek beim Tempel des Apollo Palatinus.*

Die von Ovid genannten Wegstationen:
1: Unteres Argiletum
2: Forum Iulium
3: Basilica Iulia
4: Via Sacra
5: Vestatempel
6: Regia
7: Porta Palatii (Porta Mugonia)
8: Tempel des Iupiter Stator
9: Haustor des Augustus
10: Tempel des Apollo Palatinus
11: Portikus der Danaiden
12: Öffentliche Bibliothek

Andere Bauten (falls später entstanden,
Umrisse punktiert):
A: Tempel des Antoninus und der Faustina
B: Basilica des Maxentius
C: Tempel der Venus und der Roma
D: Titusbogen
E: Palast des Tiberius
F: Palast des Domitian
G: Tempel der Magna Mater

*Die Lage der Danaiden-Portikus ist nach wie vor nicht zuverlässig geklärt. Auf
jeden Fall muß sie beträchtliche Ausmaße gehabt haben, da zwischen ihren Säulen
die Statuen der 50 Danaiden Platz fanden und eventuell (falls dem Scholion zu
Persius 2,56 Glauben geschenkt werden kann) vor diesen auch noch die Reiterstatuen der 50 Aigyptos-Söhne. Das schließt aus, daß die Portikus das Areal
unmittelbar vor dem Tempel (c) umgeben hat, denn dieses war nach den Ausgrabungen von Carettoni nur mäßig groß und außerdem rings von Flügeln des Augustuspalastes umgeben, die nach links hin Räume für den privaten Gebrauch des
Kaisers, nach rechts hin solche für den öffentlichen Gebrauch enthielten. Auch das
Peristyl rechts (d) ist zu klein, als daß man es mit der Portikus identifizieren
könnte. Die einzig verbleibende Möglichkeit ist also die, eine große Terrasse
unterhalb des Augustuspalastes zum Circus Maximus hin anzunehmen. Meine
Zeichnung macht sich diese von M. Strocka aufgestellte Hypothese zu eigen. Daß
sich der Tempel nach Properz »in der Mitte erhob« (medium surgebat), muß dann
sozusagen perspektivisch verstanden werden: Auf seinem hohen Podium aufragend, dominierte er, obwohl von der Portikus selbst etwas zurückgesetzt, optisch
die Mitte ihrer Nordseite; der niedrige Verbindungstrakt (e) des Augustuspalastes
wirkte hier lediglich wie ein Lettner, der den Tempelvorplatz, der nur gelegentlich
der Öffentlichkeit zugänglich war, von dem allgemein zugänglichen Bereich abtrennte.*

Daß sie auf dem jeweils zweiten Verse hinken,
   liegt an meinem Fuß[7], oder weil der Weg so lang war;
daß ich weder mit gelbem Zedernöl gesalbt[8] noch mit Bimsstein
   geglättet bin,
liegt daran, daß mein Anstand mir verbietet, eleganter zu sein als
   mein Herr;
daß die Schrift fleckig und verwischt ist,
   liegt daran, daß der Dichter selbst sein Werk mit seinen Tränen
   verdarb.
Falls dir mein Latein manchmal nicht ganz korrekt vorkommt,
   (*so denk' daran*:) das Land, in dem (*er mich*) schrieb, ist ein Barbaren-
   land.
Bitte sagt mir, ihr Leser, wenn's nichts ausmacht, wie ich gehen muß
   und welche Unterkunft ich Buch, aus der Fremde kommend, hier
   in der Stadt aufsuchen kann!›

Als ich dies leise und stotternd gesprochen hatte (*so fährt das Buch fort*),
   da war es gerade ein einziger, der bereit war, mir den Weg zu
   zeigen . . .»

Das Buch drückt ihm daraufhin überschwenglich seine Dankbarkeit
aus:

«‹Die Götter mögen dir gewähren, was sie meinem Herrn nicht vergönnt haben:
bequem leben zu dürfen in deinem Vaterlande.
Geh nur voran, ich folg' dir schon, wenn auch die Füße mir von meiner
   Reise über Land und Meer,
die mich von einem fernen Erdkreis hierhergebracht hat, ganz
   müde sind.»

Derjenige, den das Buch angesprochen hat, führt es nun, wie gebeten,
dorthin, wo er meint, daß es Unterkunft finden könne: in Richtung auf
eine öffentliche Bibliothek. Davon gab es in dieser Zeit (10 n. Chr.) in
Rom drei. Die nächste wäre die im *Atrium Libertatis*, dem Amtssitz der
Censoren, gleich oberhalb des Caesarforums gewesen – als erste in
Rom 39 v. Chr. von Asinius Pollio gestiftet. Eine weitere befand sich in
der von Augustus errichteten und 23 v. Chr. vollendeten *Porticus
Octaviae* am Südrande des Marsfeldes. Der Begleiter des Buches ent-
scheidet sich jedoch für die auf dem Palatin, welche dem 28 v. Chr.
eingeweihten Tempel des Apollo angeschlossen war. Auf dem Weg
dorthin bezeichnet er dem Fremdling einige Örtlichkeiten, an denen
sie vorbeikommen. Zunächst gehen sie am Caesarforum vorbei

(Vers 27: *haec sunt fora Caesaris*)[9], dann treten sie aufs alte Forum hinaus, überqueren es und sind nun auf der *Via Sacra*, die auf der anderen Forumseite vor der *Basilica Iulia* entlangläuft (Vers 28: *haec est a sacris quae via nomen habet*). Die beiden – das Buch und sein Führer – folgen ihr nach links, passieren den Bogen zwischen Caesar- und Castortempel und haben dann rechts den Vestatempel vor sich (Vers 29: *hic locus est Vestae, qui Pallada servat et ignem*), links den Amtssitz des *Pontifex Maximus*, die *Regia*, so genannt, weil sich Numa Pompilius, der zweite König Roms nach Romulus, an dieser Stelle sein Haus erbaut hatte (Vers 30: *haec fuit antiqui regia parva Numae*). Danach passieren sie, ohne daß das ausdrücklich vermerkt würde, das *Atrium Vestae* (das Gebäude, in dem die Vestalinnen wohnten) und einen Abschnitt der *Via Sacra*, wo, wie wir aus zeitgenössischen Grabinschriften wissen, vorzugsweise Handwerker, die Luxusartikel herstellten, ihre Läden hatten, z. B. Juweliere, aber auch Obst-, Blumen- und Honighändler. Die *Via Sacra* steigt hier leicht an, und auf dem höchsten Punkt dieses «*Velia*» genannten Geländerückens, dort wo heute der unter Domitian errichtete Titusbogen steht, zweigte nach rechts eine Gasse ab, die steil zum Palatin hochführte: der *Clivus Palatinus*. Hier war in ältesten Zeiten, da Rom noch eine Ortschaft auf dem Palatin war, ein Stadttor, die *Porta Mugonia* oder *Porta Palati*: *Porta est . . . ista Palatii*, sagt der Fremdenführer (Vers 31) zum Buch: «Dort auf deiner Seite[10] ist die Porta Palatii.» Da sie zur Rechten der beiden auf der *Via Sacra* Ankommenden lag, kann man daraus schließen, daß er, wie sich's gehört, zur Linken des Fremden geht. Sie biegen in den *Clivus Palatinus* ein und haben jetzt zur Linken den Tempel des Jupiter Stator. Der Legende nach hatte ihn Romulus gelobt, als in dem Krieg, der durch den Raub der Sabinerinnen ausgelöst wurde, die Römer nach einem Gefecht in der Forumsebene vor den Sabinern die Flucht ergriffen: Er wandte sich an Jupiter und versprach ihm, falls er die Fliehenden wieder zum Stehen brächte, einen Tempel.[11] Deshalb der Beiname *Stator*. *Hic Stator*, sagt der Fremdenführer, und fährt dann, als sie oben auf dem Palatin weitergehen, fort: «Hier lag das älteste Rom.» (*hoc primum condita Roma loco*.)

Der Palatin hatte in dieser Zeit (10 n. Chr.) noch weitgehend den Charakter eines vornehmen Wohnviertels; die riesigen Palastanlagen, deren Trümmer ihn heute fast gänzlich einnehmen, sind erst unter Tiberius und dann vor allem unter Domitian errichtet worden. Wenn die beiden also jetzt die den *Clivus Palatinus* fortsetzende Gasse weitergingen, hatten sie denselben Eindruck, den heute noch die Gassen der Wohnviertel des wieder ausgegrabenen Pompeji oder Herculaneum bieten: ohne Zwischenraum aneinandergebaute ein- oder allenfalls zweistöckige Wohnhäuser, die – ganz nach innen ihren Atrien und

Peristylien zugewandt – der Straße ihre abweisende, nur von den Haustoren und allenfalls von einigen kleinen Fenstern durchbrochene Außenmauer zukehrten. Die Gasse lief auf die Rückseite eines auf hohem Podium stehenden, aus weißem Marmor gebauten Tempels zu. An dem letzten Haus rechts fiel dem Fremden sofort der ungewöhnliche Eingang auf. Ich gebe eine Übersetzung der Verse 33–48. Das Buch berichtet:

«Während ich alles einzeln bestaune, fällt mir (*plötzlich*) ein Haustor
    auf, an dessen Pforten
funkelnde Waffen befestigt sind, und auch das Haus selbst –
    würdig eines Gottes.
‹Ist auch *dieses* Gebäude (scil. *wie der eben besichtigte Tempel des Jupiter
    Stator*) ein Tempel Jupiters?› Daß ich es dafür hielt,
das ließ ein Kranz aus Eichenlaub[12] mich ahnen.
Als ich dann den Namen des Besitzers erfuhr (scil. *Augustus*), sagte
    ich: ‹Ich hab mich nicht getäuscht,
dieses Haus gehört wahrhaftig dem großen Jupiter.
Warum aber sind dann (scil. *obwohl es Jupiters Haus ist*) vorn am Tor
    Lorbeerzweige[13], die es ganz bedecken, befestigt,
und warum umgibt auch ringsherum die erhabenen Türflügel
    dieser schattige Baum?
etwa weil dieses Haus unablässig Triumphe verdient hat?
oder weil es dem Gott von Leucas (scil. *Apoll*) immerzu teuer
    ist?
weil es selber festlich ist? oder weil es alles festlich macht?
oder ist das ein Symbol des Friedens, den es allen Ländern gebracht
    hat,
und weil, wie der Lorbeer immerzu grün ist und nicht durch Abfallen
    des Laubs
entstellt wird, so auch dieses Haus ewigen Glanz hat?
Der Grund für den über der Tür befestigten Kranz ist (*wie ich jetzt sehe*)
    durch eine Inschrift bezeichnet:
Er zeigt an, daß durch seine Macht Bürgern das Leben gerettet
    wurde.›»

Die beiden sind also auf ihrem Weg zur Palatinischen Bibliothek vor dem Haus des Augustus angekommen. Augustus, damals noch Octavian, hatte es von den Erben des Hortensius übernommen – jenes berühmten Redners, der 70 v. Chr. Ciceros Gegenanwalt im Verresprozeß gewesen war. Es war ein eher bescheidenes Haus. Octavian hatte jedoch schon nach 36 v. Chr. (nach dem entscheidenden Seesieg über Sextus Pompeius bei Naulochus und nach der unmittelbar darauf folgenden Entmachtung des Lepidus), als er zum unangefochtenen Machthaber im Westteil des Reiches geworden war, damit begonnen, es durch Hinzukauf mehrerer Nachbargrundstücke zu erweitern und z. T. für Repräsentationszwecke herrichten zu lassen[14]; der private Teil des Hauses blieb immer äußerst bescheiden, wovon man sich noch zur Zeit Hadrians (117–138 n. Chr.) überzeugen konnte, da das Haus mitsamt seiner Einrichtung nach dem Tode des Augustus ehrfurchtsvoll so belassen wurde, wie es zu seinen Lebzeiten gewesen war: Es wurde beim Bau der großen Kaiserpaläste des Tiberius und des Domitian nicht angetastet. Seine nicht unbedeutenden Reste sind erst kürzlich von G. Carettoni ausgegraben worden.[15]

Ovid läßt das Buch sagen, das Haus sei «würdig eines Gottes». Damit will er vielleicht nicht so sehr auf seine Größe und Pracht hinweisen (die sich in Grenzen hielten), vielmehr darauf, daß es einen der Straße zugewandten Giebel (*fastigium*) hatte, was zumindest ursprünglich ein Vorrecht von Tempeln gewesen war.[16] Die Befestigung von Kriegstrophäen an den Türpfosten eines Hauses war üblich; der Eichenkranz, der an der Tür befestigt war, und die Lorbeerbäume rechts und links von ihr (Abb. 34) dagegen sind ungewöhnlich; sie

Abb. 34: Aureus aus der Zeit des Augustus
(12 v. Chr.): Das Haustor des Augustus

gehören zu den Ehrungen, welche der Senat am 16. Januar 27 v. Chr. für Octavian beschlossen hatte.[17] Dazu gehörten außerdem noch die Verleihung des Ehrennamens *Augustus*, auf den Ovid Vers 40 anspielt, ein goldener Ehrenschild (*clipeus virtutis*) in der Kurie mit der Aufschrift: «der Milde, Gerechtigkeit und Frömmigkeit wegen» (*clementiae iustitiae pietatis causa*), und – bis heute in Kraft geblieben! – die Umbenennung des Monats *Sextilis* in *Augustus*.[18]

Die Schmeichelei begann mit der Bemerkung, dieses Haus sei eines *Gottes* würdig. Dann schloß der ortsunkundige Fremde aus dem Eichenkranz, daß dieser Gott kein geringerer als *Jupiter* sein müsse, denn die Eiche war der dem Jupiter heilige Baum. Von eleganter Paradoxie dann der nächste Schritt: Der Fremdenführer sagt, wer in Wirklichkeit

Herr dieses Hauses ist (Augustus) und scheint damit die Vermutung des Fremden zu korrigieren – aber dieser nimmt das überraschend nicht als Korrektur, sondern als Bestätigung seiner Meinung (Vers 37: *Non fallimur*), setzt also Augustus mit dem großen Jupiter gleich. Dann sinniert er über den scheinbaren Widerspruch, daß am Haus *Jupiters* Lorbeerzweige, die doch dem *Apoll* heilig sind, angebracht sind, stellt dazu eine Reihe durchweg für Augustus sehr schmeichelhafter Vermutungen an: Die Lorbeerzweige könnten auf die Triumphe des Hausherrn hindeuten; darauf, daß er Apoll lieb ist; sie könnten ein Symbol der Festlichkeit sein, oder des durch die triumphalen Siege des Hausherrn endlich gesicherten Friedens... Das sind alles Vermutungen; gesichert dagegen, nämlich durch die Inschrift «*Ob cives servatos*», ist die Deutung der Eichenkrone: Es ist die sogenannte *corona civica*, die demjenigen verliehen wurde, der in persönlichem Einsatz das Leben von Mitbürgern gerettet hatte. Das Buch nimmt sie zum Anlaß, in einer sogenannten Apostrophe (d. h. Wegwendung von dem eigentlich Angeredeten) sich jetzt an Augustus selbst zu wenden, so als ob er gegenwärtig wäre, und an ihn die folgende flehentliche Bitte zu richten (49 ff.):

«Füg doch, bester Vater[19], all denen, die du gerettet hast, noch *einen*
   Bürger hinzu,
   der fern am Rande der Welt verbannt und vergessen lebt
und für dessen Strafe, die verdient zu haben er zugibt,
   nicht ein Verbrechen der Grund ist, sondern nur ein Versehen...»

Aber in demselben Moment, da der Sprecher (und wir müssen uns jetzt wieder daran erinnern, daß es eine Buchrolle ist!) dies ausgesprochen hat, überkommt ihn die Angst, er könnte zu aufdringlich, zu wenig ehrerbietig gewesen sein, und er beginnt zu zittern. Der lateinische Text ist rhythmisch und lautlich – durch eine Häufung von Rs und Dentallauten – so gestaltet, daß man das förmlich hören kann: *Me miserum! vererorque locum vereorque potentem / et quatitur trepido littera nostra metu.* Außerdem soll man sich vorstellen, daß die Handschrift auf der Buchrolle plötzlich krakelig wird:

«Siehst du, daß das Papier totenbleich wird?
   siehst du, daß mir beim Wechselschritt die Füße[20] zu zittern beginnen?
Irgendwann einmal – so bete ich – mögest du meinem Vater (scil. *dem
   Autor*) wieder gnädig sein
   und, wenn dich dann einer sieht, noch immer demselben Besitzer
   gehören.

Mit dem letzten Vers verwandelt sich im übrigen die heikle Anrede an den Herrscher fast unmerklich wieder in die unverfänglichere Anrede an sein Haus.

Der Fremde wird nun in Fortsetzung der Richtung, die sie gekommen waren (*tenore pari*), an dem Podium des weißen Marmortempels, auf dessen Rückseite sie zugegangen waren, vorbeigeführt und sieht dessen Vorderfront, zu der eine gewaltige Freitreppe hochführt. Es ist der von Octavian vor der entscheidenden Seeschlacht gegen Sextus Pompeius bei Naulochos (36 v. Chr.) gelobte, aber erst am 9. Oktober 28 v. Chr., also nach dem Sieg von Actium, eingeweihte palatinische Apollotempel (Vers 59 f.): «der auf hohen Stufen erhabene, strahlendweiße Tempel des langhaarigen Gottes» (*gradibus sublimia celsis / ... intonsi candida templa dei*). Den Tempelvorplatz umgab eine Portikus, zwischen deren Säulen aus gelblichem numidischem Marmor (sogenanntem Giallo antico) die Statuen des Danaos – mit gezücktem Schwert – und seiner 50 Töchter aufgestellt waren.[21] Wir werden über Tempel und Portikus gleich noch ausführlicher sprechen. Der südöstliche Flügel dieser Portikus gab, durch zwei Türen in der Rückwand, Zugang zu der griechischen beziehungsweise römischen Abteilung der dem Tempel angegliederten öffentlichen Bibliothek[22] : Das Buch ist am Ziel, glaubt, nun die gesuchte Unterkunft gefunden zu haben, ja rechnet sogar damit, in ihr auch seine Brüder anzutreffen: die anderen Werke Ovids (Vers 65):

«Ich suchte meine Brüder, mit Ausnahme natürlich derer,
    die der eigene Vater wünscht nicht gezeugt zu haben;
(aber) während ich sie vergeblich suchte, befahl mir der Wächter, der
    von jenem anderen Haus (scil. *des Augustus*) her
hier eingesetzt worden war, den heiligen Ort zu verlassen.»

Es erweist sich also, daß nicht nur die *Ars amatoria*, sondern *alle* Werke Ovids aus dieser öffentlichen Bibliothek entfernt worden waren; und nicht nur aus dieser, sondern auch aus den anderen; das nämlich muß das Buch feststellen, als es, hier abgewiesen, sich danach noch zur *Porticus Octaviae* und zum *Atrium Libertatis* begibt (Vers 73):

«Auf das (*ganze*) Geschlecht des armen Verfassers greift sein Unglück
    über,
und auch wir, seine Kinder, erleiden das, was er selber erfuhr: die
    Verbannung.»

Resigniert drückt das Buch die Hoffnung aus, daß der Kaiser wenigstens irgendwann in der Zukunft einmal gegen den Autor und seine

Werke wieder gnädig sein werde, bittet die Götter – nein, bittet, sich
sofort verbessernd, den höchsten Gott: den Kaiser – um die Erfüllung
dieser Hoffnung und schließt dann mit folgenden Worten (Verse 79 ff.):

«Bis dahin möge es, da alle *öffentlichen* Unterkünfte mir verschlossen
          sind,
gestattet sein, unauffällig in *privatem* Quartier unterzukommen.
Ihr auch, Plebejer, nehmet – wenn's erlaubt ist – meine aus Scham
          über die Zurückweisung ganz verwirrten
Gedichte, nehmt sie in eure Hand.»

Das Gedicht endet, wie man sieht, mit einer Variation des Gedan-
kens, mit dem es begann: Dort hatte das Buch seine Leser aufgefordert: «Nimm mich, Leser, *an* die Hand» (*da mihi, lector amice,
manum*). Das überraschte etwas, da man natürlich erwartete: «Nimm
mich, Leser, *in* die Hand!» (lateinisch: *sume me, lector amice, manu*).
Aber diese kleine Abweichung vom Erwarteten erwies sich dann als
Ausgangspunkt der Fiktion des ganzen Gedichtes: Geleit durch den
Leser hin zu einer öffentlichen Bibliothek. Erst jetzt, am Ende,
kommt die erwartete Aufforderung, und zwar an die Leser aller
Schichten gerichtet: *sumite plebeiae carmina nostra manus*. Daß am
Ende des letzten Distichons dasselbe Wort steht, wie am Ende des
ersten (hier *manus*, dort *manum*), macht die Ringkomposition
unübersehbar.

Zu spät zum Rendezvous
(Properz II,31)

Das Buch, ungeduldig seine Unterkunft zu erreichen, war am Apollotempel schnell vorbeigegangen: Nur zwei Distichen sind ihm und
seiner Portikus gewidmet. Einen sehr viel genaueren Eindruck bekommen wir aus einem wohl kurz nach seiner Einweihung im Oktober des
Jahres 28 v. Chr. verfaßten Gedicht des Properz (II,31). Es gehört jener
Gattung an, für die sich die Bezeichnung «Subjektive Liebeselegie»
eingebürgert hat. «Elegie» bedeutet hier wieder nur, daß das Gedicht
im elegischen Versmaß (abwechselnd Hexameter und Pentameter)
abgefaßt ist, «Liebeselegie», weil das dominierende Thema die Liebe
ist, die aber (was das Wort «subjektiv» andeuten soll) in einer ganz
eigentümlichen Weise behandelt wird: Ein Liebender, der den Namen
des Dichters trägt (aber natürlich nicht mit dessen historischer Person
verwechselt werden darf), spricht; er monologisiert beziehungsweise
redet eine andere Person an, und aus dem, was er sagt, können (und

sollen) wir die Situation erschließen, in der seine Rede zu denken ist.
In unserem Gedicht redet Properz seine Geliebte Cynthia an, und die
Situation ist die folgende: Er hat ihr versprochen, an diesem Tage zu
einer bestimmten Stunde zu ihr zu kommen, ist aber erst mit einer
nicht unbeträchtlichen Verspätung bei ihr eingetroffen. Sie hat ihn
nach dem Grund gefragt – und aus dem, was man aus den anderen
Gedichten über ihr Temperament weiß, kann man sich denken, daß
diese Frage einen Unterton von eifersüchtigem Mißtrauen und müh-
sam beherrschtem Zorn hatte. Das Gedicht ist seine Antwort auf ihre
Frage:

«Du fragst, warum ich denn so spät komme? (*Hier meine Entschuldi-*
    gung:) Die goldene Säulenhalle
des Phoebus ist von unserem großen Kaiser nunmehr eröffnet
    worden.
So groß erschien sie in ihrer Pracht, mit ihren Reihen von Säulen aus
    punischem Marmor,
zwischen denen die Töchterschar des alten Danaos steht!
Hier erblickte ich eine marmorne Gestalt, auf stummer Leier spielend,
    den Mund zum Liede öffnend, und *mir* erschien sie schöner
    als Phoebus selbst.
Und rings um den Altar waren Myrons Rinder aufgestellt,
    vier Tiere dieses Künstlers, lebende Standbilder.
Und dann erhob sich in der Mitte der Tempel, marmorglänzend
    und dem Phoebus teurer als selbst sein Geburtsort Delos.
Auf der Giebelspitze aber war des Sonnengottes Wagen,
    und die Türflügel waren kostbar aus libyschem Elfenbein verfer-
    tigt.
Der eine beklagte die vom Parnass herabgestürzten Gallier,
    der andere den Tod von Niobes Kindern,
und (*im Tempelinneren*) schließlich läßt, zwischen seiner Mutter, der
    Gott selbst, und zwischen seiner Schwester,
    der Pythier, in langem Gewand seinen Gesang ertönen.»

Wir können dem Text folgende Informationen über dieses prächtige
Bauwerk entnehmen[23]: Die auf sehr eingeengtem Grundstück errichtete Säulenhalle wirkte größer, als sie in Wirklichkeit war.[24] Sie war
reich mit vergoldeten Architekturteilen geschmückt (deshalb Vers 1:
aurea). Ihre Säulen waren aus dem gelben, rötlich durchsetzten Giallo
antico gefertigt, der in numidischen (hier als punisch bezeichneten)
Steinbrüchen gewonnen wurde. In den Intercolumnien (d. h. zwischen den Säulen) waren Statuen aufgestellt, welche die Danaiden
und ihren Vater Danaos darstellten, letzteren, wie wir aus Ovids Tristie

(Vers 62) erfahren, mit gezücktem Schwert.[25] – Bei der im dritten Distichon genannten Marmorstatue eines singenden, sich selber auf der Lyra begleitenden Apoll ist geistreich der Widerspruch zwischen ihrer marmornen Stille und dem, was sie abbildet: einen mit geöffnetem Mund (*hiare*) zum Klang der Leier Singenden, herausgearbeitet.[26] Sie stand wohl vor dem Tempel auf dem von der Portikus begrenzten Platz. Dafür spricht, daß als Nächstes der mit Sicherheit ebenfalls vor dem Tempel stehende Altar erwähnt wird, um den herum vier Rinder des großen griechischen Bronzebildners Myron aufgestellt waren. An ihnen wird die für eine künstlerische Nachbildung verblüffende Lebensechtheit hervorgehoben (Vers 8: *quattuor artificis vivida signa, boves*).[27] Im Kontrast zur Portikus mit ihren gelblichen Säulen war der Tempel in strahlend weißem Marmor aus *Luna* (Carrara-Marmor) erbaut (Vers 4: *claro marmore*[28]). – Vom Bauschmuck wird zuerst die Giebelbekrönung (das Akroter) genannt: der Sonnengott auf seinem Viergespann; dann die elfenbeinerne Verkleidung der Tempeltüren. Sie stellten zwei Triumphe des Gottes dar, einen historischen und einen mythischen. Der *historische*: Im Jahre 279 v. Chr. machten nach Griechenland eingefallene Gallier einen Angriff auf das Apolloheiligtum von Delphi, konnten aber abgewehrt werden – und der Gott soll den Verteidigern dadurch geholfen haben, daß er die Erde beben und so Steinlawinen auf die Angreifer herabstürzen ließ. Der *mythische* Triumph ist die Bestrafung der Tantalustochter Niobe, die sich brüstete, mit ihren sieben Töchtern und sieben Söhnen eine glücklichere Mutter zu sein als Leto-Latona, die Mutter Apolls und der Diana. Die beiden Götter töteten daraufhin alle 14 Kinder der Niobe mit Pfeilschüssen. – Zuletzt spricht Properz noch von dem Kultbild in der Cella des Tempels: Das Standbild des Gottes (von dem spätklassischen griechischen Bildhauer Skopas geschaffen) stand in der Mitte zwischen Standbildern seiner Mutter Latona (einem Werk des griechischen Bildhauers Kephisodot) und seiner Schwester Diana (von Timotheos). Der Gott war lorbeerbekränzt, in langem Gewand, singend und sich selber auf der Kithara begleitend dargestellt. Eine ungefähre Vorstellung von dieser Statuengruppe gibt uns ein im Museum von Sorrent aufbewahrtes Relief (Abb. 35).

Properz hat die Beschreibung von Portikus und Tempel, wie gesagt, in eine bestimmte Situation eingebaut: Der Liebhaber ist zu spät zum Rendezvous gekommen und entschuldigt sich damit, daß das neuerbaute Heiligtum gerade zum ersten Mal der Öffentlichkeit zugänglich gemacht worden sei. Daß der Dichter ihn über der Betrachtung dieser neuen Sehenswürdigkeiten vorübergehend sogar ein Rendezvous mit der Geliebten vergessen läßt, dann aber darauf vertrauen läßt, seine temperamentvoll-reizbare Freundin werde dies entschuldigen, ist ein

Abb. 35: Apollo zwischen Diana und Latona, davor eine Sybille.
Altarrelief, Sorrent

elegant indirekt vorgebrachter Preis des Bauwerkes und eine feine
Schmeichelei für seinen Erbauer.

Gebet eines Dichters
anläßlich der Einweihung des Palatinischen Apollotempels
(Horaz, Carmina I,31)

Ganz anders ist die Einweihung des neuen Apollotempels bei dem
Lyriker Horaz verarbeitet. Die literarische Gattung «Lyrik», so wie die
Antike sie verstand, ließ ihm einen größeren Spielraum als dem
Elegiker. In seiner «Dichtungstechnik» (*Ars poetica*) hat Horaz selbst
die verschiedenen Möglichkeiten lyrischen Dichtens aufgezählt: Lie-
besgedichte, Trinklieder, Preislieder auf Wettkampfsieger, Hymnen
auf Götter oder Heroen . . . Aber auch das *Gebet* gehört zu den Möglichkeiten der Lyrik, und diese Form wählt er hier. Sie war besonders
passend, wurde doch zum ersten Mal in Rom dem *Dichter*gott Apollo

ein Tempel errichtet (die Kultstatue stellte ihn als singenden Kithara-spieler dar!); bisher hatte er in Rom nur in seiner Eigenschaft als *Heil*gott einen Tempel gehabt.[29] So ist denn hier die Fiktion die, daß der Dichter an den Dichtergott ein Gebet richtet, das aber gleichzeitig uns, den Lesern des Gedichts, die Lebenshaltung Horazens demonstrieren soll.

«Um was bittet den neugeweihten Apoll
der *Dichter?* um was betet *er,* aus der Opferschale den jungen
Wein (*auf den Altar*) ausgießend?...»

Viele, so sollen wir uns vorstellen, treten in diesem Oktober des Jahres 28 an den Altar vor dem Tempel heran, bringen dem Gott eine Weinspende dar und bitten ihn um eine Gunst – Menschen aller Schichten und Berufe. So also auch der Dichter. Worum bittet er den Gott, der ihm so nahesteht, der sein Schutzgott ist? Schon dadurch, daß der Dichter dies als Frage formuliert und seine Bitte nicht sofort ausspricht, wird eine gewisse Spannung erzeugt.

Sie wird dadurch noch gesteigert, daß er zuerst in langer Reihe aufzählt, worum er *nicht* bittet: nicht um Felder, die für Getreideanbau geeignet sind, nicht um Viehherden, nicht um Schätze, nicht um ein Landgut in schöner, ruhiger Gegend...:

«... nicht um des fetten
Sardiniens fruchtbare Saatfelder,

nicht um des heißen Kalabriens schöne
Rinder, nicht um Gold und Elfenbein aus Indien,
nicht um Ländereien, die der Liris[30] mit seinem stillen
Wasser benagt, der schweigsame Fluß.»

Auch Weinberge in einer berühmten Lage wünscht er sich nicht. Das wird allerdings nicht mehr in die Anaphernreihe des «nicht ... nicht ... nicht ... nicht ...» eingefügt, sondern in einer neuen, der dritten Strophe des Gedichts, mit veränderter Konstruktion angeschlossen, stilistisches Indiz dafür, daß die Aussage jetzt eine neue Wendung erhalten soll:

«Mögen diejenigen bei Cales[31] mit dem Rebmesser ihre Weinstöcke
      beschneiden,
denen Fortuna dies gewährt hat – damit dann ein reicher
Kaufmann aus goldenen Pokalen bis zur Neige

Weine trinke, die er gegen syrische Ware eingetauscht hat,

ein Liebling (*offenbar*) der Götter selbst, da er doch drei- und viermal
jährlich den Atlantik wiedersieht,

ungestraft. ...»

Die Umnuancierung, die der Gedanke hier erfährt, besteht darin, daß
jetzt nicht mehr das Gut, auf das der Dichter gern verzichtet, im
Vordergrund steht, sondern die auf dieses Gut hin orientierten Le-
bensformen. Es sind zwei eng aufeinander bezogene: die des Weingut-
besitzers, der den kostbaren Wein anbaut, und die des reichen Kauf-
manns, der ihn trinkt. Der Weingutbesitzer produziert mühevoll den
köstlichsten Wein, aber nicht etwa, um ihn selber zu genießen, sondern um ihn an reiche Leute wie z. B. diesen Kaufmann zu verkaufen.
Der Kaufmann seinerseits muß sich das Geld, das der Wein kostet,
durch weite Handelsfahrten übers Meer verdienen. Durch den Hinweis auf die Gunst der Götter, die er anscheinend genieße, wird auf
die extreme Gefährlichkeit dieser Lebensweise hingewiesen: Er ist
zweifellos ein Liebling der Götter, wenn er das wieder und wieder
ungestraft tun kann; ob das auf Dauer so bleibt? Auf jeden Fall steht das
Risiko in keinem Verhältnis zu dem erkauften Genuß.

Deshalb verzichtet der Dichter nicht nur auf den Besitz solcher
Weinberge, sondern distanziert sich in den folgenden anderthalb Versen auch implizit von dieser Art von Leben: Seine eigene Lebensweise
ist so schlicht wie nur möglich, völlig ausreichend und dennoch gesund:

«... *Mich* sättigen Oliven,
mich Endivien und leichtbekömmliche Malven.»

Und erst als er diese seine Lebensweise charakterisiert hat, sagt er
nun, zum Schluß, was *er* sich von Apoll wünscht: zunächst einmal die
Fähigkeit des *frui paratis*: zu genießen, was zur Hand ist. Mit dem
Ausdruck «Was zur Hand ist» (*parata*) spielt er auf die epikureische
Überzeugung an, daß alles, was der Mensch seiner Natur nach wirklich braucht (was also kein ihm bloß aufgeredetes Bedürfnis ist), leicht
zu beschaffen sei (griechisch: εὐπόριστον, lateinisch: *paratum*).[32] Es
liegt sozusagen immer schon bereit für ihn. (Man muß hier an mittel-
meerische Verhältnisse denken, wo in ländlichen Gegenden Brot,
Schafskäse, Gemüse, Obst und Wein auch heute noch ganz billig zu
haben sind.) Und alle Lebenskunst besteht eigentlich nur darin, das
einzusehen und nicht mehr zu verlangen, sondern aus diesen *parata*
den größtmöglichen Genuß zu ziehen. Eben dies kann weder der
Weinbergbesitzer noch der Kaufmann; weil sie nämlich meinen, der

wirkliche Genuß fange erst mit dem Luxus (Spitzenweinen, syrischen Importwaren) an, und sich, um sich diesen Luxus leisten zu können, abrackern, ja sogar ihr Leben aufs Spiel setzen.

Als Nächstes wünscht sich der Dichter das, was Apollo in seiner Eigenschaft als *Heil*gott gewähren kann: Gesundheit – zunächst die körperliche, dann auch die geistige, und dies bis ins Alter hinein, damit er als alter Mann nicht das abstoßende Bild menschlichen Verfalls biete.

Und als Letztes erbittet er sich das, was ihm als *Dichter* wichtig ist, was Apoll ihm also in seiner Eigenschaft als *Dichter*gott geben kann: Er wünscht sich, daß ihm auch im Alter die dichterische Inspiration nicht verlasse, oder, wie es in deutlicher Anspielung auf das Kultbild, das Apoll als Kitharöden darstellte, gesagt wird: Er möchte auch als alter Mann nicht auf die Kithara verzichten müssen. Hier die letzte Strophe der Ode:

«Genuß zu haben an dem, was *da* ist, schenk mir,
Leto-Sohn und – bitte ich – rüstig und mit frischem
Geist ein Alter zu verbringen, das weder schmählich ist
noch auf die Kithara verzichten muß.»

VIII.

ARX UND KAPITOL

Dem Palatin gegenüber, von ihm durch das «*Velabrum*» genannte Tal getrennt, erhob sich der Hügel, den wir heute in ungenauer Vereinfachung als «Kapitol» bezeichnen. Als *Capitolium* wurde in der Antike jedoch nur die eine seiner beiden Kuppen: die südliche, dem Tiber nähere bezeichnet. Die andere hieß «*Arx*» («Burg»). Der Hügel war die Akropolis des ältesten Rom, d. h. religiöser Mittelpunkt und zugleich, in Zeiten der Gefahr, Zufluchtsort für die Bewohner der Stadt. Diese Funktion mußte er zum letzten Mal im Juli des Jahres 387 v. Chr., bei der sogenannten Gallierkatastrophe, erfüllen, von der uns Livius, Historisches und Legendäres miteinander vermischend, im 5. Buch seines Werkes erzählt.

Die Verteidigung des Kapitols
gegen die Gallier 387 v. Chr.
(Livius V,33–49)

In diesem Jahre war eine größere Schar Gallier, geführt von ihrem König Brennus, auf Landsuche über den Appennin nach Mittelitalien gekommen. Sie erschienen vor der etruskischen Stadt *Clusium* (heute Chiusi), die daraufhin Rom um Hilfe anrief. Römische Gesandte sprachen bei den Galliern vor und versuchten, sie von einer Belagerung von *Clusium* abzuhalten, ohne Erfolg. Als es daraufhin zum Kampf kam, machten diese Gesandten sich eines folgenreichen Verstoßes gegen das Völkerrecht schuldig: Sie beteiligen sich auf seiten der Clusiner am Kampf. Das war, nach Livius, der vom Schicksal bestimmte erste Schritt hin zur Katastrophe.

Die Gallier fordern zunächst die Auslieferung der Gesandten. Als ihnen das verweigert wird, ziehen sie in Eilmärschen gegen Rom. 11 Meilen nördlich der Stadt, dort wo das Flüßchen *Allia* in den Tiber mündet, schlagen sie ein ihnen entgegentretendes römisches Heer. Der größere Teil der römischen Truppen flüchtet sich in das nahe *Veii*, der andere nach Rom selbst.

Da es nur eine kleine Schar ist, ist an eine Verteidigung der Stadt selbst nicht zu denken. Man beschließt, daß der Senat und die kriegsfähigen Männer (*militaris iuventus*) mit ihren Frauen und Kindern sich auf «Burg und Kapitol» (*arx Capitoliumque*) zurückziehen. Die *plebs* flüchtet ins Umland, die Priester bringen die heiligen Gegenstände, die in den Tempeln verwahrt werden, aus der Stadt oder vergraben sie, die Älteren (*seniores*) – gemeint sind wohl: alle nicht mehr transportfähigen Personen – werden ihrem Schicksal überlassen.

Und schon rücken die Gallier durch die unverschlossene *Porta Collina* in die Stadt ein und beginnen planmäßig zu plündern, zu brandschatzen und gegen die in der Stadt Zurückgelassenen zu wüten, in der Hoffnung, so die Verteidiger der Burg, die dem allem ohnmächtig zuschauen müssen, zur Kapitulation zu bewegen – vergebens. Daraufhin versuchen sie, das Kapitol vom Forum her über die verschiedenen Zugänge (*aditus*), die von dort hinaufführen, zu erstürmen. Sie werden zurückgeschlagen. Es beginnt die Aushungerung. Jedoch wird auch noch ein zweiter Versuch gemacht, die Burg zu erstürmen: Eine kleine Schar Gallier steigt im Halbdunkel einer Nacht von der Tiberseite her, beim Heiligtum der *Carmenta*, den steilen Felsen hinauf, und das Unternehmen wäre auch beinahe geglückt: Weder von den aufgestellten Wachen noch von den Hunden werden sie bemerkt, «... den *Gänsen* jedoch entgingen sie nicht – (*den Gänsen*), die die Belagerten, weil sie der Juno heilig waren, trotz größten Mangels an Nahrungsmitteln unangetastet gelassen hatten» (Livius V,47,4). Ihr Kreischen weckt einen der Verteidiger, den Marcus Manlius, der später wegen eben dieses Ereignisses den Beinamen *Capitolinus* erhalten wird; er stößt den ersten Gallier, der gerade oben angekommen ist und sich bereits aufgerichtet hat, mit dem Schildbuckel zurück in den Abgrund, und schlägt Alarm. So wird das Kapitol im letzten Moment gerettet.

Wichtig ist dem Livius offensichtlich der Umstand, daß das Kapitol von den Galliern nur deshalb nicht erstürmt wurde, weil die Verteidiger trotz größter Not die der Juno heiligen Gänse nicht geschlachtet hatten: Fromme Ehrfurcht vor den Göttern – und überhaupt: strengste Beachtung aller Bestimmungen des von den Göttern gesetzten oder zwischen den Menschen vereinbarten Rechts (auf Lateinisch: *fas* und *ius*) – das sichert den Bestand des Staates. Eine Durchbrechung solcher Regeln dagegen, auch eine scheinbar geringfügige (wie die Teilnahme der römischen Gesandten am Kampf vor *Clusium*), stürzt ihn mit Sicherheit ins Unglück.

Auf den Fortgang der Geschichte – die Verteidiger müssen, ausgehungert, schließlich doch in Verhandlungen mit den Belagerern eintreten; die Gallier erklären sich gegen Zahlung eines ungeheuren Lösegelds (von Brennus mit dem berühmten Ausspruch «*vae victis!*» begründet) bereit, wieder abzuziehen; gerade als das Gold abgewogen wird, erscheint ein römisches Entsatzheer unter Camillus und vertreibt die Feinde wieder aus der Stadt – auf diesen Fortgang der Geschichte brauche ich hier nicht ausführlicher einzugehen. Fassen wir nur noch einmal kurz zusammen, was wir hier über die uns interessierende Lokalität, den kapitolinischen Hügel, erfahren: 1. Er wird zwar gelegentlich auch insgesamt als *Capitolium* (48,4) oder als *arx* (38,10; 41,1) bezeichnet, in der Regel jedoch mit dem Doppelbegriff *arx Capitoliumque*, d. h. seine beiden Kuppen werden ausdrücklich unterschieden. 2. Es wird deutlich, daß er in der älteren Zeit von der Nordseite (vom Marsfeld) her absolut unzugänglich war, wohl weil er dort durch die Servianische Mauer gesichert war. Die nicht näher spezifizierten *aditus*, über die die Gallier die Erstürmung versuchen, führen sämtlich vom *Forum* her hinauf. 3. Sehr steil, aber zur Not erklimmbar ist noch der Abhang zum Tiber zu, oberhalb des Heiligtums der *Carmenta*.

Die Erstürmung des Kapitols
durch die Soldaten des Vitellius im Dezember 69 n. Chr.
(Tacitus, Historiae III,69–74)

Die Livius-Passage wurde zwischen 27 und 20 v. Chr. verfaßt und beschreibt Zustände einer weit zurückliegenden Zeit, nämlich des Jahres 387/6 v. Chr. Die nun zu besprechende Passage aus den «Historien» des Tacitus, die ebenfalls eine Belagerung des Kapitols schildert, ist zwischen 105 und 110 n. Chr. geschrieben und handelt von Ereignissen, die ins Jahr 69 n. Chr., in die Jugendzeit des Verfassers, fallen; vielleicht hat er sie sogar als Augenzeuge miterlebt. Entsprechend reicher an konkreten Details ist diese Schilderung, und wir können uns aus ihr ein recht genaues Bild vom damaligen Zustand des Kapitols erschließen (Abb. 36).

Die Vorgeschichte habe ich zum Teil schon im Kapitel I (S. 20 f.) dargestellt: Der Kampf um die Herrschaft im Reich zwischen dem noch regierenden Kaiser Vitellius und dem von den Legionen des Ostens proklamierten Gegenkaiser Titus Flavius Vespasianus näherte sich im Dezember 69 seinem Ende. Flavianische Truppen unter Antonius Primus marschieren auf die Hauptstadt zu. Zwar sind die dort stationierten vitellianischen Truppen zum Widerstand entschlossen, aber die führenden Persönlichkeiten der Bürgerschaft (*primores civitatis*), d. h. Senatoren und Ritterschaft, bereiten sich schon darauf vor, zu Vespasian überzugehen. Ihr Verhalten ist, wie immer, opportunistisch: Es ist abzusehen, daß es mit der Herrschaft des Vitellius bald zu Ende gehen wird; sie wollen rechtzeitig zum neuen starken Mann übergehen, scheuen aber davor zurück, selber die Initiative zu ergreifen. Also bedrängen sie den *praefectus urbi* (wir würden sagen: den Polizeipräsidenten der Stadt) – es ist zufällig ein Bruder Vespasians –, die Macht in der Stadt an sich zu reißen. Aber dieser Titus Flavius

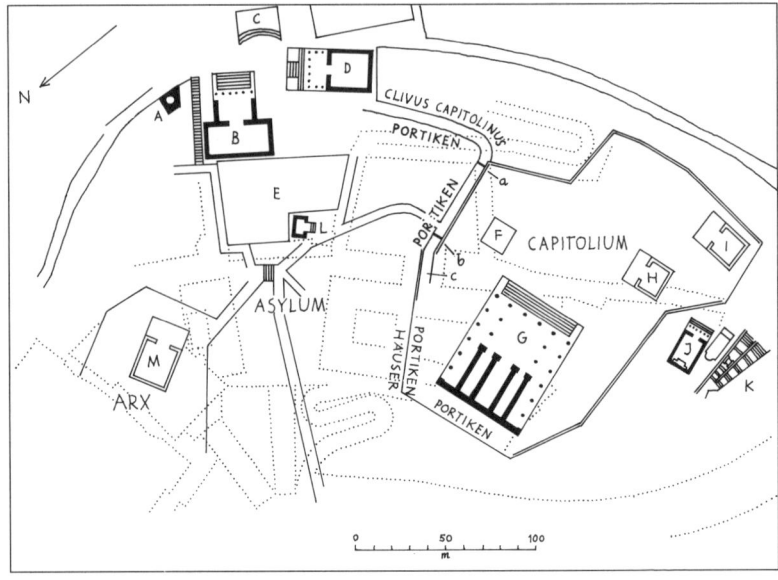

Abb. 36: Das Kapitol im Jahre 69 n. Chr. (nach Tacitus, Historiae III, 71f.)

A: Tullianum
B: Tempel der Concordia
C: Neue Rostra
D: Tempel des Saturn
E: Tabularium
F: Tensarium (Schuppen zur Unterbringung der bei Prozessionen verwendeten Wagen = *tensae*)
G: Tempel des Iupiter Optimus Maximus
H: Tempel der Ops
I: Tempel der Fides

J: auf der Forma Urbis eingezeichneter Tempel, vielleicht der vom Kaiser Domitian später errichtete Tempel des Iupiter Custos
K: Centum Gradus
L: Tempel des Veiovis
M: Tempel der Iuno Moneta
a: erstes Tor (*primae Capitolinae arcis fores*)
b: zweites Tor (*Capitolii fores*)
c: hohlwegartige Auffahrtsrampe hinter dem zweiten Tor (*ipse aditus*)

Meine Rekonstruktion geht von der Annahme aus, daß die Portiken auf der rechten Seite des Clivus Capitolinus (dextrae subeuntibus) sich bis zum zweiten Tor (b) hinaufzogen. Nur so ist das von Tacitus berichtete Fortschreiten des Feuers bis dorthin erklärlich. Die vom Asylum herkommenden Wege – Fuß-, nicht Fahrwege! – wären unter diesen Portiken hindurchgegangen.

Sabinus ist ein alter, gebrechlicher, friedfertiger Mann. Er möchte Blutvergießen soweit wie möglich vermeiden und zieht es deshalb vor, erst einmal Verhandlungen mit Vitellius zu beginnen. Und tatsächlich erklärt sich dieser, gegen gewisse Zusicherungen für sich und seine Familie, bereit, freiwillig zurückzutreten. Aber als er den vereinbarten

Rücktritt dann in aller Form vollziehen will, wird er von seinen Soldaten daran gehindert.

Sabinus hat in Vorbereitung der Machtübernahme schon alle ihm unterstellten Truppen (die *cohortes urbanae*: die Polizei, und die *vigiles*: die Feuerwehr) in sein Stadthaus (den uns schon bekannten Stadtpalast der *Gens Flavia* auf dem Quirinal) zusammengezogen. Auch die führenden Mitglieder der Bürgerschaft, die ihn zu der Aktion gedrängt hatten, haben sich dort eingefunden. Als die Nachricht vom verhinderten Rücktritt des Vitellius eintrifft, ist die Bestürzung groß: Man hat sich schon zu weit vorgewagt, als daß man noch einen Rückzieher machen könnte. Es bleibt nur noch die Flucht nach vorn. Man entschließt sich also, bewaffnet hinunter zum Stadtzentrum zu ziehen. Beim *Lacus Fundani*, einem Wasserreservoir, das sich am Abhang des Quirinal zum Augustusforum hin (in der Nähe der heutigen Kirche S. Silvestro) befand, stürmen ihnen fanatische Anhänger des Vitellius entgegen. Es kommt zu einem für Sabinus und seine Leute ungünstig verlaufenden Gefecht. Mit knapper Not können sie sich aufs Kapitol retten. Die Vitellianer stellen daraufhin rings ums Kapitol Wachen auf, allerdings so nachlässig, daß Sabinus noch Angehörige, darunter den jüngeren Sohn seines Bruders, den späteren Kaiser Domitian, zu sich holen lassen sowie einen Boten zu den von Norden her anrückenden Flavianern schicken kann. Ja in der Nacht (es ist die vom 18. auf den 19. Dezember) hätte er sich mit seinen Leuten sogar ohne weiteres davonstehlen können: Die Vitellianischen Wachen sind wenig aufmerksam, und ein plötzlich einsetzender winterlicher Regenguß nimmt jede Sicht und übertönt durch sein Rauschen alle Geräusche. Bei Morgengrauen schickt Sabinus dann noch, von den Wachen unbemerkt, einen Soldaten namens Cornelius Martialis hinüber in den Kaiserpalast auf dem Palatin zu Vitellius und beklagt sich darüber, daß der Kaiser die getroffenen Vereinbarungen gebrochen habe: offenbar sei alles nur ein hinterhältiger Trick gewesen! Vitellius entschuldigt sich mit dem Ungestüm der Soldaten, das er nicht mehr kontrollieren könne. Und in der Tat, sagt Tacitus (70,4), war er «weder imstande zu befehlen noch zu verbieten: schon längst nicht mehr der *Feldherr* dieses Krieges, sondern nur noch sein *Anlaß*.» Die Taciteische Darstellung der nun folgenden Ereignisse (III,71–72) gebe ich in Übersetzung:

«Kaum war Martialis aufs Kapitol zurückgekehrt, da war schon die wütende Soldateska (*der Vitellianer*) zur Stelle, von niemandem geführt, jeder nur seinem eigenen Antrieb folgend. Nachdem sie in schneller Marschkolonne am Forum und den das Forum beherrschenden Tempeln vorbeimarschiert sind, ordnen sie sich den ansteigenden Abschnitt des *Clivus Capitolinus* hinauf bis zum äußeren Tor der Kapitolsbefestigung zur Schlachtreihe. Seit jeher gab es entlang dem *Clivus* (wenn man hinaufgeht, zur Rechten) Säulenhallen. Auf deren Dächer kletterten die Verteidiger hinaus und bewarfen (*von dort aus*) die Vitellianer mit Steinen und Dachziegeln. Diese hatten außer ihren Schwertern keine Waffen, und Geschütze und Wurfspieße herbeizuholen erschien zu langwierig; also schleuderten sie Fackeln auf die (*an der Wegbiegung*) vorspringende Säulenhalle, folgten dann dem (*weiter hügelaufwärts sich ausbreitenden*) Feuer und wären durch die schon halb verbrannten Flügel des Kapitolstores eingedrungen, wenn nicht Sabinus aus überall (*von ihren Sockeln*) heruntergerissenen Statuen, Ehrendenkmälern der Vorfahren, im Zugang selbst eine Barrikade hätte errichten lassen.

Daraufhin trugen die Vitellianer ihren Angriff über zwei an entgegengesetzten Stellen (*des Kapitolsbereiches*) her3auführenden Zugängen vor: beim Hain des Asylum, und dort, wo man den Tarpeischen Felsen über die «Hundertstufentreppe» hinaufsteigt. Die Angriffe kamen an beiden Stellen (*für die Verteidiger*) unerwartet; der übers Asylum war (*dem Kapitolgebiet*) näher und wurde mit größerer Heftigkeit vorgetragen. Und (*hier*) konnten die Angreifer nicht aufgehalten werden, da sie durch die an den Hang hinangebauten Gebäude hochstiegen, welche (da man mit langen Friedenszeiten gerechnet hatte) bis zum Niveau des Kapitols hochgeführt worden waren. Hier nun ist es strittig, ob die *Belagerer* diese Häuser in Brand setzten; oder ob die *Belagerten* – was die vorherrschende Version ist – die heraufsteigenden und schon weit vorangekommenen (*Angreifer*) zurückzutreiben versuchten. Von da griffen die Flammen auf die Säulenhallen beim Tempel über, dann fingen die sein Dach tragenden Stützen Feuer und gaben ihm Nahrung: So ging das Kapitol, bei geschlossenen Pforten, ohne daß es jemand verteidigt oder geplündert hätte, in Flammen auf.»

Aus dem Abschnitt läßt sich ein erstaunlich detailliertes und präzises Bild von den damaligen Verhältnissen auf dem Kapitol gewinnen: Die vitellianischen Soldaten kamen wahrscheinlich vom Quirinal her und passierten bei ihrem eiligen Anmarsch, das Forum unterhalb des *Tabularium* überquerend, erst den Concordiatempel (rechts) und dann den des Saturn (links), die, auf hohem Podium stehend, dieses Ende des Platzes beherrschten (*imminebant foro*). Sie marschierten dann den Hauptzugang zum Kapitol, den *Clivus Capitolinus* hinauf. An seiner rechten Seite, der Hangseite, gab es eine Reihe von Säulenhallen[1], oberhalb derer schon der von den Leuten des Sabinus gehaltene Kapitolsbereich begann. Deshalb formierten sich die Vitellianer, die in *Marschkolonne* (*agmen*) angerückt waren, jetzt zu einer *Schlachtreihe* (*acies*), d. h. sie machten mit einem «Rechtsum» Front zu den besagten

Säulenhallen. In dieser Formation rückten sie seitwärts nach links, also hangaufwärts, solange weiter[2], bis sie zum *äußeren* Burgtor (*ad primas Capitolinae arcis fores*) gekommen waren. Inzwischen hatten aber die Verteidiger des Kapitols die das Kapitol-Areal umgebende Mauer überklettert[3], waren auf die Dächer besagter Säulenhallen gestiegen und bombardierten die Angreifer mit Steinen und Dachziegeln. Diese reagierten, indem sie Fackeln «in die vorspringende Säulenhalle» (*in prominentem porticum*) warfen. Hier fällt auf, daß jetzt plötzlich von *einer* Säulenhalle (im Singular) gesprochen wird: Es muß sich um eine bestimmte handeln. Unklar bleibt, ob eine aus der Reihe der anderen vorspringende gemeint ist, oder – was ich eher glaube – um eine, die «hervorragte», weil sie an der Kurve lag, die der *Clivus Capitolinus* an irgendeiner Stelle mit Sicherheit gemacht hat: Eine in diesem Sinne «hervorragende» Säulenhalle konnte am leichtesten in Brand gesetzt werden, da man von zwei Seiten her Fackeln auf ihr Dach schleudern konnte. Von ihr aus fraß sich das Feuer dann offenbar immer weiter bergaufwärts, vertrieb die Verteidiger von den Dächern und ermöglichte es so den Angreifern, immer weiter bis hin zu den Pforten des Kapitols (*fores Capitolii*) vorzurücken, die, als sie sie erreichten, selber schon halbverbrannt waren. Damit kann nicht das vorhin genannte «erste Tor» (*primae Capitolinae arcis fores*) gemeint sein, denn dieses hatten die Vitellianer ja schon erreicht, als sie die Schlachtreihe bildeten, sondern es muß sich um ein zweites, weiter innen gelegenes handeln. Seine Türflügel hatten also schon begonnen zu brennen, und die Angreifer hätten infolgedessen nunmehr leicht in den Burgbereich eindringen können – wenn die Verteidiger nicht eiligst «im Zugang selbst» (*in ipso aditu*) eine Barrikade aus Statuen, wie sie auf dem Kapitolsplatz in großer Zahl standen, errichtet hätten. Mit «*in ipso aditu*» ist wohl der innerhalb dieses zweiten Tores gelegene letzte Abschnitt des Aufgangs gemeint, im Unterschied zum *Clivus Capitolinus*. Er muß von der Art eines Hohlwegs gewesen sein: eine in die Kapitolsebene eingeschnittene Rampe, beidseitig von Stützmauern begrenzt: Sonst hätte er nicht durch eine Barrikade blockiert werden können. Hier kommt der erste Angriff der Vitellianer, den sie, genauso wie viereinhalb Jahrhunderte vorher die Gallier, vom *Forum* her gemacht hatten, zum Stehen.

Daraufhin versuchen sie es mit einem über zwei andere Zugänge gleichzeitig vorgetragenen Überraschungsangriff. Sie benutzen dabei zwei an entgegengesetzten Stellen des Kapitolshügels gelegene Zugänge (*diversos Capitolii aditus invadunt*); die Verteidiger sollen so zu einer Aufspaltung ihrer nicht sehr zahlreichen Mannschaft gezwungen werden. Die Lage des einen Zugangs läßt sich genau angeben: Es ist der auch von Livius (I,8,5) bezeugte Aufgang, der vom Marsfeld her

hinauf auf den Geländesattel zwischen *Arx* und *Capitolium* führte (dort
lag der von Tacitus erwähnte «Hain des Asylum») und dann, wohl
durch ein Tor, in das Areal des kapitolinischen Tempels. Die Position
des anderen Aufgangs (*qua Tarpeia rupes centum gradibus aditur*) muß
erschlossen werden, da nach wie vor umstritten ist, wo der Tarpeische
Felsen lag.[4] Der betreffende Aufgang lag also nach Tacitus auf der
entgegengesetzten Seite des Kapitolsareals. Es liegt nahe, an die Stelle
zu denken, an der nach Livius 387 v. Chr. die Gallier ihren nächtlichen
Angriff versucht hatten: Sie waren, wie erinnerlich, beim Heiligtum
der Carmenta den Felsen hochgestiegen. Tatsächlich wird diese Stelle
von Livius dann auch zweimal (VI,17,4; 20,12) als Tarpeischer Felsen
bezeichnet. Es war nach Livius eine steile, aber ersteigbare Stelle des
Abhangs, und man kann vermuten, daß er in seiner Schilderung sie
dort lokalisierte, wo zu seiner Zeit ein steiler Aufgang, nämlich die
«Hundertstufentreppe» (*Centum Gradus*) existierte.[5] Der Angriff hier
konnte offenbar aufgehalten werden, der beim Asylum jedoch nicht,
da die Angreifer sich nicht auf der ungedeckten Gasse näherten,
sondern sich der Innentreppen der an dieser Stelle an den Kapitolshügel herangebauten Häuser bedienten. Sie kamen auf diese Weise bis
auf das Niveau des Kapitolsareals hinauf. Die Verteidiger versuchten
sich ihrer zu erwehren, indem sie Feuerbrände auf das Dach dieser
Häuser schleuderten (das ist die von Tacitus zwar nicht direkt ausge-
sprochene, aber deutlich suggerierte Version), aber das entstehende
Feuer geriet außer Kontrolle, griff auf die Säulenhallen des Tempelbe-
reichs über – und schließlich auch auf den Tempel selbst (Abb. 37).

Soweit die topographischen Erläuterungen zu Kapitel 71. Nun die
Übersetzung des folgenden Paragraphen, in dem Tacitus den Brand
des Kapitols *kommentiert* (III,72,1):

*Abb. 37: As aus der Zeit Vespasians: Porträt des Kaisers / Tempel des Iupiter
Optimus Maximus. Die Münze wurde 71 n. Chr. anläßlich der Wiederherstellung
des im Dezember 69 abgebrannten Tempels geprägt.*

«Dies war das traurigste und abscheulichste Verbrechen, das seit Gründung der Stadt den Staat des römischen Volkes betroffen hatte: daß in einer Situation, in der es keinen äußeren Feind gab und die Götter (wenn dies bei unseren Sitten überhaupt möglich war) gnädig gestimmt waren, der Sitz des Jupiter Optimus Maximus, das feierlich[6] von unseren Vorfahren begründete Unterpfand unserer Herrschaft, das nicht Porsenna nach Kapitulation der Stadt, nicht die Gallier nach ihrer Einnahme entweiht hatten, *(jetzt)* infolge der *(Kriegs)*wut *(römischer)* Anführer vernichtet wurde. Das Kapitol hatte auch vorher schon einmal in einem Bürgerkrieg gebrannt, aber aufgrund privater Rücksichtslosigkeit[7]; nun war es in aller Öffentlichkeit belagert und angesteckt worden – und was waren die Gründe des Kampfes gewesen, welchen Vorteil hatte diese schreckliche Katastrophe gebracht?...»[8]

Hier spricht der Moralist Tacitus. Für ihn ist der Brand des Kapitolinischen Tempels weit mehr als bloß ein schwerer, jedoch reparabler Unglücksfall; mehr als die Vernichtung eines ehrwürdigen Gebäudes, das aber wieder aufgebaut werden kann: Es ist ein zutiefst bedauerliches und höchst schändliches *Verbrechen (facinus)*, weil nicht irgendwelche von außen her eingedrungene Feinde es in Brand gesteckt hatten (und selbst die hatten es, wie er klarmacht, in der Vergangenheit unangetastet gelassen), nicht ein als Zeichen göttlichen Zornes vom Himmel herabgefahrener Blitz, sondern die Römer selbst, ja sogar die *principes* des römischen Volkes. Letzteres steigert noch die Frevelhaftigkeit der Tat. Das macht der folgende Satz deutlich, in dem er diesen Brand des Kapitols mit dem des Jahres 83 v. Chr. vergleicht: Damals waren es immerhin nur *Privatleute* gewesen, die im Zusammenhang mit einer innenpolitischen Auseinandersetzung das Feuer *heimlich* gelegt hatten; jetzt aber waren es die Parteigänger zweier *principes*, und sie haben es ganz *offen* getan, noch dazu – das wird in der Figur der rhetorischen Frage ausgedrückt – aus schändlichen Gründen und ohne daß dadurch der Gang der Ereignisse entscheidend bestimmt worden wäre: Die Erstürmung des Kapitols durch die Vitellianer vermochte den Sturz des Vitellius letztlich doch nicht aufzuhalten.

Indem Tacitus den Brand des kapitolinischen Tempels nicht als Unglücksfall, sondern als schändliches Verbrechen *(facinus foedissimum)* bezeichnet, suggeriert er uns die Frage, wer dafür verantwortlich war. Und von dieser Frage ist insgeheim seine ganze Darstellung bestimmt.[9] Die sogenannte «Flavische Geschichtsschreibung» – die, welche der von Vespasian begründeten neuen Herrscherdynastie nach dem Munde redete – hatte die Verantwortung dafür ausschließlich dem Vitellius beziehungsweise seinen Anhängern zugeschoben, und

noch Sueton und Cassius Dio[10] übernahmen diese Version. Tacitus
hingegen suggeriert uns durch allerlei beiläufige Hinweise, daß er eine
andere Meinung hat: Nach seiner Darstellung kann man auf keinen
Fall Vitellius die Schuld für den Brand zuschieben, denn er hatte zu
diesem Zeitpunkt längst keinen Einfluß mehr auf seine Soldaten (70,4:
neque iubendi neque vetandi potens); die Vitellianer, die das Kapitol
erstürmten, handelten vielmehr ohne Befehl aus eigenem, spontanem
Antrieb (71,1: *nullo duce, sibi quisque auctor*). Aber auch sie waren dafür
wahrscheinlich nicht verantwortlich: Die Auffassung, daß es im Gegenteil die flavianischen Verteidiger gewesen seien, die den Brand
verschuldet hätten, war schon damals die weiter verbreitete (71,4:
crebrior fama); und auch aus der inneren Logik der Ereignisse ergab sich
eher, daß nicht die Angreifer die Häuser, die ihnen doch bei ihrem
Aufstieg zum Kapitol Deckung gaben, angezündet hatten, sondern die
Verteidiger, die sie aufzuhalten versuchten. Noch das «aber» *(sed)*, mit
dem die Erzählung im Kapitel 73 wieder einsetzt («Aber der Brand
jagte den Belagerten mehr Schrecken ein als den Belagerern»), dient
der Suggestion in dieser Richtung, deutet er doch an, daß der Brand
das Gegenteil von dem bewirkte, was die, die ihn legten, mit ihm
bezweckt hatten. Damit können nur die Verteidiger gemeint sein: Sie
wollten die Belagerer abschrecken, statt dessen gerieten sie nun, wie
im folgenden geschildert wird, selber in Panik, warfen die Waffen weg
und suchten ihr Heil in der Flucht. Die wenigen, die noch Widerstand
leisteten, wurden von den Vitellianern niedergemacht, Sabinus und
der Konsul Quintius Attius gefangen genommen; die übrigen flüchteten und entkamen unter mehr oder weniger würdelosen Umständen.

Domitians Rolle bei der Erstürmung des Kapitols
(Tacitus, Historae III,74,1: Martial IX,101,13–16)

Zu ihnen gehört auch Domitian, der Sohn Vespasians und künftige
Kaiser, den Sabinus, wie erinnerlich, noch in letzter Minute aufs
Kapitol hatte holen lassen. Tacitus erzählt zunächst, wie Domitian
damals unter wenig würdigen Umständen davonkam, berichtet dann,
wie diese Errettung nachträglich, in der offiziellen Propaganda, als
Errettung durch Götterhand nach und nach immer mehr verklärt
wurde.

Folgendes hatte sich nach Tacitus wirklich abgespielt: Während
andere sich immerhin erst, als die Lage ganz und gar aussichtslos
geworden war, in Sicherheit gebracht hatten, hatte sich Domitian
sofort, kaum daß die Angreifer in den Kapitolbereich eingedrungen
waren (*prima inruptione*), in der Wohnung eines Tempeldieners versteckt (und nach Sueton[11] dort die Nacht verbracht). Am nächsten

Morgen verschaffte ihm ein Freigelassener ein Leinengewand, wie es
die Priester und Verehrer der Göttin Isis trugen, schmuggelte ihn, so
verkleidet, in einem Zug von Isisgläubigen aus dem Kapitolsbereich
hinaus und brachte ihn ins Haus eines Klienten seines Vater unten im
Velabrum.

Diese wenig rühmliche Errettung wurde später in folgender Weise
mehr und mehr verklärt: Zuerst, als noch sein Vater Vespasian an der
Regierung und er selber nur Prinz war, ließ Domitian die Wohnung
des Tempeldieners, bei dem er sich versteckt hatte, abreißen und dem
Jupiter Conservator = dem «Retter Jupiter» ein mäßig großes Heiligtum
(*modicum sacellum*) errichten; auf dem Altar, also *davor*, waren die
Ereignisse des Dezembers 69 im Relief dargestellt. Dann aber, als er
selber zur Herrschaft gekommen war, ersetzte er dieses Heiligtum
durch einen ungeheueren Tempel (*templum ingens*); der Beinamen
Jupiters wurde aus *Conservator* («Erretter») in *Custos* («Wächter») um-
geändert, d. h. Domitian beanspruchte von nun an für sich, unter dem
ständigen Schutz des höchsten Gottes zu stehen; und er selber war jetzt
nicht mehr nur *außerhalb* des Tempels als eine Person unter anderen
auf dem erzählenden Relief abgebildet, sondern *im* Tempel selbst, auf
dem Schoße der Kultstatue sitzend, d. h. er ließ sich bei der Aufstellung der Kultstatue gleichsam mitkonsekrieren.

Man kann diesen bei Tacitus dargestellten Verklärungsprozeß noch
um einen weiteren Schritt ergänzen: Später (94 n. Chr.) tat die höfische
Dichtung sogar so, als ob Domitian es gewesen sei, der im Dezember
69 Rom von den Vitellianern befreit habe – und nicht etwa der
flavianische Feldherr Primus Antonius. Die selber erstrittene Herrschaft habe er dann aber aus freien Stücken dem Vater abgetreten, als
dieser im Sommer des Jahres 70 in Rom eintraf (Martial IX,101,13–16):

«*Er* (scil. Domitian) befreite den von schlimmer Herrschaft in Besitz
  gehaltenen Kaiserpalast,
führte, ein Knabe noch, den ersten Krieg für seinen Jupiter,
und obwohl er selber, ganz allein, die Zügel der Herrschaft schon in
  den Händen hielt,
übergab er sie (*dem Vater*) und begnügte sich, auf dem Erdkreis, der
  ihm zustand, (*nach Vater und älterem Bruder*) der dritte zu
  sein.»[12]

Im folgenden Abschnitt der Taciteischen Darstellung wird dann noch
erzählt, welches Schicksal den beiden prominenten Gefangenen, dem
Flavius Sabinus und dem Konsul Attius, widerfuhr. Sie werden in
Ketten vor Vitellius gebracht. Vitellius versucht ihre Hinrichtung zu
verhindern, aber im Falle des Sabinus setzen sich die Soldaten und der

Pöbel gegen ihn durch: Sabinus wird niedergemacht, seine Leiche wie
die eines Staatsverbrechers zur Gemonischen Treppe geschleift und
dort zur Schau gestellt. Im Falle des Konsuls widersteht Vitellius
energischer, vielleicht (wie Tacitus bemerkt), weil dieser bereit ist zu
bezeugen, *er* und nicht etwa die Vitellianer habe den Brand, dem der
kapitolinische Tempel zum Opfer fiel, gelegt. Attius kommt mit dem
Leben davon.

Ein privates Dankopfer
(*Juvenal* 12,1–16)

Der Kapitolinische Tempel galt, wie wir eben gehört haben, als «Unterpfand der römischen Herrschaft» (*pignus imperii*): Solange er bestehe
und solange vor ihm dem *Iupiter Optimus Maximus* geopfert werde,
werde (glaubte man) die Herrschaft Roms dauern – oder auch umgekehrt: Solange Roms Herrschaft dauere (und Jupiter selbst hatte ihr,
laut Vergil, Aeneis I,278 f. *ewige* Dauer zugesichert), solange werde
alljährlich am 13. September, dem Gründungsfest des Tempels, der
Pontifex Maximus, begleitet von den Vestalinnen, zum Kapitol hinaufsteigen, um dem Gott ein feierliches Staatsopfer darzubringen. In der
berühmten Ode III,30 (*Exegi monumentum aere perennius . . .*) gebraucht
Horaz deshalb dieses Opfer zur Umschreibung des Ewigkeitsan-
spruchs seiner Dichtung (Verse 7–9): «Immerfort werde ich an Nach-
ruhm wachsen, jung, solange, von der schweigenden Vestalin begleitet, der Pontifex zum Kapitol hinaufsteigt.»
 Neben den staatlichen Opfern, vollzogen von den Magistraten und
Mitgliedern der Priesterschaften, wurden hier aber auch von Privatleuten Opfer dargebracht. Ein solches beschreibt z. B. Juvenal am Anfang
seiner 12. Satire: Der Dichter bringt es allen drei im kapitolinischen
Tempel verehrten Göttern (Jupiter, Juno und Minerva) dar – zum Dank
dafür, daß ein Freund von einer Seereise glücklich heimgekehrt ist[13]:

«Freudiger noch als mein eigener Geburtstag ist mir, Corvinus, der
       heutige Tag,
an dem das festliche Rasenstück die den Göttern versprochenen Op-
       fertiere erwartet . . .»

Der Sprecher hat für den Fall einer gesunden Heimkehr des Freundes
den Göttern ein Dankopfer versprochen; er hat, lateinisch ausgedrückt, ein *votum* gemacht, das er jetzt einlöst. Es ist ein Tieropfer, das
am Altar (*ara*), der immer *vor* dem Tempel stand, vollzogen werden
wird. Als Altar dienten ursprünglich aufeinandergelegte Rasenstücke
(*caespites*). Später wurden Altäre zwar aus Steinen gemauert, in Erinne-

rung an die ursprüngliche Sitte wurden sie jedoch beim Opfer mit
einem Rasenstück bedeckt[14] – deshalb hier die Formulierung «festliches Rasenstück» (*festus caespes*).

«... Ein schneeweißes Lamm führen wir der (*Götter*)königin zu.
ein Vlies gleicher Art wird (*der Minerva*) gegeben werden, der Göttin,
    die mit dem maurischen Gorgonenhaupt (*vorn auf der Aegis*)
    kämpft;
aber weiter hinten zerrt am gespannten Seil (*schon*) das übermütige
    Opfertier,
das dem tarpeischen Jupiter vorbehalten ist, und stößt mit seiner Stirn
    um sich –
ein wildes Stierkalb nämlich, alt genug für Tempel und Altäre,
und mit Wein zu benetzen – (*ein Stierkalb,*) das sich schon schämt, noch
    an den Eutern der Mutter
zu saugen, und das mit seinen gerade durchbrechenden Hörnern
    schon Baumstämme heimsucht...»

Die Opfertiere wurden zum Altar geführt, hier für jede der drei
Gottheiten der kapitolinischen Trias eines. Üblich waren Schwein,
Schaf und Rind, seltener Ziege; wenn man es ganz billig machen
wollte, opferte man eine Henne oder eine Wachtel. Hier soll offenbar
zuerst der Juno ein weißes Lamm, dann der Minerva ebenfalls ein
weißes Lamm, und zum Schluß dem Jupiter ein Stierkalb geopfert
werden.[15] Solche Opfertiere mußten bestimmte Bedingungen erfüllen,
z. B. ein bestimmtes Alter erreicht haben – das Stierkalb hier z. B. ist
nicht mehr *lactens*, auf seiner Stirn brechen schon die Hörner durch,
und *dadurch* offenbar ist es «reif für die Tempel und Altäre» (*templis
maturus et aris*). Dem Jupiter dargebrachte Tiere mußten außerdem
weiß sein, oder wenigstens mit Kreide geweißt werden (*cretutae*).[16] Die
Größe der Opfertiere bestimmte sich einerseits natürlich nach den
Vermögensumständen des Opfernden[17], andrerseits aber auch danach,
wie wichtig dem Opfernden der Wunsch war, dessen Erfüllung er
durch das Opfer erreichen oder für dessen Erfüllung er durch das
Opfer danken wollte: Einem Erbschleicher (so sagt Juvenal) ist, wenn
er für das Wohl eines kranken Vaters von drei Kindern opfert, selbst
eine kranke Henne oder eine Wachtel noch zuviel; für die Gesundung
eines kinderlosen Reichen dagegen opfert er ganze Hekatomben (Juvenal 12,93–101). Entsprechend erklärt hier der Sprecher dem Freunde
(12,10 ff.):

«Wenn ich ein Vermögen zu Hause hätte, eines, das meinen Gefühlen
    für dich entspräche,

dann würde ein (*ausgewachsener*) Stier[18], fetter als Hispulla[19], (*zum
    Altar*) geschleppt
werden, allein schon durch seine
Masse träge, einer der nicht auf den Weiden (*hier*) in der Nachbarschaft
    großgeworden ist,
sondern dessen Blut man die üppigen Weiden am Clitumnus[20] ansieht,
und der durch einen großgewachsenen Opferdiener mit einem Schlag
    auf den Nacken betäubt werden muß (*ein solcher Stier würde
    geopfert werden*
als Dankopfer) für die Rückkehr des Freundes, der (*vor Schrecken*) noch
    immer zittert, der Grauenvolles erlebt hat
eben erst, und der sich (*noch immer*) wundert, heil davongekommen zu
    sein.»

Die Opfertiere wurden mit Zweigen bekränzt, ihre Stirn mit Binden
umwunden, ihre Hörner vergoldet, und so geschmückt wurden sie an
einem Seil zum Altar geführt. Dann gebot ein Herold mit dem rituellen
Ruf «*favete linguis*» Schweigen, der Opfernde verhüllte sein Haupt
(d. h. zog den Bausch der Toga über den Hinterkopf), stellte sich so,
daß er das Tempeltor zur Rechten hatte und sprach dann die in
altertümlichem Latein und mit juristischer Präzision abgefaßte Dar-
bringungsformel. Sie begann mit der Anrufung des Gottes, dem
geopfert werden sollte, nannte dann die Opfergabe und den Anlaß,
auch den Personenkreis, für die sie gelten sollte, und schloß mit dem
Ausdruck der Übereignung an den Gott. Danach begann ein anwesen-
der Flötenbläser (bei größeren Opfern waren es mehrere, unter Umständen ein ganzes Orchester: *symphonia*) mit seinem schrillen Spiel,
das die Funktion hatte, die Opferhandlung gegen störende Geräusche
abzuschirmen. Der Opfernde wusch sich die Hände in fließendem
Wasser, weihte das Opfertier und das Opfermesser (*culter*), indem er
sie mit geröstetem und mit Salz vermischtem Spelt (*mola salsa*) be-
streute (weswegen «opfern» im Lateinischen *immolare* heißt) und mit
Wasser und Wein übergoß[21] . Schließlich wurde das Opfertier losge-
bunden, seines Schmuckes entkleidet, der Opfernde zog mit dem
Opfermesser einen Strich von der Stirn des Tieres über den Rücken bis
zum Schwanzansatz, wendete sich dann nach rechts, d. h. dem Kultbild im Inneren des Tempels zu, und sprach das eigentliche Gebet, das
von der eben erwähnten Darbietungsformel unterschieden werden
muß. Anschließend setzte er sich nieder oder streckte sich auf den
Boden hin.[22]
    Jetzt betäubte der Opferdiener (*popa, victimarius*, hier: *minister*) das
Opfertier, indem er ihm von rechts her mit einem Hammer oder Beil
auf den Nacken schlug (*cervicem ferit*); es brach nieder, er drückte den

Kopf zu Boden und stieß ihm das Opfermesser in die Halsschlagader. Das hervorschießende Blut bespritzte den Altar, je reichlicher, desto besser. Danach wurde dem Opfertier der Bauch aufgeschnitten, und die Eingeweide wurden beschaut: Nur wenn sie in Ordnung waren, d. h. keine Anomalitäten aufwiesen, galt das Opfer als gnädig angenommen: als ein «glücklich durchgeführtes Opfer» (*sacrum litatum*). Andernfalls mußte es wiederholt werden. Falls die Eingeweide in Ordnung waren, wurden sie und Teile des anderen Fleisches gekocht, zerkleinert und dann als Speise für den Gott auf dem Altar verbrannt. Den Rest verzehrten diejenigen, die an dem Ritual teilnahmen. Insgesamt kann also das Opfer als ein den Göttern dargebotenes Mahl bezeichnet werden, an dem die Menschen sich beteiligen dürfen.

Peinliches Mißgeschick beim Gebet
(Martial XII,77)

Zum Schluß dieses dem Kapitol und der *Arx* gewidmeten Kapitels sei noch ein freches Epigramm Martials besprochen, bei dem es ebenfalls um eine religiöse Handlung vor dem Kapitolinischen Tempel geht. Martial schrieb, wie schon gesagt, nicht «hohe Dichtung» für die Nachwelt, sondern seine Epigramme waren für das zeitgenössische, und insbesondere für das zeitgenössische *römische* Publikum bestimmt, sollten dessen Amüsement dienen. Sie spielen infolgedessen immer wieder auf stadtrömische Erscheinungen, Begebenheiten und Personen der damaligen Zeit an, die wir uns zum Teil nur noch aus den betreffenden Epigrammen selbst erschließen können, und keineswegs immer eindeutig. So müssen wir uns etwa bei dem im folgenden zu besprechenden Epigramm fragen: Bezieht es sich auf einen bestimmten Vorfall (ein peinliches Mißgeschick, das einem gewissen Aethon einmal beim Beten auf dem Kapitol zugestoßen war), oder bezieht es sich auf gewisse stadtbekannte Eigenschaften dieses Aethon, aus denen heraus Martial dann diesen Vorfall konstruiert hat? Das Gedicht hat, so scheint mir, mehr Witz, wenn man das letztere annimmt: Aethon war einer jener vielen armen Klienten, deren sehnlichster Wunsch es war, von ihrem Patron möglichst oft zum Abendessen eingeladen zu werden und nicht mit der eigenen Hauskost (*domicenium*) vorlieb nehmen zu müssen; er war ferner ein frommer Mann, der häufig zu den Göttern betete – unter anderem (unterstellt Martial) auch um die Erfüllung dieses seines Herzenswunsches; und schließlich: er litt (was sicherlich mit seinem Hungerleidertum zusammenhing) unter Blähungen. Hier das Epigramm (Martial XII,77):

«Während er mit vielen Gebeten den Jupiter ansprach,
mit durchgedrücktem Rücken auf den Zehenspitzen stehend,
entfuhr dem Aethon auf dem Kapitol ein *Furz*.
Die Menschen lachten, aber der Göttervater selbst, beleidigt, bestrafte
   mit dreimaliger *Hauskost* seinen Klienten.
Seit diesem skandalösen Mißgeschick setzt sich der arme liebe Aethon
jedesmal, wenn er aufs Kapitol kommen will, vorher in die Bedürfnisanstalt des Paterculus
und furzt zehnmal und zwanzigmal.
Aber mag er sich dadurch noch so sehr abgesichert haben:
mit zusammengepreßten Hinterbacken (*nur noch*) spricht er Jupiter
   an.»

Wo genau die Bedürfnisanstalt des Paterculus sich befand, wissen wir
nicht: sicherlich in der Nähe des Forums, wo ein besonders großer
Bedarf dafür bestand.[23] Es war, wie die namentliche Nennung ihres
Betreibers zeigt, eine private Einrichtung, wahrscheinlich ebenso kom-
fortabel ausgestattet wie jene gut erhaltene im antiken Ostia, in der
sich fotografieren zu lassen zum Standardprogramm aller Touristen
gehört (Abb. 38). Man saß auf einer langen Marmorbank gesellig
nebeneinander. In Ostia war an der gegenüberliegenden Wand eine
kleines Heiligtum (*sacellum*) der *Salus* (der personifizierten Gesundheit)
angebracht, das die Benutzer, während sie «opferten», im Blick hatten.
   Wer sich entleert, muß seinen Magen bald wieder füllen. Der ausge-

*Abb. 38: Studentengruppe in der römischen Latrine in Ostia Antica. In der Mitte
der Verfasser.*

hungerte Klient hoffte natürlich, noch am gleichen Abend bei einem seiner Patrone zur *cena* eingeladen zu werden. Und manchmal ergab sich das schon in der entspannten Atmosphäre der Gemeinschaftstoilette selbst, wenn man sich nämlich dort wie zufällig neben einen reichen Bekannten setzte (Martial XI,77):

«Warum Vacerra in allen Toiletten
Stunden verbringt und den ganzen Tag lang sitzt?
Zu Abend essen will Vacerra, nicht etwa kacken!»[24]

Das Marsfeld:
Sportplätze, Säulenhallen, Bäder

Wir wollen jetzt das Stadtzentrum (Kapitol, Forum und Palatin) verlassen und uns aufs Marsfeld begeben. Damit vollziehen wir wieder etwas nach, was zum typischen Tagesablauf des Römers der damaligen Zeit gehörte: Der hielt sich (wie erinnerlich) normalerweise nur bis zum Ende der fünften Stunde auf dem Forum auf – in eigenen Geschäften, oder als Klient seinen Patron begleitend. Danach machte er eine Mittagspause: Er ging, wenn irgend möglich, nach Hause, nahm dort eine kleinere Mahlzeit (*prandium* genannt) ein und hielt ein Mittagsschläfchen (*meridiatio*). Das dauerte ungefähr bis zum Ende der 7. Stunde. Der Nachmittag bis zur Hauptmahlzeit war dann dem Sport, der Körperpflege und dem Müßiggang gewidmet. Die dafür bestimmten Einrichtungen (Sportstätten, Badeanstalten, Säulenhallen) befanden sich zum größten Teil auf dem Marsfeld – wenn natürlich auch nicht alle: Wir haben bereits die *Porticus Quirini* auf dem Quirinal, die *Porticus Liviae* auf dem Esquilin und die Portikus des Apollotempels auf dem Palatin kennengelernt, und eine der vier großen öffentlichen Badeanstalten, die (allerdings erst 80 n. Chr. erbauten) Titusthermen, befanden sich am Südabhang des Esquilin oberhalb des Kolosseums. Aber die meisten dieser Anlagen waren, wie gesagt, auf dem Marsfeld, so daß für die Dichter der Kaiserzeit dieses geradezu der Inbegriff nachmittäglichen Müßiggangs war: *Campus porticus umbra Virgo thermae*.[1]

Auf der Jagd
nach einer Einladung zum Abendessen
(Martial II,14)

Um das Marsfeld kennenzulernen, schließen wir uns am besten einem gewissen Selius an, der Hauptperson des Martialepigramms II,14. Es ist einer jener bei Martial so häufig vorkommenden armen Klienten, für die es kein größeres, kein ersehnteres Glück gibt, als von einem reichen Patron zu einer üppigen *cena* eingeladen zu werden – und entsprechend kein größeres Unglück, als mit einem Abendessen bei sich zu Hause (*domicenium*), das bei einem Mann seines Einkommens notgedrungen sehr schlicht ausfiel, vorlieb nehmen zu müssen. In unserem Gedicht wird nun beschrieben, was Selius tut, wenn er an

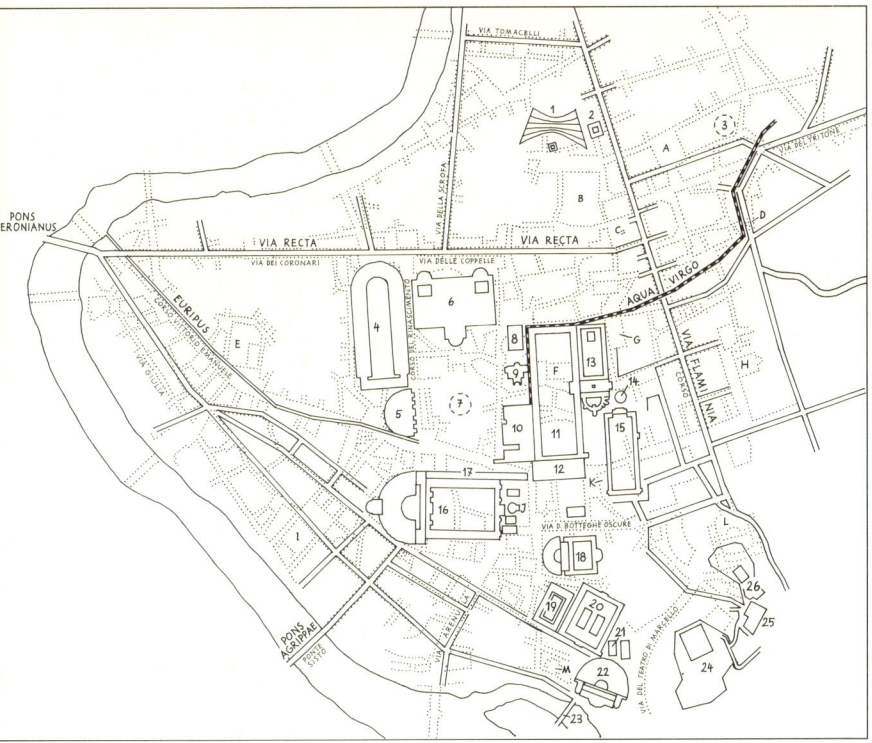

Abb. 39: Plan des Marsfeldes gegen Ende der Regierungszeit Domitians (96 n. Chr.). Gepunktete Linien: das heutige Straßennetz

1: Sonnenuhr des Augustus
2: Ara Pacis
3: Porticus Vipsania (vermuteter Standort)
4: Stadium des Domitian (heute: Piazza Navona)
5: Odeum des Domitian
6: Thermen des Nero
7: Stagnum Agrippae (ungefährer Standort)
8: Pantheon des Agrippa
9: Basilica Neptuni
10: Thermen des Agrippa
11: Saepta
12: Diribitorium
13: Heiligtum der Isis und des Serapis
14: Tempel der Minerva Chalcidica
15: Porticus Divorum
16: Theater und Portikus des Pompeius
17: Hecatostylon
18: Theater und Portikus des Balbus
19: Tempel des Hercules Musarum

20: Porticus Octaviae
21: Tempel des Apollo Medicus («Apollo Sosianus»)
22: Theater des Marcellus
23: Pons Fabricius
24: Capitolium
25: Tabularium
26: Arx
A: Piazza S. Silvestro
B: Palazzo Montecitorio (Parlament)
C: Säule des Marcus Aurelius
D: Fontana di Trevi
E: Oratorio dei Filippini
F: S. Maria sopra Minerva
G: S. Ignazio
H: Ss. Apostoli
I: Palazzo Farnese
J: Area Sacra del Largo Argentina
K: Il Gesù
L: Nationaldenkmal
M: Synagoge

einem Nachmittag noch immer keine Einladung zur *cena* hat. Hier zunächst die Übersetzung:

«Nichts läßt Selius unversucht, vor nichts schreckt er zurück,
   sooft er merkt, daß er gleich *zu Hause* wird speisen müssen.
Er rennt (*dann*) zur «Europa» und macht (*dort*) dir, Paulinus,
   Komplimente und deinen achillesschnellen Füßen – aber ohne
   damit zu einem Ende zu kommen.
Wenn die «Europa» nichts gebracht hat, dann werden die Saepta
   aufgesucht,
   ob Philyras Sohn etwas zu bieten hat oder der Sohn des Aeson.
Wird er auch hier enttäuscht, sucht er die Tempel von Memphis auf
   und läßt sich bei den Stühlen nieder, die für deine Verehrerinnen,
   traurige Kuh, reserviert sind.
Von da begibt er sich zu der von hundert Säulen getragenen Halle,
   von dort zur Stiftung des Pompeius und ihrem doppelten Hain.
Weder des Fortunatus Bad verschmäht er noch das des Faustus,
   weder das finstere Loch des Gryllus noch das zugige Etablisse-
   ment[2] des Lupus;
denn in den Thermen (*das versteht sich von selbst!*) wäscht er sich wieder
   und wieder und wieder.
Hat er alles getan, aber hat ein Gott ihm (*trotzdem*) den Erfolg
   versagt,
rennt er (gut gewaschen) zurück zu den sonnenwarmen Buchsbaum-
   hecken der «Europa»,
   ob dort vielleicht noch ein Freund einen späten Spaziergang mache. –
Bei dir und bei dem Mädchen, das du Schlimmer davonträgst, be-
   schwör ich dich,
   lade doch *du* – bitte –, Stier, den Selius zum Abendessen ein!»

Dieses Martialgedicht soll uns im folgenden als Leitgedicht dienen, d. h. wir wollen es Schritt für Schritt durchgehen und erläutern, aber dann die verschiedenen Stationen von Selius' Weg gleich auch jeweils zum Anlaß für weiter ausgreifende Exkurse nehmen.

Selius rennt also zunächst zur Portikus «Europa». Sie ist identisch mit jener *Porticus Vipsania*, deren Parkanlagen Martial von seiner Miet-wohnung auf dem Quirinal aus sehen konnte, und gehörte zu den Bauten, die Augustus' Freund und Mitarbeiter Marcus Vipsanius Agrippa auf dem nach ihm benannten Sportgelände hatte errichten lassen.[3] Der *Campus Agrippae* lag in der Ebene zwischen der *Via Flaminia* (dem heutigen Corso) und dem Abhang des *Collis Hortulorum* (heute: Pincio), und zwar dort, wo sie von der *Aqua Virgo* überquert wurde.[4] Die genaue Lage der *Porticus Vipsania* hat man noch nicht herausfinden können. «*Europa*» wurde sie nach einem in ihr oder bei ihr befindlichen Kunstwerk genannt.[5] Es stellte Jupiter dar, wie er in Stiergestalt die auf seinem Rücken sitzende phönizische Königstochter Europa übers Meer entführt. Deshalb wird er übrigens in der vorletzten Zeile des Gedichts «lasziver Fährmann» (*vector lascivus*) genannt.

Selius mischt sich nicht etwa unter die Scharen von Müßiggängern, die sich in der Portikus aufhielten[6], sondern er hat ein ganz bestimmtes Ziel: Er weiß, daß in der angrenzenden Sportanlage um diese Zeit herum gewöhnlich ein reicher junger Mann namens Paulinus sein tägliches Lauftraining absolviert. Er stellt sich also an die Bahn und macht dem seine Runden drehenden Paulinus endlos dick aufgetragene Komplimente über seinen Laufstil, z. B.: Wie Achill laufe er... (Achill hat bei Homer bekanntlich das stehende Beiwort «schnellfüßig».) Aber so lang er auch redet – Paulinus zieht unbeeindruckt weiter seine Runden.[7]

Langlauf und andere auf dem Marsfeld betriebene Sportarten
(Martial VII,32; Horaz, Carmina I,8)

Wir nehmen die kleine Szene zum Anlaß für einen Exkurs über die Sportarten, die die Römer damals auf dem Marsfeld betrieben.[8] Da wären zunächst die leichtathletischen Grundsportarten zu nennen: Laufen (Dauerlauf, wie Paulinus ihn betreibt, und Wettlauf), Schwimmen in dem ans Marsfeld angrenzenden Tiber; Hochsprung und Weitsprung – bei letzterem hielt man nach griechischer Sitte Sprunggewichte (*halteres*) in den Händen, die den Schwung verstärken sollten –; weiter Speer- und Diskuswerfen. Auch Reifentreiben war beliebt. Wer es sich leisten konnte, übte sich im Reiten. Von den Kampfsportarten werden Ringen, Boxen und Fechten genannt. Auch Gymnastik betrieb man, mit und ohne Hanteln. Am beliebtesten aber waren die verschiedenen Ballspiele: Beim «*Trigon*» warfen sich drei Spieler einen kleinen, fest gestopften Ball zu, der gefangen und sofort weiterbefördert werden mußte; beim «*Harpastum*» spielte man sich, in einem Kreis stehend, den Ball so zu, daß der in der Kreismitte Stehende ihn möglichst nicht abfangen konnte; auch eine Art Prellball, für den man aufgeblasene Schweinsblasen benutzte, scheint es gegeben zu haben.[9]

Eine ganze Reihe der aufgezählten Sportarten kommen in einem anderen Martialgedicht (VII,32) vor. Es ist einem jungen Mann na-

mens Atticus gewidmet, der wie Paulinus Laufsport betrieb, aber auch
literarisch ambitioniert war. Nachdem der Dichter ihm zwei Distichen
lang Komplimente über seine rhetorischen und dichterischen Bemühungen gemacht hat, fährt er fort:

> «... aber andere junge Männer betreut ein (*Box*)trainer mit zerschlage-
> nen Ohren,
> und ein schmieriger Masseur[10] nimmt ihnen schamlose Summen
> ab.
> Nicht Ballspiele (mit dem kleinen Ball, mit dem aufgeblasenen Leder-
> ball, mit dem Mannschaftsball[11])
> bereiten dich auf die Thermen vor, oder der stumpfe Schlag des
> hölzernen Übungsrapiers,
> und nicht streckst du als Ringer die mit zäher Wachssalbe einge-
> schmierten Arme zur Seite;
> nicht fängst du, hin- und herspringend, staubbedeckte Fangbälle
> auf –
> sondern du *läufst* nur am klaren Wasser der Aqua Virgo,
> oder dort, wo der Stier vor Liebe glüht zu dem Mädchen aus Sidon
> (scil. *zu Europa*).
> Nach all den verschiedenen Regeln, denen (*jeweils*) das ganze Sport-
> feld zu Diensten sein muß,[11a]
> (*bloß*) zu *spielen*, obwohl man doch *laufen* kann, ist (*nämlich nichts
> anderes als*) Faulheit.»

Die Sportart, die Atticus betreibt, wird, wie man sieht, als der einzig
ernstzunehmende Sport hingestellt, die anderen, üblicheren werden
demgegenüber abqualifiziert: Boxen führt zu Entstellungen (*fractae
aures*), das Einsalben, das bei den gymnastischen Sportarten üblich ist,
wird von unappetitlichen Masseuren betrieben und ist unverschämt
teuer; die Ringer müssen sich am ganzen Körper mit einer zähen Paste
einschmieren lassen (welche die Griffe des Gegners abgleiten lassen
soll); Fangball ist eine überaus staubige Sache, außerdem müssen die
Spieler dabei wie die Verrückten kreuz und quer übers Spielfeld
rennen... Der Läufer dagegen hat seine festgelegte Bahn (bei der
«Europa» oder auch längs der *Aqua Virgo*[12]), und das Laufen ist nicht
bloß ein Spiel, sondern ein ernstzunehmender, weil anstrengender
Sport.

Beiläufig bemerkt: Atticus ist, wie Paulinus, ein Jogger. Martial macht
ihm, wie Selius dem Paulinus, Komplimente wegen seines Laufens.
Selius will sich dadurch eine Abendeinladung erschmeicheln. Hatte
Martial, als er sein Gedicht dem Paulinus widmete, vielleicht densel-

ben Hintergedanken? – Man sieht, zwischen Selius und Martial gibt es verdächtige Parallelen[13], und unser Leitgedicht II,14 hat vielleicht selbstironische Obertöne!

All die besprochenen Sportarten wurden in der Regel nur von Männern betrieben, Frauen nahmen nicht daran teil.[14] Beim Sport auf dem Marsfeld konnte man also *nicht* Frauenbekanntschaften machen: Ovid in seiner «Liebeskunst» (III,381–386) betont das ausdrücklich, und Properz beklagt es, mit neidischem Blick auf die Sitten des alten Sparta, wo zusammen mit den jungen Männern auch Mädchen Sport trieben (III,14,1 ff.). Die Konsequenz davon war, daß Schürzenjäger von der Art Ovids wohl nur selten auf die Sportplätze kamen – und daß junge Männer, wenn sie sich verliebt hatten, und mochten sie vorher noch so begeisterte Sportler gewesen sein, vom Marsfeld plötzlich wegblieben. Auf einen solchen Fall bezieht sich die Horazode I,8. Angesprochen ist das Mädchen, in das sich der junge Sportler verliebt hat:

«Lydia, sag (bei allen
    Göttern beschwör ich dich): Warum hast du es so eilig, den Sybaris
    durch deine Liebe
zugrunde zu richten? warum verabscheut er (*jetzt auf einmal*) das
    sonnenwarme
Marsfeld – er, dem doch Staub und Sonne nichts ausmachten?
Warum sieht man ihn nicht mehr zusammen mit seinen militärpflichti-
    gen
    Altersgenossen, und warum zähmt er nicht mehr mit dem Stachel-
    halfter
das Maul gallischer Pferde?
    Warum hat er (*jetzt auf einmal*) Angst, mit dem lehmigen Tiberwas-
    ser in Berührung zu kommen? Warum vermeidet er Salböl
    ängstlicher
als Schlangenblut
    und hat keine blauen Flecken vom Rapierfechten mehr
auf den Armen? – er, der doch oft durch Diskuswürfe,
    oft durch weite Speerwürfe (*noch*) über den Rand des Feldes hinaus
    sich auszeichnete?
Warum hält er sich versteckt, so wie der Meeresgöttin
    Thetis Sohn (sagt man) sich versteckt hielt, bevor das tränenrei-
    che
Morden vor Troja begann, damit er nicht, Männerkleidung tragend, in
    die Schlacht und gegen die Scharen der Lykier mit fortgerissen
    werde?»[15]

Soviel zum Sport auf dem Marsfeld, und nun zurück zu unserem Selius. Bei dem Läufer Paulinus hat er also kein Glück gehabt. Also begibt er sich jetzt zu den *Saepta*, einem großen, von Säulenhallen umgebenen Platz in der Nähe des Pantheon. Um ihn zu erreichen, brauchte er nur die *Aqua Virgo* in westlicher Richtung entlangzugehen. Sie überquerte die *Via Flaminia* über dem Claudiusbogen, lief an dem gleich noch zu besprechenden Isisheiligtum vorbei und erreichte unmittelbar dahinter die nördliche Außenmauer der *Saepta*.

Die Saepta:
Vom Wahllokal zum Einkaufszentrum

Die *Saepta* trugen ihren Namen, weil sich hier ursprünglich die Einfriedigungen (*saepta*) befunden hatten, die für die Abstimmungen der *comitia centuriata* und der *comitia tributa* benötigt wurden. Diese beiden Typen der römischen Volksversammlung – daneben gab es noch als dritten, relativ bedeutungslos gewordenen die *comitia curiata* – waren so benannt, weil bei ihnen die Gesamtheit der Wählerschaft in *centuriae* beziehungsweise *tribus* aufgegliedert war. Die Zenturiatsversammlung war aus der alten Heeresversammlung hervorgegangen: Sie war eingeteilt in 193 Zenturien («Hundertschaften»), und zwar 18 Zenturien «Reiter» (*equites*), 170 Zenturien «Fußsoldaten» (*pedites*) und 5 Zenturien *accensi velati*, womit ursprünglich das unbewaffnete Hilfs- und Reservepersonal (Pioniere, Musikanten und ähnliches mehr) bezeichnet wurde. Aber das in diesen traditionellen Bezeichnungen noch deutlich erkennbare militärische Gliederungsprinzip hatte sich, da jeder Bürger für seine militärische Ausrüstung selber aufzukommen hatte und die Zugehörigkeit zu den verschiedenen Truppenteilen sich infolgedessen nach den Vermögensverhältnissen bestimmte, mit der Zeit in ein timokratisches (d. h. vermögensbezogenes) verwandelt: In den Reiterzenturien stimmten die Vermögendsten, die Ritter, ab, die 170 Zenturien der Fußsoldaten waren nach ihrem Vermögen in «Klassen» (*classes*) eingeteilt (1. Klasse: 80 Zenturien; die 2.–4. Klasse: je 20; die 5. Klasse: 30), und auch bei den *accensi velati* gab es eine vermögensbestimmte Rangordnung: Bürger ohne eigenes Vermögen zum Beispiel mußten in der untersten Zenturie der *capite censi*, auch *proletarii* genannt, abstimmen. – Beim zweiten Typ der Volksversammlung, den Tributkomitien, war das Einteilungsprinzip ein lokales: Die Wählerschaft war nach den Bezirken (*tribus*) eingeteilt, von denen es 35 (4 städtische und 31 ländliche) gab.

Bei beiden Versammlungstypen wurde zunächst innerhalb dieser Untergruppen (*centuria* beziehungsweise *tribus*) abgestimmt, und die

Mehrheit der Stimmen entschied dann darüber, was als das Votum der betreffenden Untergruppe insgesamt zu gelten habe. Über den Ausgang entschied dann die Mehrheit der *Gruppen*, ohne Rücksicht darauf, daß sie von zum Teil ganz unterschiedlicher Größe waren. Dieses uns merkwürdig ungerecht vorkommende Wahlverfahren garantierte, daß bei den Zenturiatsversammlungen, in denen (ihrem ursprünglich militärischen Charakter entsprechend) die Beamten mit militärischer Kompetenz (Prätor und Konsul) gewählt wurden, die beiden vermögendsten Gruppen (Ritter und erste Klasse) mit ihren zusammen 98 Zenturien den Ausschlag gaben, und daß bei den Tributkomitien die städtischen *tribus*, die bei den Abstimmungen naturgemäß immer am zahlreichsten vertreten waren, die ländlichen trotzdem nicht überstimmen konnten.[16]

Praktisch wurden diese Abstimmungen folgendermaßen durchgeführt: Die Bürger einer jeden Wählergruppe versammelten sich innerhalb einer Abgrenzung (*saeptum*) und begaben sich dann einzeln über einen Laufsteg (*pons*) zu der Wahlurne (*cista*), warfen ihre Stimmtäfelchen (*tabellae*) ein und verließen dann das Wahllokal. Da nun bei den Tributkomitien alle 35 *tribus*, bei den Zenturiatsversammlungen die Zenturien jeder Klasse gleichzeitig abstimmten, war für die Durchführung der Abstimmung sehr viel Platz nötig. Davon gab es auf dem Forum nicht genug, wohl aber auf dem Marsfeld. Daß die Tributkomitien hier abgehalten wurden, ist für die Zeit Ciceros nachweisbar, aber auch die Zenturiatskomitien fanden sicherlich hier statt.[17] Die für die Wahlgruppen benötigten Einfriedigungen waren urspünglich bloß aus Holz und temporär. Im Jahre 54 v. Chr. gab dann Caesar von Gallien aus den Auftrag, sie durch marmorne und ständige zu ersetzen und mit einer hohen Säulenhalle zu umgeben.[18] Finanziert wurde das alles aus den Tributgeldern der unterworfenen gallischen Völkerschaften. Die neue Anlage wurde allerdings erst im Jahre 26 v. Chr. von Agrippa vollendet. Für die Auszählung der Stimmen, bei der nach Plinius (Naturalis Historia XXXIII,3) nicht weniger als 900 Personen beschäftigt waren, wurde übrigens bei dieser Gelegenheit ein eigenes Gebäude, das *Diribitorium* gebaut, das sich an die *Saepta* im Süden anschloß. Es war die größte stützenlos überspannte Halle der damaligen Zeit.[19] Merkwürdig, daß dieser ganze riesenhafte Komplex (*Saepta* und *Diribitorium*) erst 1934 auf dem Marsfeld eindeutig lokalisiert werden konnte.[20]

Im Jahr 15 n. Chr. übertrug dann der Kaiser Tiberius die Wahl der Magistrate von der Volksversammlung auf den Senat.[21] Die *Saepta* verloren damit ihre ursprüngliche Funktion. Der Platz wurde für Gladiatorenspiele verwendet[22], und in den Säulenhallen, die ihn umgaben, siedelten sich alle möglichen Geschäfte an. Die *Saepta* wurden zu dem, was die Via Condotti und ihre beiden Parallelstraßen im modernen Rom sind: zu einem Luxuseinkaufsviertel.

Möchtegern-Kunden im Luxus-Einkaufszentrum
(Martial X,80; II,57; IX,59)

Nur wenige konnten sich die Waren leisten, die dort verkauft wurden. Aber ihre «conspicuous consumption» erregte Neid und Sehnsüchte, und so gab es damals wie heute – und wie in jeder Gesellschaft, der Reichtum und Konsum als oberste Werte gelten – Leute, die zu der kleinen Schicht, die sich solchen extremen Luxus leisten konnte, zwar nicht wirklich dazugehörten, aber nur allzugern als dazugehörig *gelten* wollten. Martial hat sie zur Zielscheibe mehrerer seiner Epigramme gemacht. In dem folgenden scheint die Hauptperson, ein gewisser Eros, allerdings nicht gänzlich unvermögend zu sein – aber nach seiner Vorstellung eben doch nicht vermögend genug (Martial X,80):

«Die Tränen kommen dem Eros, sooft er sich die Pokale aus geflecktem
    Feldspat
anschaut oder die *(schönen)* Sklaven oder die feinen Tischplatten
    aus Tujaholz,
und er seufzt aus tiefster Brust darüber, daß *er* leider nicht
    die *ganzen* Saepta aufkaufen und mit nach Hause nehmen kann.
Wie viele gibt es, die genauso wie Eros empfinden, nur *ohne* zu
    weinen!
Der größere Teil davon lacht sogar über solche Tränen – und weint
    im Inneren doch selbst.»

Über die aufgezählten Luxusartikel (Feldspatpokale, Sklaven, Tuja-holz-Tischplatten) gleich Näheres – vorher aber noch ein Martialge-dicht über einen Zeitgenossen, der mit allen Mitteln versucht, wenig-stens äußerlich seine Zugehörigkeit zur Schickeria zu demonstrieren (II,57):

«Dieser Mann hier, den ihr, offenbar ohne bestimmtes Ziel, einher-
    schlendern seht –
der, Amethystringe an allen Fingern, durch die Saepta geht,
den, was Mäntel betrifft, nicht einmal mein lieber Publius übertrifft,
ja nicht einmal Cordus selbst, der doch, was Mäntel angeht, absolut
    tonangebend ist[23];
dem eine ganze Herde von Klienten und langhaarigen Luxussklaven
    folgt,

der in einer funkelnagelneuen Sänfte mit linnenen Vorhängen und
   Riemenfederung[24] sitzt
– der hat möglicherweise gerade eben bei Cladius
für weniger als acht Geldstücke einen Ring versetzt, um sein Abendessen bezahlen zu können.»

Schließlich noch ein Gedicht ähnlicher Thematik, das uns einen besonders genauen Eindruck davon gibt, was für Luxusartikel in den *Saepta*
zu kaufen waren. Wollte man ihm eine Überschrift geben, so könnte
man es «Der hochstaplerische Kunde» nennen (Martial IX,59):

«In den Saepta lang und viel umherstreifend
   (hier, wo das goldene Rom seinen Reichtum strapaziert)
schaute sich Mamurra zarte (*Lust*)knaben an und verschlang sie (*förm-
      lich*) mit den Augen
   nicht etwa die, die ganz vorn im Laden ausgestellt waren,
sondern die für spezielle Kunden reservierten[25],
   welche das (*gewöhnliche*) Volk, Leute meinesgleichen, gar nicht erst
      zu sehen bekommt.
Nachdem er sich dort sattgesehen hatte, ließ er (*in einem Möbelgeschäft*)
      von Tischen und runden Tischplatten die Schonbezüge
      herunternehmen
   und sich die unter der Decke aufgehängte, geölte Elfenbeinware
      herunterreichen,
maß ein schildpattbelegtes Speisesofa für sechs Personen aus
   und seufzte: ‹Nicht groß genug für meinen Tuja-Tisch.›
(*In einem anderen Geschäft*) schnupperte er dann an den Bronzesachen,
      ob sie den für korinthische Ware charakteristischen Geruch
      hätten,
   und fand (*sogar*) an deinen Statuen, Polyklet, noch etwas auszuset-
      zen,
und nachdem er sein Bedauern darüber geäußert hatte, daß die Rein-
      heit der Bergkristallgefäße durch (*eingeflickte*) Glasstücke
      getrübt sei,
   suchte er sich welche aus Flußspat aus und ließ sich zehn zurückle-
      gen.
Er wog alte Korbbecher[26] in der Hand und prüfte, ob irgendwelches
      Trinkgeschirr
   eigenhändige Arbeit des berühmten Mentor sei,
nahm (*beim Juwelier*) der Reihe nach die in ziseliertes Gold eingearbeite-
      ten Smaragde in Augenschein
   und alles, was an schneeweißem Ohr so prachtvoll klingelt.
Auf dem ganzen (*Verkaufs*)tisch suchte er nach echten Sardonyxsteinen
   und machte ein Preisangebot für die großen Jaspis-Exemplare.

Als er dann, eine Stunde vor Sonnenuntergang, erschöpft endlich
wegging,
kaufte er (*ganze*) zwei Becher, (*grad*) für ein As, und trug sie *selber*
nach Hause.»

Die Person, von der das Gedicht handelt, ist im Gegensatz zu ihrem
durch Epigramme Catulls berühmt gewordenen Namensvetter, dem
Caesarianischen Pioniergeneral Mamurra, offenbar nicht besonders
vermögend, aber er *tut* so, als ob er's sei: Er läßt sich, als ob er sie
sich leisten könnte, in allen Luxusläden die allerteuersten Artikel
vorführen, steht dann aber immer wieder unter dem Vorwand vom
Kauf ab, daß sie für seine Verhältnisse nicht kostbar, nicht groß, nicht
gut genug seien – oder er läßt sie sich bloß reservieren; aber man
kann sicher sein, daß er von der Reservierung keinen Gebrauch
machen wird.

Die Luxuswaren, die er in Augenschein nimmt, lassen sich in fünf
Gruppen einteilen: Luxussklaven, Luxusmöbel, Kleinbronzen, Trink-
gefäße und Juwelen.[27]

Den *Luxussklaven* sind vier Verse gewidmet. Ihre Hauptfunktion war
es offensichtlich, als «Lustknaben» bestimmte homosexuelle Bedürf-
nisse ihrer Besitzer zu befriedigen – deswegen werden sie hier «weich»
(*molles*) genannt. Auch Mamurra ist, wie man sieht, für ihre Reize nicht
unempfindlich. Sie wurden wie andere Ware von den Händlern ausgestellt, und zwar, damit die Interessenten sie besser betrachten konnten, auf einem *catasta* genannten Podium – die billigeren *vor* dem
Laden[28], die teureren, wohl um sie zu schonen, in den hinteren
Räumen des Geschäfts.

In den nächsten vier Versen werden *Luxusmöbel*[29] genannt, und zwar
ausschließlich Speisezimmermöbel – ein Hinweis darauf, daß das
Speisezimmer der wichtigste Repräsentationsraum war. Die Rede ist
zunächst von Tischen und Tischplatten. Die teuerste Art von Tischplatten war die aus *citrus*: aus dem Holz des orientalischen Lebensbau-
mes (Tuja orientalis). Die unmittelbar darauf erwähnten eingeölten
Gegenstände aus Elfenbein sind sicherlich die dazugehörigen Fußgestelle, die man getrennt kaufte.[30] Damit nicht jeder sie betasten konnte,
wurden sie im obersten Regalfach aufbewahrt oder unter der Decke
aufgehängt. Auf die Speisetische folgt das, was den Stühlen unserer
Speisezimmereinrichtungen entspricht: die Speisesofas. Das hier genannte ist ein *hexaclinon*, also eines, auf das sich nicht nur, wie üblich,
drei, sondern nicht weniger als sechs Gäste zu Tisch legen konnten. Es
muß ein sogenanntes *sigma* gewesen sein, so genannt, weil es die Form
hatte, in der damals das griechische Sigma geschrieben wurde, nämlich wie unser großes C. Außerdem war es mit Schildpatt furniert.

Mamurra tut so, als sei er Feuer und Flamme, müsse aber (leider!) deshalb auf den Kauf verzichten, weil es für den Tuja-Tisch, den er zu Hause stehen habe, zu klein sei.

Sechs Verse befassen sich mit *Trinkgefäßen* aus kostbaren Materialien und dekorativen *Kleinbronzen*, die wahrscheinlich in ein und demselben Laden verkauft wurden. Zuerst werden Gegenstände aus der sogenannten «Korinthischen Bronze» genannt (einer Bronze, der Silber und Gold beigemischt war und die an ihrem charakteristischen Geruch erkennbar war[31]). Sowohl Gefäße als auch dekorative Kleinplastiken können gemeint sein. Letztere wurden von den Händlern offenbar gern berühmten klassischen Künstlern zugeschrieben – wie hier dem Polyklet. Mamurra zieht die Zuschreibung an den berühmten griechischen Künstler keineswegs in Zweifel, hat aber trotzdem etwas an ihnen zu bemängeln. Sogar Polyklet also ist ihm nicht so ohne weiteres gut genug: Ein so anspruchsvoller Kenner ist er! Danach schaut er sich *Kristallgefäße* an. Die kostbarsten waren aus Bergkristall; da aber die verfügbaren Kristalle nur in den seltensten Fällen groß genug für ein Gefäß waren, war es ganz üblich, Glas anzustücken. Antikes Glas war immer etwas opak, so daß die Gefäße durch diese Einflickungen im buchstäblichen Sinne «getrübt» wurden (*turbata*). Bei den Bergkristallgefäßen, die Mamurra sich zeigen läßt, sind es allerdings nur kleine Anstückungen (*breve vitrum*). Trotzdem nimmt er das zum Vorwand, sie abzulehnen, und gibt vor, sich statt dessen für solche aus Flußspat zu entscheiden, die immer noch kostspielig genug waren.[32] Wenigstens läßt er sich welche zurücklegen – und zwar gleich zehn Stück! Danach nimmt er noch altes *Silbergeschirr* in Augenschein: Schalen in Form von Körbchen (*calathi*), Becher von dem berühmten Silberschmied Mentor.

Schließlich ist noch, vier Verse lang, von *Juwelen*[33] die Rede: von goldgefaßten Edelsteinen, Ohrgehängen und von ungefaßten Halbedelsteinen. Hier vermeidet Mamurra einen Kauf, indem er etwas zu suchen vorgibt, was gerade nicht angeboten wird, beziehungsweise indem er dem Händler ein für diesen unannehmbares Preisangebot macht.

Dieses Spiel treibt er bis spät in den Nachmittag hinein – andere Leute sitzen um diese Stunde schon bei der *cena* – und kauft zum Schluß tatsächlich etwas, aber der Preis der erstandenen Ware (ein halbes As pro Gefäß), vor allem aber der Umstand, daß er es selber heimträgt, statt es wie üblich durch einen Sklaven heimbringen zu lassen, machen mit einem Schlage seine wahren Vermögensverhältnisse deutlich. Möglicherweise hat er gar keinen Sklaven!

Im Dezember fand übrigens auf den *Saepta* noch ein besonderer Markt statt, der in mehr als einer Hinsicht unserem Weihnachtsmarkt ver-

gleichbar war. Auf die Woche ab 17. Dezember fielen nämlich die
Saturnalien, das Hauptfest des römischen Winters. Bei dieser Gelegenheit machte man sich gegenseitig Geschenke, je nach Vermögen und
Verhältnis zum Beschenkten mehr oder weniger aufwendige. Der
Markt für die teureren Geschenke war nicht zufällig hier in den *Saepta*.
Wir wissen das aus Juvenals «Frauensatire», wo er unter anderem von
einer gewissen Bibula erzählt, die aufgrund ihres hübschen Gesicht-
chens ihren Mann völlig in der Hand hat und das dazu ausnutzt, sich
auf diesem Markt alles zu kaufen, was gut und teuer ist (Juvenal
6,153–157):

«Im Monat des Winterfrostes, wenn der Jason am Markt schon
zugestellt ist und Verkaufsstände aus weißer Leinwand seine waffen-
          tragenden Seeleute verdecken,
da werden *(für Bibula)* von dort große Bergkristallgefäße weggetragen,
          dann wieder riesengroße
aus Flußspat, darauf jener berühmte Diamant, der dadurch, daß er in
          einen Ring der Königin Berenike eingearbeitet war, nur
          noch kostbarer ist . . .»

Jason und seine Seeleute stehen für ein großes Wandgemälde in der
westlichen Portikus der *Saepta* (zum Pantheon hin). Nach ihm wurde
sie auch «*Porticus Argonautarum*» genannt. Die ihr gegenüberliegende
östliche Halle hieß aus entsprechendem Grund nach einem dort befindlichen Standbild oder Gemälde «*Porticus Meleagri*», und in einer
der beiden übrigen Hallen war der Kentaur Chiron, der Sohn des
Saturn und der Nymphe Philyra, abgebildet.

Auf den Argonauten- und den Chiron-Flügel der *Saepta* spielt übrigens auch unser Seliusgedicht an: Selius sucht, so heißt es, die Saepta
auf, um zu versuchen, «ob Philyras Sohn etwas biete oder der Sohn
des Aeson». (Aeson hieß der Vater Jasons). Aber auch hier sieht er sich
in seinen Erwartungen enttäuscht. Also geht er hinüber zu den «Tempeln von Memphis» (*Memphitica templa*). Damit ist das Doppelheiligtum der Isis und des Serapis gemeint, denn Memphis in Unterägypten
war der Hauptort dieses Kultes.

Das Doppelheiligtum der ägyptischen Götter und ihr Kult
(Apuleius, Metamorphoseis XI,4; Properz II,33,1–4; Juvenal 6,522–541)

Selius brauchte, um dorthin zu kommen, nur ein monumentales
dreibogiges Tor in der Mitte der *Porticus Meleagri*[34] zu passieren; dann
befand er sich schon im Vorhof des Heiligtums (Abb. 40). In dessen
Mitte stand ein Obelisk, der später von Maxentius für den von ihm

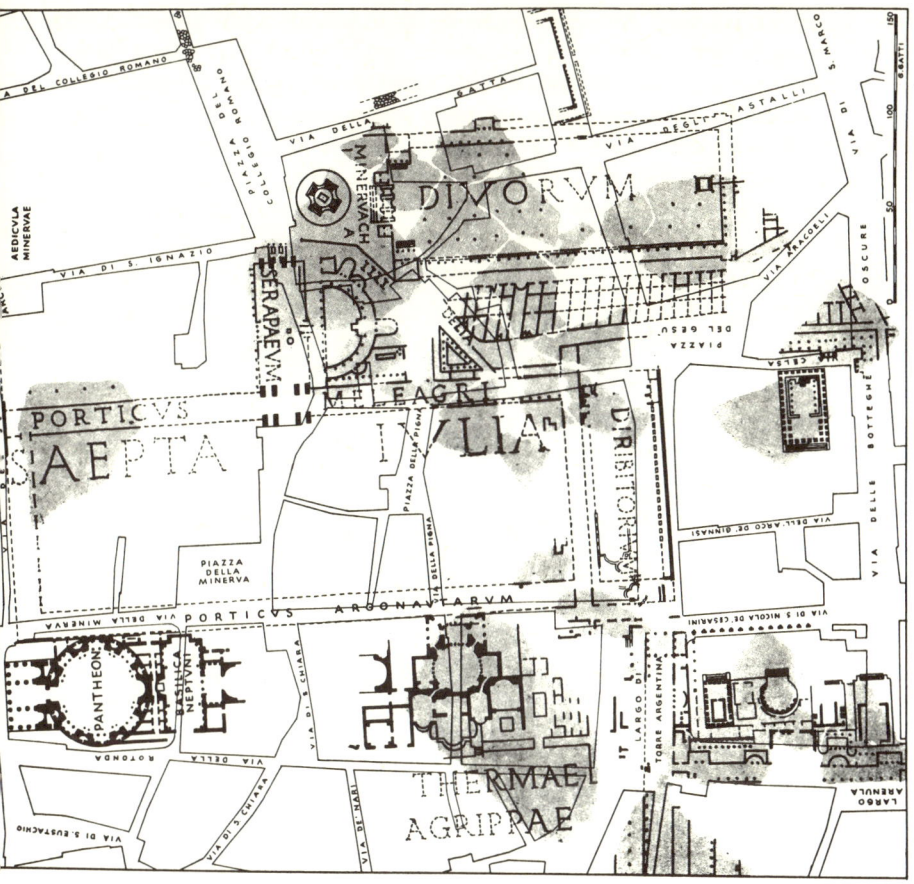

Abb. 40: Fragmente der Forma Urbis mit Saepta und Serapaeum, eingezeichnet in den modernen Stadtplan

erbauten Circus verwendet wurde und heute den Vierströmebrunnen Berninis auf der Piazza Navona bekrönt[35]; vom Vorhof aus betrat man nach rechts hin das *Serapaeum*, nach links das *Iseum*.[36] Selius begibt sich in das letztere, denn mit dem seltsamen Ausdruck *maesta iuvenca* («traurige Kuh») in Vers 8 ist niemand anderes als Isis gemeint. Die Benennung erklärt sich daraus, daß sie von den Griechen seit alters mit der argivischen Königstochter Io gleichgesetzt wurde, die Zeus, um sie der Eifersucht seiner Gattin Hera zu entziehen, in eine Kuh verwandelt hatte. Aber Hera durchschaute, wie man weiß, den Betrug und setzte eine Bremse auf das Tier an, vor der es bis nach Ägypten floh.

Das *Iseum* hatte die Form eines langgestreckten, von Säulenhallen umgebenen, nach außen hin abgeschlossenen Hofes. Eine von Sphingen-, Löwen- und Obeliskenpaaren gesäumte Allee (griechisch *dromos*) führte vom Eingang her auf den am anderen Ende des Hofes stehenden verhältnismäßig kleinen Tempel zu. Sein Aussehen, das uns von einer Münze aus der Zeit Vespasians bekannt ist (Abb. 41), war ungewöhnlich: Vier Säulen, wohl korinthischer Ordnung, trugen einen

Abb. 41: Sesterz aus der Zeit Vespasians (71 n. Chr.): Isistempel

Architrav, dessen Mitte eine stilisierte Sonnenscheibe schmückte. Der Giebel darüber war nicht, wie üblich, dreieckig, sondern halbkreisförmig. In seinem Feld war die Göttin vor einem Sternenhimmel, auf einem Hunde reitend dargestellt: als *Isis Sothis*, d. h. als Verkörperung des Hundssternes, der die fruchtbare Nilflut bringt. Und durch die Tempeltür, die hier – im Unterschied zu anderen römischen Tempeln – von Sonnenaufgang bis zum Abend geöffnet blieb, sah man drinnen im Allerheiligsten die Standfigur der Göttin. Wie sie gewöhnlich dargestellt wurde, wissen wir aus vielen erhaltenen Statuen (Abb. 42); auch eine detaillierte literarische Beschreibung (in den «Metamorphosen» des Apuleius, XI,4) hat sich erhalten. Isis wird immer als schöne junge Frau dargestellt, und in einer unverkennbar charakteristischen Kleidung: Über einer fußlangen Tunika trägt sie einen um die Taille geschlungenen, gefransten Schal; einer seiner beiden Zipfel ist vom Rücken her über die rechte Schulter nach vorn gezogen und zwischen den Brüsten mit einem aus dem Vorderteil hochgezogenen Bausch zu

Abb. 42: Statue der Isis mit Isisklapper und Situla

dem sogenannten «Isisknoten» zusammengeschlungen. Auf dem von langen Locken umrahmten Haupt trägt sie einen sonderbaren Kopfschmuck: eine glänzende Scheibe, von Pfauenfedern überragt, von Kuhhörnern und Ähren (oder auch von zwei Schlangen) umrahmt. In den Händen schließlich hält sie Utensilien ihres Kultes; bei der Kultstatue des Iseums waren es der Eimer (*situla*), mit dem das heilige Nilwasser geschöpft wurde, und die sogenannte «Isisklapper» (*sistrum*). Diese funktioniert folgendermaßen: In ein oval zusammengebogenes Blechband, das an einem Handgriff befestigt ist, sind durch Löcher drei Metallstäbchen quer und locker beweglich eingesteckt, deren Enden, um ein Herausrutschen zu verhindern, umgebogen sind. Schüttelt man das Instrument, schlagen diese umgebogenen Enden gegen das Blechband, und es ertönt ein helles metallisches Klappern.

Der Kult der Isis und ihres Brudergatten Osiris (der mit dem heiligen Apisstier identifiziert und dann Serapis oder Sarapis genannt wurde) ist wahrscheinlich unter Sulla (also am Anfang des 1. Jahrhunderts v. Chr.) nach Rom gekommen und hatte erste Altäre auf dem Kapitol erhalten. Sie wurden in den letzten Jahren der Republik immer wieder (zum Beispiel 58, 50 und 48 v. Chr.) aufgrund von Senatsbeschlüssen beseitigt, von den Anhängern des Kultes offenbar aber immer wieder neu errichtet, bis sie schließlich auf Dauer blieben. Das Heiligtum auf dem Marsfeld (*Isis Campestris* genannt) bestand sicherlich ebenfalls schon länger, aber Hauptkultort der Isis in Rom wurde es wohl erst nach 28 v. Chr., als Octavian die Verehrung der ägyptischen Götter innerhalb der sakralen Stadtgrenze (des *pomerium*) verbot: Das Marsfeld lag außerhalb. 19 n. Chr., unter Augustus' Nachfolger Tiberius, wurde der Kult vorübergehend gänzlich verboten[37] – in Zusammenhang mit einem Skandal, von dem ich noch berichten werde. Seine offizielle Anerkennung (und damit die Aufnahme der Isisfeste in den römischen Festkalender) erfolgte wohl erst unter dem ägyptophilen Kaiser Caligula (37–41 n. Chr.). Später fand er in den flavischen Kaisern mächtige Förderer: 71 n. Chr., unter Vespasian, erscheint der Tempel der *Isis Campestris* zum ersten Mal auf Münzen; als er 80 n. Chr. einem Brand zum Opfer fällt, sorgt Domitian – wohl in Erinnerung an seine durch Isis ermöglichte glückliche Errettung im Dezember des Jahres 69 – für einen prächtigen Wiederaufbau und läßt sich auf dem schon erwähnten Obelisken im Vorhof in Hieroglyphenschrift als «von Isis Geliebter» bezeichnen.[38]

Dem Kult der ägyptischen Götter lag folgender Mythos zugrunde: Isis und Osiris waren das gute Königspaar einer älteren, besseren Zeit. Sie hatten den Menschen unter anderem die Techniken der Landwirtschaft gelehrt, weshalb Isis oft mit Demeter/Ceres, Osiris mit Dionysos/Bacchus gleichgesetzt wurden. Aber Osiris hatte einen bösen Zwillingsbruder: Seth, den Gott der Wüstenwinde und Erdbeben. Der ermordete Osiris, zerstückelte seine Leiche und versteckte sie in den Sümpfen des Nildeltas. Isis, ihren Gatten vermissend, machte sich weinend auf die Suche, fand die Leichenteile, setzte sie wieder zusammen, «belebte seinen Phallus» und empfing von ihm so, postum, ein Kind: den Horus (auch Harpokrates genannt). Der Leichnam des Osiris wurde danach von dem hundeköpfigen Anubis bestattet, und Osiris wurde zum Herrscher der Unterwelt (weshalb er auch mit Hades/Pluto gleichgesetzt wurde).

Das Schicksal des Osiris wurde zum Gegenstand eines Mysterienkultes: Er wurde gleichgesetzt mit der nächtlichen, d. h. hinter dem Horizont verschwundenen und in die Unterwelt abgefahrenen Sonne. Ihr Wiederaufgehen am Morgen bedeutete, daß Osiris wieder unter die Lebenden zurückkehrte und sich in den Tages-Sonnengott Re verwandelte. Sein Symbol war der Obelisk, da dessen alles

überragende Spitze, das sogenannte *pyramidion*, am Morgen zuerst
von den Sonnenstrahlen getroffen wird. Im Mysterienritus wurde
der Kultmythos nachvollzogen: Der Myste stieg in den ersten sechs
Nachtstunden unter sechsmaligem Wechsel des Gewandes in die
Unterwelt ab, erblickte um Mitternacht den Osiris in Gestalt der
hellstrahlenden Unterweltssonne, und kehrte in der zweiten Hälfte
der Nacht, wiederum mit jeder neuen Stunde das Gewand wech-
selnd, zusammen mit Osiris an die Oberwelt zurück, wo er, als
Tagsonne (Re) gekleidet in einem mit Blumen und Tieren bestickten
Gewand, einen Strahlenkranz aus Palmblättern auf dem Kopf, den
im Tempelhof wartenden Gläubigen präsentiert wurde.[39] Die Wie-
dergeburt des Osiris war so zugleich auch die Neugeburt des My-
sten.

Die Anhänger dieses Mysterienkultes hatten ein viel persönliche-
res, emotionaleres Verhältnis zu ihren Gottheiten, als der Römer es
seinen Staatsgöttern gegenüber empfand. Denn Isis und Osiris
waren Wesen, die – wie sie selber – Leiden (Trennung und Tod)
durchgemacht hatten, innige Gefühle (Sehnsucht nach dem verschwundenen Gatten, Trauer um seinen Tod, Fürsorge für ein Kind)
empfanden, die aber auch die Möglichkeit zur Überwindung von
Unglück, zur Verwandlung des Schmerzes in Freude aufzeigten. Es
fiel den Gläubigen also viel leichter, diese Götter um persönliche
Hilfe und persönlichen Schutz anzuflehen: die Isis etwa als Schutzgöttin der Seefahrer (*Isis pelagia*), als Bringerin von Fruchtbarkeit und
Reichtum (*Isis plutodotes*)[40], als Heilgöttin und nicht zuletzt als Be-
schützerin der Frauen. Der Kult fand zunächst vor allem in den
unteren Volksschichten Anklang und hier besonders bei den Frauen.
Das änderte sich aber bald.[41] Martials Selius, dem wir hier auf seinem Weg über das Marsfeld folgen, begibt sich doch offenbar nur
deshalb zum *Iseum*, weil er damit rechnen konnte, dort auch reiche
und vornehme Isisverehrer anzutreffen, von denen zur *cena* eingeladen zu werden sich lohnen würde.

Schutz und Beistand der Isis mußten allerdings durch strenge Beachtung gewisser Vorschriften verdient werden. Zweimal täglich waren
Gottesdienste zu verrichten: einmal am Morgen, wenn bei Sonnenaufgang die Tempeltüren geöffnet wurden, das zweite Mal nachmittags
nach der achten Stunde, vor der feierlichen Schließung des Tempels.
Die Gläubigen begaben sich, ganz in weißes Leinen gekleidet (die
Frauen mit aufgelöstem Haar) zum Tempel, um dort unter Leitung der
kahlgeschorenen, ebenfalls weißgekleideten Priester zum Klappern
der Sistren Hymnen auf die Göttin zu singen oder sich zu stillem Gebet
auf den Stühlen (*cathedrae*) niederzulassen, die zu diesem Zweck im
Tempelbezirk bereitgestellt waren. All dies: der den ganzen Tag über

geöffnete Tempel, die regelmäßigen, täglichen Gottesdienste, der Aufzug der Priester und der Gläubigen, der Klang der Sistren, das Sitzen beim Gebet – all dies war für römische Begriffe höchst ungewöhnlich und wird am Isiskult infolgedessen immer wieder (gleichsam staunend) hervorgehoben.[42] Hinzu kam, daß in bestimmten Abständen rituelle Waschungen und zehntägige sexuelle Enthaltsamkeit vorgeschrieben waren. Die letztere Vorschrift wird in der römischen Liebeselegie vom Liebhaber wiederholt mit bewegten Worten beklagt[43]; ich zitiere ein Beispiel aus Properz (II,33,1–4):

«Schon kehren die für mich so traurigen Feiertage wieder,
    schon begeht Cynthia die zehn Nächte (*der Enthaltsamkeit*).
Ach wenn doch die heiligen Riten verschwänden, die vom warmen Nil her
    die Inachostochter (scil. *die mit Io gleichgesetzte Isis*) den Frauen
    Italiens geschickt hat.»

Die Isisverehrung konnte sich bei ihren Anhängern (und besonders bei ihren Anhängerinnen) bis zur Hysterie steigern: Sie glaubten dann, Stimmen zu hören, die Göttin leibhaftig vor sich zu sehen; und sie meinten, bei Vergehen gegen die Vorschriften des Kultes den Zorn der Gottheit nur durch die extremsten Bußübungen abwenden zu können. Man lese die folgende, satirisch überzeichnete Charakterisierung einer Isisanhängerin bei Juvenal (6,522–541)[44]:

«Im Winter wird sie das Eis aufbrechen und in den Fluß steigen,
    wird dreimal im morgendlichen Tiber untertauchen und mitten
    in der Strömung ängstlich ihr Haupt waschen; von dort wird sie (*dann*)
    über das ganze Marsfeld[45] rutschen, in Unterkleidung und (*vor Kälte*)
        zitternd, auf blutenden
Knieen; wenn die weiße Io es befiehlt,
    wird sie bis an die (*Süd*)grenze Ägyptens pilgern, von der Insel Meroe
        warmes (*Nil*)wasser holen und
hierher (*nach Rom*) tragen, um es
    zu Ehren der Isis zu versprengen – in dem Tempel, der sich gleich
        neben dem alten Ovile (scil. *den Saepta*)[46] erhebt.
Sie glaubt nämlich, durch die Stimme der Herrin selbst dazu ermahnt
        zu werden:
Schau, was für eine Seele, mit der in der Nacht Götter höchstpersönlich sprechen! –
Also verdient dieser (*Priester*) hier besondere und höchste Verehrung,
    der, von einer leinengewandeten und kahlköpfigen Schar umgeben,
    als Anubis umherläuft und die klagende Menge zum Narren hält.[47]

Er ist es, der (*die Götter*) um Verzeihung bittet, wenn diese Frau sich
   nicht
des ehelichen Beischlafes enthalten hat an den heiligen, genau zu
   beachtenden Tagen,
und, weil das Bettlaken befleckt ist, eine schwere Strafe ansteht,
und die silberne Schlange[48] ihr Haupt bewegt zu haben scheint;
Seine Tränen und *sein* geübtes (*Gebets*)gemurmel verbürgen,
daß Osiris die Vergebung der Schuld nicht verweigert – aber erst
   (versteht sich) nachdem Osiris durch eine fette Gans und
   einen feinen Opferkuchen bestochen worden ist.»

Am Ende des Abschnittes wird angedeutet, daß die Priester den
Aberglauben der Isis-Anhängerinnen nur allzugern zum eigenen
Vorteil ausnutzten. Hier sind es nur eine fette Gans und ein Opferkuchen, die der Priester herausschlägt – über einen sehr viel skanda-
löseren Mißbrauch weiblicher Isisgläubigkeit, der unter Tiberius vorkam und zu einem vorübergehenden Verbot aller ägyptischen (und
auch jüdischen) Kulte in der Hauptstadt führte, berichtet uns der
griechisch schreibende jüdische Historiker Flavius Josephus (Antiquitates XVIII,65–80)[49]: Ein römischer Ritter namens Decius Mundus
hatte schon seit längerer Zeit einer verheirateten vornehmen Frau mit
Namen Paulina nachgestellt, konnte sie aber selbst durch große Geld-
angebote nicht dazu bringen, ihm zu Willen zu sein. Also bestach er
die Priester der *Isis Campestris*, deren Kult Paulina anhing. Daraufhin
bestellte der Oberpriester sie zu sich und eröffnete ihr, der Gott
Anubis habe sich in sie verliebt und lade sie zu einem Mahle ein.
Paulina ist überaus geschmeichelt und willigt ein. In der Anubiska-
pelle findet sie das Mahl schon vorbereitet, der Priester zündet
Leuchter an und schließt hinter ihr die Türen, und siehe da: der
hundeköpfige Anubis erscheint und beehrt sie die ganze Nacht mit
seiner Gesellschaft. Dies wiederholt sich zweimal, beim dritten Mal
setzt Decius die Hundemaske ab und gibt sich zu erkennen. Entsetzt
ergreift Paulina die Flucht und beichtet das Geschehene ihrem Mann,
dieser meldet es dem Kaiser. Und Tiberius hält ein fürchterliches
Strafgericht: Die Priester, die sich von Decius hatten bestechen lassen, werden ans Kreuz geschlagen, der Tempel niedergerissen, das
Kultbild der Isis und die heiligen Geräte in den Tiber geworfen.[50]
Decius selbst wird erstaunlicherweise nur mit Verbannung bestraft:
Man läßt seine leidenschaftliche Verliebtheit als mildernden Umstand
gelten.

Weil der Isiskult vor allem die Frauen anzog, war das *Iseum* ein sehr
geeigneter Ort, Frauenbekanntschaften anzuknüpfen. Ovid in seiner

«Liebeskunst» empfiehlt es in diesem Zusammenhang nachdrücklich (I,77 f.):

«(*Du, der du eine Geliebte finden willst,*)
sei dir nicht zu gut für die Tempel der leinengekleideten Kuh aus
    Memphis:
Viele Frauen macht sie zu dem, was selber für Jupiter einst sie
    gewesen!»

Aus diesem Grunde war das Isisheiligtum natürlich auch umgekehrt ein geeigneter Ort für Frauen, die Männerbekanntschaften machen wollten. Und richtig: auch ihnen empfiehlt Ovid, sich dorthin einzufinden (Ars amatoria III,393):

«Besucht die weihrauchduftenden Altäre der Kuh von Memphis!»

Und so kann man sich denn schmunzelnd vorstellen, wie sowohl die männlichen wie auch die weiblichen Leser seines Lehrbuches, dieser Empfehlung folgend, ins Isisheiligtum strömten; wie sie sich dort trafen, feststellten, daß sie mit dem gleichen Hintergedanken hergekommen waren, und sich schnell einig wurden.

Wer andererseits aus irgendeinem Grund sich scheute, liebesdurstigen Frauen zu begegnen, der *vermied* die von Ovid empfohlenen Orte. Jedenfalls behauptet Martial, mit deutlicher Anspielung auf einen Vers aus Ovids «Liebeskunst», daß ein gewisser Lattara, der unter Potenzschwierigkeiten litt, das Isisheiligtum aus diesem Grunde vermied.[51]

Für Frauen war der Isiskult in erotischen Zusammenhängen auch noch auf andere Weise brauchbar: etwa, wenn sie ihrem Ehemann zu erklären hatten, warum sie so häufig das Haus verließen, oder wenn sie sich hin und wieder einmal ihren Liebhabern verweigern wollten, um deren Leidenschaft neu anzustacheln.[52]

Aber nun zurück zu unserem Selius: Nachdem er sich im Isisheiligtum vergebens neben die Gebetsstühle reicher Verehrerinnen der Göttin gesetzt hat, begibt er sich zu dem südwestlich der *Saepta* gelegenen *Hecatostylum*, der «Hundertsäulenhalle», dann in die dahinter gelegene *Porticus Pompei*. Die letztere werde ich im Zusammenhang mit dem Theater besprechen, zu dem sie gehörte. Wenden wir uns also jetzt gleich den Badeanstalten zu, die er als nächste aufsucht. Zunächst werden verschiedene *balnea* genannt, dann die Thermen.

Badeanstalten

Als *balnea* wurden kleinere, von Privatleuten betriebene Anstalten bezeichnet, die sehr unterschiedlichen Ausstattungskomfort boten. Entsprechend unterschiedlich war auch der Eintrittspreis, den der Benutzer zu entrichten hatte. – Die im Selius-Gedicht zunächst genannten *balnea* des Fortunatus und des Faustus werden nicht näher qualifiziert, es sei denn, man wollte aus den sprechenden Namen ihrer Besitzer («Der Begüterte», «Der Glückliche») Rückschlüsse ziehen. Das Bad des Gryllus dagegen scheint unzulänglich belichtet gewesen zu sein – Martial nennt es *tenebrae* («finsteres Loch») –, das des Lupus zugig – Martial nennt es, in Anspielung auf den Windgott Aeolus, «*Aeolia*».[53]

Als *thermae* wurden die großen öffentlichen Badeanstalten bezeichnet, die im Staatsauftrag von Pächtern betrieben wurden. Der Eintritt kostete hier einheitlich nur einen *quadrans*[54] oder war, wie bei den ältesten unter ihnen, den Thermen des Agrippa, sogar ganz frei. Zu Martials Zeiten gab es drei Thermen: auf dem Marsfeld die Agrippathermen und die Nerothermen, am Südabhang des Esquilin beim Kolosseum dann noch die Titusthermen. Martial bevorzugte aus irgendwelchen Gründen die letzteren, gibt aber zu, daß die Nerothermen die besten waren; in einem anderen seiner Epigramme (II,48,8) erscheinen die *thermae Neronianae* geradezu als Inbegriff hauptstädtischen Wohllebens.[55]

Wer baden wollte, betrieb zunächst etwas Sport, um sich ins Schwitzen zu bringen, entweder auf gesonderten Sportanlagen wie der schon erwähnten bei der «Europa», oder in den Anlagen beziehungsweise Hallen, die den Thermen selber angegliedert waren. Danach hatte man die Wahl zwischen zwei verschiedenen Badeprogrammen: dem *spartanischen*, bei dem man zuerst in einen trockenen Schwitzraum, *Laconicum* genannt, ging, dann gleich in möglichst kaltes Wasser stieg[56]; und dem üblicheren *römischen*, bei dem man mit einem warmen Bad im *Calidarium* begann und dann durch die Wärmeschleuse des «Lauwarmbades» (*Tepidarium*) in den Kaltbaderaum (*Frigidarium*) hinüberging, unter Umständen vorher auch noch ein bißchen schwamm – in einem *natatio* oder *piscina* genannten Schwimmbecken unter freiem Himmel. Schon Agrippa hatte bei seinen Thermen, den ältesten in Rom, ein riesiges Becken mit stehendem Wasser (*stagnum*) anlegen lassen, das wie die Thermen selber von der *Aqua Virgo* gespeist wurde. Es war so groß, daß bei dem berüchtigten Gastmahl, das der Prätorianerpräfekt Tigellinus für Kaiser Nero 64 n. Chr. ausrichtete, auf ihm ein von Ruderbooten gezogenes Floß schwimmen konnte, welches der gesamten Convivialgesellschaft Platz bot.[57] Dieses Becken wurde über einen

Kanal, *Euripus* genannt, zum Tiber hin entwässert. Er war in Stein gefaßt und auf beiden Seiten von gepflasterten Fußwegen gesäumt.[58] Man badete übrigens nackt, und zu Martials Zeit badeten auch beide Geschlechter gemeinsam.[59]

Von dem Lärm, der in den Bädern herrschte, gibt eine Passage im 56. Brief Senecas einen Eindruck. Er beschreibt dort, was man zu ertragen hatte, wenn man über einem *balneum* wohnte[60]: Man hörte das Stöhnen und schwere Atmen derjenigen, die im «Kraftraum» (wie wir heute sagen würden) mit schweren Hanteln trainierten; das klatschende Geräusch, das die Hände des Masseurs auf der nackten Haut eines Kunden machten und das sich ganz verschieden anhörte, je nachdem ob er mit flacher oder gewölbter Hand aufschlug; man hörte die Rufe des Ballspiel-Schiedsrichters (*pilicrepa*), der laut die Bälle zählte; das Gebrüll eines Streitsüchtigen, das Geschrei, wenn ein Dieb gefaßt worden war, das Grölen eines Badegastes, der den Widerhall seiner Stimme in den großen Räumen der Anstalt genoß; das klatschende Geräusch, wenn jemand ins Schwimmbecken hineinsprang; die hohe, heiser sich überschlagende Stimme eines Epilierers (*alipilus*, wörtlich «Achselhaarentferner»), der ununterbrochen seine Dienste anpries und nur dann verstummte, wenn er einen Kunden gefunden hatte – dann aber schrie *der* statt seiner; man hörte die Rufe der Händler, die Getränke, Würstchen, Gebäck oder sonst etwas anboten, wobei jeder seinen eigenen Singsang hatte... Soweit Seneca, aber man kann sich das beliebig weiter ausmalen.

Ein prachtvoll ausgestattetes Privatbad
(*Martial VI,42; Statius, Silvae I,5*)

Von dem Luxus, mit dem die *balinea* und *thermae* eingerichtet sein konnten, geben uns zwei Gedichte einen Eindruck, welche beide das Bad preisen, das im Jahre 90 n. Chr. ein gewisser Gaius Claudius Etruscus gestiftet hatte, Sohn eines Freigelassenen des Claudius, der unter Nero und Vespasian zu Vermögen gekommen war. Das eine Gedicht stammt von Martial, das andere von Statius.

Gespeist wurde das Bad des Etruscus durch die Wasserleitungen *Anio*, *Aqua Virgo* und *Aqua Marcia*. Diese drei nämlich ruft Statius an, als er sich nach weitschweifiger Einleitung endlich an die Beschreibung des Bades macht (Vers 23 ff.):

«Ihr Nymphen, die ihr Latium und die sieben Hügel
bewohnt und den Tiber durch Gewässer, die ihm bisher fremd waren,
    anschwellen laßt,
ihr, denen der (*bei Tibur*) sich zu Tal stürzende Anio gefällt und die

Virgo, die (*in ihrem weiteren Verlauf noch*) Schwimmer aufnehmen wird, und die die Kälte des Marserlandes heran-
führende
Marcia; ihr, deren wanderndes Wasser, gestaut von riesenhohen Mauern,
anschwillt und hoch über zahllose Bögen herangeleitet wird –
euer Werk schicke ich mich an (*zu besingen*).»

Wir erfahren hier andeutungsweise etwas über die Technik der Wasserleitungen: daß zunächst einmal, im Quellgebiet, das Wasser in
Staubehältern gesammelt, dann über die Aquädukte nach Rom geleitet
wurde. Wir erfahren auch etwas über die *Aqua Virgo*: daß sie in ihrem
weiteren Verlauf (nachdem sie das Bad des Etruscus versorgt hat) noch
ein Schwimmbecken speisen wird, nämlich das schon erwähnte *stagnum* der Agrippathermen. Und von der *Aqua Marcia* hören wir, daß
sie eiskaltes Gebirgswasser führte, was in der römischen Sommerhitze
natürlich ein ganz besonderer Vorzug war. Die Nennung der *Aqua
Virgo*, die am Abhang des Pincio austrat und zu den Agrippathermen
hinlief, ist im übrigen ein sicheres Indiz dafür, daß das nicht mehr
genau lokalisierbare Bad des Etruscus sich im Bereich des Marsfeldes
befunden haben muß.

Es hatte die übliche Hypokaustenheizung, d. h. im Kellergeschoß
wurden während der Badezeiten an bestimmten Stellen große Holz-
feuer unterhalten, und die durch sie erhitzte Luft heizte dann, in
Heizkanälen unter dem Fußboden und in den Wänden wandernd, die
vom Publikum benutzten Räume (Vers 57 ff.):

«Was soll ich von dem mit Platten belegten Boden sprechen, der den
Aufprall
der Bälle vernehmen wird – dort, wo träges Feuer umherirrt
in den Gebäuden und feiner Dampf sich durch die Hypokausten
wälzt...»

Martial (Vers 14 f.) redet entsprechend von der Wärme, welche Fußböden und Wände «aushauchen», von der «zarten Flamme», die sie
erwärmt.

Beide Dichter heben dann hervor, wie vortrefflich beleuchtet die
Räume dieses Bades waren. Sie müssen nach Süden und Westen hin
hohe, bis unters Dach hinaufreichende Glasfenster gehabt haben,
durch die die Badenden den Himmel sehen konnten, und die auch
noch spät am Abend Licht hereinließen. Statius hebt die dadurch
bewirkte *Erwärmung* hervor (Vers 45 f.):

«Viel Tag ist überall, wo die Sonne mit *all* ihren Strahlen durch die
    Dächer
hereinkommt und, (*selber schon*) allzu warm, (*drinnen*) noch von einer
    anderen Glut versengt wird...»

Martial hebt mehr die *Helligkeit* hervor (Verse 8–10):

«Nirgendwo ist der strahlend heitere Himmel so rein;
das (*Sonnen*)licht selbst leuchtet dort länger, und der Tag
nimmt von keinem Ort langsamer Abschied...»

Wenn Martial an anderer Stelle schreibt (Vers 16 f.):

«Falls dir lakonischer Brauch zusagt,
kannst du, mit trockenem Dampf zufrieden,
im unverfälschten Wasser der Virgo oder Marcia untertauchen»,

so will er wohl hervorheben, daß dieses Bad, im Unterschied zu
anderen *balnea*, nicht nur die normale römische Badeweise ermöglichte
(was selbstverständlich war), sondern auch die der lakonischen Sauna:
trockenes Schwitzbad – dann Sprung ins eiskalte Wasser eines Freibek-
kens. Boden und Einfassung dieses Beckens, das ein *euripus* war, d. h.
in dem das Wasser floß, nicht wie in einem *stagnum* stand, waren aus
schneeweißem parischen Marmor, und beide Dichter rühmen die
Klarheit des durchfließenden Wassers: Martial sagt (Verse 18–21):

«... du kannst
ins unverfälschte Wasser der Virgo oder Marcia eintauchen,
das so strahlend, so klar leuchtet,
daß du meinst, es sei da gar kein Wasser,
und glaubst, so strahle das leere Becken aus weißem Marmor.»

Statius drückt es so aus (Vers 51 ff.):

«Draußen aber der Fluß, der in schneeweißer Einfassung blau
dahinfließt und dessen tiefster Grund herauf bis an die Oberfläche
    sichtbar ist –
wen würde er nicht dazu verlocken, in ihm zu schwimmen und die
    hinderliche Kleidung abzulegen?
Venus würde es vorziehen, in *diesem* Gewässer geboren zu werden,
hier würdest du, Narcissus, dich reiner widergespiegelt sehen,
hier würde Diana gern, selbst wenn man sie dabei überraschte, ihr Bad
    nehmen.»[61]

Besonders ausführlich aber gehen beide Autoren auf die vielen kostbaren Gesteinssorten ein, die für die Verkleidung der Fußböden, Wände und Decken verwandt worden waren.[62] Martial nennt grünen Marmor aus dem Taygetosgebirge; nach Statius wurde er aber nur in geringem Ausmaß verwendet, nämlich als Umrahmung für den heute «Pavonazzetto» genannten Marmor aus dem phrygischen Synnada, der violett ist mit weißen Einschlüssen. Der Pavonazzetto wird von Statius auch noch an einer anderen Stelle genannt: Dort ist er zusammen mit dem uns schon vom Palatinischen Apollotempel her bekannten numidischen Marmor (Giallo antico) ein Beispiel für die Kostbarkeit der in diesem Bad verwendeten Sorten; billigere, wie etwa der weiße Marmor von der Insel Thasos oder der ebenfalls weiße, aber von grünlichen Streifen durchzogene Marmor von Karystos an der Südspitze Euböas (heute Cipollino genannt), oder der hornfarbene Onyx und der grüne Ophit (heute Serpentin genannt) seien nicht verwendet worden (Vers 34 ff.):

«Nicht zugelassen hier sind der Thasos-Marmor und der wellig geäderte aus Karystos;
es trauert, ferngehalten, der Onyx, klagt ausgeschlossen der Ophites;
einzig und allein erglänzen hier die in den gelben Steinbrüchen der Nomaden gebrochenen
Marmorsteine, einzig und allein die, welche in der Höhle des phrygischen Synnada
Attis selbst mit den leuchtenden Tropfen seines Blutes befleckt hat[63] ...»

Auch Martial stellt Giallo antico und Pavonazzetto zusammen (Vers 12 f.), aber nach seinen Angaben wurden Onyx und Serpentin sehr wohl verwandt (Vers 14):

«trockene Glut haucht der ölige Onyx aus,
und von zarter Flamme warm sind die Ophiten.»

Statius erwähnt darüber hinaus noch Mosaikbilder, welche die Decken schmückten – erhalten sind ja gewöhnlich nur die Fußbodenmosaiken der Thermen –, erwähnt auch die Wasserspender und Wasserbecken, die hier aus Silber und nicht bloß, wie sonst üblich, aus Bronze gefertigt waren (Vers 47):

«... nirgendwo wirst du Erz
aus Temese bemerken, sondern aus Silber ergießt sich das glückliche Wasser,

von Silber wird es aufgefangen, steht in funkelnden Becken,
staunt über den Luxus, der es umgibt, und weigert sich weiterzu-
fließen.»

Dies alles muß man sich noch durch dekorative Säulen und durch
zahllose Statuen geschmückt vorstellen.[64]
    Alles in allem war dieses Bad so aufwendig ausgestattet, daß es mit
den luxuriösesten Einrichtungen wetteifern konnte. Statius und Martial vergleichen es beide mit dem notorischen Luxusbadeort der damaligen Zeit, dem am nördlichen Ende des Golfes von Neapel gelegenen
Baiae, Statius außerdem noch mit den Nerothermen (Vers 60 ff.):

«... und nicht wird ein Fremder, (*selbst*) wenn er eben von den Küsten
        Bajäs angekommen ist,
eine solche Ausstattung verächtlich finden ...
... noch wird einer, der eben im Wasser der Nerothermen gebadet
        hat,
es ablehnen, hier noch einmal zu schwitzen.»

Kürzer, witziger, aggressiver ist Martials Preis des Etruscus-Bades. Er
hatte sein Gedicht damit begonnen, daß er einen gewissen Oppianus
anredete und ihm zu verstehen gab:

«Wenn du nicht in den «Thermchen»[65] des Etruscus gebadet hast,
dann wirst du ungebadet sterben, Oppianus.»

Es folgt die Beschreibung. Gegen Ende hin tut der Dichter dann so, als
ob er ein Nachlassen von Oppianus' Aufmerksamkeit bemerke, und
sagt daraufhin resignierend – und Vers 2 wörtlich wiederaufnehmend:

«(*Na gut*), dann wirst du eben ungebadet sterben, Oppianus.»

Die vier im Seliusgedicht aufgezählten Badeanstalten haben es wohl
kaum mit dem Luxus des Etruscus-Bades aufnehmen können, denn
wenn es Vers 10 heißt: «auch sie verschmäht er nicht», dann bedeutet
das doch wohl: Normalerweise ließ er sich nicht herab, in solche *balnea*
zu gehen, sondern zog die besser ausgestatteten Thermen vor. Beim
Gryllus- und Lupusbad werden die Mängel ja wie gesagt sogar ganz
konkret angedeutet: Dunkelheit beziehungsweise Zugigkeit.
    In den Thermen, die danach genannt werden, war Selius schon
vorher[66], ja hatte sich dort der Folge der Waschungen (*Calidarium –
Tepidarium – Frigidarium*) sogar mehrfach unterzogen; das wird durch
das dreifache «wieder» (*iterum*) ausgedrückt. Hinzu kommt noch der

Besuch der vier genannten *balnea*. Danach dürfte er wirklich «wohlge-
waschen» (*lotus*) gewesen sein, wie Martial ihn nennt, hat jedoch
immer noch keine Einladung zum Abendessen. Also «rennt» er wieder
zum Ausgangspunkt seiner Wanderschaft zurück[67], zur «Europa», in
der Hoffnung, dort vielleicht noch einen Bekannten anzutreffen, der
einen späten Spaziergang macht – spät, weil es ja eigentlich schon
Essenszeit ist. Aber das letzte Distichon deutet an, daß auch diese
letzte Hoffnung sich als vergeblich erweisen wird: Der Dichter ruft
nämlich, verzweifeltes Mitgefühl mit Selius heuchelnd, zum Abschluß
eben jenen Jupiter an, der auf dem Wandgemälde der «Europa»
abgebildet war, und richtet an ihn die flehentliche Bitte: «Lade *du* doch
den Selius zum Abendessen ein!» Mit anderen Worten: Von Menschen
ist nichts mehr zu erwarten, nur ein Gott kann dem armen Selius jetzt
noch helfen.

X.
CENA UND CONVIVIUM

Es ist jetzt an der Zeit, auf die nachmittägliche Hauptmahlzeit, die *cena*, zu kommen. Sie beendete den Tageslauf des Römers, dessen bisher besprochene Abschnitte sich mit den Begriffen *salutatio forum campus thermae* zusammenfassen lassen; sie war der ersehnte Abschluß oder (im Falle des armen Klienten) sogar das erstrebte Ziel des ganzen Tages. Dem vielbeschäftigten Anwalt oder Senator brachte sie die verdiente Entspannung und Erholung, der arme Klient arbeitete mit allen Mitteln darauf hin, am Ende des Tages nicht ein ärmliches Essen zu Hause (*domicenium*) einnehmen zu müssen, sondern vom Patron an dessen üppige Tafel eingeladen zu werden.

Wir wollen uns beides (das luxuriöse Mahl beim Patron und ein schlichtes Abendessen im Hause des weniger Bemittelten) mit je einem Text vor Augen führen. Dabei wird deutlich werden, daß die Einladung beim reichen Patron für den eingeladenen Klienten oft keineswegs eine reine Freude war, und daß andererseits das schlichte Mahl des «Armen» selbst für einen luxusgewohnten Reichen zu einem unvergeßlichen Genuß werden konnte – wenn nämlich ein Mann wie Horaz einlud. Zunächst sind jedoch einige Vorbemerkungen über die römische *cena* im allgemeinen zu machen.

Zeit, Ort und Ablauf einer römischen cena

Die *cena* beziehungsweise das *convivium* – wie sie genannt wurde, wenn Gäste geladen waren und sich an sie ein Gelage (*comissatio*) anschloß – nahm man nach Sport und Bad ein. Beginn war gewöhnlich in der 9. Stunde; eher zu beginnen, z. B. schon am Mittag (*de medio die*), wie Nasidienus in Horazens Satire II,8 es tut oder wie Nero es liebte[1], galt als Ausschweifung, später anzufangen als eine Zumutung für die Geladenen.[2] Man speiste normalerweise in verhältnismäßig kleinem Kreis und im Hause des Gastgebers[3], im Winter im Speiseraum (*triclinium*), im Sommer entweder im Garten oder in einem zum Garten hin geöffneten Raum (einem sogenannten Sommertriklinium), oder auch in einem im Oberstock des Hauses befindlichen, nach allen Seiten hin kühlenden Winden zugänglichen, *cenaculum* genannten Zimmer.[4]

Die Teilnehmerzahl einer *cena* richtete sich nach der Möblierung des Speisezimmers. Gewöhnlich bestand diese aus drei U-förmig um einen rechteckigen Tisch herum angeordneten Liegen (griechisch: κλίναι), deren jede maximal drei Personen Platz bot. Von daher erklärt sich übrigens die Bezeichnung des Speisezimmers als *triclinium*. Die Speisegesellschaft zählte also (falls keine Liege frei bleiben sollte) mindestens drei, höchstens neun Personen, oder, wie Ciceros Zeitgenosse Varro es hübsch umschreibt: mindestens die Zahl der Grazien, höchstens die Zahl der Musen.[5] – Gegen Ende der Republik kam dann noch eine andere Art von Speisezimmermöblierung auf: ein C- bzw., griechisch gesprochen, sigmaförmiges Speisesofa (*sigma, stibadium*), welches zwischen fünf und acht Personen Platz bot, kombiniert mit einem runden Tisch (*orbis*). Selius in dem schon besprochenen Martialgedicht II,14 ließ sich, wie wir uns erinnern, in einem Luxusmöbelgeschäft der *Saepta* ein *sigma* für sechs Personen (ein *hexaclinon*) vorführen, Martial selbst besaß eines für sieben, ein *heptaclinon* also.[6] Der Vorteil des *sigma* war, daß die Gäste mehr Platz für ihre Beine hatten als bei den üblichen rechteckigen Speisesofas.

Bei der traditionellen Möblierung mit drei Speiseliegen (*lectus imus, medius* und *summus* genannt) galt der unterste Platz auf der mittleren Liege als der beste, wohl weil der hier liegende Gast viel freien Raum vor sich hatte und ihn am leichtesten, ohne von dem vor ihm Liegenden behindert zu werden, verlassen konnte. Dieser Platz hieß *locus consularis* oder *praetorius*. Der Gastgeber lag ganz oben auf dem *lectus imus*, dem Ehrengast zunächst (Abb. 43). – Beim *sigma* galten die beiden Endplätze (*cornua*) als die besten; Ehrenplatz war der untere (bzw. der von den Liegenden aus gesehen *rechte*) Endplatz (*in dextro cornu*). – Überzählige Gäste und ursprünglich auch die Frauen nahmen auf der freien Seite des Tisches und auf Stühlen Platz.

Man lag auf der linken Seite und stützte sich auf den linken Ellbogen auf (Abb. 44). Beidhändiges Essen nach unserer Sitte war also unmöglich: Nur die Rechte war frei. Die Speisen nahm man entweder mit den Fingern oder mit Löffeln, von denen es zwei Typen gab: einen großen (*ligula*) für Brei und Suppe, und einen kleinen (*cochlea*) für weichge-

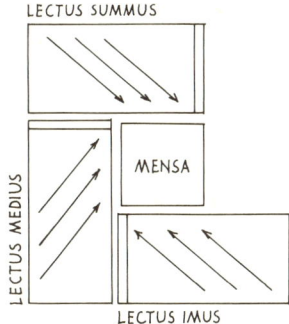

Abb. 43: Schema der Sitzordnung bei einer römischen cena

Abb. 44: Hellenistisches Totenmahlrelief, ca. 100 v. Chr. (Basel, Antikenmuseum).
Hinter einem Tisch, dessen Beine als Bocksfüße stilisiert sind, liegen auf einem
Speisesofa, das mit einer Matratze gepolstert und dessen Vorderseite mit einem
Tuch verhangen ist, seitwärts gestaffelt und mit dem linken Ellenbogen sich auf
Kissen stützend drei Männer. Zwei ebenfalls am Mahl teilnehmende Frauen sitzen
im Unterschied zu ihnen auf Stühlen. Zu Füßen der rechten steht ein kleines Kind.
Auf dem Tisch liegen Früchte: Man ist bereits beim Nachtisch und wird gleich zum
Trinken übergehen. Entsprechend halten die Männer in der Linken große Trink-
becher bereit, und rechts neben dem Tisch wartet auch schon, kleiner dargestellt,
der Mundschenk mit seinem Schöpfkrug. Ganz außen rechts und links stehen,
ebenfalls in kleinerem Maßstab, zwei Dienerinnen. Die linke hat eine Schatulle, die
rechte einen nicht genauer erkennbaren Gegenstand in der Hand.

kochte Eier und Schnecken; sein zugespitzter Stiel konnte zum Aufbrechen von Krusten und Schalen verwendet werden. Messer oder
Gabeln wurden beim Essen nicht verwendet.

Auf die Liegen (Gurtbetten, manchmal auch aus Stein gemauert)
wurden Polstermatratzen (*tori*) gelegt, darüber Decken (*stragula*) ge-
breitet; jeder Gast erhielt ein Kissen (*culcita, pulvinum*), auf das er
seinen Ellbogen stützen konnte. Man bestieg das Speisesofa von der
Außenseite. Vorher legte man seine Sandalen (*soleae*) ab. «Zum Essen
Platz nehmen» wird deshalb auch mit «*soleas deponere*» umschrieben,
«vom Essen wieder aufstehen» durch «*soleas poscere*».[7] Sklaven oder
andere untergeordnete Begleiter eines Gastes hielten sich während des
Gastmahles zu seinen Füßen, an der Außenseite der Liegen, für
eventuell erforderliche Dienstleistungen bereit.

Da die meisten Speisen mit den Fingern gegessen wurden, waren Servietten (*mappae*, in älteren Zeiten *mantelia* genannt) unerläßlich. Sie wurden vom Gastgeber gestellt[8], aber auch der Gast brachte in der Regel eine mit, nämlich um darin nicht verzehrte Speisen einwickeln und mit nach Hause nehmen zu können. Die Serviette zum Abwischen hatte man rechts zur Hand, die zum Einwickeln deponierte man links beim aufgestützten Ellbogen.[9] Es gibt zwei hübsche Martialepigramme, in denen Servietten eine Rolle spielen. In dem einen (XII,28) macht der Dichter sich über einen gewissen Hermogenes[10] lustig, der *mappae* aller Art stiehlt: Auf Gastmählern bringt er selber nie eine mit, nimmt aber immer eine mit nach Hause; die anderen Gäste können auf die beiden Servietten, die sie haben, noch so gut aufpassen – er findet einen Weg, sie zu stibitzen; wenn aus Furcht vor ihm niemand eine Serviette mitbringt (und, so kann man ergänzen, auch der Gastgeber keine stellt), dann stiehlt er eben das Tischtuch oder den Bezug des Speisesofas oder die Drapierung der Tischbeine. Aber nicht nur die bei der *cena* verwendeten Tücher stiehlt er, sondern überhaupt alles, was einem Tuch irgendwie ähnlich ist: Als neulich im Circus der Prätor das Wagenrennen starten wollte – dies geschah in Rom in der Weise, daß der veranstaltende Beamte von seiner Loge über den Startboxen ein weißes Tuch (*mappa cretata*) in die Arena fallen ließ –, da hatte Hermogenes es ihm schon gestohlen; als im Amphitheater die Zuschauer durch Tücherschwenken um Gnade für einen verwundeten Gladiator baten, gelang es ihm, vier davon beiseite zu bringen; die Sonne mag noch so heiß auf die Theaterzuschauer herabbrennen: wenn Hermogenes ins Theater kommt, wird vorsichtshalber sofort das riesige Sonnensegel eingezogen; wenn er sich in Hafennähe zeigt, dann reffen die Seeleute eiligst die Segel ihrer Schiffe; und auch die in Leinentücher gehüllten Isispriester ergreifen sofort die Flucht, sobald sie Hermogenes unter den Gläubigen bemerken. – Das zweite Serviettengedicht (VII,20) schildert, wie ein armer Klient, vom Patron zur *cena* eingeladen, sich von allem doppelt, dreifach und vierfach geben läßt und diese Extraportionen dann verstohlen in seine mitgebrachte Serviette einpackt, so daß sie von diesen «tausend Diebstählen schon fast platzt» (*iam mille rumpitur furtis*). Die Beute trägt er in seine ärmliche, 200 Stufen hoch gelegene Mietwohnung, schließt sich mit ihr über Nacht in die Speisekammer ein, um sie dann am nächsten Tag nicht etwa zu essen, sondern (das ist die bis zum letzten Wort hinausgezögerte Pointe des Gedichts) zu *verkaufen* (VII,20,20): *haec per ducentas cum domum tulit scalas / seque obserata clusit anxius cella / ... postero die vendit).*

Soviel zu den Servietten – nun zum Ablauf der Mahlzeit. Sie begann mit einem Vorgericht (*gustus*), das aus Gemüsen, Salaten, vor allem aber aus Eiern bestand. – Die Hauptmahlzeit konnte aus einem oder mehreren Gängen bestehen. Diese wurden als *cenae* im engeren Sinne (*prima, secunda, tertia cena* usw.) bezeichnet, oder auch als *fercula*, da sie jeweils auf einem Traggestell (*ferculum*) hereingetragen wurden. – Abgeschlossen wurde die Mahlzeit durch den Nachtisch («zweiter Tisch», *mensa secunda* genannt), der aus Obst und/oder Gebäck bestand.[11] – Wein wurde zwar schon beim Essen getrunken[12], das eigentliche Trinken – die *comissatio*, die eine *cena* zum *convivium* werden ließ – begann jedoch erst danach. Dazu wurden, nach einer uns aus vielen Horazgedichten bekannten, ursprünglich griechischen Sitte, Kränze und Salböl, das man sich übers Haar träufelte, verteilt.

Um das Gesagte zu illustrieren, setze ich das Menu einer *cena* hierher, das in einem Martialgedicht beschrieben wird. Den Vermögensumständen des Dichters entsprechend ist es allerdings eine recht schlichte *cena* (X,48,7–18)[13]:

«Die Frau meines Gutsverwalters[14] hat mir Malven, die die Verdauung
    fördern werden,
gebracht und all die Reichtümer, die im Garten wachsen,
wie z. B. Kopfsalat und Schnittlauch,
    auch die das Aufstoßen fördernde Minze fehlt nicht und der geile
    Raukenkohl[15];
gekochte halbe Eier wird es geben, die mit Rautenblättern garnierte
    Makrelen[16] bekrönen,
und auch in Thunfischmarinade angerichtetes Saueuter.
Das sind die Vorspeisen. Die kleine Hauptmahlzeit selbst wird aus nur
    einem Gang bestehen[17],
einem Ziegenbock, der dem Rachen eines grausamen Wolfes entris-
    sen worden ist[18],
und kleinen Fleischhäppchen, die das Messer des Anrichters nicht
    nötig haben,
dazu Saubohnen, wie die Handwerker sie essen, und Rohkost von
    jungem Gemüse.
Dazu wird noch ein dunkelgeräucherter Schinken, der schon drei
    Mahlzeiten überlebt hat,
aufgetischt. Den gesättigten Gästen biete ich dann noch reifes
    Obst...»

Zum Schluß, wohl weil er erst nach dem Essen, beim anschließenden Gelage getrunken werden soll, wird noch der Wein genannt:

«Wein aus Nomentum, ohne Bodensatz, aus einem Kruge,
    der im Konsulat des Frontinus sechs Jahre alt war.»

Es war offensichtlich ein recht schlichter Wein, auf den jenes hübsche Bonmot des Einladungsgedichtes V,78 angewendet werden konnte

(Vers 16): *vinum tu facies bonum bibendo* («Den Wein wirst *du*, indem du ihn trinkst, zu einem guten machen.»)

Von dem Personal, das bei solchen *convivia* bediente, wurde in der eben zitierten Martialpassage der Anrichter (*structor*), der die Speisen anrichtete und vorschnitt, genannt. Bei feineren *cenae* fungierte auch noch ein Mundschenk (*minister* oder *ministrator*), in der Regel ein schöner junger Sklave. Da im Rom der Zeit Martials homosexuelle Sensibilität weit verbreitet war, konnte es seinetwegen manchmal zu peinlichen Situationen kommen, etwa wenn die Gäste ununterbrochen auf den schönen Mundschenk starrten. Einem Gastgeber, der sich darüber ärgerte, gab Martial den ironischen Rat, dann eben nur noch Blinde einzuladen (IX,25).

Auch allerlei Unterhaltung wurde während eines *convivium* geboten. Je nach den Vorlieben des Gastgebers und seiner Gäste konnte sie geschmackvoll oder eher vulgär ausfallen. Als vulgäre Unterhaltung galten Narren (*moriones*), die alberne Späße machten, Gaukler (*petauristae*), Transvestiten (*cinaedi*), und Bauchtänzerinnen – am beliebtesten waren die aus der südspanischen Stadt *Gades*, heute Cadix. Was sie darboten, schildert z. B. Juvenal 11,163[19]: «. . . unter brausendem Beifall gehen sie mit wackelndem Hintern in die Kniebeuge» (*plausuque probatae / ad terram tremulo descendunt clune puellae*). – Feinere Unterhaltung bestand etwa darin, daß Sänger auftraten, die sich selber auf der Lyra oder auf der Kithara begleiteten, oder daß Komödienszenen aufgeführt wurden, oder Epen rezitiert. Die Texte wurden entweder klassischen Schriftstellern entnommen, oder sie waren von einem der Gäste oder gar vom Gastgeber selber verfaßt. Literarisches Dilettantentum war nämlich weit verbreitet – schon Horaz mokiert sich darüber[20] –, und jeder der zahlreichen Amateurdichter brannte darauf, seine Machwerke einmal vortragen zu dürfen – aber dann mußte er auch bereit sein, die Rezitationen anderer über sich ergehen zu lassen, und so wurde die Lust, die eigene literarische Eitelkeit ausleben zu können, mit der Qual, die literarische Eitelkeit anderer ertragen zu müssen, unter Umständen teuer erkauft. Martial sichert deshalb in einem seiner Einladungsgedichte einem literarisch ambitionierten Freund, den er zum Essen bei sich haben möchte, augenzwinkernd zu (XI,52,16 ff.): «Ich verspreche dir: *Ich* werde dir nichts vortragen, *du* aber darfst mir wieder dein Giganten-Epos von Anfang bis Ende vorlesen oder deine Hirtengedichte, welche sogar an die unsterblichen Eklogen Vergils herankommen» (*ego polliceor: nil recitabo tibi, / ipse tuos nobis relegas licet usque Gigantas / rura vel aeterno proxima Vergilio*).[21]

Wir haben nun alle Vorinformationen beisammen, die zum Verständnis der beiden im folgenden zu besprechenden Gedichte notwendig sind.

Beschreibung eines Gastmahls
bei einem neureichen Geldprotz
(Martial III,82)

Das erste handelt von einem *convivium* bei einem reichen Geldprotz –
ein Thema, das auch von Horaz, Petron und Juvenal behandelt worden ist.[22] Ein solcher Gastgeber suchte seine neue gesellschaftliche
Position häufig in der Weise zu demonstrieren, daß er Unterschiede bei
der Bewirtung der Gäste machte: Nur seinesgleichen bekamen dasselbe wie er, niedriger gestellte Gäste wurden schlechter bewirtet.[23]
Hier ist es ein gewisser Zoilus («Zóilus» auszusprechen), den Martial
sich auch noch in einigen anderen Epigrammen zur Zielscheibe genommen hat. Aus ihnen erfahren wir, daß er früher ein Sklave
niedrigster Kategorie gewesen war.[24] Das Gedicht bedarf nach dem im
vorigen Abschnitt Gesagten keiner weiteren Erläuterungen:

«Jeder, der die Möglichkeit hat, an einem convivium des Zoilus teilzu-
　　　nehmen,
sollte (*lieber*) mit den Huren an der Stadtmauer speisen,
und statt Wein aus dem Nachttopf der Leda[25] trinken:
Das ist, so behaupte ich, immer noch erträglicher und sauberer.

(*Rücklings*) liegt er da[26] – maigrün angezogen –, als ob er die ganze
　　　Liege für sich allein hätte,
und stößt den Gästen rechts und links die Ellenbogen in die Rippen,
hoch aufgebettet auf eine Purpurdecke und auf Kisselchen aus Seide.
Ein Lustknabe steht bei ihm und reicht ihm, wenn er rülpst,
rote Federn (*mit denen er sich zum Erbrechen bringen kann*) und Zahnsto-
　　　cher aus Mastixholz;
wenn ihm warm ist, fächelt zarte Kühle ihm,
sich (*von hinten her*[27]) zurücklehnend, die Konkubine zu – mit einem
　　　hellgrünen Fächer,
und die Mücken scheucht ein Sklave fort mit einem Myrtenzweig.
Mit hurtiger Kunst durchwalkt eine Masseuse ihm den Körper
und läßt ihre geübte Hand über alle seine Glieder herabklatschen.
Wenn er mit den Fingern schnalzt, dann weiß der Eunuch schon
　　　Bescheid,
schaut nach (*seines Herren*) delikater Pisse
und gibt dem prallen[28] Schwanz des Trinkenden die richt'ge Rich-
　　　tung.[29]

Er selber aber, zurückgelehnt zur Dienerschaft, die sich zu seinen
　　　Füßen drängt,

zwischen Hündchen, die Gänse-Innereien schlabbern,
verteilt die besten Stücke des Eberbratens an seine Ringkämpfer
und schenkt dem Sklaven, der mit ihm schläft, das Hinterteil von
    Tauben.[30]

Während *uns* (*billiger*) Wein von den Felsen Liguriens eingeschenkt
    wird
oder Rauchwein aus Massilia[31],
prostet *er* den Hausnarren mit 91er Nektar
aus Bergkristall- oder Flußspatbechern zu.
Und während er sich selbst aus Flacons mit den teuersten Parfüms[32]
    übergießen läßt,
schämt er sich nicht, aus einem Goldgefäß in Purpurschneckenform,
    uns
ein Haarwasser austeilen zu lassen, wie es arme Frauen, wenn sie zum
    Geliebten gehn, benutzen.[33]

Vom vielen Trinken[34] ganz erledigt, schnarcht er dann:
Wir aber müssen liegenbleiben; und aufgefordert, seinem Grunzen
    Stille
zu bewahren, prosten wir uns (*nur noch*) mit (*stummem*) Nicken zu:
Das alles müssen wir uns von diesem fiesen Malchio gefallen las-
    sen...»

Einladung zu einem schlichten convivium beim Dichter
(Horaz, Epistulae I,5)

Das Zoilus-Gedicht war die *Beschreibung* eines Gastmahls. Eine andere
Art von *cena*-Gedichten, die sich in der römischen Literatur findet, sind
die *Einladungsgedichte*.[35] Da es hier der in eher bescheidenen Verhältnissen lebende Dichter ist, der einlädt, ist es immer ein *schlichtes* Mahl.
Wir haben solche Einladungsgedichte von Martial und Juvenal[36], das
bedeutendste Beispiel für die Gattung ist jedoch die 5. Epistel des
Horaz, von der ich hier zunächst eine Übertragung gebe:

«Wenn du es über dich bringen kannst, als Gast bei einem convivium
    dich auf (*kurzen*) Speisesofas, wie Archias sie herstellt,
    niederzulassen,
und es dich nicht schreckt, aus einer maßvollen Schüssel alle mögli-
    chen Sorten Kohl zu speisen,
werde ich dich, Torquatus, kurz vor Sonnenuntergang bei mir zu
    Hause erwarten.
Der Wein, den du trinken wirst, ist im zweiten Konsulatsjahr des

Taurus abgefüllt, in der Gegend zwischen dem sumpfigen
Minturnae und dem sinuessanischen Petrinum:
Falls du was Besseres hast, laß' es holen, andernfalls füg' dich meiner
Anordnung.
Schon längst ist der Herd auf Hochglanz gebracht und dir zu Ehren
alles im Haus geputzt:
Schieb' (*doch einmal*) all die müßigen Gedanken an die Zukunft beiseite
und die Wettkämpfe des Reichtums
und den Fall Moschus: Der Geburtstag des Kaisers morgen
erlaubt es dir, und auch: dich auszuschlafen: Du kannst (*also*) ungestraft
die sommerlich (*milde*) Nacht in ausgiebig-freundschaftlichem Gespräch verplaudern.

Wozu hab' ich denn, was ich habe, wenn es nicht erlaubt sein soll,
davon Gebrauch zu machen?
Wer aus Rücksicht auf seinen Erben spart und nach allzu strengen
Grundsätzen lebt,
der ist einem Geisteskranken ganz nahe: Zechen will ich und Blumen
streuen
von jetzt ab, und mir soll's egal sein, für unvernünftig zu gelten.

Was bringt Trunkenheit nicht alles in Ordnung! Den Verschlossenen
bringt sie dazu, aus sich herauszugehn,
dem Hoffenden gibt sie Zuversicht, den Zaghaften macht sie kämpferisch,
den Beunruhigten nimmt sie die Last von der Seele; sie verleiht
ungeahnte neue Fähigkeiten.
Wen haben gut gefüllte Becher nicht beredt gemacht?
Welchen Armen haben sie nicht seine beschränkten Verhältnisse vergessen lassen?

Wofür *ich* zu sorgen habe – fähig dazu und auch willens –, ist *dies*: daß
nicht häßliche Decken, daß nicht schmutzige Servietten
(*meine Gäste*) die Nase rümpfen lassen, daß du im Kantharus und in der
Schüssel
dich spiegeln kannst, daß das, was unter vertrauten Freunden besprochen wird,
keiner über die Schwelle nach draußen trägt, daß nur Gäste, die
zueinander passen, zusammenkommen
und bei Tische Nachbarn sind: Ich will dir noch den Butra, den
Septicius
und (falls ihn nicht eine früher ergangene Einladung oder ein Mäd-

chen, das ihm mehr am Herzen liegt, abhalten) den Sabinus
hinzuladen. Es ist auch Platz für mehrere, die *du* mitbringst –
allerdings: Wenn allzu viele sich bei einem Gastmahl zusammendrän-
gen, gibt das schlechte Luft.

(*Aber*) schreib' *du*, zu wievielt du kommen willst, laß' alles stehn und
 liegen,
und dem Klienten, der dein Atrium bewacht, entzieh' dich durch die
 Hintertür.»

Der erste Satz der Epistel macht klar, *wozu* eingeladen wird (zu einem
convivium), für welche *Tageszeit* (kurz vor Sonnenuntergang) und *wohin*
(ins Stadthaus des Horaz, das sich wahrscheinlich auf dem Esquilin
befand). Auch erfahren wir durch die Anrede den Namen desjenigen,
an den die Einladung ergeht: Torquatus.

Die genannte Zeit (in römischer Terminologie: gegen Ende der 12.
Stunde) ist für eine *cena* ungewöhnlich spät angesetzt, begann diese
doch normalerweise mit der 10. Stunde. Wahrscheinlich wollte Horaz
die Hitze vermeiden, die in Rom auch im Spätsommer nachmittags
noch herrscht. – Der Name des Eingeladenen läßt vermuten, daß es
sich um eine hochgestellte Persönlichkeit aus ältestem Adel handelt,
ist doch *Torquatus* der uralte Beiname der Manlier.[37] Jedenfalls steht er
sozial weit über Horaz, dem Sohn eines ehemaligen Sklaven, und
dürfte auch an ganz anderen Luxus bei Gastmählern gewöhnt gewesen sein, als Horaz ihm bieten kann: Horazens *triclinium* war offenbar
so klein, daß in ihm nur die besonders kurzen Speisesofas Platz hatten,
die der Tischler Archias herstellte. (Daß Archias auf den Bau von
kurzen Speisesofas spezialisiert war, erfahren wir aus dem antiken
Horaz-Kommentar des Porphyrio). Bei *convivia* im Hause Horaz mußten die Gäste also besonders eng zusammenliegen. Zu essen wird es,
wie der Dichter (sicherlich scherzhaft untertreibend) erklärt, nur «Kohl
aller Art auf einer maßvollen Schüssel» geben, nur Frugales also und
nicht einmal besonders reichlich. Aber indem Horaz die Schüssel
«maßvoll» (*modica*) nennt, deutet er an, daß diese Schlichtheit ja auch
als eine Tugend aufgefaßt werden kann. Der Wein allerdings, auf den
es bei einem *convivium* ja besonders ankommt, ist offenbar von besse-
rer Qualität: Sonst würde Horaz ihn dem Torquatus (der, wie es
scheint, ein Kenner war) nicht so genau bezeichnen, durch Angabe
von Abfülljahr und Herkunftsort[38], würde auch nicht (mit einem
deutlichen Unterton des Stolzes) hinzufügen: «Wenn du was Bess'res
hast, laß' es holen», denn das impliziert ja, daß der von ihm selber
angebotene Wein zumindest gut ist, wenn auch vielleicht kein Spitzen-

wein wie die Falerner und Caecuber. Horaz beschließt die Aufzählung
dessen, was den Torquatus erwartet, mit dem Hinweis, im Haus sei
«schon längst» (*iamdudum*) alles im Zustand festlicher Sauberkeit: Alles
ist also fürs *convivium* vorbereitet – Torquatus braucht sich nur noch zu
dem Entschluß durchzuringen, heute abend einmal zu feiern.

Dazu fordert ihn Horaz nun dringlich auf (die Dringlichkeit liegt in
dem eben zitierten «schon längst») – fordert ihn nämlich auf, all das,
was ihn vom Feiern abhalten könnte, heute abend einmal entschlossen
beiseite zu schieben. Das sind zunächst einmal, ganz allgemein, alle
auf die Zukunft gerichteten Gedanken, d. h. alle Hoffnungen oder
(was *spes* gelegentlich auch bedeuten kann) Sorgen. Indem Horaz sie
als «*leves*»: «leicht», «gewichtslos» (oder, wie ich freier übersetzt habe
«müßig») bezeichnet, liefert er gleich auch schon das Argument mit,
warum man sie beiseite schieben könne: Sie sind auf etwas gerichtet,
was noch gar nicht Wirklichkeit ist; wirklich ist allein die Gegenwart. –
Weiter könnten den Torquatus vom Feiern abhalten (und sollten deshalb heute abend einmal beiseite geschoben werden) die «Wettkämpfe
des Reichtums» (*certamina divitiarum*). Der Ausdruck macht klar, daß es
dabei nicht etwa um die Beschaffung des fürs Leben notwendigen
Geldes geht (Torquatus ist ein vermögender Mann!); es geht bei diesen
«Wettkämpfen» vielmehr nur darum, mit dem Reichtum anderer
Schritt zu halten. – Und schließlich nennt Horaz noch eine ganz
konkrete Sache, die dem Torquatus die Lust zum Feiern nehmen
könnte: einen Gerichtsprozeß, mit dem er als Anwalt gerade zu tun
hat: Er verteidigt einen gewissen Moschus, und zwar (so erfahren wir
aus dem Kommentar des Porphyrio) gegen die Anklage des versuchten Giftmords; und vielleicht ist in diesem Moment auch schon abzusehen, daß er die Verurteilung seines Klienten nicht wird verhindern
können.[39]

All das soll Torquatus also von sich wegschieben und sich entschlie-
ßen, heute abend einmal zu feiern. Dies könne er (so fügt Horaz hinzu)
um so eher tun, als morgen ein Feiertag sei: der Geburtstag des Kaisers
(am 23. September). Da sei er von allen Geschäften frei und werde den
wegen des *convivium* versäumten Schlaf bei Tage nachholen können.[40]
Torquatus kann sich also «eine lange Nacht machen» (*tendere noctem*),
ohne fürchten zu müssen, morgen völlig unausgeschlafen aufs Forum
gehen zu müssen (das ist mit «ungestraft»: *impune* gemeint) – eine
lange Nacht in der spätsommerlich milden Luft[41] , bei ausgiebigem
und freundschaftlichem Gespräch.[42]

Bisher hatte sich alles, wovon Horaz sprach (Einrichtung seines
triclinium; vorgesehenes Menu; Weinsorte; Zustand des Hauses; Sorgen, die Torquatus vom Feiern abhalten könnten; für das Gastmahl
gewählter Tag), ganz konkret auf das geplante *convivium* bezogen. Nun

aber erhebt er sich ganz plötzlich ins Allgemeinere, formuliert nämlich zunächst bekenntnishaft die Lebenseinstellung, die ihm zum Feiern veranlaßt, und zählt dann in hymnisch preisendem Ton die wohltätigen Wirkungen auf, die Wein entfalten kann. Der Abschnitt, in dem dies geschieht (Verse 12–20), nimmt nicht zufällig die genaue Mitte des Gedichtes ein: 11 Verse sind ihm vorausgegangen, 11 werden noch auf ihn folgen.

Der *Lebenseinstellung* Horazens, die er in Form einer rhetorischen Frage und einer Sentenz formuliert, liegt die Überzeugung zugrunde, daß ihm seine *fortuna* (das Wort hier als Inbegriff aller Glücksgüter gemeint) in erster Linie dazu gegeben sei, daß er sie *gebrauche*, oder anders ausgedrückt, daß es unsinnig, ja fast verrückt (*insanum*) wäre, aus Rücksicht auf den Erben oder aus irgendwelchen moralischen Gründen von ihr keinen Gebrauch zu machen. Die lebenspraktische Folgerung, die er daraus zieht: Man solle, statt «allzu streng» gegen sich zu sein, sich ruhig hin und wieder einmal gehen lassen. Horaz formuliert das so, als ob er diese Folgerung erst jetzt ziehe und nur für sich ganz persönlich[43], aber es ist klar, daß dies seine Einstellung von jeher gewesen ist, und daß er hier in Wirklichkeit dem Torquatus, ohne es ausdrücklich zu sagen, nahelegen möchte, von jetzt ab so zu leben.

Horaz umschreibt das Sich-Gehen-Lassen, zu dem er sich bekennt und zu dem er rät, mit den Worten «*potare et spargere flores*» («Zechen und Blumen streuen»), d. h. es soll nicht in beliebiger Weise, sondern in der Form des *convivium* geschehen (bei dem sich die Zecher, wie wir bereits erfahren haben, mit Blumen bekränzten). Diese Form des Feierns garantiert, daß das Zechen nicht zur hemmungslosen Trinkerei ausartet, so daß der Wein nicht seine zerstörerischen, sondern nur seine wohltätigen Wirkungen entfaltet.[44] Dazu paßt es, daß Horaz, als er jetzt, das Stichwort «*potare*» aufgreifend, von den Wirkungen des Weins spricht, nur *wohltätige* aufzählt: Nichts gibt es (so sagt er in beinahe hymnisch preisendem Ton), was der Wein nicht in Ordnung bringen kann: Er «schließt das Verdeckte auf» (*operta recludit*), d. h. er bringt Menschen, die irgendwelche quälenden Probleme in sich verschlossen haben, dazu, sie auszusprechen – was schon an sich eine entlastende Wirkung hat. – Er läßt «Hoffnungen gültig sein», d. h. er gibt dem Hoffenden die Zuversicht, daß sie sich erfüllen werden. – Er «stößt den Energielosen ins Gefecht», d. h. er gibt ihm die Energie, nicht immer bloß feige sich zu ducken und nachzugeben, sondern auch einmal um seine Rechte zu kämpfen. – Er nimmt dem Beunruhigten die Last seiner Sorgen ab. – Er «lehrt die Menschen zusätzliche Künste» (*addocet artis*), d. h. sie entdecken unter seiner Einwirkung in sich auf einmal Fähigkeiten, von denen sie vorher nichts geahnt hatten. So hat der Wein, in genügender Menge genossen, zum Beispiel die Wirkung, jeden beredt zu machen: «Die reichlich spendenden Becher – wen haben sie nicht beredt gemacht?» (*fecundi calices quem non fecere disertum?*[45]). Und schließlich läßt der Wein den Armen seine Armut vergessen, so daß er sich trotz der Beengtheit seiner Verhältnisse[46] wenigstens vorübergehend ungebunden, frei, gelöst fühlen kann.

Alle diese wunderbaren Wirkungen bringt der Wein, in der richtigen Weise, d. h. nach den Regeln des *convivium* genossen, *von sich aus* hervor, als eine über dem Menschen stehende, in der Gestalt des Weingottes Bacchus personifizierbare und göttlich zu verehrende Macht. Der *Veranstalter* des *convivium*, in diesem Fall Horaz, hat die Aufgabe, dafür den rechten Rahmen zu schaffen – eine Aufgabe, die ihm von seinen Gästen oder auch, wenn man so will, von dem Gott des Weines selber anbefohlen ist.[47] Horaz erklärt sich für fähig und auch willens, diesem Befehl nachzukommen (*haec ego procurare idoneus imperor et non invitus*). Und er zählt ganz konkret auf, was alles dazu gehört: schöne Decken auf den Polstern der Speisesofas, saubere Servietten, Trinkgeschirr und Schüsseln, die so sorgfältig geputzt sind, daß die Gäste sich in ihnen spiegeln können. Beim Trinkgeschirr fällt auf, daß er nicht von dem üblichen Trinkbecher (Skyphos) spricht, sondern vom Kantharos, einer Gefäßart, die dem Bacchus besonders heilig war und mit der er immer dargestellt wird – ein leiser Hinweis darauf, daß auch hier der Gott verborgen hinter dem convivalischen Geschehen wirkt.

Zu den Voraussetzungen für eine wohltätige Wirkung des Weins gehört weiter die richtige *Auswahl und Anordnung der Gäste.*[48]

Die richtige Auswahl ist wichtig, da der Wein, wie im Vers 29 gesagt, die Zunge löst und so bewirkt, daß hier manches ausgesprochen wird, was man sonst verschweigt: Da muß sich jeder auf die Diskretion der anderen verlassen können. Und eine richtige Anordnung der Gäste sorgt, wie man weiß, dafür, daß das Gespräch richtig in Gang kommt. Horaz nennt bei dieser Gelegenheit die anderen Personen, die er noch einladen will, macht aber dabei deutlich – durch die Formulierung «*tibi adsumam*» («für dich will ich *hinzu*nehmen») –, daß Torquatus sich als den Haupt- und Ehrengast betrachten darf. Sie heißen Butra, Septicius und Sabinus. Bei dem letzteren setzt Horaz einschränkend hinzu: «falls ihn nicht eine früher ergangene Einladung zum Essen oder ein Mädchen, das mehr Einfluß über ihn hat als ich, abhalten».[49] Damit stehen mit Horaz selbst fünf Teilnehmer des *convivium* fest. Da ein normales Triclinium aber, wie wir gesehen haben, neun faßt, bleibt noch Platz für maximal vier weitere Personen. Horaz stellt es infolgedessen seinem Ehrengast frei, noch mehrere «Schatten» (*umbrae*), d. h. ungeladene Gäste seiner Wahl mitzubringen, gibt aber zu bedenken, daß es nicht zu viele sein sollten. Die Begründung umschreibt er scherzhaft gravitätisch:

«Allzu enge Gastmähler werden von stinkenden Ziegen bedrängt» (*nimis arta premunt olidae convivia caprae*),

im Klartext: Wenn zu viele Leute auf engem Raum beisammen sind, wird es zu warm, man beginnt zu schwitzen, und schlechte Luft ist die Folge.

Das gibt er jedoch nur zu *bedenken*, überläßt es im übrigen ganz und gar dem Torquatus, wie viele «Schatten» er mitbringen will.[50] Er bittet ihn nur, es rechtzeitig mitzuteilen. Zum Schluß fordert er ihn noch einmal auf, für heute abend einmal alle Geschäfte beiseite zu lassen und sich allen Verpflichtungen zu entziehen. Für die letzteren steht hier der Klient, der selbst zu dieser späten Abendstunde noch ein Anliegen an den Patron hat und deshalb dessen Atrium bewacht, d. h. versucht, den Patron beim Verlassen des Hauses durch den nach vorn gehenden Hauptausgang abzupassen. Torquatus solle sich ihm dadurch entziehen, daß er den Hinterausgang (*posticum*) nimmt.

Soweit meine Erläuterungen. Sie sollten unter anderem verdeutlichen, was den besonderen Rang von Horazens 5. Epistel ausmacht, wodurch sie sich von anderen Einladungsgedichten der römischen Literatur unterscheidet. Anders als die Einladungsgedichte Martials ist sie nicht bloß eine poetisch hübsch gestaltete Einladung zum *convivium*: Sie ist zugleich eine Auffordung zum richtigen Leben. Aber anders als in Juvenals 11. Satire wird dieser ethische Gehalt des Gedichts nicht trocken-lehrhaft herausgestellt, sondern ganz unaufdringlich und beiläufig gleichsam nur mitgegeben.

Was aber ist Horazens Auffassung vom richtigen Leben? Ich versuche es, im Rückgriff auf unsere Epistel, aber auch auf andere Horazgedichte, ganz kurz zu sagen: Richtiges Leben besteht für Horaz darin, immer wieder einmal zeitvergessen (aber im Bewußtsein der Endlichkeit des menschlichen Lebens) den gerade gegenwärtigen Augenblick beziehungsweise das, was in ihm durch die Güte der Natur oder die Gunst des Glücks zur Verfügung steht, zu genießen, aber nicht besinnungslos und zügellos, sondern in einer durch Gesittung geregelten Weise, und nicht etwa allein, sondern zusammen mit Freunden. Besonders das Letzte ist wichtig: Richtiges Leben – *vivere* im Vollsinn des Wortes – ist für Horaz immer: Leben mit anderen zusammen – *convivere* –, und so wird denn das *convivium*, das den römischen Tag abschließt, bei ihm geradezu zu einem Inbegriff der Lebenskunst.[51]

Exkurs B:
Römischer Festkalender

Bei unserer bisherigen Wanderung durch das antike Rom sind wir im großen und ganzen dem Weg gefolgt, den ein römischer Bürger der Unter- oder Mittelklasse im Ablauf eines typischen römischen Alltags zurückzulegen pflegte: Ausgehend von den einfacheren Wohnvierteln (*Subura* bzw. Quirinal), sind wir mit ihm zur morgendlichen *salutatio* in eines der besseren Wohnviertel (den Esquilin) gezogen, wo die Patrone ihre Stadthäuser hatten; haben dann mit ihm zusammen den Patron hinunter ins Stadtzentrum (zu den Foren) geleitet; nach der Mittagspause sind wir ihm zu Sport und Bad aufs Marsfeld gefolgt; und schließlich haben wir uns mit ihm zusammen zur *cena* begeben, welche er entweder bei einem seiner Patrone oder bei sich zu Hause einnahm. Dies ist, wie gesagt, der typische Ablauf eines römischen *Alltags*. In den folgenden Kapiteln werden wir nun Örtlichkeiten in der Stadt aufsuchen, in die sich ein Römer vor allem an *Festtagen* begab, nämlich: die Theater auf dem südlichen Marsfeld, den *Circus Maximus* und das Kolosseum. Es ist daher angebracht, in einem kurzen Exkurs einen Überblick über die wichtigsten Feste (*dies festi, feriae*) des römischen Kalenderjahres zu geben.[1]

Dabei müssen wir beachten, daß es drei verschiedene Arten von Festtagen gab: die *feriae imperativae,* die *feriae stativae* und schließlich die *feriae conceptivae:*

Feriae imperativae waren Feste, die auf Befehl (*imperio*) eines Beamten aus einem bestimmten Anlaß (z. B. zur Feier eines Triumphes oder bei der Einweihung eines öffentlichen Gebäudes) *einmalig* angesetzt wurden. Zu diesem Typ gehörten zum Beispiel die mehr als eine Woche dauernden Feierlichkeiten, die im Jahre 55 v. Chr. Pompeius in seiner Eigenschaft als Konsul bei der Einweihung des von ihm gestifteten Theaters ansetzte, oder die hundert Tage währenden Feierlichkeiten, die der Kaiser Titus 80 n. Chr. zur Eröffnung des Kolosseums veranstaltete. *Feriae stativae* waren im Unterschied dazu Feiertage, die *alljährlich* an bestimmten, feststehenden Tagen stattfanden. – *Feriae conceptivae* schließlich wurden zwar ebenfalls alljährlich gefeiert, aber an einem Datum, das immer erst am Jahresanfang von den Beamten oder von den Priestern festgelegt wurde, allerdings innerhalb eines bestimmten zeitlichen Rahmens. Das bekannteste Beispiel sind die *Feriae Latinae*, die im Zeitraum zwischen Januar und April gefeiert wurden. Auf den uns erhaltenen römischen Festkalendern (*Fasti*) sind naturgemäß nur *feriae stativae* angegeben.

Hier interessieren uns vor allem solche Feste, bei denen «Spiele» (*ludi*) veranstaltet wurden. Unter diesem Begriff werden im Lateinischen Theatervorführungen (*ludi scaenici*), Wagenrennen im *Circus Maximus* (*ludi circenses*), Tierhatzen (*venationes*) und Gladiatorenkämpfe (*munera*) zusammengefaßt. Ich gebe im folgenden eine listenartige Übersicht, gegliedert in die Rubriken 1. Datum[2], 2. Name der Feiern, 3. Anlaß, 4. Art der gegebenen Spiele, 5. Besonderheiten.

Übersicht über die wichtigsten Feste des römischen Kalenderjahres

4. bis 10. April: *Ludi Megalenses* (*Megalensia*). Anlaß: Der Einweihungstag des Tempels der *Magna Mater Idaea* (griechisch: *Méter megále*) am 10. April. Der Kult dieser Göttin war während des 2. Punischen Krieges (218–201) auf Anweisung der sibyllinischen Bücher in Rom eingeführt worden. Sie wurde in Gestalt eines kleinen schwarzen Meteorsteins verehrt, der von einer römischen Gesandtschaft aus Pessinus, ihrem kleinasiatischen Hauptkultort, nach Rom geholt und dort zunächst im Tempel der Victoria auf dem Palatin untergebracht worden war, dann aber in einen eigenen Tempel, ebenfalls auf dem Palatin, und zwar auf der Seite zum *Circus Maximus* hin, verbracht wurde. Es wurden Theateraufführungen (*ludi scaenici*) und Wagenrennen im Circus (*ludi circenses*) veranstaltet. Die ersteren spielen in der römischen Literaturgeschichte eine wichtige Rolle: Eine der erhaltenen Komödien des Plautus und vier der insgesamt 6 erhaltenen Komödien des Terenz sind bei den *Megalensia* uraufgeführt worden. Und die zu Ehren der *Magna Mater* veranstalteten *ludi circenses* sind der Grund dafür, daß auf dem Mittelstreifen des *Circus Maximus* ein Bild dieser Göttin, auf einem Löwen reitend, aufgestellt war.[3]

12. bis 19. April: *Ludi Cereris* (*Cerialia*). Anlaß: Weihungstag des Tempels der Getreidegöttin Ceres am 19. April. Gegeben wurden unter anderem *venationes*. Dabei wurden im *Circus Maximus* Füchse ausgesetzt, denen man brennende Fackeln auf den Rücken gebunden hatte. Die Zuschauer waren gehalten, weiße Kleidung zu tragen.

28. April bis 3. Mai: *Ludi Florales* (*Floralia*). Anlaß: Weihungstag des Tempels der Blumengöttin Flora, und zwar nicht des uns schon bekannten Floratempels «*ad Quirinalem*», sondern desjenigen, der auf dem Abhang des Aventin zum *Circus Maximus* hin lag. Geboten wurden Theateraufführungen sowie Gladiatorenspiele und Tierhatzen

im Circus. Bei den letzteren wurden ausschließlich harmlose Tiere gejagt: Schafe, Ziegen und Hasen – vielleicht wegen ihrer Fruchtbarkeit, vielleicht auch, weil sie den jungen Trieben im Frühling den meisten Schaden zufügen. Denn die *Floralia* waren ein Frühlingsfest, bei dem Fortpflanzungstrieb, Fruchtbarkeit und Lebensfreude im Mittelpunkt standen. Sie hatten den Ruf der Zügellosigkeit: Unter anderem traten auch Prostituierte auf und entblößten sich vor dem Publikum. Es wurden Bohnen, Kichererbsen und andere Samen ins Publikum gestreut. Die Zuschauer waren hier, im Gegensatz zu den *Cerialia*, gehalten, *bunte* Kleidung zu tragen.

6. bis 13. Juli: *Ludi Apollinares*. Anlaß: Im Jahre 212 v. Chr. während des 2. Punischen Krieges war eine Weissagung ergangen, daß man den Feind (Hannibal) nur dann wieder aus Italien werde vertreiben können, wenn man dem Apollo Spiele ausrichte. Sie wurden zunächst als *feriae conceptivae* zu von Jahr zu Jahr neu festgesetzter Zeit abgehalten, ab 208 jedoch, anläßlich einer Pest, in *feriae stativae* umgewandelt. Ursprünglich waren sie auf den 13. Juli beschränkt, dehnten sich dann aber allmählich auf acht Tage aus, von denen sechs Bühnenspielen und zwei Circusrennen gewidmet waren.

20. bis 30. Juli: *Ludi Victoriae Caesaris*. Anlaß: Vor der Schlacht von Pharsalus hatte Caesar für den Fall seines Sieges nicht nur der *Venus Genetrix* einen Tempel, sondern auch Spiele gelobt. Sie wurden zum ersten Mal bei seinem dreifachen Triumph im Jahre 46 v. Chr. veranstaltet, von da ab regelmäßig. An den ersten sieben Tagen wurden szenische Darbietungen geboten, darauf noch vier Tage lang Vorstellungen im Circus.

4. bis 19. September: *Ludi Romani*. Anlaß: der Weihungstag des römischen Staatsheiligtums, des Tempels der kapitolinischen Trias Jupiter, Juno und Minerva auf dem Kapitol, am 13. September. Die Spiele begannen mit einer Prozession (*pompa*) vom Heiligtum zum *Circus Maximus*, von der sich eine ausführliche Beschreibung bei dem griechischen Schriftsteller Dionysios von Halikarnassos (zweite Hälfte des ersten Jahrhunderts v. Chr.) erhalten hat.[4] Es wurden *ludi circenses* und *ludi scaenici* geboten. Die Organisation der Spiele oblag den kurulischen Ädilen.

26. Oktober bis 1. November: *Ludi Victoriae Sullanae*. Anlaß: Sullas Sieg in der Schlacht vor der *Porta Collina* am 1. 11. 82 v. Chr., durch welchen er den Bürgerkrieg gegen die Partei des Marius für sich entschied. Es wurden unter anderem *ludi circenses* geboten.

4. bis 17. November: *Ludi Plebei* (die letzten Spiele im Kalenderjahr). Anlaß: das Jupiterfest am 13. November. Die Spiele wurden wahrscheinlich von C. Flaminius während seiner Censur im Jahre 220 v. Chr. begründet – im selben Jahr, in dem er die *Via Flaminia* von Rom nach *Ariminum* (heute Rimini) und den *Circus Flaminius* beim Marcellustheater errichten ließ. An den ersten neun Tagen wurden Theatervorführungen, an den letzten drei Circusspiele gegeben. Sie waren als plebeisches Gegenstück zu den *Ludi Romani* konzipiert, wurden entsprechend von den *plebeischen* Aedilen (*aediles plebis*) veranstaltet.

Vom 18. November bis 4. April des folgenden Jahres fanden keine Spiele mehr statt, was sicherlich auch mit den Witterungsverhältnissen im Winter und Frühling zu tun hatte. Für die Theater- und Circusbesessenen war das eine triste Zeit – die Zeit (wie Juvenal 6,67–69 es ausdrückt), «... wenn die Theatervorhänge, im Bühnenboden verschwunden[5], ruhen, / das Theater leer und verschlossen ist und allein die Foren von Lärm noch ertönen / und es von den Plebeischen Spielen lang hin ist bis zu den Megalensischen...»

17. bis 23. Dezember: *Saturnalia*. Anlaß: der Weihungstag des Saturntempels am Forum am 17. Dezember. Ihr Beginn wurde mit einem *convivium publicum* gefeiert: Man legte die Toga ab, trug Filzkappen (*pilei*) und machte sich gegenseitig Geschenke. Während eines Festmahls wurden die Sklaven von ihren Herren bedient.

Das Fest der Anna Perenna
(Ovid, Fasti III,523–540)

Nach dieser knappen und trockenen Aufzählung der wichtigsten römischen Feste sei nun noch, gleichsam zur Entschädigung des Lesers, die lebendige und amüsante Schilderung eines weiteren Festes hierhergesetzt, die uns Ovid in seinen «Fasten» gibt. Es handelt sich um das große Picknick, das vom einfachen Volk am 15. März jedes Jahres in einem Wäldchen «an der Via Flaminia beim ersten Meilenstein» zu Ehren der Göttin *Anna Perenna* veranstaltet wurde.[6]

«An den Iden (*des März*) ist das heitere Fest der Anna Perenna,
    nicht weit von deinem Uter, Tiber, der du (*aus fremdem Lande*) zu
    uns kommst.[7]
Das *Volk* findet sich ein, und überall verstreut auf grünem Grase sich
    lagernd
zecht es, und jeder liegt bei seiner Liebsten.

Ein Teil hält's unter freiem Himmel aus[8], einige wenige schlagen Zelte
    auf,
manche bauen sich aus Zweigen eine Laubhütte;
teils haben sie auch statt starrer Säulen (*biegsames*) Schilfrohr in den
    Boden gesteckt,
obendrüber ihre Togen ausgespannt und liegen darunter.
Von der (*Märzen*)sonne und vom Wein ist's ihnen trotzdem[9] warm,
    und sie beten (*zu der Göttin*), ihnen ebensoviele Lebensjahre
    zu gewähren,
wie Becher sie leeren, und trinken auf eine Zahl hin.
Du wirst dort Männer finden, die die Lebensjahre Nestors austrin-
    ken[10],
und Frauen, die bechernd so alt geworden sind wie die Sibylle.
Dort singen sie auch alles, was sie (*an obszönen Liedern*[11]) in den
    Theatern gelernt haben,
und gestikulieren mit gelenkigen Händen dazu,
führen, wenn der Mischkrug aufgestellt ist, plumpe Reigentänze auf,
    und die Freundin, schick aufgemacht, tanzt mit aufgelösten Haa-
    ren.
Wenn sie dann heimgehen, können sie nur noch torkeln, und sind ein
    Schauspiel für die Leute,
und alle, die ihnen entgegenkommen, rufen ihnen ‹Ihr Glückli-
    chen!› zu.»

XI.
DAS MARSFELD: DIE THEATER

Theater und Theaterbauten in Rom

Martials Selius, dessen Weg übers Marsfeld wir im Kapitel IX verfolgt haben, hatte sich auf seiner verzweifelten Suche nach einer Einladung zur *cena* u. a. auch in der *Porticus Pompei* umgeschaut: in «der Stiftung des Pompeius und ihrem doppelten Hain» (wie es bei Martial II,14,10 heißt). Sie war unmittelbar an das ebenfalls von Pompeius gestiftete und nach ihm benannte Theater angeschlossen (Abb. 45). Hier konnten, wenn eine Aufführung wegen plötzlichen Regens unterbrochen

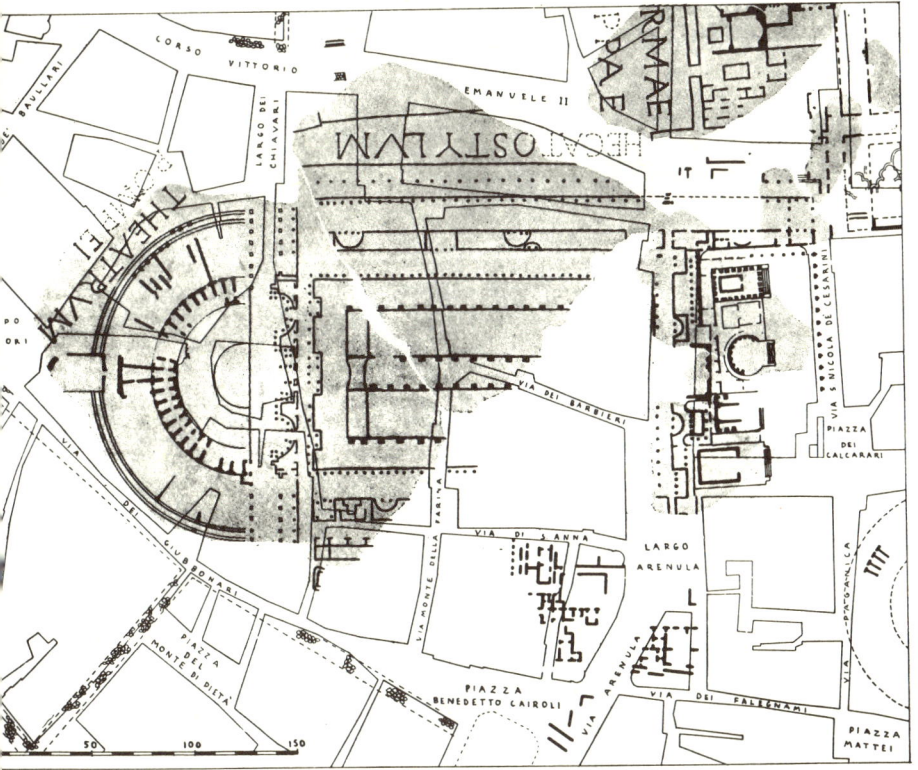

Abb. 45: Fragmente der Forma Urbis mit Theater und Portikus des Pompeius, eingezeichnet in den modernen Stadtplan

werden mußte, die Zuschauer Schutz suchen; auch war hier Platz, um Bühnenmaschinen für die Aufführungen vorzubereiten.[1]

Das Pompeiustheater, 55 v. Chr. eingeweiht, war das älteste und größte der drei hauptstädtischen Theater: Nach Plinius (Naturalis Historia XXXVI,115) faßte es nicht weniger als 40000 Personen. Auch die beiden anderen Theater befanden sich in diesem Bereich des Marsfelds, so daß man von einem regelrechten Theaterviertel sprechen kann. Dem Pompeiustheater zunächst lag das *Theatrum Balbi*, ebenfalls mit einer vorgelagerten Portikus ausgestattet. Es faßte 6000 bis 7000 Zuschauer. Die heutige Via delle Botteghe Oscure hat ihren Namen von den Läden und Werkstätten, die im Mittelalter in die Außenarkaden dieses Theaters und seine Portikus hineingebaut worden waren. Zu dem dritten Theater gelangte man, wenn man die südlich vom

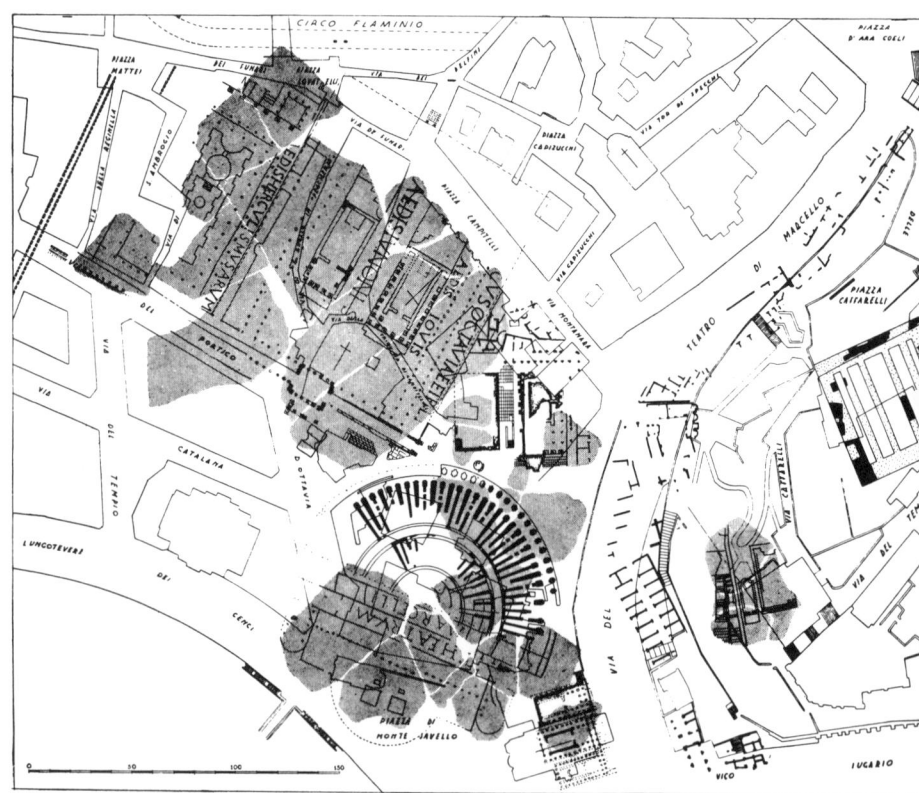

Abb. 46: Fragmente der Forma Urbis mit der Umgebung des Marcellustheaters, eingezeichnet in den modernen Stadtplan

Abb. 47: Porticus Octaviae, heutiger Zustand

Balbustheater liegende *Porticus Octaviae*, welche die Tempel der Juno Regina und des Jupiter Stator einschloß, durchquerte (Abb. 46). Trat man aus ihrem noch heute wohlerhaltenen südlichen Haupteingang (Abb. 47) heraus, so hatte man (und hat man noch heute) die halbrunde Außenfassade des Marcellustheaters vor sich (Abb. 48 und 49). Es war schon von Caesar begonnen worden, wurde aber erst unter Augustus fertiggestellt und im Jahre 13 oder 11 v. Chr. eingeweiht. Augustus benannte es nach seinem 23 v. Chr. verstorbenen Neffen. Es faßte 10 000 bis 14 000 Zuschauer. Das Bühnenhaus lag so dicht am Tiber, daß hier für eine eigene Portikus kein Platz mehr war. Ihre Funktion wurde von der *Porticus Octaviae* übernommen.

Dies war also das «Theaterviertel» des antiken Rom. Theateraufführungen hatte es natürlich schon vor dem Bau des Pompeiustheaters gegeben. Zunächst wurden wohl nur volkstümliche Possen gespielt, seit dem 3. Jahrhundert v. Chr. aber auch Komödien griechischer Art, wie sie uns von Plautus und Terenz überkommen sind: Bearbeitungen von Stücken der griechischen sogenannten «Neuen Komödie» (Néa), frei ins Lateinische übersetzt und römischen Verhältnissen angepaßt. Auch lateinische Nachdichtungen griechischer Tragödien wurden auf-

Abb. 48: Marcellustheater, Rekonstruktionsmodell

Abb. 49: Marcellustheater, heutiger Zustand

geführt. Das erste lateinische Drama soll der Freigelassene Titus Livius Andronicus für die *Ludi Romani* des Jahres 240 v. Chr. verfaßt und einstudiert haben.[2]

Gespielt wurde zunächst auf hölzernen Bühnen, die man ebenso wie die hölzernen Sitztreppen, auf denen die Zuschauer saßen, nach den Aufführungen wieder abbaute. Als dann im Jahre 154 v. Chr. die Censoren Marcus Valerius Messalla und Gaius Cassius ein erstes *ständiges* Theater errichten wollten, wurde der schon begonnene Bau auf Antrag des Publius Cornelius Scipio Nasica wieder abgerissen, «da er etwas Unnützes und für die öffentlichen Sitten Schädliches sei»; sogar die Sitzbänke für das Publikum wurden eine Zeitlang verboten: Die Zuschauer sollten den Aufführungen gefälligst stehend beiwohnen.[3]

Diesen von einer altertümlich strengen Vorstellung von öffentlicher Moral bestimmten Zuständen machte also erst Pompeius im Jahre 55 v. Chr. ein Ende, indem er – wohl aus den Beutegeldern seiner siegreichen Feldzüge im Osten – den nach ihm benannten ersten ständigen Theaterbau Roms stiftete. Und selbst er nahm noch auf jene alten Vorbehalte Rücksicht: Er kombinierte das Theater mit einem der *Venus Victrix* geweihten Tempel, der, auf hohem Unterbau stehend, der Bühne gegenüber die halbrunden Sitzreihen (die sogenannte *cavea*) überragte, so daß diese als zum Tempel hinaufführende Freitreppe interpretiert werden konnte – und ihre Nutzung als Sitzplätze des Theaters als ein sozusagen nur zufälliger Nebeneffekt. Entsprechend wurde die Eröffnung des Theaters im Sommer 55 v. Chr. zur Einweihungsfeier dieses Venustempels deklariert.[4]

Die Einweihung des Pompeiustheaters
(Cicero, Epistulae ad familiares VII,1)

Von dieser Feier im Sommer oder Herbst des Jahres 55 v. Chr. haben wir einen Augenzeugenbericht aus der Feder Ciceros – einen boshaft tendenziösen allerdings. Ein Freund Ciceros namens Marcus Marius, der aus gesundheitliche Gründen den Feierlichkeiten in Rom nicht beiwohnen konnte, hatte ihn gebeten, ihm brieflich über sie zu berichten – aber (wie er sich scherzhaft ausbedang) möglichst so, daß es ihn nicht reue, sie verpaßt zu haben.[5] Diesem Wunsch kam Cicero mit dem größten Vergnügen nach, konnte er doch so wieder einmal seinem Hang zu geistreicher Boshaftigkeit ungehemmt nachgeben. Wir wollen die betreffende Passage im folgenden als Leittext nehmen (so wie wir im Kapitel IX das Seliusgedicht als Leittext genommen haben), d. h. wir werden sie Schritt für Schritt durchgehen, die zu ihrem Verständnis notwendigen Erläuterungen aber immer wieder zum Anlaß für weiter ausgreifende Exkurse nehmen.

Zu Beginn stellt Cicero die beiden möglichen Gründe einander
gegenüber, die Marius davon abgehalten haben konnten, zu den
Spielen nach Rom zu kommen: entweder seine labile Gesundheit –
oder seine Verachtung für solche von der Menge grundlos bewunder-
ten Unterhaltungen. Cicero erklärt, daß es ihn freuen würde, wenn
es der *zweite* Grund gewesen wäre, denn dann wüßte er, daß Marius
im Augenblick erstens *körperlich* nicht krank und darüber hinaus,
zweitens, *geistig* gesund sei, denn (so ist die Implikation) nur ein
Verrückter hätte der wunderbaren Ruhe der Villa am Golf von Neapel, in der Marius sich damals gerade aufhielt, Festspiele in Rom
vorziehen können. Cicero stellt beide Situationen einander gegenüber: Die Morgenzeit habe Marius dort unten wahrscheinlich bei
leichter Lektüre in seinem Schlafzimmer verbracht, von dem aus er
eine herrliche Aussicht auf die Bucht von Stabiae hatte – die Besucher
der Spiele in Rom dagegen mußten sich währenddessen vulgäre
Mimen anschauen, bei denen sie vor Langeweile fast einschliefen
(*spectant communes mimos semisomni*); das weitere Tagesprogramm
habe Marius sich nach seinem Gutdünken zusammenstellen können
– die Zuschauer in Rom dagegen mußten *das* über sich ergehen
lassen, was der von Pompeius beauftragte Organisator Spurius
Maecius für gut befunden hatte – ein Mensch (so die Implikation) von
eher zweifelhaftem Geschmack.

Der Mimus
(Ovid, Tristia II,497 ff.)

Eine Erklärung zu den eben erwähnten Mimen (*mimi*): Mit diesem
Begriff wurden in Rom Schwänke bezeichnet, in denen Szenen des
zeitgenössischen Alltagslebens, oft erotischen Charakters, auf die
Bühne gebracht wurden. Das Ziel war einzig und allein, die Zuschauer
mit allen Mitteln, ohne jede Rücksicht auf Anstand und Dezenz, zum
Lachen zu bringen: *risu diducere rictum / auditoris*, wie Horaz es ausdrückt[6]. Die Schauspieler rissen Zoten, schnitten Grimassen (was
möglich war, weil sie hier, im Unterschied zu den anderen antiken
Bühnengattungen, keine Masken trugen)[7]; die weiblichen Rollen wurden hier (anders als in Tragödie und Komödie) von weiblichen, meist
sehr leicht geschürzten Schauspielerinnen gespielt. – Eine kurze Charakterisierung dieser dramatischen Gattung findet sich übrigens bei
Ovid im zweiten, aus einem einzigen langen Gedicht bestehenden
Buch der «Tristien». In ihm sucht der Dichter den Vorwurf der Unan-
ständigkeit, der gegen seine «Ars amatoria» erhoben worden war,
dadurch zu relativieren, daß er auf andere, ebenso oder sogar in noch
höherem Maße unanständige Literaturprodukte der Zeit verweist, die

ungestraft geduldet, ja sogar auf Staatskosten aufgeführt würden. Zu ihnen gehören u. a. auch (Tristia II,497)

«... die Mimen mit ihren obszönen Witzen,
    die immer von schuldhafter, verbotener Liebe handeln,
in denen ständig elegante Ehebrecher auftreten
    und schlaue Frauen ihren trotteligen Ehemann betrügen.
...
Und nicht genug, daß die *Ohren* sich schmutzige Zoten anhören
    müssen:
    auch die *Augen* gewöhnen sich, vieles zu ertragen, dessen man sich
    eigentlich schämen müßte.»

Man sieht ein, daß solche Mimen schon sehr schlecht gemacht sein mußten, wenn die Zuschauer, wie Cicero schreibt, über ihnen fast einschliefen!

Im folgenden zieht Cicero dann über das von Spurius Maecius zu verantwortende weitere Programm her, zunächst über die aufgeführten Tragödien: Man habe für sie Schauspieler reaktiviert, die eigentlich von der Bühne längst abgetreten gewesen seien: «ehrenhalber (scil. *dem Anlaß zu Ehren*) waren diejenigen auf die Bühne zurückgekehrt, von denen *ich* jedenfalls gemeint hatte, sie hätten *ehrenhalber* (scil. *aus Rücksicht auf ihre eigene Ehre*) ihre Bühnenlaufbahn beendet» (d. h. bevor sie, abgetakelt wie sie waren, auf der Bühne anfingen, lächerlich zu wirken).

Neben der Überalterung der auftretenden Schauspieler kritisiert Cicero auch die übertrieben prunkvolle Ausstattung (*apparatus*) der aufgeführten Stücke: In der «Clytaemestra» seien – wohl als der Zug des von Troja heimkehrenden Agamemnon darzustellen war – 600 Maultiere über die Bühne gezogen, im «Equus Troianus» habe man – wohl bei der Darstellung der Beute, welche die Griechen aus dem eroberten Troja davonschleppten – 3000 Mischkrüge einhergetragen, und in anderen, nicht näher genannten Stücken seien bei den Kampfdarstellungen die verschiedenartigsten Waffen von Fußvolk und Reiterei vorgeführt worden. Der Anblick dieser prunkvollen Requisiten habe alle Aufmerksamkeit auf sich gezogen und bei der ungebildeten Menge zwar Bewunderung erregt (*popularem admirationem habuerunt*), aber einem anspruchsvollen Theaterbesucher wie dem Marius hätten sie sicherlich jeden Genuß, jede Freude an der Aufführung verdorben. Wenn also Marius während der Zeit, da in Rom diese Aufführungen liefen, in seiner Villa sich von seinem Vorleser irgend etwas habe vorlesen lassen, dann habe er bestimmt sehr viel mehr Genuß gehabt –

vorausgesetzt allerdings (fügt Cicero augenzwinkernd hinzu), die vor-
gelesenen Texte seien nicht gerade *Cicero*reden gewesen.

Ausstattungsluxus
(*Horaz, Epistulae II,1,187 ff.*)

Daß im römischen Theater der ausgehenden Republik und frühen
Kaiserzeit eine unheilvolle Tendenz hin zum aufwendigen Ausstattungsstück herrschte, bestätigt auch Horaz in seinem nach 14 v. Chr.
verfaßten «Augustusbrief» (Epistulae II,1). Er führt das auf den depra-
vierten Publikumsgeschmack zurück: Die breite, ungebildete Masse
(*numero plures . . . indocti stolidique*), das «liebe Volk» (*plebecula*), wie er
ironisch sagt, ziehe dem Theater sowieso Tierhatzen und Boxkämpfe
vor und fordere solche Darbietungen manchmal, wenn ein Theater-
stück sie langweile, sogar mitten in der Aufführung.[8] Aber auch der
bessere Teil des Publikums sei von dieser Tendenz schon erfaßt
(187 ff.):

«Aber auch bei den *Rittern* hat sich der Theatergenuß schon vom Ohr
ganz auf die hin- und herschweifenden Augen und deren illusionären
          Freuden verlagert.
Vier Stunden und mehr vergehen, nachdem der Vorhang den Blick auf
          die Bühne freigegeben hat[9],
während Reiterschwadronen und Haufen von Fußvolk fliehen; gleich
          darauf werden eben noch mächtige Könige, die Arme hin-
          term Rücken gefesselt, einhergeschleppt,
Wagen aller Art und Schiffe fahren eilig über die Bühne,
erbeutetes Elfenbein wird einhergetragen, Korinth in die Gefangen-
          schaft geführt.
Demokrit, wenn er noch unter den Lebenden weilte, würde lachen[10],
. . .
und würde sich das *Publikum* aufmerksamer anschauen als die Vorfüh-
          rungen selbst,
weil es ihm noch weit mehr Schauspiel böte –
die Dramendichter aber kämen ihm vor wie Leute, die einem Esel
Geschichten erzählen, der *taub* ist.»

Im folgenden kommt Horaz dann noch auf einen Umstand zu sprechen,
der diese Entwicklung weg vom Sprechdrama und hin zum Ausstattungsstück ebenfalls förderte: auf den Lärm, der in diesen riesigen
Theatern ständig herrschte, auch während der Aufführungen, und
gegen den die Schauspieler, obwohl doch der Mundtrichter der Maske
ihre Stimme verstärkte, unmöglich ankommen konnten (200 ff.):

«... denn welche Stimmen hätten je die Kraft gehabt,
den Krach zu übertönen, der (*ihnen*) aus unseren Theatern entgegen-
    schlägt?
Du meinst den Garganuswald (*im Sturmwind*) tosen zu hören oder das
    Tyrrhenische Meer:
mit so großem Lärm schaut man sich die Spiele an, und die Kunstfer-
    tigkeiten
und Reichtümer fremder Länder; und wenn ein Schauspieler, bis zur
    Unkenntlichkeit damit ausstaffiert[11],
auf der Bühne (*gerade erst*) Aufstellung genommen hat, wird schon
    geklatscht.
‹Hat er denn schon etwas gesagt?› (*fragt man*) – ‹Natürlich nicht (*ist die*
    Antwort) – ‹Wofür dann der Beifall?› –
‹Für sein wollenes Kostüm, das mit veilchenfarbenem tarentinischem
    Purpur gefärbt ist.›»

Cicero – um zu seiner Schilderung der Einweihungsfestspiele des
Jahres 55 v. Chr. zurückzukehren – erwähnt im folgenden noch *Ludi*
Osci und *Ludi Graeci*, die aufgeführt worden seien. Mit dem ersteren
wird er die sogenannten Atellanen gemeint haben, eine andere Form
von Posse, die im Unterschied zum Mimus aber mit Masken und
ausschließlich von männlichen Schauspielern gespielt wurde; mit dem
zweiten Tragödien und Komödien in griechischer Sprache. Außerdem
traten noch Athleten auf, und zwar nach Cassius Dio (XXXIX,38,1)
ebenfalls im Theater, während die von Cicero anschließend noch
erwähnten fünftägigen Tierhatzen im Circus Maximus stattfanden.

Pantomime.
Bühnenstars und Starkult
(*Juvenal 6,60 ff.*)

Andere Arten von Darbietungen, die im römischen Theater geboten
wurden, lernt man aus einer Passage von Juvenals Frauensatire (Satura
6) kennen: Neben den *comoedi* und den Atellanenschauspielern nennt
er noch *citharoedi* (Sänger, die sich selbst auf der Kithara begleiteten)
und *choraulae* (Flötenspieler, die zu Orchesterbegleitung Solostücke
vortrugen); besonders ausführlich aber geht er auf die Pantomimentänzer (*saltatores*) ein.
    Die Pantomime verdrängte von der frühen Kaiserzeit an die Tragö-
die mehr und mehr von der Bühne. Die antike Tragödie ist bekanntlich
dadurch gekennzeichnet, daß maximal drei maskierte Schauspieler
eine dem Mythos oder der Geschichte entnommene Handlung in der
uns vertrauten Weise aufführen, d. h. der Schauspieler spricht und

agiert zugleich. Hin und wieder tragen ein Chor oder einer der
Schauspieler oder im Wechsel miteinander beide zu Instrumentalbegleitung auch Gesänge (*cantica*) vor. Bei der Pantomime dagegen
wurden nur noch einzelne *Höhepunkte* einer solchen Tragödienhand-
lung (deren Zusammenhang als bekannt vorausgesetzt wurde) dargestellt, und das Sprechen (bzw. Singen) und Agieren wurden voneinander *getrennt*: Der Chor sang zu Instrumentalbegleitung einen Text,
maskierte Pantomimentänzer markierten stumm die dazugehörige Aktion. Im Laufe der Zeit wurde es auch immer mehr üblich, daß nur
noch *ein* Pantomime auftrat, der sämtliche Rollen der Handlung hintereinander darstellte. Man kann sich vorstellen, was für eine große
Verwandlungsfähigkeit und gestische Ausdruckskraft dafür erforderlich waren.[12] Neben Tragödienszenen wurden übrigens auch andere
literarische Vorlagen pantomimisch dargestellt, so zum Beispiel Ovids
«Amores».[13] In unserer Juvenalpassage wird in satirisch übertreiben-
der Form der Starkult geschildert, mit dem das weibliche Publikum der
Zeit um 100 n. Chr. diese Bühnenkünstler umgab. Er stand dem Kult,
der heutzutage mit Filmstars und Rocksängern getrieben wird, offenbar in keiner Weise nach[14]: Wenn der Pantomime Bathyllus (heißt es)
die Leda darstellt, wie sie sich dem in Gestalt eines Schwans erschei-
nenden Jupiter hingibt, dann machen sich diese weiblichen Verehrerinnen vor Begeisterung buchstäblich in die Hose oder stoßen Lust-
schreie aus (Juvenal 6,64): «Tuccia hat ihre Blase nicht mehr in Gewalt,
Apula schreit / wie in einer Liebesumarmung» (*Tuccia vesicae non
imperat, Apula gannit / sicut in amplexu*). Andere Verehrerinnen bringen
es fertig, sich Requisiten des verehrten Bühnenstars oder gar seine
Unterhose (*subligar*) zu verschaffen; damit trösten sie sich dann, wenn
sie während der langen winterlichen Theaterpause auf seinen Anblick
verzichten müssen. Ärmere Zuschauerinnen halten sich mehr an die
(in der Rangfolge der Stars offenbar niedriger eingestuften) Atellanen-
schauspieler; die reicheren aber können sich einen prominenten
Schauspieler, Sänger oder anderen Star regelrecht kaufen, und dann
kann es passieren, daß der neugeborene Sproß einer hochadligen
Familie in seiner schildpattverzierten Luxuswiege einem bekannten
Publikumsliebling verdächtig ähnlich sieht.[15]

Die Sitzordnung im Theater
(Martial V,8; 14)

Die Frauen saßen im römischen Theater (und übrigens auch im Amphitheater) getrennt von den Männern in den obersten Rängen. Nur
die ganz armen römischen Bürger (*pullati* = «Dunkle» genannt, weil
sie zu arm waren, sich die weiße Toga zu leisten) und die Sklaven

hatten noch schlechtere Plätze.[16] Wenn also einer der männlichen Theaterbesucher einen Blick auf die berückenden Toiletten werfen wollte, welche die Damen auch damals schon im Theater trugen[17], mußte er sich umdrehen und zur *summa cavea* hinaufschauen. Dieses «Zurückschauen» (*respicere*) ist in der römischen Liebeselegie fast ein *terminus technicus*[18]: Wenn ein Mann das allzu oft und allzu auffällig tat und seine ebenfalls im Theater sitzende Geliebte oder Ehefrau es bemerkte, kam es hinterher zu Eifersuchtsszenen, wie zum Beispiel von Ovid in der Elegie Amores II,7 beschrieben (3 f. – die eifersüchtige Geliebte ist angeredet):

«... Ich schaute, mich umdrehend, hinauf zu den obersten Rängen
     des marmornen Theaters:
Schon suchst du dir aus den vielen Frauen (*die dort sitzen*) eine aus,
     derentwegen du (*unter Eifersuchtsqualen*) leiden willst.
(... *ego marmorei respexi summa theatri:*
     eligis e multis, unde dolere velis)

Nicht nur die Trennung der Sitzreihen von Frauen und Männern, sondern auch die Sitzverteilung bei den Männern selbst war im römischen Theater und Amphitheater gesetzlich genau festgelegt.[19] Wenn Statius die bei einer Nachtfeier im Kolosseum anwesenden Stände (*ordines*) folgendermaßen aufzählt (Silvae I,6,44): *parvi femina plebs eques senatus* («Sklaven, Frauen, Plebejer, Ritter, Senatoren»), dann gibt er gleichzeitig auch, von oben nach unten fortschreitend, diese Sitzordnung wieder. Sie war nämlich nach der Standeszugehörigkeit geregelt: Der vornehmste Stand, die Senatoren, hatten ihre Plätze ganz vorn – im Theater in der Orchestra; den Rittern waren seit 67 v. Chr. durch die von dem Volkstribunen L. Roscius Otho eingebrachte *Lex Roscia theatralis* die 14 untersten Reihen der *cavea* (die *cavea ima*) reserviert; darüber (in der *cavea media*) saß die als *plebs* bezeichnete übrige römische Bürgerschaft; ganz oben, in der *cavea summa*, wie gesagt, die Frauen und die Sklaven. Diese Sitzaufteilung, jedermann wohlbewußt, wurde durch die Kleidung der Zuschauer noch zusätzlich hervorgehoben, denn die Besucher waren, soweit sie römische Bürger waren, verpflichtet, in ihrer Amts- bzw. Standestracht zu erscheinen: Die Magistrate hatten ihre mit einem breiten Purpurstreifen verbrämte *toga praetexta* anzulegen, die übrigen Senatoren unter ihrer weißen Toga die mit zwei breiten senkrechten Purpurbesätzen versehene *tunica laticlavia* zu tragen, dazu die ihrem Stand vorbehaltene Art von Schuhwerk, den *calceus senatorius* (er war aus rotem Leder gefertigt und an der Ferse mit einem Metallplättchen in Halbmondform, *luna*, verziert). Die Ritter trugen unter der Toga eine Tunica mit schmalen Purpurstreifen (*tunica angusticlavia*). Bei der Plebs waren sowohl die Toga als auch die Tunica schmucklos. Die Sklaven schließlich trugen nur eine Tunica. Nur die Damen brauchten sich an keine Kleidervorschriften zu halten. Bei schlechtem Wetter war es gestattet, über der Standestracht einen bestimmten Typ von Mantel zu tragen (eine sogenannte *lacerna*) mit Kapuze (*cucullus*), aber wenn eine hochgestellte Persönlichkeit (z. B. der Kaiser) im Theater erschien, war es ein Gebot des Respekts, sich zu erheben und diesen Mantel abzulegen.[20] Als Schutz gegen die Sonne waren den Senatoren seit Caligula Sonnenhüte, zu Martials Zeiten auch Sonnenschirme (*umbellae* = «kleine Schatten») erlaubt, was allerdings nur dann notwendig war, wenn die Windverhältnisse das Aufziehen des großen Sonnensegels (*velum*) über dem Theater unmöglich machten.[21]

Für die Senatoren waren ihre privilegierten Sitze ein Anlaß zu Standesstolz und Selbstbewußtsein, für die anderen Stände ein Gegenstand des Neides und der Begehrlichkeit. Immer wieder gaben sich Unberechtigte als Ritter aus und drängten sich in die für diese reservierten Sitzreihen ein. Auch das Kleidergebot, daß eine gewisse Schlichtheit und Einförmigkeit erzwang, wurde mehr und mehr umgangen, zum Beispiel indem man besonders prächtige Mäntel trug – diese waren von den Kleiderregeln ja nicht betroffen. Infolgedessen mußte schon Augustus durch ein Dekret (möglicherweise sogar durch ein eigenes Gesetz[22]) die vorgeschriebene Sitzordnung wieder einschärfen, und im Jahre 88 oder 89 n. Chr. schritt Domitian gegen die trotzdem wieder eingerissenen Mißbräuche erneut ein: Eine Kampagne für das Tragen schlichter *weißer* Mäntel scheint durchgeführt worden zu sein[23], und offiziell bestallte Aufseher überwachten die Einhaltung der durch die *Lex Roscia* festgelegte Sitzordnung.[24] Martial, der selber dem Ritterstand angehörte und offenbar sehr stolz darauf war, sah das mit Genugtuung und nahm es zum Anlaß für eine ganze Reihe von Epigrammen[25], von denen ich hier nur zwei vorführen will. Zunächst V,8:

«Gerade als er das Edikt unseres Herrn und Gottes,
durch das die Sitzverteilung (*im Theater wieder*) verläßlicher wird
und die Ritterschaft ihre (*Bank*)reihen (*wieder*) für sich bekommt
– gerade als Phasis neulich dieses Edikt lobte
(Phasis, leuchtendrot in seinem Purpurmantel)
und aufgeblasen vor Arroganz prahlerisch dahertönte:
‹Endlich kann man wieder bequemer sitzen,
jetzt ist die Würde der Ritterschaft wiederhergestellt,
wir werden nicht mehr durch den Pöbel bedrängt und beschmutzt!›

– gerade als er dies und Ähnliches hochnäsig äußerte,
befahl Leitus (*scil. der Aufseher*) diesem purpurnen und arroganten
Mantel *aufzustehen*.»

Die entscheidende Information, welche dem Epigramm seine Spitze
gibt, wird, wie man sieht, erst mit dem allerletzten Wort gegeben:
Phasis hatte selber unerlaubterweise unter den Rittern Platz genommen.

Als zweites gebe ich eine Übersetzung des Epigramms V,14:

«Gewohnt, immer in der ersten Reihe zu sitzen,
(*früher,*) als es (*noch*) erlaubt war, (*sich seinen Platz einfach*) zu nehmen,
    wechselte Nanneius (*neulich*),
zweimal und dreimal hochgescheucht, (*schließlich doch*) die Position
und ließ sich sozusagen «zwischen den Stühlen»
hinter Gaius und Lucius nieder.
Von dort schaut er unter der Kapuze, die er sich über den Kopf
    gezogen hat,
    mit einem Auge hervor – ein widerwärtiger Anblick!
Als der Arme auch von hier vertrieben wird, weicht er auf den Gang
    aus,
und, (*auf der einen Seite*) mit halbem Hintern auf dem Platz ganz außen
    balancierend
und auf der andren Seite schlecht und recht aufs Knie gestützt, tut er
den *Rittern* gegenüber so, als ob er sitze, dem *Leitus* gegenüber, als ob
    er stehe.»

Die Porticus Pompei

Dem Pompeiustheater war, wie schon gesagt, eine große Portikus
angeschlossen. Sie gehörte zu jenen Orten in der Stadt, wo, dem Rat
Ovids folgend, Männer hingingen, die Frauenbekanntschaften suchten – und Frauen, die Männerbekanntschaften machen wollten. Sie
war auch ein beliebter Aufenthaltsort während heißer Sommertage:
Wiederholt wird der angenehme Schatten hervorgehoben, den der
Spaziergänger hier genießen konnte; Ovid spricht geradezu von den
«Schatten des Pompeius» (*Pompeiae umbrae*).[26] Bei Properz und Martial wird im Zusammenhang mit der Portikus auch noch eine Parkanlage erwähnt, ein dicht und wohlgeordnet angepflanzter Platanenhain (Properz II,32,13: ... *platanis creber pariter surgentibus ordo*). Es
ist nicht mit völliger Sicherheit festzustellen, wo er sich befand: neben der Portikus? oder (was wahrscheinlicher ist) in ihrem Innenhof?[27]

Der Portikus waren allerlei Räume und Säle angeschlossen, von denen einer eine welthistorische Bedeutung erlangt hat: Ich meine die *Curia Pompei,* so genannt, weil sie wie die Kurie auf dem Forum für die Abhaltung von Senatssitzungen bestimmt war. Sie befand sich an der dem Theater gegenüberliegenden östlichen Schmalseite des Portikus-Hofes, von ihm her zugänglich, nach außen hin abgeschlossen.[28] In ihr ist im Jahre 44 v. Chr., an den Iden des März, Caesar ermordet worden.

*Abb. 50: Porträtbüste Caesars
aus seinen letzten Lebensjahren*

Die Ermordung Caesars
in der Kurie des Pompeius und die Einäscherung seiner Leiche auf dem Forum
(Sueton, Caesar 81,2ff.)

Wenn ich jetzt den Hergang dieses Ereignisses nacherzähle, folge ich in erster Linie dem Bericht Suetons, des Privatsekretärs des Kaisers Hadrian (Regierungszeit 117–138), ergänze ihn aber noch durch Einzelheiten, die wir seinem etwas älteren Zeitgenossen Plutarch und verschiedenen anderen Historikern entnehmen können.[29]

Caesar, damals bereits der unbestrittene Alleinherrscher Roms, von seinen Anhängern und opportunistischen Mitläufern mit allen erdenklichen Ehrungen und Ehrentiteln überhäuft – gerade daß er sich noch

nicht «König» (*rex*) und «Gott» (*Divus*) nennen konnte –, Caesar fühlte
sich an diesem 15. März des Jahres 44 v. Chr. nicht ganz wohl – wie er
in letzter Zeit überhaupt mehr und mehr kränkelte. Er wollte deshalb
eine in die Kurie des Pompeius einberufene Senatssitzung schon
absagen, aber Decimus Brutus, einer der Verschwörer, ermahnte ihn
eindringlich, die Senatoren nicht umsonst warten zu lassen. Also ließ
er sich doch, trotz der angstvollen Vorhaltungen seiner Frau Calpur-
nia, in einer von vier Sklaven getragenen Sänfte, begleitet von einem
größeren Gefolge, zum Versammlungsort tragen. Als er die Kurie
betrat, erhoben sich die bereits versammelten Senatoren. Er begab sich
durch ihre Mitte zu dem elfenbeinverkleideten Klappstuhl (der *sella
curulis*), der für ihn als einen der beiden amtierenden Konsuln an der
Stirnwand des Saales vor einem Standbild des Gebäudestifters Pompeius reserviert war, und nahm Platz. Sofort trat, wie die Verschwörer
es verabredet hatten, Lucius Tillius Cimber auf den Diktator zu, unter
dem Vorwand, um die Begnadigung seines in der Verbannung lebenden Bruders Titus zu bitten, und die anderen Verschwörer stellten sich
ringsherum, so als ob sie das Gnadengesuch des Cimber durch ihre
Fürsprache unterstützen wollten. Caesar lehnte das Gnadengesuch
mit einiger Schroffheit ab, worauf Cimber dringlicher wurde und mit
beiden Händen Caesars Toga ergriff. Das war das vereinbarte Zeichen:
Während Caesar ausrief: «Das ist ja Gewalt!» (*ista quidem vis est!*),
zogen die Verschwörer plötzlich ihre Dolche und begannen, wie wild
auf ihn einzustechen. Als erster traf Casca, der hinter ihm stand, den
Diktator – aber in der Aufregung streifte er ihn nur leicht am Nacken.
Caesar versuchte sich zunächst zu wehren, als er aber den Marcus
Iunius Brutus (den er hoch schätzte und von dem es hieß, er sei sogar
sein natürlicher Sohn) unter den Attentätern erkannte, tat er den
berühmten Ausruf: «Auch du, mein Kind?» (er sagte es griechisch:
Καὶ σὺ τέκνον;) und ergab sich in sein Schicksal: Die Toga über den Kopf
ziehend, empfing er stumm, nur hin und wieder aufstöhnend, die
Stiche. Die Attentäter verletzten sich in ihrer Aufregung zum Teil auch
gegenseitig; Caesar selber wurde insgesamt dreiundzwanzig Mal getroffen, aber nur eine einzige Wunde war, wie der obduzierende Arzt
hinterher feststellte, tödlich. Blutbesudelt sank er zu Füßen der Statue
des Pompeius zusammen.

Die anwesenden Senatoren hatten dem Geschehen zunächst starr
vor Entsetzen zugeschaut. Als nun aber der Anführer der Verschwörer, eben jener Marcus Iunius Brutus, sich in die Mitte des Saales
begab, um eine vorbereitete Ansprache zu halten, stürzten sie panikar-
tig davon. Auch das benachbarte Pompeiustheater, in dem gerade eine
Vorstellung lief, leerte sich auf die Nachricht hin in Windeseile. Den
Verschwörern blieb nichts anderes übrig, als unter dem ständig wie-

derholten Ruf «Der Tyrann ist erschlagen» zum Kapitol zu ziehen. Sie schwenkten dabei ihre blutbesudelten Dolche, und einer von ihnen hielt, zum Zeichen der wiedergewonnenen Freiheit, auf einer Stange eine jener Filzkappen (*pilei*) hoch, wie sie in Rom Sklaven bei der Freilassungszeremonie aufgesetzt wurden.

Die blutige, durch die vielen Stiche gräßlich entstellte Leiche Caesars blieb noch eine ganze Weile in der Kurie liegen, bis man sie schließlich auf eben jene Sänfte legte, auf der er hergekommen war; drei der vier Sänftenträger – der vierte hatte sich davongemacht – trugen sie schwankend (ein Arm des Toten baumelte auf der Seite herab) zurück in Richtung Innenstadt.

Die Attentäter blieben über Nacht auf dem Kapitol. Am folgenden Tag begaben sich Brutus (nach Appian mit ihm zusammen auch Cassius) aufs Forum hinunter und hielten dort eine Versammlung (*contio*) ab, wozu sie als amtierende Prätoren berechtigt waren; Brutus hielt eine Ansprache, in der er die Tat pathetisch als Tyrannenmord und als Befreiungstat feierte; die Menge aber reagierte mit Schweigen. Daraufhin zogen sich die beiden wieder aufs Kapitol zurück.

Für den Morgen des nächsten, des zweiten Tages nach dem Attentat berief Marcus Antonius, der andere Konsul, der an der Sitzung in der Kurie des Pompeius nicht teilgenommen hatte, den Senat in den Tempel der Tellus (der *in Carinis*, also auf dem Ausläufer des Esquilin zum Forum hin lag). In der Debatte setzten sich Cicero und auch Antonius selbst – letzterer freilich nicht aus Überzeugung, sondern aus taktischen Erwägungen – dafür ein, die politischen Gegensätze, die zu dem Attentat geführt hatten, als erledigt zu betrachten und alle Verfügungen, die Caesar getroffen hatte (seine *acta*, wie das lateinisch heißt) für rechtsgültig zu erklären. Letzteres war deshalb wichtig und fand infolgedessen auch allgemeinen Beifall, weil andernfalls viele der anwesenden Senatoren auf die ihnen von Caesar zugeteilten oder für die Zukunft zugedachten Ämter hätten verzichten müssen. Der Senat gab also diesen Anträgen seine Zustimmung und beschloß außerdem, daß dem Toten ein öffentliches Begräbnis (*funus publicum*) gewährt würde.

Alles schien also auf eine allgemeine Versöhnung hinauszulaufen. Die beiden Anführer der Verschwörung wurden von prominenten Caesarianern sogar zur *cena* eingeladen – Brutus von Marcus Aemilius Lepidus, Cassius von Antonius –, und nachdem die Söhne der Gastgeber als Geiseln aufs Kapitol geschickt worden waren, leisteten sie dieser Einladung auch Folge.

Dann aber führte die Eröffnung und Veröffentlichung des Testamentes, das Caesar, wie es Sitte war, bei der Obervestalin hinterlegt hatte, zu einem allgemeinen Stimmungsumschwung. Die folgenreichste der darin enthaltenen Bestimmungen (was sich damals aber noch nicht absehen ließ) war die Adoption des Großneffen Gaius Octavius (des späteren Kaisers Augustus) und seine Einsetzung zum Haupterben; den stärksten Eindruck in der Öffentlichkeit aber machte es, daß Caesar ausgerechnet einen der Attentäter, den Decimus Brutus, unter die Ersatzerben (*heredes secundi*) aufgenommen und andere zu Vormündern des Octavius und eines eventuell noch zu erwartenden Sohnes bestimmt hatte. Die Tat der Verschwörer erschien der Menge nun auf einmal als ein Akt himmelschreiender Undankbarkeit und abscheulicher Hinterlist gegenüber einem Wohltäter. Und auch dies machte einen großen Eindruck: daß Caesar seinen Park auf der anderen Tiberseite (die *horti Caesaris*) dem römischen Volk vermachte, dazu noch jedem einzelnen Bürger die nicht unbeträchtliche Geldsumme von 300 Sesterzen.

All dies wirkte sich aus, als am 20. März dann schließlich die vom Senat beschlossenen öffentlichen Bestattungsfeierlichkeiten abgehalten wurden. Bei einem solchen *funus publicum* wurde der gewaschene, gesalbte und auf einem Paradebett aufgebahrte Leichnam zunächst in feierlichem Zug auf das Forum vor die Rednertribüne getragen. Der Bahre mit dem Toten gingen Musikanten voraus, außerdem Schauspieler, welche die wächsernen Totenmasken seiner Ahnen trugen; ihr folgten Angehörige, Freunde und die übrigen Trauergäste mit den Totengaben, die später auf den Scheiterhaufen geworfen wurden. War der Zug auf dem Forum angelangt, hielt ein vom Senat beauftragter Redner von den *Rostra* herunter die Leichenrede (*laudatio funebris*). Dann wurde der Leichnam zu dem Ort getragen, wo die Verbrennung stattfinden sollte, was in diesem Falle das Familiengrab der *gens Iulia* auf dem Marsfeld gewesen wäre. Und dort war auch bereits ein Scheiterhaufen vorbereitet worden.

Der Leichenzug bewegte sich also zunächst, wie es die Sitte verlangte, vom Stadthaus des Toten zum Forum. Dabei wurden Klagelieder gesungen, unter anderem Gesänge aus einem Stück des römischen Tragödiendichters Accius, in denen Aiax über die Undankbarkeit der Griechen klagt[30]: «... und ich habe sie gerettet, damit sie mich jetzt zugrunde richten können...» (... *mene servasse, ut essent qui me perderent*...). Das war eine Anspielung auf die notorische Milde (*clementia*), die Caesar gegen seine ehemaligen Feinde stets hatte walten lassen, und die ihm nun so schlecht gedankt worden war. Auf dem Forum wurde dann der Tote – sicherlich in der ihm als Dictator zukommenden Amtstracht – auf einer mit golddurchwirkten Purpurstoffen belegten Elfenbeinbahre zur Schau gestellt, in einem vergoldeten Gehäuse, das dem von ihm gestifteten Tempel der *Venus Genetrix* nachgebildet war. Zu seinen Häupten war auf einer Stange die von

den Messerstichen der Attentäter zerfetzte, blutbesudelte Toga ausgespannt. Auch führte man ein Wachsbild des Ermordeten mit, das
drastisch demonstrierte, wie ihn die Stiche der Mörder am Leib und im
Gesicht zugerichtet hatten. Es war an einer Stange befestigt und wurde
langsam gedreht, so daß jeder, auch die entfernter Stehenden, es
deutlich sehen konnten. Die offizielle Leichenrede hielt Marcus Antonius, der überlebende Kollege des Toten und amtierende Konsul.
Auch sie war geschickt darauf angelegt, die Emotionen der Menge
aufzuputschen: Nach Sueton ließ Antonius zunächst durch einen
Herold all die Ehrenbeschlüsse, die der Senat im Laufe der Zeit für
Caesar gefaßt hatte, vorlesen, dann (besonders perfide!) den Eid, mit
dem sich alle Römer verpflichtet hatten, Caesars Leben zu schützen
und zu erhalten. Antonius selber fügte dem nur einige wenige ab-
schließende Worte hinzu.[31]

Die Ansprache, der Anblick der blutbefleckten Toga auf der Stange
und der Anblick der wächsernen Nachbildung der Leiche mit ihren
Wunden und dem barbarisch zugerichteten Gesicht verfehlten ihre
Wirkung nicht: Die Menge geriet in eine Art Raserei. Als die Bahre von
ihren Trägern wieder hochgehoben wurde, um aufs Marsfeld gebracht
zu werden, wurden auf einmal Rufe laut, den Toten nicht dort,
sondern auf dem Kapitol in der Cella des Jupitertempels einzuäschern,
oder in der *Curia Pompei*, in dem Raum also, wo er ermordet worden
war. Doch dann begann die Menge auf einmal am unteren Ende des
Forums aus den dort aufgestellten, für Gerichtsverhandlungen bestimmten Gerüsten und Sitzbänken einen improvisierten Scheiterhaufen zu errichten. Die Trauergäste warfen ihre mitgeführten Totengaben
darauf, die teilnehmenden Musiker und Schauspieler ihre Instrumente
und Kostüme, die mitgehenden Soldaten ihre Waffen, die Frauen ihren
Schmuck, die Kinder ihre Togen; dann wurde die Bahre mit dem
Leichnam obendrauf gestellt, und die Fackelträger, welche den Leichenzug begleitet hatten, setzten das Ganze mit ihren Wachsfackeln in
Brand. Und so wurde denn Caesars Leichnam gegen allen Brauch
innerhalb des *pomerium* verbrannt, im Zentrum der Stadt, auf dem
Forum.[32]

Am selben Ort errichteten Anhänger des Toten kurz darauf eine
zwanzig Fuß hohe Gedenksäule aus gelbem numidischen Marmor mit
der Aufschrift «Dem Vater des Vaterlandes» (*Parenti patriae*). Sie wurde
zwar kurz darauf wieder beseitigt, aber als zwei Jahre später Caesar
durch den Senat zum Gott erklärt wurde, da war es klar, daß sein
Tempel und sein Altar an eben dieser Stelle errichtet werden würden:
Der Altar (in der Antike bekanntlich immer *vor* dem Tempel angeordnet) kam genau dorthin, wo die Leiche verbrannt worden war; der
Tempel selbst fand seinen Platz dahinter, vor der *Regia*. Der beengte

Baugrund zwang zu ungewöhnlichen Maßnahmen: Man verzichtete auf die übliche Freitreppe vor dem Tempelpodium und ersetzte sie durch zwei schmale Treppen an den Seiten; der Altar fand seinen Platz in einer halbkreisförmigen Nische in der Podiumsvorderwand.

Der Schauplatz des Attentats aber, die Kurie des Pompeius, wurde zunächst zugemauert; später soll sie in eine öffentliche Toilette umgewandelt worden sein.[33] Die in ihr aufgestellte Statue des Pompeius, zu deren Füßen Caesar den Tod gefunden hatte, fand einen neuen Platz im Innenhof der *Porticus Pompei*.[34]

XII.

TIBER, TIBERINSEL, TRANS TIBERIM

Bisher haben wir uns immer nur auf der linken, östlichen Seite des Tiber bewegt. Hier lag ja auch das historische Zentrum, von dem die Entwicklung des antiken Rom ihren Ausgang genommen hatte, und auf dieser Seite hatte es sich zunächst ausgedehnt: von der legendären *Roma quadrata* auf dem Palatin über die angrenzenden Täler und Hügel, bis es den von der Servianischen Mauer umgrenzten Bereich ausgefüllt hatte, dann über diese hinaus, vor allem nach Norden auf das Marsfeld. Im Westen aber war der Tiber eine natürliche Schranke, die erst spät überschritten wurde: Das Gebiet auf der anderen Seite galt noch am Anfang der Republik als außerstädtisch, als fremdes, ja geradezu als feindliches Land. Noch Horaz spricht vom «*litus Etruscum*», Statius, in gelehrter Anspielung auf die angeblich kleinasiatische Herkunft der Etrusker, von der «*Lydia ripa*», und in Inschriften des 1. und 2. Jahrhunderts n. Chr. heißt das jenseitige Ufer «*ripa Veientana*» (weil es ursprünglich zum Gebiet der mit Rom konkurrierenden Stadt *Vei* gehört hatte).[1] Dort hinüber wollen wir uns jetzt begeben.

Die Brücken

In den ältesten Zeiten benutzte man eine Furt, um den Tiber zu überqueren. Aber schon in der Königszeit (nach Livius unter dem vierten König Ancus Martius) wurde eine erste Brücke erbaut: der hölzerne *Pons Sublicius*.[2] 170 v. Chr. kam der *Pons Aemilius* hinzu, die erste Brücke mit steinernen Pfeilern; die steinernen Bögen allerdings erhielt sie erst 142 v. Chr. Sie war noch bis in die beginnende Neuzeit hinein in Benutzung, wurde dann aber, nach mehrfacher Zerstörung durch Hochwasser (zuletzt 1598), nicht mehr wieder aufgebaut. Mitten im Tiber stehen noch zwei ihrer Pfeiler und der sie verbindende Bogen: Es ist der sogenannte Ponte Rotto. 62 v. Chr. ist als Baujahr des *Pons Fabricius* bezeugt, der zur Tiberinsel hinüberführt (Abb. 51); der *Pons Cestius*, der ihm auf der anderen Seite der Insel als Verbindung zum anderen Tiberufer entspricht, entstand wohl in derselben Zeit. Zwischen 41 und 44 n. Chr. kam dann der *Pons Agrippae* hinzu, und um etwa diese Zeit herum, nämlich unter Caligula (37–41), wahrscheinlich auch die später fälschlicherweise als *Pons Neronianus* bezeichnete Brücke, die das mittlere Marsfeld mit den Vatikanischen Gärten verbindet.

Abb. 51: Pons Fabricius

Die Brücken[3] waren im antiken Rom, genauso wie in unseren modernen Großstädten, bevorzugte Orte für Selbstmörder; und unter ihnen hausten die Bettler. Für das erstere sei hier ein eher humoristischer Beleg aus Juvenals Frauensatire angeführt (6,28–32): Der Dichter spricht dort einen gewissen Postumus an, der im Begriff ist, sich zu verheiraten. «Bist du denn wahnsinnig geworden?», fragt er ihn erregt, «du willst heiraten, obwohl es doch so viele Stricke gibt (*um sich aufzuhängen*), so viele Fenster in den oberen Stockwerken (*um herabzuspringen*), und obwohl sich dir in nächster Nähe der Pons Aemilius anbietet?» (*cum tibi vicinum se praebeat Aemilius pons?*)[4] . – Daß unter den Brückenbögen die Bettler hausten, war dem Römer eine so vertraute Erscheinung, daß er das Wort «*pons*» geradezu als Kürzel für äußerste Armut verwendete. Martial schloß die Beschreibung eines besonders armseligen Umzugs, die wir im zweiten Kapitel zitiert haben (XII,32), mit der Feststellung: «Diese Prozession von altem Gerümpel gehört unter eine Brücke» (*haec sarcinarum pompa convenit ponti*)[5] ; und Juvenal in seiner 14. Satire beschließt die Beschreibung des kargen Mahls eines reichen Geizhalses (schrumpeliges altes Brot, der Reste-Eintopf von gestern, alte Bohnen, billiger Fisch, sparsam abgezählte Schnittlauchstengel) mit den Worten (134): «Die Einladung zu so einem Essen würde selbst einer von der *Brücke* ablehnen» (*invitatus ad haec aliquis de ponte negabit*).[6]

Die Überführung des Aesculapius nach Rom
(Ovid, Metamorphoseis XV,626–744)

Da wir uns zuletzt im Theaterviertel auf dem südlichen Marsfeld aufgehalten haben, bietet sich für unsere Exkursion hinüber auf die andere Tiberseite der schon erwähnte, noch heute in Gebrauch befindliche *Pons Fabricius* an, der dicht hinter dem Bühnenhaus des Marcellustheaters seinen Ausgang nahm. Ihn überquerend kommen wir zunächst auf die Tiberinsel. Sie wurde in der Antike einfach *Insula* oder auch *Insula inter duos pontes* genannt.[7] Dort angekommen, hatte man gleich zur Linken das Heiligtum des Heilgottes Aesculapius = Asklepios. Hier seine Geschichte[8]:

Als 293 v. Chr. eine in Rom ausgebrochene Seuche nicht mehr enden wollte, befragte man die Sibyllinischen Bücher (beziehungsweise, nach Ovids Darstellung in seinen «Metamorphosen», das Orakel von Delphi), wie man Abhilfe schaffen könne. Die Antwort war: Man solle den Gott Aesculapius von seinem Hauptheiligtum in Epidauros nach Rom holen. Also wurde eine Gesandtschaft zu Schiff dorthin geschickt, die sich den Gott (d. h. wohl: ein Kultbild des Gottes) erbitten sollte. Aber während sie noch verhandelte, erschien auf einmal der Gott selbst in Gestalt einer riesigen Schlange und begab sich freiwillig auf das Schiff. Die Römer traten die Heimfahrt an und erreichten, vom Winde wunderbar begünstigt, mit nur einer Zwischenlandung die Tibermündung, wohin ihnen das gesamte Volk zu feierlicher Begrüßung entgegengezogen war. Als das Schiff, tiberaufwärts fahrend, die Stadt erreichte, richtete sich der schlangengestaltige Gott am Mastbaum des Schiffes auf und schaute sich suchend um. Dann glitt er vom Schiff hinab und auf die Tiberinsel. Und dort wurde ihm der Tempel errichtet.

So die legendenhafte Erklärung, warum das Aesculap-Heiligtum auf der Tiberinsel war. Die wirkliche Erklärung dürfte sehr viel nüchterner sein: Bei der Anlage des Heiligtums wurde gleich mit berücksichtigt, daß es wie andere Kultstätten des Asklepios auch eine Art Krankenhaus sein würde. Es empfahl sich also ein zwar stadtnaher, aber möglichst isolierter Ort. Die Tiberinsel entsprach beiden Bedingungen am besten, zumal sie in älteren Zeiten nicht einmal durch eine Brücke mit der Stadt verbunden war.

Viele machten von der Hilfe des Gottes (bzw. seiner heilkundigen Priester) Gebrauch. Zeugnis dafür sind Inschriften und vor allem die zahllosen Gelübdetäfelchen, die man bei der Tiberregulierung der Jahre 1885–87 um die Insel herum im Flußbett gefunden hat.[9] Es waren vor allem Angehörige der Unterschichten (Freigelassene und Sklaven). Als mit der Zeit mehr und mehr die Unsitte aufkam, erkrankte Sklaven, die zu pflegen ihren Besitzern zu lästig war, einfach auf der

Tiberinsel auszusetzen, ordnete der Kaiser Claudius an, daß jeder dort
ausgesetzte Sklave im Falle seiner Genesung als frei zu betrachten sei
und nicht mehr in die Gewalt seines Herrn zurückkehren müsse.[10]

In Erinnerung an die Gründungslegende wurde die Insel durch
Ummauerung mit Travertin als Schiff ausgestaltet – seltsamerweise
aber nicht, wie man aufgrund der Legende erwarten würde, als ein
flußaufwärts fahrendes, sondern mit *flußabwärts* gerichteten Bug: Dieses Aesculap-Schiff hatte sozusagen beigedreht. Reste dieser Aus-
gestaltung haben sich erhalten, nämlich das vordere Ende des Ruder-
kastens (Abb. 52 und 53). Er ist seitlich mit einem Widderkopf geschmückt, der in der Antike üblichen Schutzvorrichtung gegen Be-
schädigungen beim Anlegen, und auf seiner Vorderseite sieht man das
bekannte Symbol des Gottes, das ja auch heute noch das Symbol der

Abb. 52: Die Reste des Schiffsbugs an der Tiberinsel

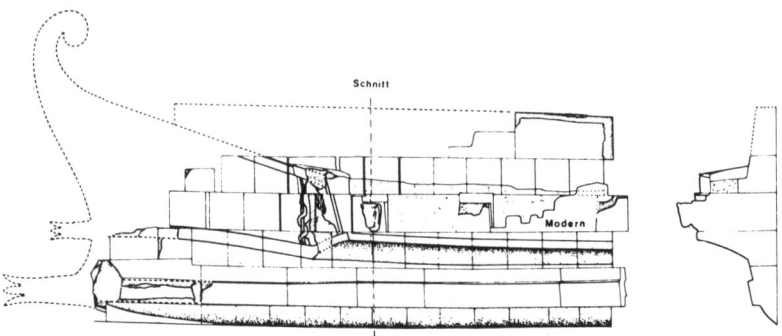

Abb. 53: Rekonstruktion des Schiffsbugs an der Tiberinsel (nach O. Höckmann)

Ärzte und Apotheker ist: den von einer Schlange umwundenen Stab
(Ovid, Metamorphoseis XV,659): *serpentem, baculum qui nexibus ambit.*[11]
Auch der Mastbaum des Aesculap-Schiffes, von dem aus der Gott bei
seiner Ankunft nach einem geeigneten Wohnsitz Ausschau gehalten
hatte[12], bekam auf der Tiberinsel eine Entsprechung – in Gestalt eines
Obelisken auf der Inselmitte nämlich. 1676 hat man sein Fundament
gefunden.

Trans Tiberim, das Viertel der übelriechenden Gewerbe
(Juvenal 14,189–207)

Überquerte man die Insel, so gelangte man zum *Pons Cestius* und über
ihn hinüber in den Stadtteil *Trans Tiberim*. Es war, genauso wie das
heutige Trastevere, ein eher ärmliches, von Handwerkern bewohntes
Viertel. Insbesondere hatten hier diejenigen Gewerbe ihren Sitz, die in
der Stadt selbst nicht zugelassen waren, weil sie unangenehme Gerü-
che verbreiteten, z. B. die Gerber (*coriarii*) und die mit einer Urinlauge
arbeitenden Tuchwalker (*fullones*). Auf die ersteren spielt jener Vater
bei Juvenal an, der seinen Sohn mit aller Gewalt dazu bringen will,
einen einträglichen Beruf zu ergreifen: Selbst im Winter, wo die Römer
doch im allgemeinen länger schliefen, weckte er ihn mitten in der
Nacht mit Gebrüll aus dem Tiefschlaf (*post finem autumni media de nocte
supinum / clamosus pater excitat*) und trieb ihn zum Lernen an, damit er
später einmal Anwalt oder Offizier werden könne, oder, wenn ihm
dies nicht liege, wenigstens Kaufmann (Vers 200 ff.):

«... verschaff dir etwas, was du verkaufen kannst
zum anderthalben Einkaufspreis, und sei dir nicht zu fein für irgendwelche Ware,

die auf die andere Tiberseite verbannt werden muß,
und glaub nicht, daß man irgendeinen Unterschied machen dürfe
  zwischen
Parfüm und Leder: Wenn sie Profit bringt, riecht
jede Ware gut.[13] Und jenes berühmte Zitat sei immerzu in deinem
  Munde,
das von Göttern, ja von Jupiter selbst stammen könnte:
‹Woher du hast, was du besitzt, danach fragt niemand, nur *haben* mußt
  du's!›«
(*Unde habeas, quaerit nemo, sed oportet habere.*)

Parks und Villen am Tiber
(*Properz I,14,1–8*)

Nördlich und südlich dieses übelriechenden Viertels, wenn auch sicherlich in gebührendem Abstand davon, säumten den Tiber Parks
(*horti*[14] , *nemora*). Im Süden lag zum Beispiel der «Hain der Caesaren»
(*nemus Caesarum*), der von Augustus eingerichtet und nach seinen
beiden Enkelsöhnen Gaius und Lucius Caesar benannt worden war. In
ihm befand sich übrigens auch die *Naumachia*: jenes Amphitheater, in
dessen wassergefüllter Arena anläßlich der Einweihung des Mars-
Ultor-Tempels dem Publikum Seeschlachten vorgeführt worden waren. Noch weiter südlich lag der Park, den Caesar testamentarisch dem
römischen Volke vermacht hatte.[15] – Die nördlich von *Trans Tiberim*,
dem Marsfeld gegenüber gelegenen Parks meint Ovid, wenn er sich im
Exil wehmütig an «die Wiesen des Marsfelds» erinnert, «das auf
schöne Gärten schaut» (Epistulae ex Ponto I,8,37: *gramina Campi pul-
chros spectantis in hortos*). Hier waren z. B. die *horti* der berüchtigten
Clodia, der Gattin des Quintus Metellus Celer (Konsul im Jahre 60
v. Chr.), zu deren zahllosen Liebhabern, «von denen sie dreihundert
gleichzeitig umarmte, ohne auch nur einen von ihnen wirklich zu
lieben» (*quos simul complexa tenuit trecentos / nullum amans vere*[16]), eine
kurze Zeit auch Catull gehört hat, zu seinem Unglück, aber zum Glück
der römischen Literatur. G. Lugli hat die Vermutung ausgesprochen,
daß die 1880 unter der Villa Farnesina ausgegrabenen Reste eines
prachtvollen spätrepublikanischen Gebäudes zu diesen *horti* gehörten.[17]

Noch weiter nach Norden zu erweitert sich der vom Fluß und vom
Höhenzug des Gianicolo begrenzte Uferbereich zu einer geräumigen
Ebene. Sie trug in der Antike den Namen *Vaticanum*.[18] Ursprünglich
landwirtschaftlich genutzt – Lucius Quinctius Cincinnatus pflügte hier
seinen Acker, als ihm die Abgesandten des Senats die Nachricht
überbrachten, er sei zum Dictator gewählt worden[19] –, wurde sie

später ebenfalls für die Anlage von Parks genutzt. Hier lagen zum Beispiel die *horti* der älteren Agrippina, der Frau von Tiberius' Neffen Germanicus. Nach ihrem Tod gingen sie in den Besitz ihres Sohnes Caligula über. Wahrscheinlich ließ schon er sie durch eine Brücke, deren Reste man noch heute im Flußbett sehen kann (den sogenannten *Pons Neronianus*), mit dem Marsfeld verbinden. Und Caligula war es auch, der sich in ihnen jene private Rennbahn errichten ließ, auf deren Mittelstreifen der ägyptische Obelisk stand, welcher heute den Petersplatz schmückt. Ebenfalls auf dem *Vaticanum* befanden sich die *horti* von Caligulas Neffen Nero, jene Gärten, die er nach dem großen Brand des Jahres 64 mit brennenden Christen illuminierte.[20]

Einen solchen stadtnahen Park am Tiber zu besitzen, oder auch, weiter draußen, «ein Landhaus, das der gelbe Tiber bespült» (*villam flavos quam Tiberis lavit*), wie Horaz es ausdrückt[21], galt als Inbegriff von Reichtum und Luxus – wobei der stadtnahe oder sogar in der Stadt selber gelegene Park den Vorzug hatte, da er die Annehmlichkeiten von Stadthaus (*domus*) und Landhaus (*villa*) beziehungsweise Landgut (*rus*) vereinigte: Wir erinnern uns an die geistreich-widersprüchliche Wendung, mit der Martial den Besitz des Sparsus in der Stadt charakterisierte: Es sei ein «Landgut in der Stadt» (*rus in urbe*).[22]

Und so will es schon etwas heißen, wenn Properz in seiner Elegie I,14 das Liebesglück, das er (allerdings nur sehr vorübergehend) bei seiner Cynthia genießt, noch über das Glück solchen Besitzes stellt. Angeredet ist ein reicher, vornehmer Freund des Dichters, der einen solchen Park am Tiber besitzt (Verse 1–8):

«*Du* magst, lässig am Wasser des Tiber hingelagert,
  lesbischen Wein aus einem von Mentor[23] verfertigten Becher trinken,
und bald bestaunen, wie so schnell die (*kleinen*) Boote vorüber eilen,
  und bald, wie so langsam, an Tauen geschleppt, die (*großen*) Schiffe (*stromaufwärts*) ziehen[24];
und dein Park mag allüberall seine angepflanzten Wälder ihre Wipfel (*in den Himmel*) strecken lassen,
  so hoch, wie die Bäume, die den Kaukasus bedecken:
Trotzdem kann all dies, was du besitzt, mit *meinem* (*Glück*) sich nicht messen: dem Glück meiner *Liebe*:
  Der Liebesgott hat es nicht gelernt, vor großen Reichtümern zurückzuweichen.»

Ein Landhaus mit Aussicht auf Rom
(Martial IV,64)

Weiter im Norden wird der *ager Vaticanus* durch einen stattlichen Berg begrenzt, der aus den weiter westlich liegenden Höhen hervortritt. In der Antike hieß er *Clivus Cinnae*, heute wird er als Monte Mario bezeichnet.[25]

Auf ihm hatte ein Freund und Gönner Martials gleichen Beinamens, ein gewisser Iulius Martialis, einen kleinen Besitz. Die Entfernung zur Stadt war gerade groß genug, daß man schon von einem Landgut (*rus*) beziehungsweise Landhaus (*villa*) sprechen konnte, aber eben nur gerade. Martial hat diesem Landgut seines Gönners eines seiner schönsten Gedichte (IV,64) gewidmet, mit dem wir uns jetzt näher beschäftigen wollen. Zuerst die Übersetzung:

«Das kleine Landgut des Iulius Martialis,
– glückseliger (*jedoch*) als die Gärten der Hesperiden –
lagert sich hin auf dem langen Rücken des Ianiculum:

Breite Terrassen sind den Hügeln vorgebaut[26],
und ein flacher, nur mäßig sich aufwölbender Gipfel
hat den vollen Genuß eines *heitereren* Himmels,
und wenn (*unten*) Nebel die tiefen Täler zudeckt,
erglänzt *er* ganz allein in seinem *eig'nen* Lichte;
zu den reinen Sternen werden sanft emporgehoben
die zierlichen Firste eines hochgebauten Landhauses.

Von hier ist's möglich, die sieben Hügel, Herr'n (*der Welt*), zu sehn
und Rom in seiner Gänze abzuschätzen,
die Berge von Alba auch und die von Tusculum
und all die andren kühlen Orte nah der Stadt;
das alte Fidenae und das kleine Rubrae
und jenen Ort, der sich am Naß der Virgo freut[27]:
den früchtetragenden Hain der Anna Perenna.

Von dort aus sind auf der Flaminia und Salaria
(*sogar*) die *Reisenden* (*in ihren Wagen*) auszumachen – die Wagen (*selber
jedoch*) bleiben *lautlos*,
damit der Räder (*Lärm*) dem sanften Schlaf nicht lästig falle –
(*dem Schlaf*), den auch die Schiffskommandos
und das Geschrei der Treidler stark genug nicht sind zu stören,
obwohl (*doch*) der Pons Mulvius so nahe ist, und auf dem heiligen
Tiber hingleitend Schiffe schnell vorüberfliegen.

Dies Landgut – oder soll man's eher Stadthaus nennen? –
empfiehlt (*vor allem aber*) sein *Herr*: Du wirst es für dein *eig'nes* halten,
so ohne Neid, so großzügig,
so freundlich und so gastlich steht es offen:
Du würdest glauben, daß es das Haus sei des Alkinoos
oder des eben reich gewordenen[28] Molorchos.

Ihr aber nun, ihr, denen *alles klein* vorkommt,
laßt meinetwegen *hundert* Sklaven mit der Hacke das kalte Tibur
oder Praeneste bestellen und übergebt das (*hoch am Berge*) hangende
Setia *einem allein* von euren Pächtern –
wenn ihr nur *mich* bei *meinem* Urteil laßt: daß allem, was *ihr* habt,
      vorzuziehen ist
das kleine Landgut des Iulius Martialis.»

Der erste Vers des Gedichtes (der sich an seinem Ende wiederholen
wird) gibt das Thema an und macht auch sofort klar, daß es sich um
ein Landgut von nur bescheidenen Ausmaßen handelt. – Der zweite
Vers preist es mit einem mythologischen Vergleich: Es ist «glückseliger» als die sagenhaften Gärten der Hesperiden.[29] Das lateinische
Wort, das ich mit «glückselig» übersetzt habe (*beatus*), bezeichnet im
Unterschied etwa zu *fortunatus* oder *felix* («vom Glück begünstigt») in
erster Linie das *subjektive* Glück, das Glücks*gefühl*. In Verbindung mit
«Gärten» hat es eine leise personifizierende Wirkung; angedeutet
werden soll wohl, daß das Landgut trotz seiner Kleinheit seinem
Besitzer «Glückseligkeit» ermöglicht. – Der dritte Vers des Gedichtes,
der letzte des kurzen Einleitungsteils, sagt uns schließlich, wo das
Landgut liegt: Es «lagert sich hin» auf dem langen Rücken des *Ianiculum*. Nicht ohne Absicht verwendet Martial hier dasselbe Wort
(*recumbere*), mit dem das Sich-Hinlagern eines Zechers beim *convivium*
bezeichnet wird: Eine Atmosphäre entspannten Genießens soll angedeutet werden.
　　Dieser dritte Vers hat übrigens dazu geführt, daß man den Besitz des
Iulius Martialis auf dem heutigen Pendant des *Ianiculum*, dem Gianicolo vermutete. Man hat dort 1900 sogar beim Garibaldi-Denkmal eine
Stele aufgestellt, auf der die Verse 11–15 unseres Gedichtes (die Beschreibung der Aussicht, die sich von dem Landgut aus bot) zu lesen
sind. Aber gerade aus dieser Aussichtsbeschreibung ergibt sich zwin-
gend, daß die Villa nicht hier stand, sondern auf dem Monte Mario
gewesen sein muß.[30] Zwei Erklärungen, warum Martial trotzdem vom
Ianiculum spricht, sind möglich: Entweder wurde damals der *gesamte*
Höhenzug westlich des Tiber (einschließlich des Monte Mario) als
Ianiculum bezeichnet – wofür allerdings unsere Stelle der einzige Beleg

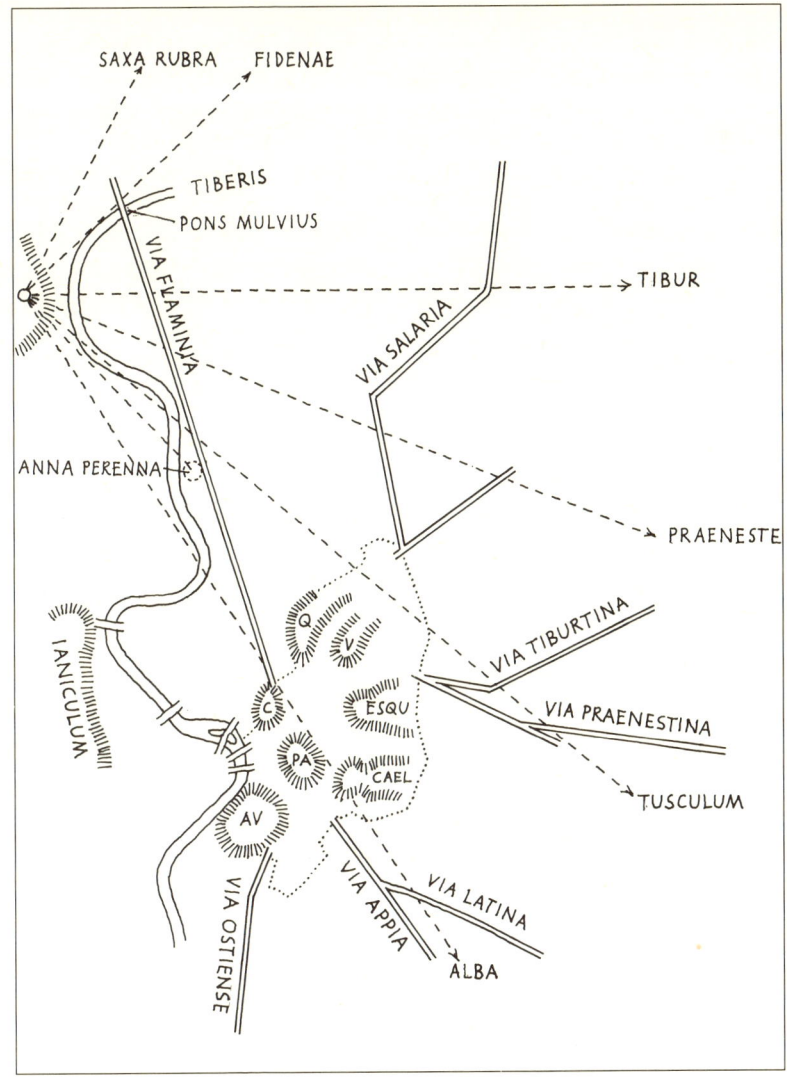

Abb. 54: Die Aussicht von der Villa des Iulius Martialis auf dem Monte Mario (Martial IV,64)

wäre –, oder aber: Martial hat die Bezeichnung hier mit dichterischer Freiheit auch auf den Monte Mario ausgedehnt, um so das bescheidene Landgut seines Gönners in schmeichelhafter Weise den prachtvollen *horti* reicher Leute auf dem Gianicolo gleichsetzen zu können.

Nach den drei Einleitungsversen gibt Martial nun, in einem ersten,

sieben Verse umfassenden Abschnitt, eine genauere Beschreibung des
Geländes, auf dem das Landgut liegt, und hebt die klimatischen
Vorteile hervor, die sich aus dieser Lage ergeben. Wir hören von
Terrassen, die dem Hang vorgebaut sind, wir erfahren, daß den
höchsten Punkt des Grundstückes eine mäßig hohe, oben abgeflachte
Kuppe (*planus modico tumore vertex*) bildete, die «einen heitereren
Himmel genießt» als die tiefer gelegenen Bereiche.[31] Das wird sogleich
konkreter ausgeführt, wobei ganz leise Tag und Nacht einander entge-
gengesetzt werden: Wenn unten in den Tälern Nebel liegt, hat die
Kuppe hier oben noch Licht – doch offenbar *Sonnen*licht; und in der
Nacht hebt sie «sachte» (nämlich weil sie sich nur «mäßig» aufwölbt)
den reinen Sternen das Landhaus entgegen, das auf ihrem höchsten
Punkt steht und das, hochgebaut wie es ist, auch schon von sich aus
mit seinen Firsten zu ihnen hinaufstrebt.

«Landhaus» (*villa*) ist das letzte Wort des Abschnittes; und auf dieses
muß man dann wohl das erste Wort des folgenden, wieder sieben
Verse umfassenden Abschnittes beziehen: «Von hier aus . . .» (*hinc . . .*):
Jetzt wird die Aussicht beschrieben, die sich von dem Landhaus aus
bot (Abb. 54).

Als erstes wird das genannt, was innerhalb des weiten Panoramas
die Augen zuerst auf sich zog: die nach Südosten im Vordergrund
sichtbare Stadt.[32] Man kann von der Villa aus, heißt es, alle sieben
Hügel sehen (*videre*) –»Herren» (*domini*) werden sie wohl deshalb
genannt, weil von ihnen aus die Welt beherrscht wird – ; und man
kann von hier aus die Stadt in ihrer Gesamtheit (*totam*) abschätzen
(*aestimare*). Auffällig der Wechsel des Verbs; auch, daß in diesem
Zusammenhang «*aestimare*» gebraucht wird. Das Wort hat die Grund-
bedeutung «den Wert von etwas abschätzen». Das scheint mir eine
ganz bestimmte Interpretation nahezulegen: Erst von der erhöhten
Warte dieses Landhauses aus, und aus der Distanz, die es (physisch
und psychisch) zum Betrieb der Hauptstadt herstellt, kann man Rom
und alles, wofür es steht, richtig bewerten. Der antike Leser fühlte sich
hier wahrscheinlich sofort an Lukrezens «hochragende heitere Bezirke» (*edita sapientum templa serena*) erinnert, von denen die Weisen auf
das ziellose Leben und sinnlose Streben der übrigen Menschheit
herabschauen.[33] So verstanden hätte das «*aestimare*» hier einen *abschät-
zigen* Beiklang, und es wäre an die Eitelkeit und Sinnlosigkeit des
hauptstädtischen Betriebes zu denken, welche Martial in so vielen
anderen Epigrammen dargestellt hat.

Als nächster Punkt des Panoramas wird etwas genannt, was in den
Blick kommt, wenn man die Augen von der unten im Vordergrund
liegenden Stadt, ohne die Blickrichtung zu ändern, in die Ferne erhebt:
die Albanerberge. Martial meint mit *Albani colles* allerdings nur ihren

westlichen Abhang, wo die Stadt *Alba* lag; ihren östlichen Teil, die *Tusculi colles*, nennt er gleich darauf. Wir bemerken, daß die Beschreibung nach Osten hin (aus der Perspektive des Monte Mario: nach links hin) zu wandern beginnt. Das erlaubt uns, die folgende, sehr unbestimmte Ortsangabe «*quodcumque iacet sub urbe frigus*» («was immer an Kühle in der Nähe der Stadt liegt») etwas zu präzisieren: Es dürften damit vor allem *Praeneste* (heute: Palestrina) und *Tibur* (heute: Tivoli) gemeint sein, die beim Weiterwandern des Auges als nächste in den Blick kamen. Wohl nicht zufällig werden gerade diese beiden Orte im letzten Abschnitt des Gedichtes (Vers 32) genannt, und Tibur bekommt dort das Attribut «eiskalt» (*gelidum*).

Danach wandert der Blick noch weiter nach links, faßt jetzt aber wieder näher gelegene Orte ins Auge: erst die «alten Fidenae», dann die «kleinen Rubrae» (gemeint ist die Ortschaft *Saxa rubra* bei Prima Porta). Und schließlich wird dann noch eine Lokalität genannt, die ganz nahe, nämlich direkt unterhalb des Monte Mario auf der anderen Tiberseite lag: der uns schon bekannte Hain der Anna Perenna.

Dieser Hain lag, wie wir schon wissen[34], an der *Via Flaminia*, und so ist es sicherlich kein Zufall, daß sie gleich im nächsten Vers genannt wird. Er eröffnet einen neuen, wiederum sieben Verse umfassenden Abschnitt, in dem von den *Verkehrswegen* die Rede ist, die man von der Villa aus *sehen* kann, aber ohne daß irgendwelcher Verkehrslärm zu *hören* gewesen wäre. Man kann von hier aus zwar die auf der *Via Flaminia* und, etwas weiter weg, auf der *Via Salaria* dahinfahrenden Reisewagen (*esseda*[35]) erkennen, ja sogar die in ihnen sitzenden Reisenden (*gestatores*) ausmachen – aber das Quietschen und Knirschen der Räder hört man nicht, wird also hier anders als in der Stadt nicht vom Verkehrslärm am Schlaf gehindert. Und der *Pons Mulvius* ist zwar ganz nahe und damit auch der Tiber mit seinem regen Schiffsverkehr – trotzdem sind aber weder die Befehlsrufe der Seeleute auf den Segel- und Ruderbooten noch das rhythmische Geschrei der Sklaven, die die Treidelschiffe (Abb. 55) flußaufwärts ziehen[36], laut genug, um hier oben die Ruhe der Villenbewohner zu stören.

(Es ist übrigens dieser Abschnitt, welcher den zwingenden Schluß erlaubt, daß die Villa nicht auf dem Gianicolo lag: Von dort aus hätte man unmöglich die *Via Salaria* sehen können, und der Ponte Milvio wäre recht weit (ca. drei Kilometer) und keineswegs «so nahe» (*tam prope*) gewesen.)

Die drei bisher besprochenen, je sieben Verse umfassenden Abschnitte zählten die Vorzüge auf, die das Landgut *von sich* aus, dank objektiver Gegebenheiten besaß: das gute Klima, die schöne Aussicht, die ruhige Lage. Der jetzt folgende, nur noch sechs Verse zählende Abschnitt ergänzt diese Aufzählung schnell noch durch einen beiläu-

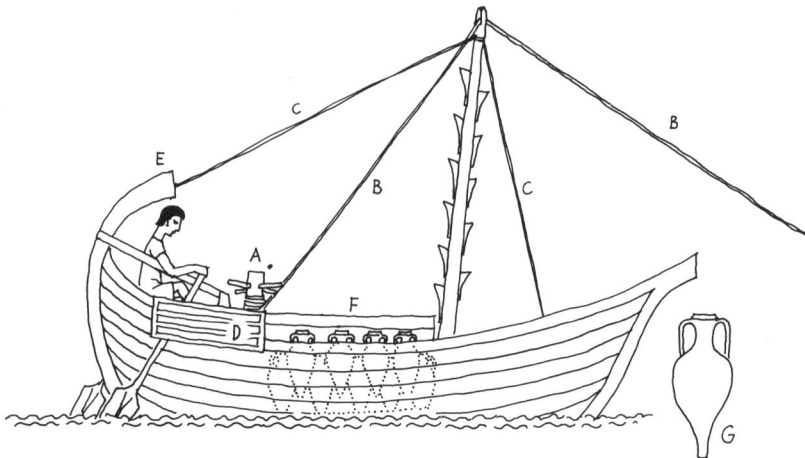

Abb. 55: Römisches Treidelschiff (navis caudicaria). *Rekonstruktion nach erhaltenen antiken Abbildungen.*

Das Schiff wurde stromaufwärts von Zugtieren oder Sklaven gezogen, die auf dem Treidelpfad am Ufer gingen. An Stellen, wo dies wegen einer scharfen Flußbiegung oder wegen zu starker Strömung schwierig war, befestigte man das Treidelseil an einem festen Punkt am Ufer und zog das Schiff vorwärts, indem man das Seil auf der auf dem Heck installierten Drehwinde (A) aufwickelte. Das Treidelseil (B) lief wahrscheinlich über die Spitze des Mastes. Dieser war wegen des starken Drucks und seitlichen Zugs, den er auszuhalten hatte, sehr kräftig und durch Haltetaue (C) gesichert. Er scheint in der Regel eine leichte Neigung nach vorn gehabt zu haben. Wenn das Schiff einmal nicht getreidelt wurde (bei der Fahrt stromabwärts), oder wenn es unter niedrigen Brücken durchfahren mußte, konnte er umgeklappt werden. Seitlich an ihm angebrachte Trittkeile erleichterten den Matrosen das Hochklettern zur Spitze. Um das Schiff in der Flußmitte zu halten, mußte dem seitlichen Zug des Treidelseils ständig entgegengesteuert werden. Dazu dienten zwei kräftige Steuerruder, die durch Ruderkästen (D) in Position gehalten wurden. Der Steuermann, der sie bediente, saß unter dem bugwärts umgebogenen Heckschweif (E), dessen Funktion unklar ist. Der Laderaum war entweder offen oder, wie auf unserer Zeichnung, mit einer Abdeckung (F) versehen. Darunter sieht man die in ihm gestapelte Ware lagern. Öl, Getreide und andere gieß- beziehungsweise schüttbare Ware wurde für den Transport in Spitzamphoren (G) abgefüllt. Man stapelt sie aufrechtstehend in mehreren Lagen. Die Amphoren der untersten Lage standen in Lochbrettern, oder ihre Spitzen waren in eine Sandschicht auf dem Schiffsboden gesteckt.

fig-impliziten Hinweis auf seine stadtnahe Lage: Kann man es überhaupt *rus* («Landgut») nennen (fragt sich Martial), sollte man es nicht
eher als *domus* («Stadthaus») bezeichnen?³⁷ – dann aber kommt der
Dichter auf einen Vorzug zu sprechen, der dem Landgut erst aus der
Persönlichkeit seines *Besitzers* zuwächst und der es wohl am meisten
empfiehlt: Seine (des Besitzers) großzügige, freundliche Gastlichkeit
ist es, die die Villa vergleichbar macht mit dem Palast des Alkinoos
(des Phäakenkönigs, der den schiffbrüchigen Odysseus gastlich aufnahm) oder auch mit der Hütte des Molorchos (des armen Hirten, der
den Herakles am Vorabend seines Kampfes gegen den Nemeischen
Löwen bewirtete und dafür von dem Helden später reich belohnt
wurde).

Es folgt noch der ebenfalls sechs Verse umfassende Schlußteil. In
ihm wendet sich Martial, der bisher ohne bestimmte Anrederichtung
gesprochen hatte³⁸, ganz überraschend und sehr betont einem genau
bezeichneten Personenkreis zu: denjenigen, die «alles für klein halten», d. h. denen kein Besitz groß genug ist. Er erklärt, daß er ihnen
neidlos alles gönne, was sie haben beziehungsweise was sie sich in
ihrer Besitzgier erwünschen: Seinetwegen mögen sie riesige Landgü-
ter in der Umgebung der schicken Sommerorte *Tibur* oder *Praeneste*
besitzen – so riesig, daß für ihre Bearbeitung nicht weniger als *hundert*
Feldsklaven notwendig sind –; seinetwegen dürfen sie ganz Setia
(einen berühmten Weinort in den Bergen oberhalb der pontinischen
Sümpfe) besitzen, so daß sie ihn in seiner Gänze an einen *einzigen*
Kolonen verpachten können. All dies gesteht er ihnen neidlos zu,
wenn sie nur ihrerseits *ihm* zugestehen, daß er *ihren* Besitztümern³⁹ das
Landgut des Iulius Martialis vorzieht. Ein bekenntnishafter Ton
kommt auf einmal auf, und der jetzt, am Schluß des Gedichtes, noch
einmal wiederholte Anfangsvers mit seinem Hinweis auf die Kleinheit
des Landgutes bekommt in dem neuen Kontext etwas trotzig Provozie-
rendes: *Obwohl* dieses Landgut nur klein ist, zieht Martial es doch den
riesigen, in berühmten Lagen gelegenen Latifundien der anderen vor –
warum, das hat er in diesem Gedicht deutlich gemacht.

Horatius Cocles verteidigt die Tiberbrücke
(Livius II,10)

Vom Monte Mario wollen wir jetzt zurückkehren zu dem Bereich des
rechten, «etruskischen» Tiberufers, der dem alten, von der Servianischen Mauer umschlossenen Stadtgebiet gegenüberlag und lange Zeit
mit der Stadt nur über eine einzige Brücke, den *Pons Sublicius*, verbunden war. Diese war im Falle eines überraschenden Angriffes vom
«Etruskischen Ufer» her ein besonders gefährdeter Punkt, wie aus

einer Begebenheit deutlich wird, die Livius im zweiten Buch seines Geschichtswerkes (Kapitel 10) erzählt.

Der letzte König Tarquinius Superbus, aus etruskischem Geschlecht, hatte sich nach seiner Vertreibung an den König der Etruskerstadt *Clusium* (heute Chiusi), Porsenna, um Hilfe gewandt. Der erschien daraufhin plötzlich mit seinem Heer auf der Höhe des *Ianiculum*, und ehe die Römer sich versahen, stürmten seine Leute schon den Abhang herab auf die Tiberbrücke zu. Die dort zur Verteidigung des Brückenkopfes postierte Mannschaft wandte sich zur Flucht, und es gelang ihrem Anführer Horatius Cocles nicht, sie aufzuhalten. So mußte er sich, von nur zwei Getreuen unterstützt, selber den anstürmenden Feinden entgegenstellen. Den anderen befahl er, die Brücke hinter sich so schnell wie möglich abzureißen. Sogleich wird damit begonnen. Als nur noch ein schmaler Übergang übrig ist, fordert er seine beiden Mitkämpfer auf, sich zurückzuziehen, und hält dann noch so lange allein dem Ansturm der Feinde stand, bis auch diese letzte Verbindung abgebrochen ist. Dann richtet er ein Gebet an den Gott des Flusses, springt in den Tiber und kann sich (nach Livius) schwimmend unversehrt zum anderen Ufer hinüberretten.[40]

Es war angeblich diese Beinahe-Katastrophe, die die Römer veranlaßte, die Brücke als reine Holzbrücke wiederaufzubauen und die horizontalen Balken auf den Brückenpfeilern nicht mit Nägeln zu befestigen, sondern nur aufzulegen: So konnten sie jederzeit schnell wieder entfernt werden.[41] Mit dem skurrilen Konservatismus, der für die Römer charakteristisch ist, hielt man an dieser Bauweise des *Pons Sublicius* auch noch zu des älteren Plinius Zeiten fest, also im ersten nachchristlichen Jahrhundert.[42]

Abb. 56: Sesterz aus der Zeit Trajans: Abbildung einer Brücke, wahrscheinlich des Pons Sublicius
Abb. 57: Medaillon aus der Zeit des Antoninus Pius: Horatius Cocles und der Pons Sublicius

XIII.

FORUM BOARIUM UND CIRCUS MAXIMUS

Das Forum Boarium

Wenn man sich über den *Pons Sublicius* auf die linke Tiberseite zurückbegab, kam man in die Gegend des *Forum Boarium*, des «Rindermarktes». Hier lagen auffallend viele Kultstätten des Herkules, unter anderem auch das uralte Hauptheiligtum des Gottes in Rom, die *Ara Maxima*: ein riesiger Altar inmitten eines geweihten, aus der profanen Umgebung ausgegrenzten Areals (eines *templum* im römischen Sinne des Wortes). Man hat antike Mauerreste, die in die Krypta der Kirche S. Maria in Cosmedin eingebaut sind, mit der *Ara Maxima* in Zusammenhang gebracht. Später wurden dem Gott in dieser Gegend auch Tempel in unserem Sinne des Wortes (lateinisch: *aedes*) errichtet: Macrobius (Saturnalia III,6,10) nennt zwei dem *Hercules Victor* geweihte, von denen sich der eine auf dem Forum selbst befand, der andere an der nahen *Porta Trigemina*, einem zwischen *Circus Maximus* und Tiber gelegenem Tor der Servianischen Mauer. Der erstere ist wahrscheinlich mit dem Rundtempel dorischer Ordnung zu identifizieren, dessen Reste und dessen Kultfigur aus vergoldeter Bronze unter Papst Sixtus IV. (1471–1484) in der Nähe der Kirche S. Maria in Cosmedin gefunden wurden. Die Kultfigur befindet sich heute im Konservatorenpalast, von dem Bauwerk selbst wissen wir nur noch durch eine Rekonstruktionszeichnung des Renaissance-Architekten Baldassare Peruzzi. Wohl ebenfalls dem Herkules geweiht war der in dieser Gegend stehende, noch relativ gut erhaltene Rundtempel korinthischer Ordnung, der früher oft fälschlicherweise als Vestatempel bezeichnet worden ist. Nach einer in seiner Nähe gefundenen Inschrift zu schließen, trug der Gott hier den Beinamen *Olearius*, wohl weil das Bauwerk von der Vereinigung der Ölhändler gestiftet worden war.

Hercules und Cacus
(Livius I,7,3–11; Vergil VIII,185–272; Properz IV,9; Ovid, Fasti I,543–582)

Die besondere Beziehung zwischen dem *Forum Boarium* und dem Kult des Herkules wurde in der Antike mit einer Gründungslegende erklärt. Sie findet sich bei Livius, und zwar im ersten Buch seines Geschichtswerkes; auch drei dichterische Darstellungen – von Vergil, Properz und Ovid – haben sich erhalten. Danach war Herkules, als er die Rinder des Riesen Geryoneus von der fern im westlichen Ozean

gelegenen Insel *Erythea* heim nach Griechenland trieb, auch an den Ort
gekommen, wo dereinst Rom gegründet werden sollte. Damals gab es
hier nur eine bescheidene Hirtensiedlung, über die der König Euander
herrschte. Während der Held Nachtruhe hielt, machte sich Cacus
(nach Livius ein Hirte der Gegend, nach Vergil und Ovid ein men-
schenfressender, feuerspeiender Unhold, Sohn des Vulkan) an die
unbewacht weidende Herde heran, stahl einige Tiere und ver-
schleppte sie in seine Höhle am nahen Aventin. Damit ihre Spuren
nicht den Weg zum Versteck wiesen, zog er sie rückwärts, am
Schwanz, dorthin. Aber sie verrieten sich am nächsten Morgen durch
ihr Gebrüll. Der Held fand die Höhle, brach gewaltsam in sie ein und
erschlug Cacus nach erbittertem (bei Vergil ausführlich geschildertem)
Kampf. Danach trieb er die wiedergewonnenen Tiere zurück auf ihre
Weide, wobei er (nach Properz IV,9,16 ff.) folgende Worte an sie
richtete:

«... Zieht hin, ihr Rinder
...
und weiht durch langgezogenes Gebrüll diese Rindergefilde:
    Eure Weideplätze werden einst in Rom ein berühmter Markt sein.»
(... *Ite boves,* / ... / *arvaque mugitu sancite Bovaria longo:* / *nobile erit Romae*
    pascua vestra Forum.)

Soweit die mythische Erklärung für die Entstehung des römischen
Rindermarktes an dieser Stelle.[1]
    Der Herkuleskult an der *Ara Maxima* hatte eine auffällige Eigentüm-
lichkeit: Frauen waren von ihm ausgeschlossen. Das deutet, zusammen mit anderem, auf die griechische Herkunft des Kultes hin[2]. Bei
Properz wird es jedoch so erklärt: Nach dem Kampf mit Cacus ver-
spürt der Held plötzlich großen Durst. Er bittet die Priesterin eines in
der Nähe gelegenen Hains der Göttin Bona Dea, ihn von der dort
befindlichen Quelle trinken zu lassen. Aber zu den Heiligtümern der
Bona Dea haben bekanntlich Männer keinen Zutritt: Die Priesterin
weist ihn ab. Daraufhin verschafft er sich gewaltsam Zutritt, stillt
seinen Durst; und als er danach, aus Anlaß der Wiedergewinnung
seiner Rinder, eigenhändig den großen Altar errichtet, setzt er grim-
mig fest, daß zu diesem *Frauen* keinen Zutritt haben dürften, «damit»
(so heißt es Vers 70): «der Durst des Herkules auf ewig geahndet sei.»
(*Herculis aeternum ne sit inulta sitis*).

Der Circus Maximus

Verließ man man das *Forum Boarium* in südöstliche Richtung, so erreichte man sehr bald – von der *Ara Maxima* aus gerechnet sind es ungefähr 100 m – den *Circus Maximus* (Abb. 58). Dieses größte zusammenhängende Bauwerk des antiken Rom (ca. 620 m lang, 140 m breit[3]) füllte das Tal zwischen Palatin und Aventin fast völlig aus. An der einen, dem *Forum Boarium* zugewandten Schmalseite befanden sich die Startboxen (*carceres*), das andere, halbrunde Ende war in der Mitte als monumentaler Bogendurchgang gestaltet – wahrscheinlich schon in republikanischer Zeit[4], spätestens aber seit 81 n. Chr., als hier dem Kaiser Titus anläßlich seines Sieges über die Juden ein Triumphbogen errichtet wurde.[5] Überall sonst war der Circus von Zuschauertribünen (Abb. 59) umgeben, die insgesamt ca. 150000 Personen gefaßt haben

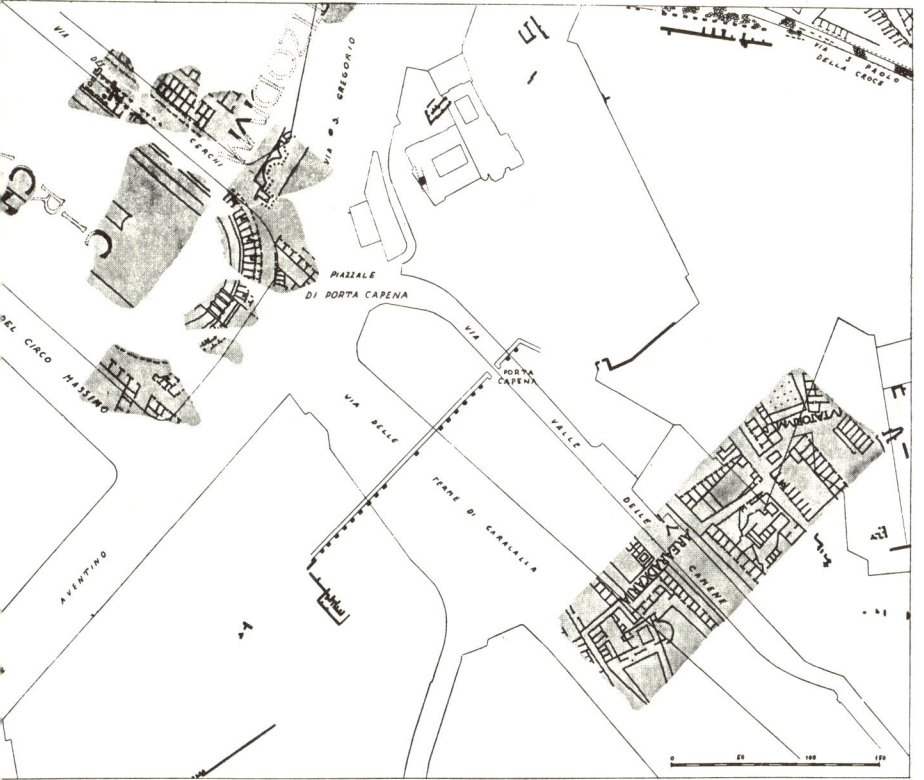

Abb. 58: Fragmente der Forma Urbis mit dem Circus Maximus, eingezeichnet in den modernen Stadtplan

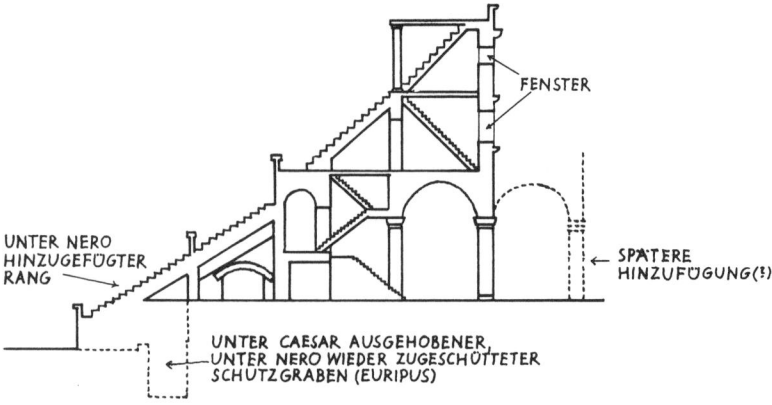

FENSTER

UNTER NERO
HINZUGEFÜGTER
RANG

← SPÄTERE
HINZUFÜGUNG(?)

UNTER CAESAR AUSGEHOBENER,
UNTER NERO WIEDER ZUGESCHÜTTETER
SCHUTZGRABEN (EURIPUS)

Abb. 59: Aufriß der Zuschauertribünen des Circus Maximus (Umzeichnung nach P. Cianciano Ricotta)

sollen.[6] Ihre riesigen Substruktionen gaben nicht nur Raum für die zahlreichen Zugänge und Treppen, welche zu den Sitzreihen führten, sondern auch noch für Läden, Lagerräume und die, wie in Rom üblich, darüber befindlichen Wohnungen der Ladeninhaber. Die Außenfassade war in augusteischer Zeit wahrscheinlich, den drei Zuschauerrängen im Inneren entsprechend, in drei Stockwerke gegliedert.

Messalina, die kaiserliche Hure
(Juvenal 6,115–130)

In einer Gegend, wo so viele Menschen aller Schichten zusammenströmen, siedeln sich in der Regel auch allerlei fragwürdige Gewerbe an. So gab es beim *Circus Maximus* unter anderem viele Bordelle (*lupanaria*), und in einem von ihnen soll, nach Juvenal, in den vierziger Jahren unserer Zeitrechnung die nymphomane Gattin des Kaisers Claudius, Messalina[7], ihrer krankhaften Neigung gefrönt haben:

«... Höre, was dem Claudius widerfuhr:
Wenn seine Frau bemerkte, daß ihr Mann schlief,
war sie, die kaiserliche Hure, so dreist, ihrem Schlafgemach auf dem
                Palatin die (*schäbige*) Matte (*eines Bordells*) vorzuziehen:
Sie warf sich einen Kapuzenmantel, wie man ihn in der Nacht trägt,
                über
und verließ (*den Palast*), nur von einer einzigen Dienerin begleitet.
Ihr schwarzes Haar unter einer blonden Perücke verbergend,

betrat sie das durch einen alten Flickenvorhang warmgehaltene Bor-
dell
und eine leere Zelle, für sie reserviert; dann nahm sie nackt, mit
vergoldeten Brustspitzen,
Aufstellung davor, gab – durch ein Schild über der Tür – vor, Lycisca
zu heißen
und stellte den Leib zur Schau, in dem sie dich, edler Britannicus[8],
getragen hatte.
Schmeichlerisch empfing sie alle, die eintraten, verlangte ihr Geld,
und nahm, in einem fort daliegend, die Stöße aller auf.
Später, wenn der Bordellwirt *seine* Mädchen bereits wieder fort-
schickte,
ging auch sie widerwillig, machte aber (was in ihrem Belieben lag) als
letzte ihre Zelle
zu, ganz heiß noch von der Geilheit ihrer geschwollenen Vulva,
und ging, von all den Freiern erschöpft, doch immer noch nicht
befriedigt, davon.
Häßlich mit dunkelroten Wangen, und vom Ruß der Lampe
beschmutzt, trug sie den Gestank des Bordells zurück ins kaiserliche
Schlafgemach.[9]

Dieser Abschnitt hat nicht nur die Phantasie von Pornofilm-Produzen-
ten beflügelt (Ein Filmtitel: «Messalina, die kaiserliche Hure» war die
exakte Übersetzung von Juvenals Wendung «*meretrix Augusta*»), sondern auch Dichter, die sich mit den Abgründen der menschlichen
Seele beschäftigten, haben sich von ihm angesprochen gefühlt. So hat
beispielsweise Baudelaire einem Gedicht seiner «Fleurs du Mal», das
seine sexuelle Verfallenheit an die Mulattin Jeanne Duval zum Gegenstand hat, ein Zitat aus unserer Juvenalpassage zum Titel gegeben:
«*Sed non satiata*».[10]

Wie man sich im Circus an ein Mädchen heranmacht
(Ovid, Amores III,2; Ars amatoria I,135–162)

Doch wir wollen uns nun in den *Circus Maximus* hineinbegeben und
als Zuschauer einem der dort stattfindenden Wagenrennen beiwohnen. Ermöglicht wird uns das durch eine Elegie Ovids (Amores III,2).
Der Dichter gibt in ihr vor, in den Circus gegangen zu sein – allerdings
nicht wegen der Rennen, sondern um Frauenbekanntschaften zu
machen. Veranstaltungen im *Circus Maximus* waren dafür besonders
geeignet, da die Geschlechter hier nicht getrennt saßen. Wenn ein
Mann mit einer Frau Kontakt aufnehmen wollte, brauchte er hier also
nicht, wie im Theater und im Amphitheater, zu den Frauenplätzen im

obersten Rang zurück- und hinaufzuschauen (*respicere*), und die Verständigungsmöglichkeiten waren nicht auf Handzeichen und Kopfnikken beschränkt (was ja im übrigen nur funktioniert, wenn man schon im Einverständnis miteinander ist), sondern er konnte sich einfach neben die Angebetete setzen und sie ansprechen.[11]

Die Ovid-Elegie gibt nun die Suada wieder, mit der sich Ovid (oder genauer: der fiktive Sprecher, dem er seinen Namen leiht) an das neben ihm sitzende Mädchen heranmacht. Er geht dabei äußerst raffiniert vor: Er wendet nämlich ganz bestimmte taktische Rezepte an, die wir bei Ovid an anderer Stelle (in seiner «Ars amatoria») ausformuliert finden. Der betreffende Abschnitt aus dem Lehrgedicht (Ars amatoria I, 135–164) ist also eine willkommene Ergänzung und Erläuterung der Elegie.[12] Die letztere wollen wir im folgenden als Leittext für unsere Besprechung der Wagenrennen im *Circus Maximus* nehmen, d. h. wir gehen sie Vers für Vers durch, schieben aber immer dann, wenn es fürs Verständnis notwendig scheint, erklärende Exkurse über den Circus und seine Bräuche ein.

Der Sprecher, den wir uns wie den Dichter selbst[13] als römischen Ritter vorzustellen haben, hat sich, was im Circus durchaus erlaubt war[14], nicht auf den Platz gesetzt, der für seinen Stand reserviert war, sondern auf einen Platz in einem der höheren Ränge, direkt neben das Mädchen, für das er sich interessiert. Sogleich erklärt er ihr ganz offen, daß er nicht wegen des Rennens in den Circus gekommen sei, sondern um sie anzusprechen und ihr seine Liebe zu gestehen. Dabei schaut er sie unverwandt an und drängt sich an sie heran – womit er ein Rezept befolgt, das in der «Ars amatoria» folgendermaßen formuliert ist (Vers 139):

«Ganz nahe an die Herrin[15] sollst du dich setzen – niemand kann dich
      daran hindern –
  und (*dann*) dränge deine Seite, wo du nur kannst, in einem fort an
      die ihre.»

Sie versucht auf Distanz zu gehen, aber das ist wegen der Schmalheit des für den einzelnen Zuschauer vorgesehenen Raums unmöglich. Man saß bekanntlich auf durchgehenden Sitzstufen. Im *Circus Maximus* der augusteischen Zeit waren sie im untersten Rang aus Stein, in den beiden oberen aus Holz. (Man tat also gut daran, ein Kissen – *pulvinus, tomentum circense* – mitzubringen.[16]) Auf diesen Stufen waren die einzelnen Plätze durch eingekerbte oder aufgemalte Linien (*lineae*) markiert. Und sie waren, wie gesagt, recht schmal. Auch gab es keine Lehnen, sondern man hatte die Beine des Hintermanns direkt im Rücken.

Das Mädchen versucht also, so gut es geht, dem zudringlichen Nachbarn auszuweichen, worauf der sagt:

«Warum weichst du, ganz zwecklos, vor mir zurück? Die Linie *zwingt* uns zusammen:
   die im Circus geltenden Regeln haben diesen Vorteil.»

An der betreffenden Stelle in der «Ars amatoria» heißt es (Vers 141 f.):

«Es ist gut so, daß die Linie dich auch, falls du's *nicht* willst, dazu *zwingt*:
   daß du, nach den hier herrschenden Regeln, die Frau berühren *mußt*.»

Hier spricht der Erotiker, der es schlechthin nicht verstehen kann, wenn jemand *nicht* Kontakt zu Frauen sucht. So ein sonderbarer Mensch muß zu seinem Glück dann eben gezwungen werden, und daß der Circus dies leistet, ist also etwas Gutes!

Wozu *ihn* das «Gesetz des Circus» angeblich zwingt, das gesteht der Sprecher dem Nachbarn des Mädchens auf der anderen Seite aber keineswegs zu. Sondern er fordert ihn im Ton entrüsteter Wohlanständigkeit auf, sich gefälligst nicht so rücksichtslos an sie heranzudrängen (Amores III,2,21 f.):

«*Du* da aber, auf der *rechten* Seite des Mädchens – wer auch immer du bist –: etwas mehr Rücksicht bitte:
   Wenn du dich so an sie herandrängst, tust du ihr weh!»
(*Tu tamen, a dextra quicumque es, parce puellae*
   contactu lateris laeditur illa tui!)

In dem gleichen ungehaltenen Ton fordert er den Hintermann des Mädchens auf, gefälligst seine Beine einzuziehen:

«*Du* auch, hinter uns, zieh deine Beine ein,
   wenn du Anstand hast, und drücke ihr nicht deine harten Knie in den Rücken!»[17]

Jetzt macht er, immer weiter den aufmerksamen Kavalier mimend, das Mädchen darauf aufmerksam, daß ihr *pallium* (ein fußlanges Umhängetuch, das Frauen über der *tunica* trugen) auf dem Boden schleife, und erklärt (Vers 26):

«Du solltest es hochraffen – oder schau: *ich* mach'' es mit meinen Fingern.»

Gesagt, getan. Er rafft es aber gleich so weit hoch, daß ihre vorher verhüllten Beine sichtbar werden. Sogleich gibt er, neckisch das Kleidungsstück anredend, seiner Begeisterung über das Erblickte Ausdruck:

«Ei du *böses* Kleid – daß du so schöne Beine verdeckt hast . . .»

Und er läßt, wie der folgende Pentameter deutlich macht, den Saum des Kleides auch keineswegs gleich wieder los, sondern genießt den sich bietenden Anblick ausgiebig:

«Je mehr man hinschaut – ei du *böses* Kleid!»

Es folgt eine massive, allerdings mythologisch getarnte Anzüglichkeit:

«Von dieser Art waren die Beine der flüchtigen Atalante, die Milanion
    wünschte, mit seinen Händen hochzuhalten!»

Eine Stelle in der «Ars amatoria» lehrt uns, daß er damit auf eine bestimmte Beischlafstellung anspielt, die nur mit sehr langbeinigen Frauen möglich ist.[18] Damit das Mädchen gar keine Zeit hat, sich über diese Anzüglichkeit zu entrüsten, läßt er schnell ein zweites, unverfänglicheres Kompliment folgen (ihre Beine seien denen der Jagdgöttin Diana vergleichbar) – aber schon kommt die nächste Frechheit:

«Schon, *ohne* diese Beine gesehen zu haben, bin ich in Liebe entbrannt;
    wie wird es *jetzt* erst sein!
    Du gießt ja Öl ins *Feuer*, Wasser ins *Meer*!
Ich schließe aus deinen Beinen, daß auch der *Rest* gefallen kann,
    der da unterm dünnen Kleidchen gut verborgen ist!»
(*suspicor ex istis et cetera posse placere,
    quae bene sub tenui condita veste latent.*)

Nun erbietet er sich galant, ihr mit dem Schreibtäfelchen, das jeder Römer als Notizbuch bei sich trug, Kühlung zuzufächeln. Die Art, wie das Angebot eingeleitet wird, macht stutzig (Verse 37 f., in wörtlicher Übersetzung):

«Möchtest du *trotzdem inzwischen* leichte Winde herbeiholen,
    die dir die Täfelchen, von meiner Hand bewegt, machen werden?»

Warum sagt er «trotzdem»? Warum «inzwischen»? Sicherlich versteckt sich auch dahinter wieder eine Anzüglichkeit! Auf jeden Fall ist in diesen Worten impliziert, daß es sehr heiß ist auf den Tribünen. Der Sprecher benutzt das sehr elegant als Ausgangspunkt für eine Liebeserklärung: So, als ob diese Hitze ihm auf einmal sonderbar vorkomme, fragt er sich jetzt nachdenklich selber – aber laut, so daß sie es hören kann:

«. . . oder ist das vielmehr meine *eigene*, *innere* Hitze, nicht die der Luft, und es ist (*die heiße*) *Liebe* zu einer Frau, die mich ergriffen hat und mich versengt?»
(. . . *an magis hic meus est animi, non aeris, aestus*
captaque femineus pectora torret amor?)

Es folgt sogleich ein neuer Vorstoß: Er erklärt, auf ihr Kleid sei Staub gekommen – und klopft ihn gleich selber ab. Man achte auf die Worte, mit denen er sein Tun begleitet: Der Staub liegt, laut Vers 41, auf ihrem weißen *Kleid* (*alba vestis*), aber als er ihn abklopft, sagt er, wieder mit neckisch personifizierender Anrede (Vers 42):

«Schmutziger Staub, geh fort von ihrem schneeweißen *Leib*!»
(*sordide de niveo corpore pulvis abi!*)

Die Wortwahl verrät, daß die Aktion ihm nur wieder Vorwand zu körperlichem Kontakt ist – weswegen es auch ganz unerheblich ist, ob auf dem Kleid *wirklich* Staub lag: In der betreffenden Anweisung der «Ars amatoria» heißt es deshalb sehr witzig (I,151):

«Und auch, wenn kein Staub da ist, klopfe trotzdem *keinen* ab!»
(*Etsi nullus erit pulvis, tamen excute nullum!*)

Die Pompa circensis
(*Juvenal 10,33–46*)

Dies alles spielte sich ab, während das Publikum noch schwatzend auf den Beginn der Veranstaltung wartete. Offiziell eröffnet wurde sie durch den Einzug einer Prozession, der sogenannten *Pompa circensis*. Das Tor, durch das sie einzog (die *Porta pompae*), ist wahrscheinlich mit dem Tor in der Mitte der Startboxen (*carceres*) direkt unter der Loge des Veranstalters zu identifizieren.[19] Von Aussehen und Ablauf einer *Pompa* in augusteischer Zeit können wir uns dank einer Beschreibung bei dem griechischen Historiker Dionysios v. Halikarnassos (Antiquitates Romanae VII,72,1–14) eine recht genaue Vorstellung machen.

An der Spitze der Prozession fuhr der veranstaltende Beamte, meist ein Prätor, und zwar in Aufzug und Tracht eines Triumphators. Für den Satiriker Juvenal ist er das extremste und lächerlichste Beispiel für die auch sonst zu beobachtende Neigung der Römer, soziale Stellung, Ämter und Würden mit Hilfe von äußeren Attributen eitel zur Schau zu stellen. Wie hätte Demokrit, der sich gern über die Torheiten der Menschen belustigte[20], erst gelacht – so schreibt er in seiner 10. Satire (33–46),

«... wenn er den Prätor gesehen hätte, auf hohem Wagen stehend,
      hoch erhaben über'm Staub der Arena,
in der (*mit Palmenzweigen bestickten*) Tunika des (*kapitolinischen*) Jupiter,
      den purpurnen Umhang der Toga picta[21]
über den Schultern tragend und einen großen (*goldnen Lorbeer*)kranz
      (*über dem Haupt*),
so groß, daß kein Nacken ihn tragen könnte;
aber freilich: Diesen hier hält ihm schwitzend ein Staatsangestellter
      über, und damit er sich
nicht (*allzu*) großartig vorkomme, ist's ein Sklave, der mit ihm im
      gleichen Wagen fährt.
Gib ihm nun auch noch den Adler (*in die Hand*), der vom elfenbeiner-
      nen Szepter auffliegt,
(*gib ihm*) hier die Hornbläser, dort, ihm voranschreitend, den langen
Zug pflichtschuldiger (*Klienten*), und, die Zügel der Pferde führend,
      Bürger in schneeweißer Toga,
welche die in ihrer Geldbörse geborgene Sportel[22] ihm zu Freunden
      gemacht hat...»

... wenn Demokrit das hätte sehen können (so die Implikation), dann hätte er noch mehr zu lachen gehabt. Hinter dem Prätor und seinem Gefolge marschierte dann – genauso wie hinter einem Triumphator – das Heer, nur daß es hier kein richtiges Heer war, sondern Abteilungen gerade wehrpflichtig gewordener junger Leute zu Fuß und zu Pferd. Es folgten die im Rennen antretenden Wagenlenker auf ihren Gespannen und alle sonstigen Personen, die bei der Vorstellung auftreten würden. Zum Schluß kam der wichtigste Teil der *Pompa*: Auf Wagen (*tensae*) oder Traggestellen (*fercula*) wurden die elfenbeinernen Bilder (*signa*) oder Symbole (*exuviae*) von Göttern und vergöttlichten Kaisern[23] in die Arena hereingebracht (Abb. 60).

In dem Augenblick, da dieser prächtige Zug in der *Porta pompae* erscheint, tritt Stille im Circus ein. Auch Ovids Schürzenjäger unterbricht einen Moment lang seinen Redeschwall, beginnt aber, als die

Götterbilder eines nach dem anderen in die Arena einziehen, sogleich wieder von neuem. Es war Sitte, daß jedes Götterbild vom Circuspublikum beklatscht wurde, am meisten natürlich jeweils von den Zuschauern, die zu dem betreffenden Gott eine besondere Beziehung hatten: Neptun von den Seeleuten, Mars von den Soldaten, Minerva von den Handwerkern, Ceres und Bacchus von den Bauern usw. Der Sprecher selbst beklatscht zunächst heftig die Göttin des Sieges, Victoria, welche stets zuerst hereingetragen wurde, wobei er, für seine Nachbarin deutlich vernehmbar, ein Gebet an sie richtet (Vers 46):

«Sei hier zugegen und mache, Göttin, daß hier auch meine *Liebe*
     siegreich sei!»
(*Huc ades et meus hic fac, dea, vincat amor*)

Abb. 60: Medaillon aus der Zeit des Antoninus Pius: Tensa der Göttin Roma für die Pompa Circensis

Die folgenden Gottheiten aber läßt er ostentativ aus. Als aber dann Venus hereingetragen wird, beginnt er wie wild zu klatschen und spricht (wieder so, daß es seine Nachbarin deutlich vernehmen kann):

«*Ich (im Gegensatz zu anderen, die anderen Göttern zuklatschen)* spende *dir*,
     freundliche Venus ...,
   Beifall: Sei meinem Beginnen, Göttin, gewogen
und bewirke, daß meine neue Herrin gestattet, daß ich sie liebe!»

Genau in diesem Moment (so die Fiktion Ovids) gerät das Bild der Göttin aus irgendeinem Grund (etwa weil ihr Wagen über eine Unebenheit fährt, oder weil einer der Träger ihres *ferculum* stolpert) ins Schwanken – was der Sprecher geistesgegenwärtig sogleich als ein zustimmendes Nicken, mit dem Venus ihm Erfüllung seiner Wünsche zusichere, ausdeutet. Was eine Gottheit verspricht, geht auf jeden Fall in Erfüllung; wenn er jetzt, sich seiner Nachbarin zuwendend, diese bittet, ihm das gleiche zu versprechen, ist das also nur die Aufforderung, sich in das Unvermeidliche zu fügen. Als Gegenleistung schwört er ihr sogleich ewige Liebe und ruft für diesen Schwur laut alle im Theater Anwesenden zu Zeugen an.

Die *Pompa* machte wahrscheinlich in der Arena einmal eine vollständige Runde. Dann wurden die Bilder und Symbole der Götter und vergöttlichten Kaiser in die für sie reservierte Loge, das sogenannte *pulvinar* (abgeleitet von *pulvinus* = «Polstersitz») gebracht, von der aus sie *in effigie* der Vorstellung beiwohnten, und in dem auch der Kaiser und die Mitglieder seines Hauses Platz nahmen. Es befand sich ganz vorn im ersten Rang, der Kampfrichterloge gegenüber. Augustus hatte es tempelartig ausgestalten lassen[24], Trajan wird es später weiter nach oben verlegen und zu einem prächtigen Tempel mit sechs Frontsäulen ausbauen. – Dorthin also wurden die Götterbilder verbracht; dann wurden die Startboxen fürs erste Rennen ausgelost, die Wagen des ersten Rennens in ihre Startboxen bugsiert[25], und der Prätor begab sich in die Startloge über der Mitte der *carceres*.

Diese Vorbereitungen nahmen eine gewisse Zeit in Anspruch, während derer der Ovidische Sprecher neuerlich Gelegenheit hat, den aufmerksamen Kavalier zu spielen: Er rät seiner Nachbarin, ihre herunterhängenden Füße auf die Quersprossen des Gitters zu setzen, das ihre Sitzstufe von der nächstunteren trennte; man kann daraus schließen, daß die beiden auf der vordersten Stufe ihres Rangs saßen, und daß diese besonders hoch war.

Nachdem alle Teilnehmer der *Pompa* die Arena wieder verlassen haben und der Circus wieder leer ist, hat der Prätor schon – eh man sich's versieht[26] – «die Viergespanne aus der fairen Startbox losgeschickt» (*quadriiugos aequo carcere misit equos*) – hat er also das erste der gewöhnlich zehn bis zwölf Rennen gestartet.

Start eines Wagenrennens

Warum die Startboxen so ausdrücklich als «fair», «gerecht» bezeichnet werden, muß genauer erläutert werden. Im *Circus Maximus* war in der Tat auf jede erdenkliche Weise dafür gesorgt, daß alle Gespanne (maximal zwölf) gleiche Startbedingungen hatten: Vor Beginn jedes Rennens wurden zunächst einmal vor den Augen der Zuschauer die Startboxen ausgelost, oder genauer: die Reihenfolge, in der die Lenker der beteiligten Gespanne sich ihre Startboxen wählen durften: Derjenige, dessen Los als erstes aus der drehbaren Losurne herausfiel, hatte die erste Wahl usw.[27] Dann wurden die Gespanne in ihre Startboxen hineinbugsiert, diese geschlossen. Dann gab der veranstaltende Beamte von seiner Loge über den *carceres* aus das Startzeichen: Er warf ein Tuch (*mappa*) in die Arena.[28] Damit auch die entferntesten Zuschauer es noch gut erkennen konnten, war es mit Kreide geweißt. Im gleichen Moment wurden mit Hilfe eines speziellen Mechanismus, «*hysplex*» genannt, alle Startboxen geöffnet[29], und die Gespanne schossen heraus. Die ersten ca. 160 m mußten auf markierten Bahnen zurückgelegt werden. Erst wenn die Gespanne die weiße Linie, die den Beginn der ersten Gerade rechts von der Mittelbarriere markierte, überquert hatten, durften sie sich frei ins Feld einordnen. Damit die Distanz von der Startbox bis zu dieser Linie (welche der sogenannten *break line* moderner Rennplätze entspricht) für alle genau gleich war, waren die *carceres* in einer leicht konkaven Linie angeordnet, deren Mittelradius gegenüber der Mittelachse der Arena leicht nach rechts hin gedreht war. Und die Mittelbarriere der Rennbahn war ebenfalls und in demselben Sinn leicht aus der Achse gedreht: damit die Kurve, welche die aus den links außen liegenden Boxen startenden Gespanne beim Einlaufen in die Gerade zu nehmen hatten, möglichst flach sei[30] (Abb. 61).

Bis zur *break line* hatte sich gewöhnlich schon eine gewisse Reihenfolge unter den Gespannen herausgebildet. Dasjenige, welches sie als erstes erreichte, hatte freie Bahn vor sich. Es konnte dicht an der Mittelbarriere entlang fahren und die erste Kurve um die hintere Wendemarke beliebig eng nehmen. Die folgenden Gespanne dagegen mußten sich hinter dem führenden Gespann einordnen und konnten

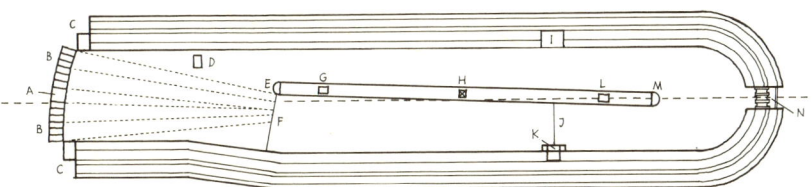

Abb. 61: Schematischer Grundriß des Circus Maximus

A: Porta Pompae unter der Loge des Veranstalters
B: Startboxen (carceres)
C: seitliche Durchgänge
D: Rundenzähler mit Marmor-Eiern für die Rennfahrer
E: vordere Wendemarke
F: break line
G: Rundenzähler mit Bronze-Delphinen

H: Obelisk des Augustus
I: Loge für Götterbilder und Angehörige des Kaiserhauses (pulvinar)
J: Ziellinie
K: Kampfrichter-Loge
L: Rundenzähler mit Marmor-Eiern für die Zuschauer
M: hintere Wendemarke
N: Titusbogen

es nur rechts überholen, es sei denn, es nahm die Kurve zu weit, so
daß eine *Innen*überholung in der Kehre möglich wurde.

Die Startphase bis zur *break line* lief sehr schnell ab. In der Ovidelegie
kommt das darin zum Ausdruck, daß sie, als der Sprecher vom
Rennen selbst zu sprechen beginnt (Vers 67), schon vorbei ist. Das Feld
befindet sich in diesem Augenblick bereits auf der ersten Geraden und
hat sich schon auseinandergezogen, und der von der Nachbarin des
Sprechers favorisierte Fahrer liegt in Führung. Daß *er* der von ihr
favorisierte ist, hat der Sprecher entweder schon vorher, beim Einzug
der Gespanne in den Circus, herausgebracht[31], oder er merkt es
spätestens jetzt. Sofort tut er so, als ob auch er selber ihn leidenschaft-
lich favorisiere und von seinem Sieg im Rennen fest überzeugt sei:

«Wen du favorisierst, sehe ich; siegen wird, wen auch immer du
        favorisierst:
Die Pferde selber scheinen zu wissen, was du wünschst!»[32]

Aber dann umfährt dieser Fahrer die hintere Wendemarke (*meta*) in
einem zu weiten Bogen, und der nächste Verfolger schickt sich an, ihn
auf der Innenbahn zu überholen.

Die Mittelbarriere der Rennbahn
und ihre Ausgestaltung

Bevor wir erfahren, wie der Sprecher darauf reagiert, einige Erläuterungen zu den Wendemarken und zur Mittelbarriere.[33] Die Wendemarken hatten die Gestalt von drei oben in einer eiförmigen Verdickung
endenden Konen, die dicht nebeneinander auf einem halbkreisförmigen Sockel standen. (Deswegen wird gewöhnlich auch die *einzelne*
Wendemarke mit dem Plural *metae* bezeichnet.[34]) Die sie verbindende
Mittelbarriere der Rennbahn sah zu Ovids Zeit noch nicht so aus, wie
sie auf dem bekannten Relief von Foligno (Abb. 62) dargestellt ist:
Dieses gibt den Zustand des dritten oder vierten Jahrhunderts wieder.
Viele der darauf abgebildeten Monumente fehlten noch. Aber schon
damals stand, in der Mitte zwischen den Wendemarken, der Obelisk,
den Augustus im Jahre 10 v. Chr. (zusammen mit dem schon früher
erwähnten Obelisken der großen Sonnenuhr) aus Ägypten nach Rom
hatte bringen und hier aufstellen lassen.[35] Obelisken waren in der
Antike der Sonne geheiligt, und so erinnerte dieser hier daran, daß der
Circus Maximus dem Sonnengott (neben anderen Göttern) geweiht war
– passenderweise, denn auch der Sonnengott umfährt ja Tag für Tag
mit seinem Gespann die himmlische Rennbahn. Ebenfalls schon vor-
handen waren die beiden in der Nähe der Wendemarken aufgestellten

Rundenzähler. Derjenige neben der vorderen, den *carceres* näheren Wendemarke, 33 v. Chr. von Agrippa aufgestellt, hatte die Gestalt von sieben bronzenen Delphinen, welche auf einem von zwei Säulen getragenen Gestell drehbar angebracht waren. Jedesmal, wenn der führende Wagen *diese* Wendemarke umrundete, wurde die Position

Abb. 62: Wagenrennen im Circus Maximus (Sarkophagrelief Foligno). Das Rennen ist in vollem Gange. Vorn rechts drei Gespanne, die gerade in die Kurve hineingehen. Die Fahrer haben sich, um die entstehenden Fliehkräfte zu vermindern, zusammengekauert. Gleichzeitig bremsen sie, indem sie mit nach hinten verlagertem Körper die um ihre Taille geschlungenen Zügel anziehen. Anders bei den Gespannen hinter ihnen, die sich noch in der Gerade befinden: Hier stehen die Fahrer, ja beugen sich zum Teil sogar etwas vor, um so den Pferden die volle Zügellänge zu geben. Dasselbe gilt von dem Lenker des führenden Gespanns, der gerade die rechte Wendemarke umrundet hat. Bei allen Wagenlenkern sind mehr oder weniger deutlich die mit Kinnband befestigten ledernen Sturzhelme, die Riemenbandagierung der Brust und die um die Taille geschlungenen Zügel zu erkennen. Vor der linken Wendemarke sieht man einen Reiter, der peitscheschwingend hinter einem Gespann herreitet: Es ist ein sogenannter «Anfeuerer» (hortator), dessen Aufgabe es war, das Gespann, dem er zugeordnet war, je nach Rennsituation entweder anzutreiben oder zu bremsen. Die Mittelbarriere ist hier schon durchgehend befestigt. Auf ihr sind unter anderem von links nach rechts zu erkennen: die vordere Wendemarke; der vordere Rundenzähler mit den Delphinen; der Obelisk des Augustus (oben beschädigt); gleich rechts neben ihm das Standbild der auf einem Löwen reitenden Magna Mater; der hintere Rundenzähler mit den Marmor-Eiern; die hintere Wendemarke. Und im Hintergrund sieht man, wieder von links nach rechts: die Startboxen mit ihren durch Hermen voneinander getrennten, geschlossenen Gittertoren; über ihnen, in der Startloge, den veranstaltenden Beamten zwischen zwei Begleitern; vor den Startlogen den zweiten, kleineren, für die Wagenlenker bestimmten Eier-Rundenzähler; und ganz rechts den dreitorigen Titusbogen mit seiner bekrönenden Quadriga.

eines Delphins verändert (ob gekippt oder gedreht, wissen wir nicht). – Der andere Rundenzähler neben der hinteren Wendemarke bestand aus sieben Marmor-Eiern, die auf einem von Säulen getragenen Querbalken aufgesteckt waren. Jedesmal, wenn das führende Gespann *diese* Wendemarke umrundete, wurde eines davon weggenommen und auf einen zweiten, niedrigeren Querbalken umgesteckt. Ein dritter, ebenfalls mit Eiern bessteckter Rundenzähler stand vor den Startboxen. Er war wohl in erster Linie für die Fahrer bestimmt, die, wenn sie auf der Gegengerade herankamen, dort den Rundenstand ablesen konnten.[36] – Außerdem standen auf der Mittellinie noch allerhand Statuen, Altäre und andere Monumente. Die Barrieren dazwischen waren zu Ovids Zeiten noch nicht fest installiert, sondern konnten entfernt werden, wenn man die Circusarena für Tierhatzen (*venationes*) oder Gladiatorenspiele (*munera*) nutzen wollte. Erst nachdem 80 n. Chr. dafür eine eigene Aufführungsstätte (das Kolosseum oder *Amphitheatrum Flavium*) geschaffen worden war, konnte eine in ihrer ganzen Länge feste Mittelbarriere eingerichtet werden.

Doch nun zurück zu dem von Ovid vorgeführten Rennen: Der von dem Mädchen favorisierte Wagenlenker umrundet also die erste Wendemarke in einem zu weiten Bogen, so daß sein nächster Verfolger ihn innen zu überholen droht. Der Sprecher gibt vor, darüber in höchste Aufregung, ja Verzweiflung zu geraten: «Was machst du!», schreit er dem Wagenlenker zu (der dies natürlich unmöglich hören kann), «Was machst du, Unglückseliger? Du verspielst die guten Wünsche des Mädchens!» Und er beschwört ihn, doch, bitte, die Zügel links energisch anzuziehen, damit die Kurve um die Wendemarke enger wird. Als aber nichts dergleichen geschieht, sagt er resignierend zu seiner Nachbarin: «Wir favorisieren einen Feigling!»

Wagenrennen im Circus zu fahren, waren in der Tat keine Sache für Feiglinge. Je enger der Fahrer die Linkskurven um die Wendemarken nahm, desto größer war das Risiko, daß das innere Rad sie streifte oder die Fliehkräfte den Wagen umkippen ließen. Auch sonst gab es bei den Rennen immer wieder gefährliche Situationen: Zusammenstöße, Rad- und Achsbrüche und ähnliches mehr. Die Wagenlenker trugen deshalb lederne Sturzhelme; ihr Oberkörper war mit Lederriemen bandagiert, die die Gefahr von Rippenbrüchen vermindern sollten; ihre Beine waren durch Binden und Beinschienen geschützt; am Gürtel trugen sie ein Messer, um sich im Notfall von den Zügeln losschneiden zu können, denn diese waren, damit sie beim scharfen Bremsen mit dem ganzen Körpergewicht angezogen werden konnten, um die Taille geschlungen (Abb. 63). Erfolgreiche Wagenlenker waren zwar hochbe-

Abb. 63: Grabrelief mit Circusdarstellung, Vatikan. Links steht der Verstorbene, mit übergroßem Kopf, starr aus dem Relief herausschauend. Seine etwas kleiner dargestellte Frau hat mit der Linken seinen Arm umfaßt und hält mit der Rechten seine rechte Hand. Unmittelbar daneben ein Renngespann in voller Fahrt. Der Wagenlenker steht mit angewinkelten Knien in dem leichten Wagen und hält mit beiden Händen die um seine Taille geschlungenen Zügel. Man erkennt zwei der Doppelriemen, die seinen Brustkorb schützen, und die verzierte, durch einen Kinnriemen gehaltene Lederkappe. Vor den galoppierenden Pferden ein sparsor: *ein Sklave, der aus einer Schale Wasser über die Rennbahn verspritzt, um der Staubentwicklung vorzubeugen; und noch weiter rechts der das Gespann begleitende* hortator, *der (wie schon erläutert) die Aufgabe hatte, die Pferde je nach Rennlage anzufeuern oder zu bremsen. Unmittelbar vor seinem Pferd ist auch noch der kleinere, für die Rennfahrer bestimmte Eier-Rundenzähler zu erkennen. Die Startboxen sind in Vogelperspektive wiedergegeben. Ihre durch Hermen voneinander getrennten einzelnen Gittertore sind geschlossen. An die Reihe der Startboxen schließt sich oben in rechtem Winkel eine der beiden seitlichen Eingangspforten an, zu der vier Treppenstufen hinaufführen. Die Zuschauertribünen der gegenüberliegenden Seite erscheinen nur als glatter Streifen, die wichtigsten Monumente der Mittelbarriere hingegen sind sorgfältig dargestellt. Man erkennt die beiden Wendemarken, den Obelisken in der Mitte, den Rundenzähler mit den Delphinen und zwei auf hohen Säulen stehende Statuen, eine davon eine geflügelte Siegesgöttin mit Kranz und Palmzweig. Einen großen Palmzweig hält auch der andere Wagenlenker in den Händen, der hinter der Mittelbarriere, halb von der linken Wendemarke verdeckt, zu erkennen ist. Seine Ähnlichkeit mit dem vorn daherfahrenden ist nicht zufällig: Es ist derselbe, nach siegreich beendetem Rennen. – Die Darstellung des Wagenrennens auf diesem Grabrelief sollte wohl auf den Beruf des Verstorbenen hinweisen: Er war wahrscheinlich Vorsteher einer der vier Renngesellschaften* (factiones), *denen die Rennorganisation oblag.*

zahlte Stars, lebten aber oft nicht lange. Ein Beispiel dafür aus flavischer Zeit ist der berühmte Scorpus, dessen von Martial verfaßtes
Grabepigramm wir im letzten Kapitel kennenlernen werden: Er strich
im Laufe seiner Karriere zwar riesige Preisgelder ein, aber er wurde
nicht älter als siebenundzwanzig Jahre.[37]

Doch zurück zu unserem Rennen: Gerade als der Sprecher im Begriff
ist, wegen der Feigheit des von dem Mädchen favorisierten Wagenlen-
kers zu resignieren, ergibt sich ein (von Ovid nicht näher bezeichneter)
Anlaß, den Abbruch des laufenden Rennens zu fordern. Das greift er
sofort auf – erhält der «Feigling» dadurch doch eine neue Chance –,
und auch die anderen Zuschauer verlangen Abbruch. Man tat das,
indem man sich vom Platz erhob, sich die Toga (die ja nichts anderes
ist als ein großes oval zugeschnittenes Wolltuch) von der Schulter
nahm und heftig mit ihr wedelte. Es ist klar, daß dabei ein ziemlicher
Luftzug entstand. Unser Galan macht sich das geistesgegenwärtig
sofort zunutze: «Paß auf, deine Frisur!» (*toga mota turbat capillos!*), ruft
er seiner Nachbarin zu, zieht sie, wie in einer spontanen Rettungsak-
tion, an sich und hält sie solange fest umarmt, bis das Togawedeln
wieder zu Ende ist.
    Der Forderung des Publikums wird entsprochen, das Rennen wird
neu gestartet. Wieder öffnen sich auf das Startzeichen hin die Tore der
Startboxen, wieder stürmen die Gespanne in breiter Front hervor und
ordnen sich, die *break line* passierend, zu einem «verschiedenfarbigen
Zug» (*discolor agmen*) hintereinander ein. («Verschiedenfarbig» wird
der Zug deswegen genannt, weil die Gespanne je nach ihrer Zugehörigkeit zu einem der vier zugelassenen Rennställe entsprechend gekennzeichnet waren, und zwar weiß, rot, grün oder blau.) Und wieder
feuert der Sprecher den vom Mädchen favorisierten Wagenlenker mit
erregtem Zuruf an:

«*Jetzt* wenigstens überhole (*die anderen*) und gehe mit Schwung in die
        freie Bahn:
    Mach, daß meine und meiner Herrin Wünsche sich erfüllen!»

Und tatsächlich: diesmal macht er es besser und überfährt nach den
sieben Runden (deren Ablauf bei Ovid nicht mehr näher geschildert
wird) als Sieger die Ziellinie. Sie lag in der hinteren Hälfte der rechten
Bahn, unterhalb der Kampfrichterloge. Und dort wird ihm auch, bei
der anschließenden Siegerehrung, der symbolische Palmzweig über-
reicht. Der Sprecher kommentiert das in gespielter Melancholie mit
den folgenden Worten (Vers 81 ff.):

«Die Wünsche meiner Herrin haben sich erfüllt – *meine* bleiben noch
  offen;
  ihr Favorit hält die Siegespalme; *ich* muß sie erst noch erringen.»

Aber seine beharrliche Suada ist nicht ohne Wirkung geblieben: Das
Mädchen muß auf einmal lachen und wirft ihm dabei einen Blick zu.
Den deutet er sofort laut im Sinne seiner Absichten: als ein Versprechen von «etwas Bestimmten» (*quiddam*), und ehe sie dem noch
widersprechen kann, fügt er hinzu:

«Dies (d. h. *dieser vielversprechende Blick*) ist mir *hier* genug; alles übrige
  gewähre mir *anderswo*!»
(*Hoc satis hic; alio cetera redde loco!*)

d. h. er tut so, als ob ein Rendezvous nach der Vorstellung schon so gut
wie ausgemacht sei.[38]

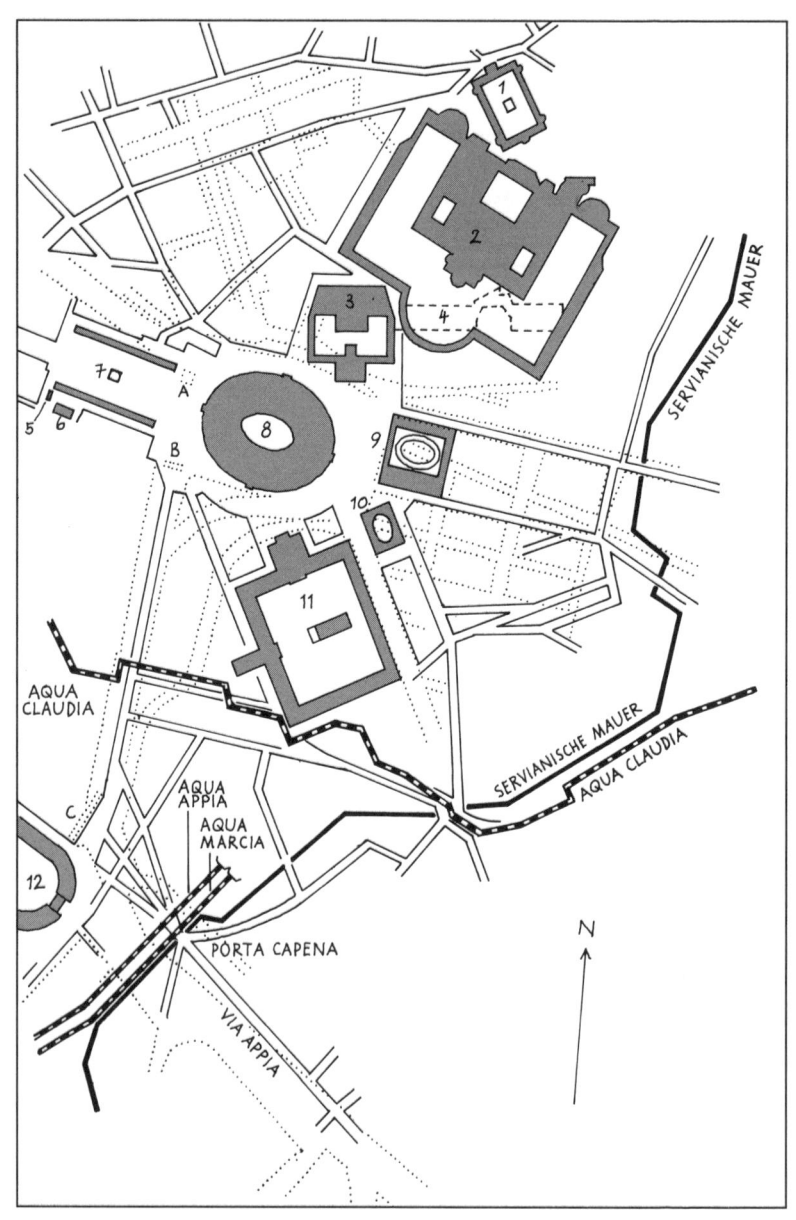

SERVIANISCHE MAUER

AQUA
CLAUDIA

AQUA
APPIA

AQUA
MARCIA

SERVIANISCHE MAUER

AQUA CLAUDIA

PORTA CAPENA

VIA APPIA

N

XIV.
Neros Goldenes Haus und das Kolosseum

Der Große Brand von Rom 64 n. Chr.

(Tacitus, Annales XV,38–44)

Die Zuschauertribünen des Circus Maximus waren, wie wir gesehen
haben, ein riesiges, mehr als einen halben Kilometer langes, zusam-
menhängendes Bauwerk von gestreckter Hufeisenform, durch keinerlei Zwischenräume unterbrochen, durch keinerlei Brandmauern gegliedert. Dies wurde in der Nacht vom 18. auf den 19. Juli des Jahres 64
n. Chr. nicht nur dem Circus selbst, sondern der ganzen Stadt zum
Verhängnis: Am südöstlichen Ende des Gebäudes brach in einem der
zahllosen Läden (*tabernae*) ein Feuer aus und fand in dort gelagerter
brennbarer Ware sofort reichliche Nahrung. Ein gerade heftig wehen-
der Wind (es muß der in Rom im Sommer öfters auftretende, aus
Südsüdost kommende Scirocco gewesen sein) sorgte für rasche Ausbreitung. Bald hatten die Flammen die ganze Länge des Circusgebäu-
des erfaßt, griffen auch auf die benachbarten Stadtviertel über, und
alle Versuche, das Feuer aufzuhalten, blieben vergeblich.[1]
Der Kaiser weilte zu dieser Zeit in *Antium* (Anzio), ca. 50 km südlich
von Rom. Er machte zunächst keinerlei Anstalten, seinen dortigen
Aufenthalt abzubrechen: Brände in Rom waren, wie wir schon wissen,
häufig, fast alltäglich. Erst als ihm gemeldet wurde, daß das Feuer sich
dem neuen Palast, den er sich gerade zwischen Palatin und Esquilin
hatte erbauen lassen, nähere, eilte er herbei. Aber es war schon nichts
mehr zu retten: Die gesamte Anlage wurde ein Opfer der Flammen.
Am 6. Tag schien der Brand endlich zum Stillstand zu kommen, da am

*Abb. 64: Plan: Das Amphitheatrum Flavium und seine Umgebung zur Zeit
Trajans (98–117 n. Chr.). Gepunktete Linien: das heutige Straßennetz*

1: Porticus Liviae	9: Ludus Magnus
2: Thermen des Trajan	10: Ludus Matutinus
3: Thermen des Titus	11: Tempel und Portikus des Claudius
4: Reste von Neros Goldenem Haus	12: Circus Maximus
5: Titusbogen	A: Position von Neros Koloß nach sei-
6: Tempel des Jupiter Stator	ner Umsetzung unter Hadrian
7: Koloß des Nero, ursprüngliche	B: Triumphbogen des Kaisers Kon-
Position	stantin
8: Amphitheatrum Flavium («Kolos-	C: Septizodium des Septimius Seve-
seum»)	rus

Fuße des Esquilin durch zusammengestürzte Gebäude eine breite
Trümmerzone entstanden war, in der das Feuer keine Nahrung mehr
fand. Aber da brach es erneut an anderer Stelle aus, und zwar
seltsamerweise mitten in einer bisher verschont gebliebenen Gegend
und auf einem Grundstück, das dem mächtigen Günstling des Kaisers,
dem Prätorianerpräfekten Ofonius Tigellinus gehörte. Infolgedessen
kam das Gerücht auf, der Kaiser selbst habe es dort anlegen lassen, um
sozusagen reinen Tisch zu machen für einen vollständigen Neuaufbau
der Stadt. Tacitus läßt in seinem Bericht offen, ob dies zutraf; daß Nero
schon den *ersten* Brand habe legen lassen, wie Sueton und Cassius Dio
behaupten[2], hält er aber offenbar für Unsinn, denn sonst hätte er nicht
so nachdrücklich hervorgehoben, welche große Rolle der Wind – ein
zufälliger und nicht manipulierbarer Faktor – bei der Ausbreitung des
Feuers spielte. Auch, daß Nero, vom Dach der *Turris Maecenatis* auf die
brennende Stadt hinunterschauend, ein selbstverfaßtes Epos über den
Untergang Trojas vorgetragen habe, ist für Tacitus nicht mehr als ein
unbestätigtes Gerücht.[3]

Als der Brand nach sieben Tagen aufhörte, hatte er von den vierzehn
augusteischen Verwaltungsbezirken nicht weniger als zehn in Mitleidenschaft gezogen, drei davon sogar völlig vernichtet; nur vier waren
verschont geblieben.[4] Auch das Kapitol scheint nicht betroffen worden
zu sein.

Der Wiederaufbau wurde sofort in Angriff genommen. Dabei wurden die bei dem Brand gemachten Erfahrungen nach Möglichkeit
berücksichtigt[5]: Die engen, vielfach gewundenen Gassen und die
unregelmäßigen Häuserblocks hatten die Löscharbeiten sehr er-
schwert – also werden jetzt breite Straßen und «abgemessene» (d. h.
wohl gerade und regelmäßige) Häuserblockreihen errichtet: *dimensi
vicorum ordines*. Auch die Höhe vieler Gebäude hatte sich wieder fatal
ausgewirkt[6] – also wurde angeordnet, daß die Neubauten eine gewisse
Höhe nicht überschreiten dürften, und auf ihrer Vorderseite mußten
Säulenhallen vorgebaut werden, damit von deren Dach aus Brände
besser bekämpft werden könnten.[7] Weiter wurde dafür gesorgt, daß
zwischen den Häusern immer wieder freie Plätze als Fluchtorte für die
Bevölkerung ausgespart blieben. In gewissen Bereichen der Gebäude
(wohl bei den Außenmauern) durften keine Holzbalken mehr verwendet werden, sondern nur noch bestimmte besonders feuerfeste Ge-
steinsarten. Außerdem wurden nun Brandmauern vorgeschrieben,
d. h. aneinanderstoßende Gebäude durften keine gemeinsame Trenn-
mauer mehr haben, sondern jedes mußte über eigene Außenmauern
verfügen. Schließlich vermehrte man die Zahl der öffentlichen Wasser-
stellen und sorgte für einen reichlichen Wasserfluß, und jedermann
war von nun an verpflichtet, an leicht zugänglichem Ort Löschgeräte
bereitzuhalten.

Soweit die Vorschriften, die den Wiederaufbau regelten. Dieser selbst wurde in jeder Weise gefördert und beschleunigt. Zunächst mußte der Brandschutt abtransportiert werden. Also wurde verordnet, daß jedes Schiff, das tiberaufwärts Getreide nach Rom brachte, auf der Rückfahrt Schutt mit nach Ostia zu nehmen hatte, wo man ihn zum Zuschütten von Sümpfen verwendete. Für die Neubauten wurden staatliche Zuschüsse bereitgestellt. Damit möglichst schnell gebaut würde, standen diese Gelder jedoch nur für eine begrenzte Zeit zur Verfügung und wurden erst nach Fertigstellung ausgezahlt.

Abb. 65: Porträtbüste Neros

Neros «Goldenes Haus»
(Sueton, Nero 31,1 f.)

Nero nutzte die Katastrophe aber, wie Tacitus mit tadelndem Unterton feststellt[8], auch zur Befriedigung seines Luxusbedürfnisses aus, indem er nämlich seinen zerstörten neuen Palast jetzt noch viel weitläufiger und prächtiger wieder aufbaute. Das Ergebnis war das berühmte «Goldene Haus», die *Domus Aurea*.[9]

Der Haupteingang lag an der Stelle, wo Hadrian später den Tempel der Venus und der Roma errichten ließ. Aber schon das ganze Vorfeld zum Forum hin wurde radikal umgestaltet: Die auf den Eingang des Palastes zuführenden Straßen (die *Via Sacra* und die *Via Nova*) wurden begradigt, axial auf den Palasteingang ausgerichtet und erhielten Arkadengänge, hinter denen sich große Hallen öffneten.[10] Im Vorhof des

Palastes selbst wurde der berühmte Koloß aufgerichtet, eine 120 Fuß (36 m) hohe Statue Neros, welche Vespasian später in eine Statue des Sonnengottes (kenntlich an dem Strahlenkranz) umarbeiten ließ. (Hadrian ließ ihn, als er an dieser Stelle den Tempel der Venus und der Roma errichtete, mit ungeheurem Aufwand an einen neuen Standort vor das inzwischen errichtete *Amphitheatrum Flavium* versetzen, wo man bis 1936 seine Basis noch sehen konnte.[11]) Hatte man den Vorhof durchschritten, trat man in eine kunstvoll gestaltete Landschaft hinaus: Ein großer künstlicher See (*stagnum maris instar*) breitete sich an der Stelle aus, wo heute das Kolosseum steht. Um ihn herum waren Gebäude errichtet, die den Eindruck von Städten erwecken sollten (*circumsaeptum aedificiis ad urbium speciem*). Die Abhänge der Hügel dahinter (des Caelius und des Oppius) waren als Äcker, Weinberge, Viehweiden, Wälder gestaltet. Auf dem Caelius ließ Nero, um dafür Raum zu schaffen, den noch unfertigen Tempel des vergöttlichten Claudius fast gänzlich abreißen; die Seitenmauer des Tempelpodiums wurde in eine Brunnenanlage (ein *Nymphaeum*) umgewandelt. Das Hauptgebäude des Palastes, von dessen Souterraingeschoß noch einiges erhalten ist, war an den unteren Abhang des Oppius hinangebaut. Die baulichen und gärtnerischen Anlagen erstreckten sich hinauf bis zum Park des Maecenas, an dessen höchstem Punkt sich die schon erwähnte *Turris Maecenatis* erhob, von der man eine wunderbare Aussicht über die Stadt und hinüber auf die Bergketten der Sabiner- und Albanerberge hatte. Sueton hebt die ungeheure Pracht der Ausstattung der Gebäude hervor: Alles war auf das reichste mit Gold, Edelsteinen und Perlmutt geschmückt. In den Speisesälen waren die Decken mit elfenbeinernen Platten getäfelt, von denen einige drehbar waren, so daß, wenn sie sich öffneten, Blumen auf die Speisenden herabrieselten; andere waren mit feinen Röhren versehen, aus denen Parfüm herabgesprüht werden konnte. Hauptattraktion war ein rundes Speisezimmer, das sich «wie der Kosmos» (*vice mundi*) Tag und Nacht drehte; Reste eines anderen, achteckigen, das eine drehbare Decke hatte, haben sich erhalten.[12] Selbstverständlich gehörten zu dieser Anlage auch Bäder, und zwar neben den gewöhnlichen Süßwasserbädern auch solche mit Meerwasser, und andere, in denen das weißliche schwefelhaltige Wasser einer unterhalb Tivolis entspringenden Heilquelle (*Albula* genannt[13]) verwendet wurde.

Als deutlich wurde, welche Ausdehnung die Anlagen des neuen Palastes haben würden, kam in Rom ein boshaftes Epigramm in Umlauf:

«Rom wird zu einem Palast: Wandert nach Veji aus, ihr Bürger –
falls der verfluchte Palast nicht auch noch Veji okkupiert.»[14]

Nero selbst jedoch soll bei der Einweihung des Palastes erklärt haben: «Endlich habe ich angefangen, wie ein Mensch zu wohnen» (*quasi homo tandem habitare coepi*).

Das Amphitheatrum Flavium
(Martial, Liber spectaculorum 2)

Als Nero 68 n. Chr. von dem Statthalter der *Hispania Tarraconensis*, Servius Sulpicius Galba, gestürzt wurde und Selbstmord beging, war der neue Palast noch nicht vollendet. Galbas Nachfolger Otho, ein intimer Freund Neros, plante, ihn fertigstellen zu lassen[15], doch blieb ihm nicht mehr die Zeit dazu. Vespasian, der schließliche Sieger des Bürgerkriegs von 69 n. Chr., machte es dann zu seiner erklärten Politik, das von Nero okkupierte Gelände wieder der öffentlichen Nutzung zuzuführen, und ebenso verfuhr sein älterer Sohn und Nachfolger Titus: Auf dem Caelius wurden der Claudiustempel und die ihn umgebenden Säulenhallen wiederhergestellt beziehungsweise vollendet; die Badeanlagen des Goldenen Hauses wurden in öffentliche Thermen (die Titusthermen) umgewandelt; und wo der künstliche See angelegt worden war, wurde das *Amphitheatrum Flavium* (in den antiken Texten meist einfach *Amphitheatrum* genannt) errichtet. Die Bezeichnung «Colosseum» (nach dem unter Hadrian in seine unmittelbare Nachbarschaft versetzten Neronischen Koloß) kam erst im Mittelalter auf.

Das neue Gebäude kam einem schon lange empfundenen Bedürfnis entgegen: Zwar gab es in Rom drei große Theater sowie, für die Veranstaltung von Wagenrennen, den *Circus Maximus*, aber es gab noch immer keine eigene Aufführungsstätte für Tierhatzen (*venationes*) und Gladiatorenspiele (*munera*). Für sie war ein Amphitheater, d. h. eine allseitig von Zuschauertribünen umgebene runde oder ovale Arena, offensichtlich am besten geeignet, bedurften sie doch nicht, wie die Wagenrennen, einer langgestreckten Arena, auch nicht, wie die Theatervorführungen, einer Bühne; und rings um die Arena herumgebaute Tribünen garantierten allen Zuschauern optimale Sicht.

Tierhatzen und Gladiatorenspiele waren ursprünglich auf dem Forum veranstaltet worden. Die Zuschauer nahmen dort auf den Dächern der das Forum umgebenden Läden Platz, wo der Censor Gaius Maenius 318 v. Chr. Galerien hatte errichten lassen, welche nach ihm *Maeniana* genannt wurden.[16] Später wurden auch der Circus Maximus und die *Saepta* für solche Veranstaltungen verwendet, oder es wurden provisorische Tribünenbauten auf dem Marsfeld errichtet. Als zum Beispiel Caesar im Sommer des Jahres 46 v. Chr. seinen vierfachen Triumph über Gallien, Ägypten, Pontus und Afrika feierte, hielt man die fünftägigen Tierhatzen im Circus Maximus ab[17], ebenso

den riesigen Schaukampf, an dem 1000 Fußsoldaten, 40 Elefanten und
600 Reiter beteiligt waren; für die dreitägigen athletischen Wettkämpfe
wurde ein eigenes Stadion auf dem Marsfeld errichtet.[18]
Ein erstes, provisorisches *Amphitheater* von sehr origineller Bauart
soll C. Scribonius Curio (53 v. Chr.?) anläßlich der Leichenspiele für
seinen Vater errichtet haben[19]: Es war aus Holz gezimmert und bestand
aus zwei drehbar gelagerten Hälften, die am Vormittag, Rücken an
Rücken stehend, als Zuschauertribünen für Theateraufführungen
dienten. Für die Gladiatorenkämpfe des Nachmittags wurden sie um
180° gedreht, und zusammengeschoben: Es entstand ein Amphitheater.[20] Die Anlage kann schon aus technischen Gründen nicht sehr groß
gewesen sein und wurde wohl auch bald wieder abgebaut. – Unter
Augustus errichtete dann Titus Statilius Taurus 29 v. Chr. auf dem
Marsfeld ein erstes *steinernes* Amphitheater.[21] Es war aber offenbar
nicht besonders zweckmäßig, denn schon Caligula mochte es nicht
mehr verwenden und benutzte für seine Spiele wieder die *Saepta*[22]. –
Nero erbaute 57 n. Chr. erneut ein *hölzernes* Amphitheater auf dem
Marsfeld[23], von dem wir eine zeitgenössische Beschreibung in den
Hirtengedichten des Calpurnius Siculus haben. Im 7. Gedicht läßt er
den Hirten Corydon, der gerade aus Rom in sein heimatliches Waldtal
zurückgekehrt ist, einem anderen Hirten davon berichten (Bucolica
7,23–38):

«Ich sah ein Theater, aus Balken gezimmert, zum Himmel
aufragen, (*so hoch*), daß es auf den Tarpeischen Gipfel (scil. *den kapitoli-
        nischen Hügel*) beinahe *herab*sah;
und nachdem ich die Stufen und die sanft daliegenden Abhänge (*der
        Tribünen*) durchmessen hatte,
kam ich zu den Sitzen, wo die schmutzig-dunkel gekleidete
Schar (*der Sklaven*) zwischen den Sesseln der Frauen zuschaute.
Denn auf allen Plätzen, die frei unter offenem Himmel daliegen,
drängten sich Ritter oder, schweeweiß gekleidet, Tribunen.
Wie unser Tal hier zu einem weiten Rund sich erweitert
und, ringsum von ansteigenden Wäldern umgeben,
zwischen Bergzügen eingesenkt sich öffnet,
so umgibt dort der Talkessel (*der Tribünen*) die Fläche der runden Arena
und umschließt von beiden Seiten her mit seiner Masse das Oval in der
        Mitte.
Was soll ich nun das beschreiben, was ich kaum selber
in allen Einzelheiten zu betrachten vermochte? So sehr von überall her
        blendete
Glanz mich. Ich stand wie angewurzelt und schaute mit offenem
        Munde...»

Abb. 66: Das Amphitheatrum Flavium, vom Tempel der Venus und der Roma aus gesehen

Aber auch dieses prächtige Amphitheater war nur ein Provisorium. Erst mit dem *Amphitheatrum Flavium* bekamen die Tierhatzen und Gladiatorenspiele eine ihrer Bedeutung angemessene dauernde Aufführungsstätte.

Versetzen wir uns nun mit Hilfe eines Martialepigramms (Liber spectaculorum 2) in einen Betrachter, der im Jahre 80 n. Chr., von der Stelle, wo heute die Reste von Hadrians Venus-Roma-Tempel stehen, zum gerade fertiggestellten *Amphitheatrum Flavianum* hinunterschaute (Abb. 66).

Der Vorhof des Neronischen Palastes (sein *vestibulum*, oder, wie Martial es ausdrückt, seine *atria*) war inzwischen wieder in eine breite, auf das Amphitheater zuführende Straße (*via*) verwandelt worden. Wahrscheinlich hatte man zu diesem Zweck einfach den vorderen und den hinteren Querflügel abgebrochen. Der Koloß, der in der Mitte des Vorhofs gestanden hatte, nahm nun, zum Sonnengott umfunktioniert, die Mitte dieser Straße ein. Außerdem waren auf ihr damals (während der hunderttägigen Feiern zur Einweihung des neuen Amphitheaters) die bei den Aufführungen gerade nicht gebrauchten Theatermaschinen (griechisch *pegmata*) abgestellt:

«Hier, wo der erzene Koloß die Sterne aus größerer Nähe sieht
    und mitten auf der Straße die Theatermaschinen hoch emporwach-

sen,
da strahlten eben noch die verhaßten Vorhöfe des grausamen Tyran-
    nen,
und ein *einziger* Palast nahm die ganze Stadt ein.
Hier, wo die weithin sichtbare Masse des ehrfurchtgebietenden Am-
    phitheaters
aufragt, war Neros See....»

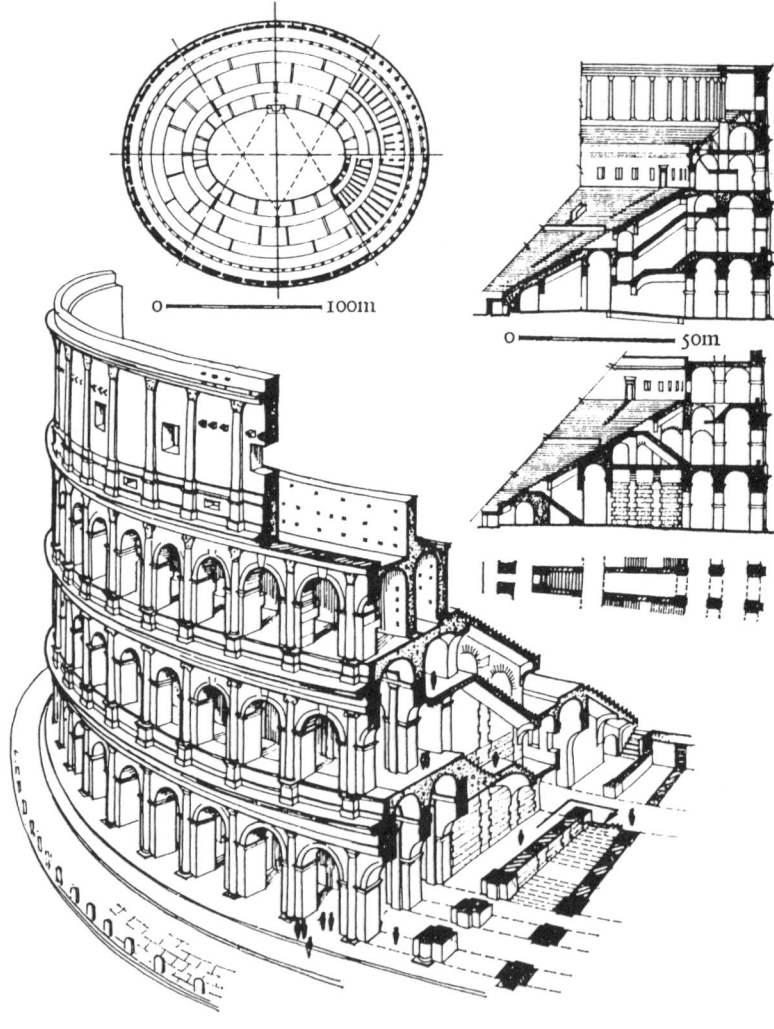

Abb. 67: Das Amphitheatrum Flavium, Rekonstruktionszeichnung

Links vom Amphitheater konnte man die Titusthermen sehen: Von einer auf Platzniveau liegenden Vorhalle gelangte man über eine Treppe hinauf auf ihren höher gelegenen Vorhof, hinter dem dann die eigentlichen Badegebäude, die ehemals zum Goldenen Haus gehört hatten, aufragten:

«Hier, wo wir die so schnell uns geschenkten[24] Thermen bestaunen, hatte bedauernswerten Menschen der hochmütige Park ihre Besitzungen genommen.»

Rechts vom Amphitheater waren oben auf dem Caelius die Portiken zu sehen, die den von Vespasian wiederhergestellten und vollendeten Claudiustempel umgaben:

«Wo (*jetzt*) die Portikus des Claudius weit ihre schattigen Gänge sich erstrecken läßt,
war der äußerste Teil von Neros Residenz, die dort aufhörte.»

Die Gebäude, die den Platz hinter dem Amphitheater begrenzten, beschreibt Martial nicht, da sie von dem gewählten Standpunkt aus nicht sichtbar sind. Es waren jedenfalls noch nicht die beiden Gladiatorenkasernen (*ludi*) mit ihren ovalen Übungsarenen, die man dort ausgegraben hat: Diese wurden erst unter Domitian errichtet.

Martial beschließt das Epigramm mit einer dankbaren Anrede an den Kaiser:

«Wieder zurückgegeben sich selber ist Rom, und unter deiner Herrschaft, Caesar,
ist nun die Lust des Volkes, was einst war die Lust des Tyrannen.»

Nachdem wir die Umgebung des Amphitheaters in Augenschein genommen haben, wollen wir es jetzt selbst ins Auge fassen (Abb 67). Seine ca. 50 m hohe Außenfassade ist in vier Stockwerke gegliedert. Die untersten drei öffnen sich nach außen in je achtzig Bögen; den Pfeilern zwischen den Bögen sind im Erdgeschoß toskanische, im ersten Obergeschoß jonische, im zweiten korinthische Halbsäulen vorgelegt, die eine Attika tragen. Das oberste Stockwerk der Fassade, um ein Drittel höher als die anderen, ist geschlossen und durch korinthische Pilaster gegliedert. Zwischen ihnen hat das Mauerwerk abwechselnd ein tiefer liegendes kleines und ein höher liegendes größeres Fenster, woran zu erkennen ist, daß sich hinter ihm in Wirklichkeit *zwei* Stockwerke verbergen. In den Jochen, wo das große

Fenster fehlt, war ursprünglich an seiner Stelle ein großer vergoldeter Bronzeschild angebracht. Unmittelbar über den großen Fenstern bzw. Schilden umläuft eine Reihe von Konsolen (je drei pro Joch) das Gebäude, denen in dem Gesims darüber Löcher entsprechen. In ihnen staken, auf den Konsolen aufruhend, die $3 \cdot 80 = 240$ Masten, die das riesige Sonnensegel (*velum*) hielten, welches bei Bedarf, und wenn nicht gerade heftiger Wind herrschte, über die Zuschauerränge gezogen werden konnte.[25] Es wurde von Matrosen bedient, die zu diesem Zweck von dem Kriegshafen Misenum bei Neapel nach Rom abkommandiert wurden und eine eigene Kaserne in der Nähe der Titusthermen, unterhalb der großen Exedra der Trajansthermen, bewohnten. – Das oberste Stockwerk wurde übrigens erst unter Domitian (81–96 n. Chr.) gebaut; bei seiner Einweihung im Jahre 80 n. Chr. war das Amphitheater nur dreistöckig.

Der Platz, auf dem es stand, hatte die in Rom für Straßen übliche Polygonalpflasterung aus Lavastein, aber ein Streifen rings um das Gebäude, durch Poller (kurze Pfeiler, *cippi*) abgegrenzt, war mit rechteckigen Travertinplatten belegt. Die Poller standen genau in der Achse der Arkadenpfeiler beziehungsweise der Arkadenmitten. An ihrer dem Gebäude zugewandten *Innen*seite hat man Löcher festgestellt, die wohl zur Befestigung von Gittern oder Ketten dienten, und an ihrer *Außen*seite waren rechteckige Tafeln angebracht. Die Gitter, Tafeln und die heute noch erhaltenen Nummern über den Arkadenbögen des Erdgeschosses halfen den zu den Vorstellungen heranströmenden Zuschauern, den Eingang zu finden, der sie zu ihren Plätzen führte. Hatten sie ihn durchschritten, wurden sie dann ganz von selbst durch Treppen und Gänge zu dem für sie bestimmten Bereich der Zuschauertribünen hingeleitet.

Folgen wir also dem antiken Zuschauer ins Innere des Gebäudes. War es der Kaiser, eine Amtsperson, ein Mitglied eines hohen Priesterkollegiums oder ein Staatsgast, so betrat er es durch eine der vier *nicht* numerierten Arkaden, die sich in den beiden Hauptachsen des gewaltigen Ovals öffnen, und nahm direkt an der Arena in einer Ehrenloge Platz. War er Senator, so durfte er auf den untersten Sitzreihen, dem sogenannten Podium, Platz nehmen. Hier waren die Sitzstufen aus Marmor, und die Plätze trugen den Namen des jeweiligen Inhabers.[26] Den Rittern waren, genauso wie im Theater, die 14 nächsthöheren, aus Travertin gemauerten Sitzreihen, *primum maenianum* genannt, vorbehalten. Darüber, im *secundum* und *tertium maenianum* (ebenfalls aus Travertin), saßen die der *plebs* angehörenden römischen Bürger. Die Frauen und die Sklaven hatten auf einem vierten *maenianum*, dessen Sitzreihen aus Holz waren, Platz zu nehmen. Ganz oben, auf einer Dachterrasse, waren die Flottensoldaten postiert, die das große Sonnensegel bedienten. Innerhalb dieser Sitzbereiche waren übrigens, wie wir aus Resten von Inschriften wissen[27], bestimmte Abschnitte noch bestimmten Berufsgruppen, Priesterschaften oder auch den Angehörigen bestimmter römischer Kolonien zugewiesen.

Abb. 68: Porträtbüste des Kaisers Titus

Stellen wir uns nun vor, wir hätten an einem für Vorführungen im Amphitheater vorgesehenen Festtag dort unseren Platz eingenommen, und das Programm begänne. Den anschaulichsten Eindruck können wir uns von den Vorführungen machen, die im Jahre 80 der Kaiser Titus (Abb. 68) anläßlich der Einweihung des Gebäudes den Römern bot: Martial hat ihnen ein eigenes Buch Epigramme gewidmet, den sogenannten «Liber spectaculorum» («Buch der Schauspiele»).

Vormittagsvorführungen im Kolosseum
(Martial, Liber spectaculorum 5; 7; 12; 13; 14; 18; 21; Martial VIII,30; X,25)

Am Vormittag fanden die Tierhatzen (*venationes*) statt. Bei diesen wurden wilde Tiere entweder aufeinander gehetzt oder von Jägern erlegt, oder es wurden ihnen Verbrecher vorgeworfen, die zu diesem grausamen Tod (*ad bestias*) verurteilt worden waren (Abb. 69). Auch andere zu Zirkusvorführungen umfunktionierte Hinrichtungen fanden am Vormittag statt. Ich führe zunächst einige Epigramme Martials vor, die diesen Teil des Programms schildern.

Ein Tigerweibchen fällt über einen Löwen her (Liber spectaculorum 18):

Abb. 69: Ad bestias Verurteilter und Löwe. Terra-Sigillata-Schale, Karlsruhe

«Ein Tigerweibchen, von dem sich der Dompteur gewöhnlich ganz
    unbesorgt die rechte Hand lecken ließ,
    ein seltenes Prachtexemplar aus den hyrkanischen Bergen[28],
zerfleischte, *(auf einmal)* wild geworden, mit reißenden Zähnen einen
    wilden Löwen –
    ein ganz unerhörter Vorfall, noch nie vorgekommen.
Es wagte nichts dergleichen, als es noch in den tiefen Wäldern lebte,
    seitdem es *(aber)* bei uns ist, ist es von größerer Wildheit.»
(postquam inter nos est, plus feritatis habet)

Hat Martial in dem abschließenden Vers eine leise Kritik an der
Grausamkeit und Blutdürstigkeit des stadtrömischen Pöbels üben wollen? Ich denke wohl, da das Epigramm sonst keine rechte Pointe
hätte.
    Eine trächtige Wildsau gebiert in dem Moment, da der Jäger sie
tödlich getroffen hat, noch ein Ferkel. Diesen Vorfall hat Martial zum
Anlaß für insgesamt drei Epigramme genommen, die auf uns allerdings, da wir das arme Tier bemitleiden, eher abstoßend als geistreich
wirken (12, 13, 14).[29] Hier das erste:

«Als bei den grausamen Kämpfen der vom Caesar veranstalteten Jagd
    ein leichter Speer eine trächtige Sau durchbohrte,
sprang ein Ferkel aus der Wunde des armen Muttertieres hervor.

O wilde Lucina (scil. *die römische Geburtsgöttin, die mit Diana identifiziert wurde*), soll das eine Geburt gewesen sein?
Diese Sau hätte gewünscht, von noch mehr Geschossen verwundet zu
werden,
damit *allen* Ferkeln (*in ihrem Leib*) dieser traurige Weg (*nach draußen*)
offengestanden hätte.
Wer bestreitet (*jetzt noch*), daß Bacchus beim Tod seiner Mutter *gezeugt*
wurde?
Daß so eine *Gottheit gezeugt* worden ist, könnt ihr glauben, da doch
ein *Tier* so *geboren* wurde.»[30]

Martial gewinnt dem seltsamen Ereignis einige Pointen ab: Tod löst
hier Geburt aus; der Trieb des trächtigen Tieres, seine Jungen zur Welt
zu bringen, setzt seinen Selbsterhaltungstrieb außer Kraft; und
schließlich: Einem alten Mythos wird durch den Vorfall neue Glaub-
würdigkeit verliehen.

Das zweite Epigramm (13):

«Von einem schweren Geschoß getroffen und von seiner Spitze durchbohrt,
hat eine Sau Leben zu ein und derselben Zeit *verloren* und *gegeben*.
O wie zielsicher war die Rechte, die diese Waffe schleuderte!
Ich glaube, es ist die Hand *Lucinas* gewesen.
Sterbend erfuhr diese Sau die Macht beider Erscheinungsformen Dia-
nens,
insofern sie als Mutter gebar, und insofern sie als Jagdtier erlegt
wurde.»

Hier nutzt Martial geistreich den Umstand aus, daß die Jagdgöttin Diana
gewöhnlich mit der römischen Geburtsgöttin Lucina gleichgesetzt
wurde: Beide Erscheinungsformen der Göttin fallen hier in eine zusammen: Sie war Diana, insofern sie mit ihrem Speer die Sau erlegte, und
Lucina, insofern sie damit dem Ferkel ans Licht der Welt half.

Schließlich noch das Epigramm 14:

«Eine Wildsau, schon recht schwer von der teuren Last ihres reifen
Leibes,
brachte ihr Junges zur Welt, durch eine Wunde zur Mutter gemacht;
und das Ferkelchen blieb nicht liegen, sondern während die Mutter zu
Boden stürzte, lief's auf und davon.
O wie geistreich können plötzliche Zufälle sein!»

Auch dieses Epigramm ist auf den Gegensatz Tod/Geburt abgestellt, nur anschaulicher: Das Neugeborene beginnt in dem Moment zu laufen, da die sterbende Sau zu Boden stürzt. Im lateinischen Text ist das zu einer antithetischen und außerdem alliterierenden Wortgruppe verdichtet: *nec iacuit partus, sed matre cadente cucurrit.* Daß der Dichter in diesen Epigrammen das qualvolle Sterben eines Tieres zum Gegenstand witziger Gedankenspiele macht, wirkt auf uns eher geschmacklos. Das gilt *a fortiori* von den folgenden Gedichten, in denen es um das Sterben nicht mehr von Tieren, sondern von Menschen geht. Es handelt sich dabei um Schwerverbrecher, die – zur Strafe für ihre Vergehen und gleichzeitig zur Unterhaltung des Publikums – wilden Tieren vorgeworfen wurden. Solche Hinrichtungen wurden öfters als Wiederholung mythologischer oder historischer Szenen inszeniert. So wurde zum Beispiel mit einer Frau die Szene gestellt, wie Pasiphaë, die Gattin des kretischen Königs Minos, sich von einem Stier begatten läßt; Pasiphaë kroch zu diesem Zweck bekanntlich in eine von Dädalus verfertigte hölzerne Kuh (Epigramm 5):

«Pasiphaë hat sich wirklich – ihr könnt es glauben! – mit dem kretischen Stier vereinigt!
wir haben es selber gesehen, und die alte Sage wurde glaubwürdig,
und nicht (*mehr*), Caesar, soll die uralte Kunde sich über sich selber wundern:
Alles was die Sage singt, das führt die Arena *dir* vor.»

Ein anderes Mal sollte Orpheus vorgeführt werden, wie er inmitten der wilden Tiere die Leier schlägt. Dabei wurden offenbar zuerst die Tiere in die Arena gelassen, und dann erschien auf einmal, von einem Bühnenaufzug aus dem Untergeschoß hochbefördert, mitten unter ihnen dieser Orpheus (Epigramm 21 b):

«Plötzlich aufklaffend entließ die Erde den Orpheus:
Kein Grund zum Staunen: Aus der Unterwelt kam er, von Eurydike...»

Die Vorführung mißlang aber, da eines der wilden Tiere von dem Leierspiel des Sängers unglücklicherweise nicht so beeindruckt war, wie der Mythos es verlangte (Epigramm 21):

«Alles, was das (*thrakische*) Rhodopegebirge, als Orpheus auftrat, gesehen haben
soll, das führte *dir*, Caesar, die *Arena* vor:

Felsen bewegten sich, ein wunderbarer Wald eilte herbei –
so einer, wie man sich den Hain der Hesperiden vorstellt.[31]
Zugegen waren, unter's Weidevieh sich mischend, alle Arten wilder
Tiere,
und zu Häupten des Sängers schwebten vielerlei Vögel,
nur er selber lag da, von einem undankbaren Bären zerfleischt:
Allein *dies* ereignete sich *nicht* dem Mythos gemäß.»

Das war immerhin ein nicht beabsichtigter Zufall, wohingegen bei der
folgenden Vorführung der Tod des Betreffenden von vornherein einge-
plant war: Der Verurteilte hatte den legendären Räuberhauptmann
Laureolus darzustellen, den Haupthelden eines schon unter Caligula
nachweisbaren[32] gleichnamigen Mimus. Die Handlung des Stückes
endete damit, daß Laureolus ans Kreuz geschlagen und wilden Tieren
zum Fraß ausgesetzt wurde. Was auf dem Theater «gemimt» wurde,
wurde hier im Amphitheater in der Realität vorgeführt (Epigramm 7):

«Wie Prometheus, an den skythischen Felsen gebunden,
mit seiner allzu kühnen Brust[33] den ständig auf ihm sitzenden
Vogel nährt,
so bot einem schottischen Bären seine bloßen Eingeweide dar
Laureolus, *wirklich* am Kreuze hängend.
Es *lebten* die zerfleischten, (*von Blut*) triefenden Glieder,
und am ganzen Körper war Körper nirgendwo mehr.
So wurde zu guter Letzt einer bestraft, der...»

(hier hat der überlieferte Text eine Lücke)

«oder der schuldig war, seinem Herrn die Kehle mit dem Schwert
durchschnitten zu haben,
oder in seiner Verblendung aus Tempeln die dort geborgenen Schätze
geraubt zu haben,
oder mit furchtbaren Fackeln an dich, Rom, Brand gelegt hatte.
Noch übertroffen hatte dieser Verbrecher die Vergehen, von denen die
alte Sage berichtet,
er, bei dem das, was (*vorher nur*) eine (*fürs Theater erfundene*) Geschichte gewesen war, (*nun wirkliche*) Strafe gewesen ist.»

Bei solchen grausigen Vorführungen nahmen übrigens hin und wieder
Ärzte unmittelbar am Rand der Arena Aufstellung und nutzten die
sich bietende seltene Gelegenheit, die inneren Organe eines noch
lebenden Körpers zu beobachten.[34]
Auch andere Arten des Strafvollzugs – ohne die Verwendung wil-

der Tiere – wurden während des Vormittagsprogramms zur Unterhaltung des Publikums vorgeführt: So brachte man z. B. im Jahre 93 n. Chr., unter Domitian, einmal einen zum Tode Verurteilten, indem man ihm Strafmilderung zusicherte, dazu, die Rolle des C. Mucius Scaevola zu spielen. Die Legende ist aus Livius (II,12) bekannt: Als der etruskische König Porsenna kurz nach 500 v. Chr. Rom belagerte, drang ein junger Römer namens Mucius unerkannt in sein Feldlager ein und versuchte ein Attentat auf ihn, tötete statt seiner aber irrtümlicherweise einen seiner Schreiber. Festgenommen, erklärte er, er sei nur der erste einer ganzen Schar von jungen Römern, die sich verschworen hätten, Porsenna zu ermorden. Als der König ihm mit der Feuer-Folter drohte, falls er nicht Genaueres verrate, legte Mucius seine rechte Hand in die Flammen eines gerade entzündeten Opferaltars und erklärte: «Hier, damit du siehst, wie gleichgültig ihr Körper denen ist, denen großer Ruhm vor Augen steht!» – und ließ seine Hand, ohne mit der Wimper zu zucken, in den Flammen verbrennen – so, als ob sie gar nicht zu seinem Körper gehöre. Porsenna war, so heißt es, davon so beeindruckt, daß er von sich aus den Römern Friedensverhandlungen anbot und schließlich abzog. Dem Mucius aber trug seine Heldentat den Beinamen *Scaevola* («Linkshänder») ein. Seine Rolle zu spielen, hatte sich der Verurteilte also bereit erklärt (Martial VIII,30):

«Das, was man jetzt in des Kaisers *Arena* als *Schauspiel* erleben kann – zu
   Zeiten des Brutus[35] war es eine Ruhmestat ersten Ranges.
Du kannst mit eigenen Augen sehen, wie er die Flammen förmlich
   festhält, seine Strafe geradezu genießt,
der Held, und mitten in dem verblüfften Feuer seine Hand ganz in
   der Gewalt hat.
Er schaut sich selber zu und findet an seiner Rechten edler
   Bestattung Gefallen: *Sie* aber kostet das Opfer bis zum letzten
   aus;
und wenn ihm nicht gegen seinen Willen das strafende Feuer weggerissen worden wäre, wäre
   seine Linke bereit gewesen, noch rücksichtsloser gegen die schon
   ermüdeten Flammen vorzugehen.
Nach einer so glänzenden Tat will man gar nicht mehr wissen, was
   diese Hand vorher getan hat:
die ich hier *sah, die* zu kennen ist mir genug.»

Was uns hier, wie auch schon an den vorher besprochenen Epigrammen, verblüfft, ja abstößt, ist die Art und Weise, wie das sadistische

Schauvergnügen des Publikums wichtiger wird als alles andere: Dort wurde das Mitgefühl mit dem Opfer, hier wird sogar das Rechtsempfinden außer Kraft gesetzt: Der Mann mochte die fürchterlichsten Verbrechen begangen haben (seine unmenschlich kalte Selbstbeherrschung läßt es vermuten) – das Schauspiel, das er dem Publikum bietet, läßt sie unerheblich werden. In diesem Fall hat Martial sich in einem späteren Gedicht immerhin korrigiert: In dem noch unter Domitian verfaßten, aber nach dessen Sturz noch einmal umgearbeiteten Buch X findet sich das folgende Epigramm (X,25):

«Wenn Mucius, der neulich im Vormittagsprogramm des Amphitheaters zu sehen war,
wie er seine eigenen Glieder in die Flammen des Altars legte,
dir, (*Leser*), standhaft, abgehärtet und tapfer erscheint,
so bist du so dumm wie das Volk von Abdera.[36]
Denn wenn man jemandem die Feuertunika[37]
vorhält (d. h. *die vollständige Verbrennung androht*) und sagt:
‹Leg die *Hand* ins Feuer!›, dann ist es doch wohl die größere Heldentat zu sagen: ‹Nein, ich tu's nicht›.»

Noch andere Hinrichtungsarten werden bei Seneca (Epistulae 7,3 ff.) beschrieben, der sie wohl in dem oben erwähnten Neronischen Amphitheater auf dem Marsfeld gesehen hatte: Man ließ bewaffnete Schwerverbrecher ohne schützende Rüstung aufeinander losgehen, so daß jeder Treffer eine Wunde bedeutete. Man veranstaltete Kettenkämpfe: Dem erschöpften Sieger eines Zweikampfes wurde ein neuer, frischer Gegner gegenübergestellt, wenn er auch ihn besiegte, ein dritter, usw., bis er unterlag. Das Ende war in jedem Falle der Tod.[38]

Da hierfür kein Aufwand nötig war – die verurteilten Verbrecher standen gratis zur Verfügung, und es waren keine mit Mühe und großen Kosten zu beschaffenden Raubtiere erforderlich –, galt so etwas jedoch nicht als vollwertiger Programmpunkt, sondern wurde gleichsam nur als Pausenunterhaltung für diejenigen Zuschauer geboten, die zwischen dem Ende des Vormittagsprogramms und dem Beginn des Nachmittagsprogramms nicht nach Hause gehen wollten.[39] Seneca ist übrigens einer der ganz wenigen antiken Schriftsteller, die Abscheu über die in der Arena vorgeführten Grausamkeiten äußern.[40]

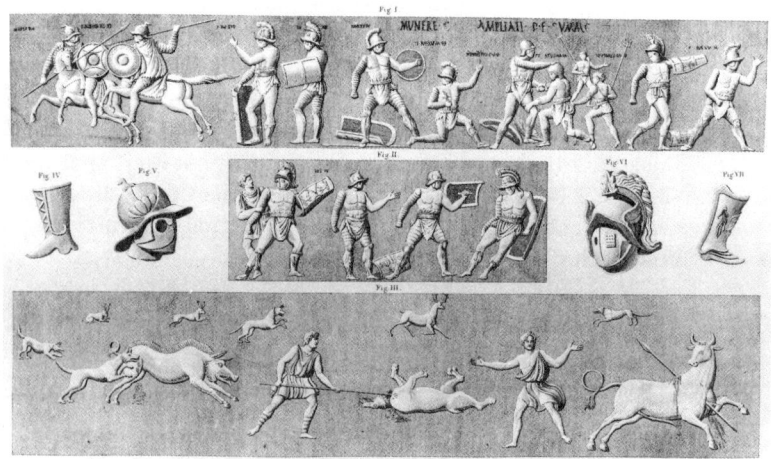

Abb. 70: Kämpfende Tierfechter und Gladiatoren. Zeichnung nach einem verlo-rengegangenen Grabrelief in Pompei

Nachmittagsvorführungen im Kolosseum

(*Juvenal 8,199–210; 11,1–20; Martial, Liber spectaculorum 24; 26; 29*)

Der Nachmittag brachte dann den Höhepunkt des Programms: die Gladiatorenkämpfe (*munera*). Ursprünglich waren es durchweg verurteilte Verbrecher, Kriegsgefangene und Sklaven, die als Gladiatoren auftraten; später aber boten sich immer öfters auch freie römische Bürger für dieses blutige Geschäft an: entweder aus Sensationslust, oder auch, weil sie finanziell ruiniert waren und ihnen der zwar riskante, aber einträgliche Gladiatorenberuf als der einzige Ausweg aus ihrer Lage erschien. Sie schlossen einen schriftlichen Vertrag (*auctoramentum*) mit dem Gladiatorenmeister (*lanista*) ab, in dem sie erklären mußten, für ein bestimmtes Gehalt «sich brennen, in Fesseln legen, auspeitschen und durch das Schwert töten zu lassen» (*uri vinciri verberari ferro necari*)[41], anders ausgedrückt: sich mit Leib und Leben an den Gladiatorenmeister zu verkaufen. Sie lebten von nun an, wie Gefangene gehalten, in der Gladiatorenkaserne (*ludus*), erhielten eine Ausbildung in einer der vielen Spezialdisziplinen ihres neuen Berufes und wurden mit Kraftnahrung herausgefüttert. Juvenal 11,20 spricht in diesem Zusammenhang von den *miscellanea ludi*, die ein gewisser Rutilus, nachdem er sich ausgerechnet mit seiner Feinschmeckerei finanziell ruiniert hatte, als Gladiator nun hinunterwürgen mußte: Es war offenbar ein höchst unappetitlicher, aber kalorienreicher Mischmasch.

In einer anderen Juvenalsatire (8,199 ff.) sind einige der Disziplinen aufgezählt, in denen sich so ein zum Gladiator heruntergekommener römischer Bürger (hier heißt er Gracchus) ausbilden lassen konnte: Da gab es den *myrmillo* (in früheren Zeiten auch *Gallus* genannt), der mit einem Schwert bewaffnet war, und gewappnet mit einem federgeschmückten Helm, langem rechteckigen Schild (*scutum*) und kurzen Beinschienen. Ihm wurde gewöhnlich der *thraex* (Thraker) entgegengestellt, der mit kurzem Krummdolch kämpfte; sein Helm war mit einem Greifenkopf geschmückt; gewappnet war er mit einem kurzen rechteckigen oder runden Schild (*parma*) und langen Beinschienen. Der *retiarius* kämpfte, wie sein Name sagt, mit einem Netz (*rete*), das er dem Gegner überzuwerfen suchte, und mit einem langstieligen Dreizack (*tridens*); für den Nahkampf hatte er noch einen kurzen Dolch. Gewappnet war er lediglich mit einem Armschutz (*galerus*) am linken Arm, der die Schulter überragte, so daß auch der sonst ungeschützte Kopf etwas Deckung erhielt; der *retiarius* trug nämlich keinen Helm. Eben diese Kampfart übt übrigens bei Juvenal der zum Gladiator heruntergekommene Gracchus aus, und daß die Zuschauer wegen des fehlenden Helms sein Gesicht deutlich erkennen können, macht seine Schande nur noch größer (8,203):

«... Er fuchtelt – schaut nur – mit seinem Dreizack,
nachdem er mit dem Schwung seiner Rechten das Netz, das von ihr
herabhängt,
vergeblich geschleudert hat, reckt sein durch nichts verdecktes Gesicht
zu den Zuschauern
hinauf und flüchtet, jedem erkennbar, durch die ganze Arena.»
(... *movet ecce tridentem,*
postquam vibrata pendentia retia dextra
nequiquam effudit, nudum ad spectacula vultum
erigit, et tota fugit agnoscendus harena)

Traditioneller Gegner des leichtbeweglichen *retiarius* war der *secutor*, der im Gegensatz zu ihm schwerbewaffnet und schwergerüstet, dadurch aber auch schwerfälliger war (Abb. 71 und 72).

Das Nachmittagsprogramm begann mit dem feierlichen Einzug der auftretenden Gladiatoren. Daß sie dabei den Kaiser mit dem Zuruf «*Ave Caesar, morituri te salutant*» begrüßten, ist nur für eine bestimmte Veranstaltung unter dem Kaiser Claudius überliefert[42] und war wohl nicht die Regel. Dann wurden als erstes dem Veranstalter (*editor muneris*) die Waffen zur Prüfung vorgelegt. Es folgte, sozusagen zum Aufwärmen, ein kurzer Vorkampf mit stumpfen Übungswaffen (*prolusio*). Dann kündigten Tubabläser den Beginn der eigentlichen Kämpfe

Abb. 71: Angreifender Retiarier. Terra-Sigillata-Flasche, Speyer
Abb. 72: Secutor, vor dem angreifenden Retiarier zurückweichend. Rückseite derselben Flasche

an. Die Gladiatoren kämpften einzeln oder (seltener) gruppenweise (*gregatim*) gegeneinander. Manchmal wurde gleich am Anfang angekündigt, daß ohne Pardon (*sine missione*) gefochten werden würde; im allgemeinen war es jedoch so, daß zunächst bis zur Kapitulation des einen Fechters gekämpft wurde. Da er dies durch Niederlegen des Schildes und Heben des Zeigefingers der (dadurch frei gewordenen) linken Hand (Abb. 73) anzeigte, hieß das «bis zum Fingerheben kämpfen» (*ad digitos pugnare*).[43] Der neben den Kämpfern stehende Kampfrichter hielt dann den Sieger von weiteren Angriffen ab, und der Veranstalter hatte nun zu bestimmen, ob dem Besiegten Begnadigung (*missio*) gewährt werden solle. Gewöhnlich stellte er diese Entscheidung dem Publikum anheim. Dieses drückte durch Tücherschwenken den Wunsch nach Begnadigung aus, oder entschied durch Daumensenken auf Tod.[44] Im letzteren Fall wurde von dem Besiegten erwartet, daß er den Todesstoß, den der Sieger ihm auf ein Tubasignal hin gab, mit in den Schoß oder auf den Rücken gelegten Händen gefaßt entgegennahm (Abb. 74). An den Niedergestreckten trat dann ein Mann heran, der die Maske des Totengeleiters Hermes-Merkur trug, und prüfte mit einem glühenden Eisen, ob der Tod schon eingetreten war. War das der Fall, schleiften ihn Sklaven, die Charonsmasken trugen, durch ein besonderes Tor hinaus, *Porta Libitinensis* genannt

Abb. 73: Retiarier hat seinen Dreizack hingeworfen und gibt durch Heben des rechten Zeigefinges dem angreifenden Secutor das Zeichen der Kapitulation. Terra-Sigillata-Becher, Colchester

nach der altlateinischen Todesgöttin *Libitina*; in der Arena wurde der blutgetränkte Sand untergeharkt, und der nächste Kampf konnte beginnen.[45]

Bei den Einweihungsspielen des Kolosseums nahm der Kampf zwischen zwei «Thrakern» namens Priscus und Verus einen etwas ungewöhnlichen Verlauf: Sie erwiesen sich als einander völlig ebenbürtig, und so zog sich der Kampf immer weiter in die Länge. Das Publikum hatte schon zu wiederholten Malen gefordert, ihn für unentschieden zu erklären und abzubrechen (der terminus technicus dafür war «stehend entlassen»: *stantes mittere*), aber der Kaiser hatte vorher angekündigt, daß bis zur Aufgabe (*ad digitos*) gefochten würde, und lehnte es ab, von dieser Regelung abzugehen. Immerhin sprach er den beiden im Verlauf des Kampfes immer neue Prämien zu. Schließlich kam der gleiche Kampf dadurch zu einem Ende, daß beide, durch die Anstrengungen und empfangenen Wunden erschöpft, zu Boden stürzten. Daraufhin erklärte der Kaiser *beide* zu Siegern und entließ sie aus ihrem Gladiatorenvertrag. Das konventionelle Symbol für den Sieg war der Palmzweig, für die Entlassung das Übungsrapier (*rudis*). Beide erhielten also Zweig und Rapier. Martial feiert das in dem folgenden Epigramm (Liber spectaculorum 29):

«Als Priscus und Verus ihre Gefechte immer weiter hinzogen
   und der Kampf zwischen beiden lange unentschieden blieb,
da wurde für sie wiederholt mit großem Lärm Abbruch gefordert.
   Aber der Kaiser blieb der Regelung, die er selber getroffen hatte,
      treu –
Die Regelung war, so lange zu kämpfen, bis einer den Schild nieder-
      lege und den Finger höbe.

Abb. 74: Besiegter Gladiator in Erwartung des Todesstoßes

Er tat jedoch, was (*im Rahmen dieser Regelung*) erlaubt war: sprach
ihnen wiederholt Schüsseln (*mit Geld*) und Geschenke zu.

Trotzdem fand sich ein Ende für den gleichen Kampf:
Sie kämpften als Ebenbürtige, als Ebenbürtige stürzten sie nie-
der:
(*So*) schickte der Kaiser *beiden* das Übungsrapier und *beiden* die Palme:
Diesen Preis trug Tapferkeit, mit Geschicklichkeit gepaart, da-
von.
So etwas geschah noch unter keinem anderen Herrscher außer *dir*,
Caesar:
Zwei kämpften gegeneinander, und (*am Ende*) waren *beide* Sie-
ger.»

Bei den Einweihungsspielen des Jahres 80 wurde die Arena des
Kolosseums zeitweilig auch unter Wasser gesetzt, und es wurden
sogenannte Naumachien und andere Wasserpiele aufgeführt.[46] Ich
führe zwei Martial-Epigramme (Liber spectaculorum 24 und 26) vor,
die sich auf dieses Ereignis beziehen. Das erste handelt von einer
Naumachie im eigentlichen Sinne: von der Vorführung einer Seeschlacht:

«Falls du, Zuschauer, von fernen Küsten hergereist, zu spät gekommen bist
und für dich dieser Tag der erste des heiligen Festspiels war,
(*dann laß dir*), damit dich die Seeschlacht mit ihren Schiffen
und das meergleiche Gewässer nicht täusche, (*gesagt sein*): Hier war
eben noch *Land*.
Du glaubst es nicht? (*Dann*) schau nur (*weiter*) zu, während Mars auf
dem Meer sich erschöpft:
Es wird nicht lange dauern, und du wirst sagen: Hier war eben
noch *Meer*.»

Anlaß zu dem anderen Epigramm (Nr. 26) gab ein Schwimmballett, bei
dem die Badenixen (*Nereides*), in Formation schwimmend, verschiedene
Figuren bildeten:

«Es spielte die gelehrige Schar der Nereiden auf der ganzen Fläche
und bildete in wechselnder Formation Bilder auf dem gefügigen
Wasser:
Mit geraden Zinken drohte der Dreizack, der Anker mit gekrümm-
ten;
wir meinten, ein Ruder zu sehen, meinten zu sehen ein Schiff,

(*meinten*), das den Seeleuten willkommene Gestirn der Zwillinge[47]
glänzen
und breite Segel durchscheinend bauschig schwellen (*zu seh'n*).
Wer hat im Reich der klaren Wellen solche Künste erfunden?
Entweder hat diese Spiele Thetis gelehrt – oder erst selber gelernt.»

Ein Dezemberfest im Kolosseum
(*Statius, Silvae I,6*)

Noch von einer anderen Feier im Kolosseum haben wir eine ausführliche Beschreibung, und zwar aus der Feder des Dichters Statius. Sie fand in der Regierungszeit Domitians an einem 1. Dezember statt und dauerte von Sonnenaufgang bis in die Nacht hinein. Von dem Programm (es waren sicherlich ebenfalls *venationes* und *munera*) erwähnt Statius allerdings nur das, was aus dem Rahmen des Üblichen fiel: einen Auftritt weiblicher Gladiatoren und einen Kampf zwischen Zwergen. Ansonsten schildert er nur das, was den Zuschauern *neben* dem eigentlichen Programm an Extra-Attraktionen geboten wurde. Das Gedicht ist also eine willkommene Ergänzung zu Martials «Liber spectaculorum».

Das Publikum wurde gleich nach Sonnenaufgang ins Amphitheater eingelassen. Über den Sitzreihen waren Schnüre (*lineae*) aufgespannt – wahrscheinlich von den Seilen herabhängend, mit denen das große Sonnensegel reguliert wurde –, an denen allerlei Trockenfrüchte und Backwerk befestigt war. Statius zählt auf: Nüsse aus Pontus (der Nordküste des Schwarzen Meeres), Datteln aus Palästina, Pflaumen aus Damaskus, Feigen aus Kaunos in Karien (an der Südküste Kleinasiens), Backwerk, z. T. in der Form kleiner Männchen (*Gaioli* genannt), Fruchtkuchen aus Ameria (einer Stadt in Umbrien), noch eine andere Art von Kuchen, für die Most verwendet wurde, und noch einmal Datteln. All dies regnete, durch einen nicht näher beschriebenen Mechanismus von den Halteschnüren gelöst[48], auf die Zuschauer herab – wie Tau (so sagt Statius poetisch), den ein aufkommender Morgenwind von den Bäumen schüttelt, oder wie einer der kräftigen Regengüsse, die im Frühjahr beim Aufgang der Hyaden und Plejaden vorkommen (21 ff.):

«Mit *so* kräftigen Güssen überschütten nicht einmal (*im Frühling*) die
düsteren Hyaden
oder die (*in Regen*) sich lösenden Plejaden die Länder,
wie (*hier*) der *Winter* über die latinischen Sitzreihen hin
bei *heiterem* Himmel das Volk mit Hagel trifft.
Mag Jupiter doch Wolken über den Erdkreis hin ziehen lassen

und Regengüsse den weiten Feldern androhen,
solange hier nur *unseres* Jupiter (scil. *Domitians*) Regengüsse niederge-
hen!«

Man nannte so etwas «*sparsiones*», und die Dinge, die dabei auf die
Zuschauer herabregneten, «*missilia*»[49]; es konnten außer Früchten und
Backwerk auch Gutscheine für Mehl, Kleidung, Gold, Silber, Edel-
steine, Perlen, Gemälde, Sklaven, Tiere aller Art (Zuggespanne,
zahme Wildtiere, Vögel) sein; sogar Schiffe, Ländereien, ganze Inseln
wurden gelegentlich auf diese Weise verschenkt – oder Berechtigungs-
scheine für freien Bordellbesuch.[50]
    Zu einem späteren Zeitpunkt, sicherlich zur Zeit der *cena* (im De-
zember also gegen 15 Uhr), schwärmten hübsche, schmuck angezo-
gene Knaben über alle Sitzreihen hin aus und verteilten an jeden einen
Brotkorb, eine Serviette und ein von Statius nicht näher bezeichnetes
Gericht (*epula*), andere schenkten dazu Wein aus, und auf diese Weise
waren, wie der Dichter betont, alle, welchen Standes auch immer
(Sklaven, Frauen, Plebs, Ritter, Senatoren) mit dem anwesenden Kaiser zu einem riesigen *convivium* vereinigt (49 f.):

«... und schon kann sich jeder, wer er auch sei: ob arm oder reich,
rühmen, Tischgenosse des Kaisers zu sein.»

Während dieses *convivium* wurde unten in der Arena statt der blutigen
Gladiatorenkämpfe des Hauptprogramms leichtere Unterhaltung geboten, damit die Speisenden nicht allzusehr abgelenkt würden: Die
schon erwähnten Zwerge und weiblichen Fechter traten auf und
belustigten das Publikum durch ihre Possierlichkeit beziehungsweise
durch ihre Ungeschicklichkeit im Umgang mit der Waffe (Vers 62): «Es
lachen Vater Mars und die blutige Tapferkeit» (*ridet Mars pater et cruenta
Virtus*).
    Bei Einbruch der Dämmerung folgte zunächst eine erneute *sparsio*
von *missilia*, dann zeigten sich an verschiedenen Punkten der gewaltigen *cavea* plötzlich hier Prostituierte, dort (wie wir heute sagen würden) «beliebte Bühnenstars» (68: *omne quod theatris / aut forma placet aut
probatur arte*); fette Bauchtänzerinnen aus Lydien traten auf, und zum
Klang von Zimbeln und Schellen die uns schon bekannten Gaditane-
rinnen; lärmend kamen Scharen von Syrern (ebenfalls Tänzer?) herein,
und auch die in anderem Zusammenhang schon erwähnten Straßen-
verkäufer, die Altglas gegen Schwefelhölzer eintauschen, werden von
Statius hier genannt; was sie zur Unterhaltung beitrugen, wird allerdings nicht deutlich.
    Im Anschluß daran gab es noch einmal eine *sparsio*, diesmal von
gebratenen Vögeln (Flamingos, Kranichen, Fasanen, Perlhühnern[51]),

und als es dunkel geworden war, wurde zum Abschluß über der Arena-Mitte ein riesiger flammender Reif (oder auf einem kreisförmigen Gestell befestigte Fackeln) herabgelassen, der die Nacht taghell erleuchtete. Danach gingen die Zuschauer, müde und schläfrig vom genossenen Wein, nach Hause – oder wie der Dichter, zum Schluß noch einmal den veranstaltenden Kaiser anredend, von sich selber sagt:

«Schon verlassen mich die Kräfte, und von deinem Wein trunken, schlepp' ich mich heim zu spätem Schlummer.»

(*Iam iam deficio tuoque Baccho*
in serum trahor ebrius soporem.)

XV.

Abfahrt aus der Stadt nach Süden

Vom Kolosseum begeben wir uns jetzt wieder zurück zum *Circus Maximus*, dem das Kapitel XIII gewidmet war. Dazu nahm man in der Antike (wie auch heute noch) die Straße, die das Tal zwischen Palatin und Caelius durchläuft. Sobald wir zum Circus (genauer: zu seinem runden südöstlichen Ende) gelangt sind, biegen wir nach links ab und kommen zu der Stelle, wo in der Antike das als *Porta Capuana* oder kürzer *Porta Capena* bezeichnete Tor der Servianischen Mauer lag. Es hieß so, weil durch dieses Tor derjenige die Stadt verließ, der auf der *Via Appia* nach Capua reisen wollte. Mit dem Tor überquerte dort auch ein Zweig der *Aqua Marcia* die Straße; sie war gerade über der Durchfahrt nicht ganz dicht, so daß es dauernd auf die Straße heruntertropfte. Deshalb hieß das Tor im Volksmund auch *Arcus stillans* («Tropfender Bogen»).[1]

Vor der Porta Capena
(Properz IV,3,71 f.; Juvenal 3,13–16)

Unmittelbar außerhalb der *Porta Capena* befand sich ein Altar, der der *Fortuna Redux* geweiht war: der «Fortuna, welche eine glückliche Heimkehr gewährt» (Abb. 75). Er war 19 v. Chr. errichtet worden, als Augustus von einem längeren Aufenthalt in Griechenland und Asien

Abb. 75: Denar aus der Zeit des Augustus (19 v. Chr.): Altar der Fortuna Redux

nach Rom zurückgekehrt war. Später scheint der Göttin hier sogar ein Tempel gebaut worden zu sein: Darauf deutet eine Formulierung Martials hin.[2] Frauen, deren Männer vom Kriegsdienst glücklich heimgekehrt waren, hängten hier Votivgeschenke auf, etwa die Waffen des glücklich Heimgekehrten. Dies nimmt sich zum Beispiel auch Arethusa, die Frau des Lycotas, im Properzgedicht IV,3 für den Fall seiner Heimkehr vor (71 f.):

Wenn ich seine Waffen als Weihgeschenke zur Porta Capena bringe,
    will ich darunter schreiben: ‹Für die Errettung ihres Mannes ein
    dankbares Mädchen›.
(*Arma cum tulero portae votiva Capenae,
    subscribam: SALVO GRATA PUELLA VIRO.*)

Abb. 76: Sesterz aus der Zeit Domitians (95/96 n. Chr.): Triumphbogen Domitians beim Tempel der Fortuna Redux

Domitian hatte bei diesem Tempel 93 n. Chr., nach seiner Heimkehr vom Sarmatenfeldzug, einen seiner vielen Triumphbögen errichten lassen, bekrönt von zwei Triumphwagen, die von Elefanten gezogen wurden und auf denen eine vergoldete Statue des Herrschers stand. Neben einer Beschreibung bei Martial[3] hat sich auch eine Münzabbildung (Abb. 76) erhalten.

Ebenfalls hier, unmittelbar vor dem Tor, war in einem links von der Straße leicht sich absenkenden Gelände ein den Musen (lateinisch: den *Camenae*) heiliger Hain mit einer Quelle abgegrenzt, der *Vallis Egeriae* genannt wurde. Geweiht haben soll ihn der zweite von Roms Königen, Numa Pompilius, dem die Römer das Verdienst zuschrieben, durch Einführung religiöser Bräuche dem kriegerischen jungen Volk friedliche Gesittung beigebracht zu haben. – Damit seine Neuerungen akzeptiert würden, gab er (nach Livius I,19,5) vor, sich nachts in diesem Tal mit einer Nymphe namens Egeria zu treffen, die ihrerseits vertrauten Umgang mit den Musen, Jupiters Töchtern, habe; von ihr erfahre er, was den Göttern genehm sei. – Zu Juvenals Zeit war zwar die Quelle selbst prachtvoll in Marmor gefaßt worden, in dem Hain jedoch kampierten arme Juden, die die vorüberziehenden Reisenden anbettelten (Juvenal 3,13):

«Hier (*scil.* ‹bei den alten Bögen der Wasserleitung und der feuchten
  Porta Capena›), wo sich Numa mit seiner nächtlichen Freundin zu
  verabreden pflegte,
ist heute der Hain der heiligen Quelle und das Heiligtum verpachtet an
  die Juden,...
... die Musen sind vertrieben, es bettelt der Wald.»[4]

Daß sich Bettler gerade hier festgesetzt hatten, hatte seinen Grund sicherlich unter anderem darin, daß vor der *Porta Capena* während des Tages eine große Ansammlung von Fuhrwerken stand, denen nach der schon mehrfach erwähnten *Lex Iulia municipalis* vom Sonnenaufgang bis zum Ende der 10. Stunde die Einfahrt in die Stadt verwehrt war. Alle eintreffenden Reisenden mußten während dieser Zeit hier absteigen, alle abgehenden konnten erst hier ihre Wagen besteigen. Aus diesem Grunde wird ja auch, wie erinnerlich, in der dritten Satire des Juvenal der Hausrat des Umbricius, der von Rom nach *Cumae* bei Neapel umzieht, an *dieser* Stelle in den Wagen eingeladen (wohl, nachdem er von Trägern aus der *Subura* hierhergebracht worden ist), und hier gibt Umbricius (der Fiktion Juvenals zufolge) dem Dichter jene drastische Beschreibung der unerträglichen Wohnverhältnisse in der *Subura*, die wir im Kapitel II ausführlich besprochen haben.

Abfahrt zum Landhaus
(Martial III,47)

Aus dem gleichen Grund (weil Wagen nach Süden während des Tages von hier aus abgingen) wird die *Porta Capena* auch am Anfang des Martialgedichtes III,47 genannt. Martial beschreibt dort, wie ein gewisser Bassus mit vollbeladenem Reisewagen dahinfährt. Uns interessiert hier vor allem die Ladung und der Troß, die er mit sich führt:

«Wo die Porta Capena große Tropfen regnen läßt,
...
... war im vollbepackten Reisewagen Bassus unterwegs,

272 *Abfahrt aus der Stadt nach Süden*

alles, was das gesegnete Land zu bieten hat, (*mit sich*) schleppend.
Da hättest du Kohl von edler Staude sehen können
und Lauch von beiderlei Art[5] und niedrigwachsenden Salat
und – hilfreich bei Verstopfung – Mangold;
da (*auch*) einen schweren Kranz von fetten Krammetsvögeln
und einen Hasen, in den ein gallischer Jagdhund seinen Zahn geschla-
    gen,
und ein Milchferkel, das noch keine einzige Bohne gefressen hatte.[6]
Und auch der Läufer ging nicht müßig vor dem Wagen,
sondern trug, sicher in Heu verpackt, die Eier.
Wollte Bassus denn in die *Stadt*?...»

Die überraschende Antwort ist:

«... Nein, im Gegenteil, er war unterwegs zu seinem *Landgut*.»

Den genauen Sinn dieser Schlußpointe begreift man, wenn man das
wenig später folgende Gedicht III,58 liest. Es ist auf III,47 deutlich
zurückbezogen: Der Adressat von III,47 ist ein gewisser Faustinus;
ihm beschreibt Martial Bassus' Abfahrt zu seinem Landgut vor Rom.
Im Epigramm III,58 dagegen ist es genau umgekehrt: Bassus ist der
Adressat, und Martial beschreibt ihm das Landgut, das in der Nähe
von *Baiae* Faustinus besitzt. Es ist ein Landgut im Vollsinne des Wortes:
ein richtiger landwirtschaftlicher Betrieb mit Getreidefeldern und
Weinbergen, mit Vieh-, Geflügel-, Fisch- und Bienenzucht, der sich mit
Lebensmitteln ganz und gar selber versorgen kann. Nach dieser Beschreibung, die den ersten, größeren Teil des Gedichtes einnimmt,
wendet Martial sich zum Schluß noch einmal dem Bassus zu und hält
ihm höhnisch vor:

«Aber *du* besitzt in Stadtnähe (*bloß*) eine schicke Villa zum *Verhungern*,
und überschaust von deinem hohen Belvedere bloß (*unfruchtbare*)
    Lorbeerpflanzungen;
dein Gartenpriap braucht keinen Dieb zu fürchten (da kannst du
    unbesorgt sein),
deinen Winzer fütterst du mit in der *Stadt* gekauftem Brot,
und transportierst an Feiertagen in deine aufgeputzte Villa
Kohl Eier Hühnchen Äpfel Käse Most.
Soll man das (*wirklich noch*) ein *Landgut* nennen? oder (*nicht eher*) ein
    Stadthaus, nur weit *vor* der Stadt?»

Wir bekommen hier einen Eindruck davon, wie in der näheren Umgebung Roms bisher landwirtschaftlich genutztes Gelände mehr und

mehr zu Villengrundstücken mit unfruchtbaren Zierparks umfunktioniert worden war.

Zwei Grabinschriften
(CIL VI 1293; 9797)

Alle großen Ausfallstraßen Roms waren bekanntlich von Grabmälern gesäumt. Eines, das sich an der *Via Appia* noch weitgehend erhalten hat, ist das Familiengrab der *Cornelii Scipiones*, eines Zweiges der *Gens Cornelia*. Es liegt links von der Straße, kurz nach der Abzweigung der nach *Tusculum* führenden *Via Latina*: eine seitab von der Straße in den Fels hineingehauene Gruft. Die Familie ließ ihre Toten merkwürdigerweise noch bis in die Mitte des 2. Jahrhunderts v. Chr. nicht, wie längst, üblich, einäschern, sondern auf die ältere Weise in Sarkophagen beisetzen. Die Särge trugen Inschriften: Auf der einen Längsseite waren Name und Ämter des Verstorbenen festgehalten, auf der anderen wurden in Versen (gewöhnlich in altertümlichen Saturniern) seine Verdienste gefeiert. Einige haben sich erhalten. Ich zitiere hier die des Gnaeus Cornelius Gnaei Filius Scipio Hispanus (Prätor im Jahre 139 v. Chr.) – die einzige übrigens, die in elegischen Distichen abgefaßt ist. Sie ist besonders gut geeignet, das ganz von Familienstolz und Ruhmesstreben beherrschte Selbstverständnis eines adligen Römers der älteren Zeit zu demonstrieren (CIL VI 1239, Abb. 77):

«Die Verdienste meines Geschlechtes habe ich durch meinen Lebenswandel gemehrt,
habe Nachkommenschaft gezeugt, den Taten meines Vaters nachgestrebt,
habe an dem von meinen Ahnen erworbenen Ruhm festgehalten, so
daß *mich* zum Nachkommen zu haben

Abb. 77: Inschrift auf dem Sarkophag des Cn. Cornelius Scipio Hispanus

ihnen Grund zur Freude ist. Und die (*von mir errungene*) Ehre adelt *meine* Nachkommenschaft.»

(VIRTVTES GENERIS MIEIS MORIBUS ACCVMVLAVI,
PROGENIEM GENVI, FACTA PATRIS PETIEI,
MAIORVM OPTENVI LAVDEM, UT SIBEI ME ESSE CREATUM
LAETENTVR, STIRPEM NOBILITAVIT HONOR)

Wie man sieht, begreift sich der Einzelne hier noch ganz und gar als Glied seiner Sippe (*gens*) und als Verwalter ihres Ruhmes (*laus*). Durch das Zeugen von Nachkommen sorgt er für ihren Fortbestand, und ihren Ruhm erhält und mehrt er, indem er sich, den Taten (*facta*) seines Vaters und seiner Vorfahren nacheifernd, durch eigene Taten und Tugenden (*virtutes*), die sich in seinen Sitten (*mores*) manifestieren, selber Ruhm und Ehre (*honos*) erwirbt. Dadurch trägt er seinen Teil zum Adel (*nobilitas*) seiner Nachkommen bei, denn dieser beruht nach der hier sich ausdrückenden Auffassung vor allem auf den Leistungen der Vorfahren: *honor maiorum progeniem nobilitat.* Es ist ein Adel, der Erbe und Verpflichtung zugleich ist: Auch die Nachkommen werden später ihren Teil zur Ehre der Familie beitragen müssen, damit ihren Kindern dieser Adel nicht verlorengehe.

In der zitierten Grabschrift sprach sich die Selbstauffassung eines adligen *Mannes* der älteren Zeit aus. Die der *Frauen* war im Grunde eine ganz ähnliche, wenn auch dem engeren Lebenskreis, auf den die Frau in der Antike beschränkt war, angepaßt: Sie hatten der *gens* die Kinder zu gebären und auch ihrerseits durch vorbildliche Sitten zum Ansehen des Geschlechtes beizutragen oder es jedenfalls nicht zu beflecken. Was bei der Frau unter guten Sitten zu verstehen war, faßt die letzte Zeile einer anderen Grabinschrift (CIL VI,15346) in unnachahmlicher Kürze zusammen:... DOMUM SERVAVIT, LANAM FECIT: «Sie hütete das Haus, spann Wolle.»

Die eben besprochene Grabinschrift galt einem Angehörigen eines der vornehmsten altrömischen Geschlechter und stammt noch aus der Zeit der Republik. Es ist klar, daß bei den Angehörigen anderer Gesellschaftsschichten die Wertkategorien andere waren, auch, daß sie sich im Übergang von der Republik zum Kaisertum allmählich veränderten. Ich stelle der Grabschrift des Corneliers aus der 2. Hälfte des 2. vorchristlichen Jahrhunderts die eines einfachen Bürgers aus der 1. Hälfte des 2. nachchristlichen Jahrhunderts gegenüber, die in der Gegend des Vatikans gefunden wurde (CIL VI 9797):

«Ursus, der römische Bürger[7], der als erster mit einem Ball aus *Glas* zusammen mit seinen Mitspielern elegant gespielt hat,
unter riesigem Beifallsgeschrei der Menge,

in den Thermen Trajans, denen des Agrippa und denen des Titus,
viel auch in denen Neros – falls ihr mir's trotzdem[8] glaubt:
ich bin's. Kommt huldigend zusammen, ihr Ballspieler,
und ehrt das Standbild eures Freundes, indem ihr's mit Blumen:
Veilchen und Rosen
und vielem Blattwerk, auch mit feinem Salböl
liebevoll schmückt; auch spendet Wein:
dunklen Falerner oder Setiner oder Caecuber,
wie einem, der noch lebt und all dies gern entgegennimmt – (*Wein*) aus
dem Keller des Herren selbst,
und besingt mit *einer* Stimme den alten Ursus,
den heiteren, der Scherze liebte und das Ballspiel, auch gebildet war,
der alle, die vor ihm waren, übertraf
an Feingefühl, an Anmut und subtilster Kunst. –
(*Doch*) jetzt wollen wir Alten im Vers (*noch*) eine Wahrheit verkünden:
Selbst *ich* wurde bezwungen, ich gesteh's, (*und zwar*) von dem dreifachen Konsul,
Verus[9], meinem Patron, und nicht nur einmal, sondern öfters,
dessen Klient ich gern mich nennen lasse (*noch hier*): in meinem
Abgesang.»

Man sieht, wie die römische Bürgerschaft (zumindest was die in der
Hauptstadt lebenden einfachen Bürger betrifft) inzwischen weitgehend zu einer Gesellschaft von Müßiggängern geworden ist: Für den
Staat und seine Belange sorgen der Kaiser, seine Beamtenschaft, seine
Armeen; der einfache Mann braucht sich darum nicht mehr zu küm-
mern, er kann sich ganz seinen privaten Geschäften und Vergnügungen widmen. Und so findet er sich denn nach einem kurzen Arbeitstag
nachmittags auf dem Marsfeld mit seinesgleichen zusammen und
vergnügt sich in den Sportanlagen der großen Thermen beim Ballspiel.
Nicht mehr das, was einer für den Staat leistet, sondern das, was er
hier zu bieten hat, bestimmt sein Ansehen und sein Selbstbewußtsein,
und von der früher so wichtigen Einbindung des Einzelnen in das alle
Stände umfassende Gemeinwesen (*res publica*) ist nur noch ein kümmerliches Rudiment übriggeblieben: seine Bindung an den Patron.
Aber auch diese ist inzwischen, wie wir gesehen haben, verkommen
zu einer bloßen Fürsorgeeinrichtung, die von den Klienten gierig
ausgenutzt und von den Patronen mehr oder weniger widerwillig
gewährt wird.

Fiktive Grabinschriften Martials
(X,53; VI,52; IX,29; XI,91)

Den beiden authentischen Grabinschriften füge ich jetzt noch eine
Reihe fiktiver hinzu, die sämtlich von Martial verfaßt worden sind.
Die Kunst des großen Epigrammatikers erweist sich hier vor allem
darin, wie er das, was der Verstorbene im Leben geleistet hat, zu
seinem Tod klug in Beziehung zu setzen versteht; wie er gewisse
konventionelle Formeln, die in Nachrufen oder Grabinschriften vorkommen (zum Beispiel das «*Sit tibi terra levis*»), höchst geistreich
variiert; und wie er gelegentlich auch den preisenden Stil, den solche
Inschriften zu haben pflegen, durch kleine parodistische Akzente zu
ironisieren vermag.[10]

Als erstes Beispiel diene ein Grabepigramm auf einen berühmten
Wagenlenker der Zeit (X,53):

«Ich bin der berühmte Scorpus, der Ruhm des lärmenden Circus,
   den du beklatschtest, Rom, und der dein Liebling war – für *kurze*
      Zeit,
und von dem (*dann*) die neidische Lachesis[11], nachdem sie ihn (*schon*)
   im 27. Jahre hinweggerafft hatte,
   während sie noch beim Zählen seiner Siege war, meinte, er sei ein
      alter Mann.»

Geistreich hier, wie die kurze Lebenszeit des Toten gegen die im
Verhältnis dazu außerordentlich große Zahl seiner Rennsiege ausge-
spielt wird. Eine besondere Feinheit bringt der letzte Vers: *... dum
numerat palmas, credidit esse senem*: Indem Martial die Konjunktion *dum*
mit dem Indikativ Präsens (= «während») statt *cum* mit dem Konjunk-
tiv des Plusquamperfekts (= «als, nachdem») gebraucht, deutet er an,
daß die Parze die Rennsiege des Scorpus noch gar nicht zu Ende ge-
zählt hatte; und trotzdem waren es schon so viele, daß sie zu dem Eindruck kam, Scorpus müsse ein alter Mann sein.
   Das folgende Grabepigramm ist einem jungen Sklaven gewidmet,
der seinem Herrn als Friseur und Barbier gedient hatte. Dies war
wegen der Grobheit der in der Antike dafür zur Verfügung stehenden
Scheren und Rasiermesser ein schwieriges Geschäft und ging in der
Regel wohl kaum ohne schmerzhaftes Zerren an den Haaren und
blutende Schnittwunden an Kinn und Wangen ab – aber dieser Sklave
hatte sein Handwerk offenbar so geschickt ausgeübt, daß das bei *ihm*
nie vorgekommen war (VI,52):

«Unter diesem Grabhügel liegt, im Knabenalter hinweggerafft,
Pantagathus[12], den sein Herr einst liebte und nun betrauert,
geschickt, streunendes Haar zurückzuschneiden, fast ohne daß die
Schere es berührte,
und stachlige Wangen zu glätten.
Mögest auch du (wie du solltest), Erde, ihm sanft und leicht sein:
Kannst du doch sanfter nicht sein, als seine kunstreiche Hand.»

Hier wird die gängige Abschlußformel «Möge die Erde dem Toten
leicht sein» (*sit terra mortuo levis*) unter geschickter Ausnutzung des
Bedeutungsspielraums von *levis* («leicht von Gewicht», aber auch:
«leicht berührend») zum Beruf des Verstorbenen in Beziehung gesetzt.

Es folge, als Beispiel für die parodistische Variante, die Grabschrift
auf eine Frau, die den aus der römischen Liebeselegie wohlbekannten
Doppelberuf einer Zauberin und Kupplerin ausgeübt hatte (IX,29).
Martial gibt ihr den Namen Philaenis; so hieß eine griechische Schrift-
stellerin, der ein Buch über Beischlafstellungen zugeschrieben wurde –
ein Hinweis, daß sie in ihrer Jugend Hetäre gewesen war und deshalb
als eine Expertin auf diesem Gebiet gelten konnte.

Die ersten vier Verse des Epigramms variieren die zum konventio-
nellen Bestand von Grabepigrammen gehörende Klage, daß der Tod
die Verstorbene zu früh ereilt habe. Aber sie wird sogleich ironisiert
durch den Hinweis auf das hohe Alter der Philaenis. «So schnell (*tam
cito*) bist du hinweggerafft worden!» heißt es – aber in demselben Satz
wird in Anspielung auf einen sprichwörtlich alten Helden der homeri-
schen Ilias gesagt, sie habe «Jahrhunderte nestorschen Greisenalters
durchmessen». «Du warst doch noch gar nicht so alt!», heißt es dann –
aber das Alter, das danach als Maßstab einer vollen Lebensspanne
genannt wird, ist das der uralten Cumäischen Sybille, und die Verstorbene blieb, so erfahren wir, nur drei Monate dahinter zurück.

Es folgt, in weiteren vier Versen, die in Grabinschriften ebenfalls
ganz übliche Klage über die besonderen Fähigkeiten und Tugenden
der Verstorbenen, die durch ihren Tod der Welt nun verlorengegangen
seien. «*Heu quae lingua silet!*» heißt es: «Ach, was für eine Zunge ist nun
verstummt!» Das könnte im Falle eines Anwalts oder eines Dichters
durchaus rühmend gemeint sein – hier jedoch macht die folgende
Vergleichsreihe deutlich, daß von der ungeheuren Geschwätzigkeit
der Alten die Rede ist: Martial vergleicht das Mundwerk der Alten
nämlich der Reihe nach 1. mit dem Lärm, den mehrere tausend
Sklaven machen, wenn sie, auf den Ausstellungstribünen (*catastae*) des
Sklavenhändlers stehend, auf ihren Verkauf warten; 2. mit dem Stim-
mengewirr, das zu hören ist, wenn sich zur Gebetszeit die Verehrer
von Isis und Sarapis vor dem Tempel versammeln; 3. mit dem Lärm

einer Elementarschulklasse am Morgen[13]; und 4. mit dem Lärm, den die Kranichschwärme am *Strymon*, dem Grenzfluß zwischen Makedonien und Thrakien, machen. Alle vier Vergleiche sind pejorativ: Die Alte wird hinsichtlich ihrer Geschwätzigkeit mit Sklaven, Anhängern einer orientalischen Religion, Kindern und schließlich mit Tieren verglichen. Die nächsten beiden Verse beklagen die Unersetzlichkeit der Verstorbenen in ihrem Beruf – aber es handelt sich hier um die anrüchigen Berufe einer Zauberin und einer Kupplerin! –, und im Schlußdistichon wird dann noch die Formel «*sit tibi terra levis*» variiert, aber so, daß sich der fromme Wunsch unversehens in eine Verfluchung verwandelt. Worauf diese hinausläuft, macht erst das allerletzte Wort des Gedichtes klar:

«Nachdem du, Philaenis, wie der alte Nestor, drei Menschengenerationen überlebt hast,
bist du so *schnell* hinweggerafft worden zu Plutos unterirdischen Gewässern?
Du zähltest (*doch*) noch nicht (*einmal*) so viele Lebensjahre
wie die Euböische[14] Sibylle: drei Monate älter war sie als du!
Und ach! was für eine Zunge ist nun verstummt! Nicht tausend Sklavenstände
könnten sie übertönen, nicht die Anhängerschar des Sarapis,
nicht der lockenköpfige Haufen des Schulmeisters am Morgen,
nicht das Ufer des Strymon, das (*vom Lärmen*) der Kranichschwärme ertönt.
Wer wird sich nun noch darauf verstehen, mit dem thessalischen Zauberkreisel den Mond vom Himmel zu holen,
wer, dieses oder jenes Bett einträglich zu verkuppeln?
Möge die Erde dir leicht sein und nur lockerer Sand dich bedecken,
damit deine Knochen hervorzuscharren keine Mühe haben die *Hunde.*»

Als letzte (und im Kontrast dazu) führe ich noch eine Grabinschrift für ein siebenjähriges Kind vor, das an einer schrecklichen Krankheit (Hautkrebs im Gesicht?) qualvoll verstarb. Das Epigramm läßt trotz seiner geistreichen Erfindung die innere Anteilnahme des Dichters mit dem Schicksal der kleinen Verstorbenen durchspüren, und so rührt es denn auch uns (XI,91):

«Die Aeolostochter Kanake liegt unter diesem Grabhügel.
der siebente Winter war der letzte, den die Kleine noch erlebt hat.

Ach welch Verbrechen! welche Untat! – Doch falls dir sogleich die
Tränen kommen, Wanderer, (laß dir gesagt sein)
nicht über ihres Lebens Kürze darf man hier klagen:
Trauriger noch als der Tod ist hier die Todesart: Eine schauerliche Pest
zerstörte (dem Kind) das Antlitz und saß ihm im zarten Gesicht;
selbst das Mündchen zerfraß ihm die grausame Krankheit,
und seine Lippen waren nicht vollständig mehr, als es dem schwarzen Scheiterhaufen überliefert wurde.
Wenn (schon) die Schicksalsgöttinnen in so schnellem Fluge kommen
mußten,
dann hätten sie nicht auf diesem Wege kommen dürfen!
Aber der Tod beeilte sich, der rührenden Stimme den Weg zu verschließen,
damit sie nicht die hartherzigen (Schicksals)göttinnen erweiche.»

Solche und ähnliche Inschriften, aber natürlich nur selten so kunstvoll
formulierte, trugen die Grabmäler, welche die großen Ausfallstraßen
der Hauptstadt säumten und auch heute noch die Via Appia bis weit
hinaus ins Umland begleiten. Weitere Wegmarken, die der antike
Reisende an ihr nach Süden zu passierte, nennt das oben schon zitierte
Martialgedicht III,47: den Bach Almo, in dem alljährlich am 27. März
jener schwarze Meteorstein gewaschen wurde, der das Kultsymbol der
Magna Mater war; das sogenannte «Feld der Horatier»; ein nicht mehr
genau lokalisierbares Heiligtum des Hercules . . . Im weiteren Verlauf
durchquerte die Straße dann unmittelbar vor Aricia (heute Ariccia) ein
tiefes Tal. Dort hatten an den Steigungsstrecken, wo die Reisewagen
ganz langsam fahren mußten, zahllose Bettler Aufstellung genommen,
so daß «Clivus Aricinus» im damaligen Sprachgebrauch stellvertretend
für äußerste Armut stand.[15] Wie die Fahrt hinter Ariccia dann weiter-
ging, davon kann man sich aus Horazens Satire I,5, der sogenannten
«Reise nach Brindisi» (Iter Brundisinum), einen lebendigen Eindruck
verschaffen – aber das gehört schon nicht mehr zu unserem Thema.

Anhang

Umrechnungstabelle
zur römischen Stundenzählung
(nach Marquardt I, 257 f.)

Römische Zählung	dem entspricht in unserer Zeitrechnung	
	zur Zeit der Sommersonnenwende	zur Zeit der Wintersonnenwende
Sonnenaufgang	4 Uhr 27'	7 Uhr 33'
1. Stunde	5 42' 30''	8 17' 33''
2.	6 58'	9 2'
3.	8 13' 30''	9 46' 30''
4.	9 29'	10 31'
5.	10 44' 30''	11 15' 30''
6.	12	12
7.	13 15' 30''	12 44' 30''
8.	14 31'	13 29'
9.	15 46' 30''	14 13' 30''
10.	17 2'	14 58'
11.	18 17' 30''	15 42' 30''
12.	19 33'	16 27'

Bibliographie

der in den Anmerkungen abgekürzt zitierten Werke

Abkürzungen der Zeitschriftentitel nach dem bibliographischen Jahrbuch für die Altertumswissenschaften (L'année philologique). FS: Festschrift

Adam, J. P.: La construction romaine. Matériaux et techniques, Grands manuels Picard, Paris 1984
Alföldi, A: Die zwei Lorbeerbäume des Augustus, Antiquitas 3. Reihe, Band 14, Bonn 1973
Anderson, J. A.: The Historical Topography of the Imperial Fora, Collection Latomus 182, Brüssel 1984
André, J.: L'alimentation et la cuisine à Rome, Paris ²1981
Andreae, B.: Archäologische Funde im Bereich von Rom 1949–1956/57, AA 72 (1957) 151–157
Appel, G.: De Romanorum precationibus, Gießen 1909
Balland, A.: Nova urbs et «Neapolis». Remarques sur les projets urbanistiques de Néron, MEFR 77 (1965) 349–393
Barini, C.: Ornatus muliebris. I gioielli e le antiche Romane, Torino 1958
Beare, W.: Roman Stage, London 1977
Beaujeu, L.: L'incendie de Rome et les Chrétiens, Latomus 19 (1960) 65–80; 291–311
Bender, H.:Transportwege, Mittel des Transports und Nachrichtenwege in der römischen Antike, in: Der Mensch in seiner Umwelt. Humanistische Bildung Heft 6 (1983) 137–163
Bieber, M.: The History of Greek and Roman Theatre, Princeton ²1961
Birt, Th.: Verlag und Schrifstellereinnahmen im Altertum, RhM 72 (1917/18) 311–316
Blume, H. D.: Einführung in das antike Theaterwesen, Darmstadt ²1984
Boëthius, A.: Il tempio di Giano in imo Argileto, Acta Universitatis Gotoburgensis 56 (1950) 3, 25–34
Bollinger, T.: Theatralis Licentia. Die Publikumsdemonstrationen an den öffentlichen Spielen im Rom der frühen Kaiserzeit und ihre Bedeutung im politischen Leben, Winterthur 1969
Bonner, S. F.: Education in Ancient Rome. From Cato the Elder to the Younger Pliny, London 1977
Canter, H. V.: Conflagrations in Ancient Rome, CJ 27 (1932) 270–288
Carcopino, J.: Rom. Leben und Kultur in der Kaiserzeit (1939), Stuttgart 1977
Carettoni, G. u. a.: La Pianta Marmorea di Roma antica, Rom 1955
Carettoni, G.: Roma. Le costruzioni di Augusto e il tempio di Apollo sul Palatino, in: Archeologia Laziale I, 72–74, Rom 1978

Carettoni, G.: La decorazione pittorica della Casa di Augusto sul Palatino, MDAI(R) 90 (1983) 373–419; deutsche Übersetzung ohne Anmerkungen: Das Haus des Augustus auf dem Palatin, Mainz 1983

Carettoni, G.: Die Bauten des Augustus auf dem Palatin, in: Kaiser Augustus und die verlorene Republik (Ausstellungskatalog), Berlin 1988, 263–267

Casson, L.: Harbour and River Boats of Ancient Rome, JRS 55 (1965) 31–39

Castagnoli, F.: Il Campo Marzio nell'antichità, MAL Ser 8,1 (1948) 93–193

Chevallier, R.: Les voies romaines, Paris 1972

Coarelli, F.: Rom. Ein archäologischer Führer (1974), Freiburg 1975

Coarelli, F.: Il Campo Marzio occidentale. Storia e topografia, MEFR 89 (1977) 807–846

Coarelli, F.: Il Foro Romano I: Periodo arcaico, Rom 1983

Coarelli, F.: Il Foro Romano II: Periodo repubblicano e augusteo, Rom 1985

Coarelli, F.: Il Foro Boario dalle origini alla fine della Repubblica, Rom 1988

Courtney, E.: A Commentary on the Satires of Juvenal, London 1980

Curtius, L. – Nawrath, A. – Nash, E.: Das antike Rom, Wien – München ⁴1963

Degrassi, N.: La dimora di Augusto sul Palatino e la base di Sorrento, RPAA 39 (1966–67) 77–116

Deman, E. B. van: The Neronian Sacra Via, AJA 27 (1923) 383–424

Deman, E. B. van: The sacra Via of Nero, MAAR 5 (1925) 116–136

Dudley, D. R.: Urbs Roma. A Source Book of Classical Texts on the City, Aberdeen 1967

Eitrem, S.: Opferritus und Voropfer der Griechen und Römer, Skrifter utgift av Videnskapsselkapet i Kristiania, Historisk-filosofisk Klasse 1914,1, Kristiania 1915

Étienne, R.: La curie de Pompée et la mort de César, FS J. Carcopino, Paris 1977, 71–79

Fabbrini, L.: Domus Aurea. Una nuova lettura planimetrica del palazzo sul colle Oppio, ARID Suppl. 10 (1983) 169–185

Friedlaender, L.: M. Valerii Martialis Epigrammaton Libri. Mit erklärenden Anmerkungen. Leipzig 1886

Friedlaender, L.: Darstellungen aus der Sittengeschichte Roms I–IV, Leipzig ¹⁰1922–23

Gatti, G.: Saepta Iulia e Porticus Aemilia nella Forma Severiana, BCAR 62 (1934) 123–149

Gatti, G.: Topografia dell'Iseo Campense, RPAA 20 (1943–44) 117–163

Gnoli, R.: Marmora romana, Rom 1971

Graefe, R.: Vela erunt. Die Zeltdächer der römischen Theater und ähnlicher Anlagen, Mainz 1979

Grant, M.: Gladiators, London 1967

Grimal, P.: Les jardins romains, Paris ²1969

Gros, P.: Aurea Templa. Recherches sur l'architecture religieuse de Rome à l'époque d'Auguste, Bibliothéque des Écoles Françaises d'Athènes et de Rome, Rom 1976

Guarducci, M.: L'isola Tiberina e la sua tradizione ospitaliera, RAL 26 (1971) 267–281

Hanson, J. H.: Roman Theater-Temples, Princeton 1959

Harmon, D. P.: The Public Festivals of Rome, ANRW II, 16,2 (1978) 1440–1468; 1592–1603.

Harris, H. A.: Sport in Greece and Rome, Ithaca 1972

Heck, A. van: Breviarium urbis Romae antiquae, Leiden–Rom 1977

Heinz, H.: Römische Thermen. Badewesen und Badeluxus im Römischen Reich, München 1983

Herz, P.: Kaiserfeste der Prinzipatszeit, ANRW II,16,2 (1978) 1135–1200

Heubner, H.: P. Cornelius Tacitus. Die Historien. Kommentar, Heidelberg 1963–1982

Hill, D. K.: The Temple above Pompey's Theatre, CJ 39 (1943/44) 360–365

Hiltbrunner, O.: Einladung zum epikureischen Freundesmahl, FS Kraus, W.: WS Beiträge 5, Wien 1972, 168–182

Hommel, P.: Studien zu den römischen Figurengiebeln der Kaiserzeit, 1954

Humphrey, J. H.: Roman Circuses. Arenas for Chariot Racing, London 1986

Hunger, H.: Geschichte der Textüberlieferung der antiken und mittelalterlichen Literatur, Zürich 1961

Iversen, F.: Obelisks in Exile I: The Obelisks of Rome, Kopenhagen 1968

Izaac, H. L.: Martial, Epigrammes, Paris 1961

Johnson, S.: The Obituary Epigrams of Martial, CJ 49 (1953/54) 265–272

Jordan, H. – Hülsen, Chr.: Topographie der Stadt Rom im Altertum I, 1–3; II, Berlin 1878–1907

Kiessling, A. – Heinze, R.: Q. Horatius Flaccus, erklärt von A. K., bearbeitet von R. H., Berlin 1914–1930

Kolendo, J.: La répartition des places aux spectacles et la stratification sociale dans l'empire romain. A propos des inscriptions sur les gradins des amphithéâtres et théâtres, Ktèma 6 (1981) 301–315

Kenyon, F. G.: Books and Readers in Greece and Rome, Oxford ²1951

Lanciani, R.: Rovine e scavi di Roma antica (1897), Rom 1985

Latte, K.: Römische Religionsgeschichte, München 1967

Lefèvre, E.: Das Bild-Programm des Apollo-Tempels auf dem Palatin, Xenia, Konstanzer Althistorische Vorträge und Forschungen 24, Konstanz 1989

Le Gall, J.: Le Tibre, fleuve de Rome dans l'antiquité, Paris 1953

Leon, H. J.: Ball Playing at Rome, TAPhA 77 (1946) 320

L'Orange, H. P.: Domus aurea, der Sonnenpalast, SO Suppl. 11 (1942) 68–100

Lugli, G.: Roma antica. Il centro monumentale, Rom 1946

Lugli, G.: L'amfiteatro Flavio, Rom 1961

Lugli, G.: Fontes ad Topographiam veteris urbis Romae pertinentes I–VII, Rom 1952–1969

Lugli, G.: La tecnica edilizia romana con particolare riguardo a Roma e Lazio, Rom 1957

Lugli, G.: Il tempio di Apollo Aziaco e il gruppo augusteo sul Palatino (1953), in: Scritti minori di topografia antica, Rom 1965, 258–290

Lukas, G.: Der Sport im alten Rom, Berlin 1982

Malaise, M.: Les conditions de pénétration et de diffusion des cultes égyptiens en Italie, Leiden 1972

Marquardt, J.: Das Privatleben der Römer (1886), Darmstadt 1980

Marrou, H. I.: Histoire de l'éducation dans l'Antiquité, Paris ⁶1965

McKay, A. G.: Römische Häuser, Villen und Paläste (1975), Feldmeilen 1980
Nash, E.: Pictorial Dictionary of Ancient Rome (1961), New York 1981
Nisbet, R. G. M. – Hubbard, M.: A Commentary on Horace: Odes Book 1:
    Oxford 1970; Book 2: Oxford 1978
Ooteghem, J. van: Les incendies à Rome, LEC 28 (1960) 305–312
Paoli, U. E.: Das Leben im Alten Rom (1958), Bern – München ³1979
Pearson, J.: Arena. The Story of the Colosseum, New York 1973
Pucci Ben Zeev, M.: Cosa pensavano i Romani degli Ebrei?, Athenaeum 65
    (1987) 335–359
Quilici, L.: Il Campo Marzio occidentale, ARID Suppl. 10 (1983) 59–85
Rainbird, J. S.: The Fire Stations of Imperial Rome, PBSR 54 (1986) 147–169
Rawson, E.: Discrimina ordinum: The Lex Iulia Theatralis, PBSR 55 (1987)
    83–113
Reynolds, B. K. P.: The Vigiles of Imperial Rome, Oxford 1926
Richter, G. M. A.: The Furniture of the Greeks, Etruscans and Romans,
    London ²1966
Rotelo, V.: Il Pantomimo. Studi e Testi, in: Atti della Accademia di Scienze
    Lettere e Arti di Palermo, Serie quarta, XVI (1955/56) 221–347
Rouland, N.: Pouvoir politique et dépendance personelle dans l'Antiquité
    romaine. Genèse et rôle des rapports de clientèle, Collection Latomus 166,
    Brüssel 1979
Roullet, A.: The Egyptian and Egyptianizing Monuments of Imperial Rome,
    Leiden 1972
Säflund, G.: Le mura di Roma repubblicana, Lund 1932
Salza E.: Prina Ricotti, L'arte del convito nella Roma antica, con 90 ricette,
    Studia archaeologica 35, Rom 1983
Santangelo, M.: Il Quirinale nell'età classica, MPAA 5 (1941)
Scobie, A.: Slum, Sanitation, and Mortality in the Roman World, Klio 68 (1986)
    399–433
Scullard, H. H.: Römische Feste, Kalender und Kult (1981), Mainz 1985
Shipley, F. W.: Agrippa's Building Activities in Rome, Washington University
    Studies in Literature 4, St. Louis 1933
Simon, E.: Augustus. Kunst und Leben in Rom um die Zeitenwende, Mün-
    chen 1986
Strocka, V. M.: Römische Bibliotheken, Gymnasium 88 (1981) 298–329
Stützer, H. A.: Das antike Rom (DuMont Kunst-Reiseführer), Köln 1979
Taylor, L. R.: Roman Voting Assemblies, Ann Arbor 1966
Tengström, E.: Theater und Politik im kaiserlichen Rom, Eranos 75 (1977) 43–56
Toynbee, J. M. C.: Death and Burial in the Roman World, Ithaca (Cornell Univ.)
    1971
Turner, E. G.: Greek Papyri, Oxford 1968
Weber, C. W.: Panem et Circenses. Massenunterhaltung als Politik im antiken
    Rom, Düsseldorf–Wien 1983
Wegner, E.: Das Ballspiel der Römer, Diss. Rostock 1938
Welin, E.: Studien zur Topographie des Forum Romanum, Acta Instituti
    Romani Regni Sueciae, Ser. in 8°, VI, Lund 1953
Wellesley, K.: Three Historical Puzzles in Histories 3, CQ 6 (1956) 207–214

Wellesley, K.: Livy I 8,5, Latomus 33 (1974) 912–915

Wellesley, K.: What happened on the Capitol in December A. D. 69?, AJAH 6 (1981) 166–190

Werner, P.: De incendiis urbis Romae aetate imperatorum, Diss. Leipzig 1906

Wiseman, T. P.: Flavians on the Capitol, AJAH 3 (1978) 163–178

Yavetz, Z.: The Living conditions of the Urban Plebs in Republican Rome, Latomus 17 (1958) 500–517; auch in: H. Schneider (Hrsg.), Zur Sozial- und Wirtschaftsgeschichte der späten römischen Republik, Darmstadt 1976

Zanker, P.: Forum Augustum. Das Bildprogramm, Tübingen 1970

Zanker, P.: Forum Romanum. Die Neugestaltung durch Augustus, Tübingen 1972

Zanker, P.: Der Apollotempel auf dem Palatin. Ausstattung und politische Sinnbezüge nach der Schlacht bei Actium, ARID Suppl. 10 (1983) 21–40

ANMERKUNGEN

Kapitel I

1 Eine Beschreibung aus augusteischer Zeit: Strabo V,8. Der junge Mann auf dem Rennwagen: Juvenal 1,61.
2 S. u. Exkurs A, S. 46 und Abb. 9.
3 Zur genauen Bedeutung dieser Zeitangabe s. u. S. 283.
4 CIL I²2,593 = Dessau ILS 6085,56–67.
5 G. Wissowa, Über den Gebrauch der Wagen in Rom, in: Friedländer IV,22–25.
6 CIL VI,960: ... *quantae altitudinis mons et locus* ... *sit egestus*. Gemeint ist allerdings nicht die Abtragung an dem Ort, wo die Säule steht – unter ihr wurden nämlich Reste republikanischer Bauten entdeckt; hier blieb das Gelände also unangetastet (Säflund 1932, 135) –, sondern die Abtragung hinter der östlichen Exedra des Trajansforums.
7 Im Text steht *iugulare*, ein Fachausdruck für das Töten verwundeter Gladiatoren: Vgl. etwa Seneca, Epistulae 93,12.
8 Mit «Strichjungen» übernehme ich Heubners Deutung des Ausdrucks «*scortis similes*».
9 Es wurden gerade die vom 17. bis 23. Dezember dauernden Saturnalien gefeiert.
10 Zu der vieldiskutierten Frage, wie hoch die Einwohnerzahl des antiken Rom gewesen sei, zuletzt: G. Hermansen, The Population of Imperial Rome; the Regionaries, Historia 27 (1978) 129–168.
11 Die verbreitete Meinung, daß die Bürger Roms zum größten Teil von solchen staatlichen Spenden gelebt hätten, ist jedoch nicht richtig. Sie ist zuletzt noch einmal von J. Le Galle, Rome, ville de fainéants? REL (1971) 266–277 überzeugend widerlegt worden; vgl. auch J. P. V. D. Balsdon, Panem et circenses, FS M. Renard (Collection Latomus 102), Brüssel 1969, 57–60; K. Nicolai, Feiertage und Werktage im römischen Leben, besonders in der Zeit der ausgehenden Republik und in der frühen Kaiserzeit, Saeculum 14 (1963) 194–220.
12 Augustus: Cassius Dio LIV,17,5; Macrobius, Saturnalia II,19. Trajan: Fronto, Principia historiae p. 210 Nab: *populum Romanum duabus praecipue rebus, annona et spectaculis teneri*. Vgl. auch C. W. Weber 1983, 233–253. Etwas anders sieht es J. Deininger, Brot und Spiele. Tacitus und die Entpolitisierung der plebs urbana, Gymnasium 86 (1979) 278–303, hier 287: Die Spiele seien weniger ein Mittel systematischer Entpolitisierung gewesen als vielmehr ein institutionalisierter Rahmen für die Plebs, in dem sie sich nach wie vor politisch (durch Beifalls- und Mißfallenskundgebungen) artikulieren konnte; die Spiele hätten so in gewissem Sinn die Funktion der Volksversammlung übernommen.

Kapitel II

1 Martial XII,18,2: *clamosa Subura*; Juvenal 11,51: *fervens Subura*.

2 So Courtney zu Vers 10.

3 Vgl. auch Horaz, Epistula II,2,72–75.

4 Gemeint ist der Marmor aus der Gegend von Carrara, der schon in der Antike abgebaut wurde und als *Marmor Lunense* hochgeschätzt war.

5 Meine hier sehr freie Übersetzung orientiert sich an Courtneys Interpretation von *more animae* (Vers 261).

6 Die Person, von der die Rede ist, hat ihre Tagesarbeit hinter sich. Danach trieb man etwas Sport, reinigte sich dann vom gröbsten Schmutz mit Hilfe eines Schabeisens (*strigilis*), badete in einer öffentlichen Badeanstalt oder wie hier zu Hause und nahm dann die nachmittägliche Hauptmahlzeit des Tages ein, die *cena*.

7 Den Toten wurden bekanntlich eine Münze auf die Zunge gelegt, damit sie Charon für die Fahrt über den Totenfluß Styx entlohnen konnten.

8 Über die verschiedenen Wagentypen: Bender, 1983, besonders 155–158.

9 Beiname Domitias wegen seiner Siege über die Germanen.

10 Wir lernen in diesem Gedicht die antike Terminologie für städtische Verkehrswege kennen: *vicus* ist ganz allgemein «Straße», *semita* Fußweg oder Gasse, *via* eine breite, von Wagen befahrbare Straße. Hinzuzufügen wäre noch *clivus*: «abschüssige bzw. ansteigende Straße», wie z. B. der *Clivus Argentarius* eine war. Vgl. dazu auch Chevallier 1972, 70–79.

10a Ein Unfall, den dies einmal zur Folge hatte, wird in den Digesten Justinians (IX, 2, 11) geschildert (Hinweis von M. Fuhrmann, FAZ vom 14.12. 91)

11 Vgl. auch Martial X,94.

12 Martial erwähnt in einem Gedicht (VII,20,20) einen armen Schlucker, der nicht weniger als 200 Treppenstufen zu seiner Dachwohnung hinaufsteigen mußte. Er selber wohnte in seiner ersten, gemieteten Wohnung immerhin drei Treppen hoch (I, 117,7): *scalis habito tribus, sed altis*. Der ältere Plinius (Naturalis Historia III,67) erklärt: Wenn man neben der flächenmäßigen Ausdehnung der Stadt Rom noch die Höhe ihrer Häuser berücksichtige, dann komme keine Stadt des Erdkreises ihr an Größe gleich. Vgl. auch die Romrede des Aelius Aristides (ed. R. Klein), Kap. 8.

13 Augustus: Strabo V,3,7; Trajan: Aurelius Victor, Epitome 13,3.

14 Juvenal 6,603.

15 Über die sanitären Verhältnisse in römischen Städten handelt neuerdings Scobie 1986, 399 ff., bes. 406–421. Vgl. auch: Yavetz 1958, 500–517.

16 Plutarch, Crassus 2.

17 Über die römische Bautechnik grundlegend: Lugli 1957, speziell über das *Opus caementitium*: I,363–442; vgl. auch: Adam 1984.

18 Plinius, Naturalis Historia XXXVI,176.

19 *tenui tibicine fulta* (Vers 193). Die von Juvenal hier gebrauchte Metapher *tibicen* (eigentlich «Flötenspieler») erklärt sich vielleicht daraus, daß ein abgestützter Pfeiler an den Spieler einer Doppelflöte erinnerte: Der gestützte Pfeiler entspricht dem Spieler, die zwei gegen ihn gestemmten dünneren Stützbalken entsprechen der Doppelflöte.

20 Auf sichtbar klaffende Risse der Außenmauern, die den bevorstehenden

Zusammensturz ankündigen, spielt Juvenal mit der Wendung «*iam perlucente ruina*» auch 11,13 an.

21 Über die Brände im antiken Rom: van Ooteghem 1960; Canter 1932; Werner 1906.

22 Zur Technik der Feuerbekämpfung im alten Rom: Rainbird 1986, 151.

23 Zu den *vigiles urbanae*: Reynolds 1926.

24 Man lese etwa die bei Gellius, Noctes Atticae XV,1,2–4 erzählte Anekdote.

25 Im Text steht *opici*. Vgl. Courtneys Bemerkung dazu.

26 Ich übernehme, mit Courtney, die Konjektur von Housman zu Vers 218: *aera* statt des überlieferten *haec*.

27 Damit wird angedeutet, daß seine vorgeblich so selbstlosen Freunde in Wirklichkeit wohl Erbschleicher sind.

28 Denselben Verdacht gegen den Besitzer eines abgebrannten Hauses äußert einmal Martial (III,52).

29 Grundlegend Richter 1966 (mit zahlreichen Abbildungen). Vgl. auch McKay 1980 (1975).

30 *O Iuliarum dedecus Kalendarum*: Der erste Juli war der traditionelle Termin für Umzüge.

31 Im Lateinischen steht *Irus tuorum temporum*. Irus ist der Name eines Bettlers, der in Homers Odyssee vorkommt.

32 Sehr freie Übersetzung. Im Lateinischen steht *clivus Aricinus*. So hieß ein steil ansteigender Abschnitt der Via Appia in der Nähe von Ariccia, wo am Straßenrand immer zahlreiche Bettler lagerten, weil die Reisewagen dort langsam fahren mußten (s. u. Kap. XV, S. 279).

33 H. Holwerda, Der römische Sarkophag von Simpelveld, AA 48 (1933) 56–75.

Kapitel III

1 Zur Topographie des Quirinals in der Antike allgemein: Santangelo 1941.

2 Tacitus, Historiae III,69,2; CIL 6,1297.

3 S. u. Kap. XIV, S. 243 ff.

4 Vgl. auch IX,34.

5 Die auf den ersten Blick widersprüchlich erscheinende Wortzusammenstellung «zutage liegend / bedeckt» (*patet tegiturque*) ist stilistische Absicht, ein sogenanntes Oxymoron.

6 die Orte, wo Neptun und Jupiter aufwuchsen.

7 Martial erwähnt sie im Epigramm XI,1,9.

8 Vgl. auch Sueton, Domitianus 8,4. Die Art und Weise, wie der Unzucht überführte Vestalinnen bestraft wurden, wird in allen Einzelheiten dargestellt und religionswissenschaftlich gedeutet von A. Fraschetti, La sepoltura delle Vestali e la città, in: Du châtiment dans la cité. Supplices corporels et peine de mort dans le Monde antique, Collection de l'École Française de Rome 79, Rom 1984, 97–129.

9 Zur Lokalisierung von Martials Wohnungen: G. Hülsen, Zur Topographie des Quirinal, RhM 49 (1894) 379–423, hier 397 f.

10 Das Problem, im antiken Rom eine bestimmte Adresse zu finden, ist bei Paoli 1979 (1958), 163–178 sehr hübsch dargestellt.

11 Vgl. auch IX,18,2.
12 Quirinustempel: Martial X,58,10; XI,1,9; Pila Tiburtina: V,22,3; Balnea Stephani: XI,52,4.
13 *Syene* entspricht dem heutigen Assuan und war die südlichste Garnisonsstadt der kaiserlichen Provinz Ägypten.
14 Das Wort «nahe» im Vers 5 (*iuncto*) soll im eigentlichen *und* im übertragenen Sinn verstanden werden!
15 Man beachte die Steigerung *vicinus* («Nachbar») / *inquilinus* («Hausgenosse»)!
16 Im lateinischen Text steht: «der Herbst».
17 Andere Stellen, die sich auf den Lärm im antiken Rom beziehen, finden sich bei M. Johnston, Noise, CW 24 (1931) 143–144 zusammengestellt.
18 *Pistor* ist von *pinsere* = «stampfen» abgeleitet.
19 Der Ausdruck ist zuerst bei Quintilian I,4,27 nachweisbar. Die Erklärungshypothese bei Bonner 1977, 116.
20 Die alten, ungültig gewordenen Münzen hatten nur noch den Metallwert, nach Gewicht. Wohl deshalb spricht Martial an der betr. Stelle nicht von Münzen, sondern von *massa* («Metallmasse»). Über die Neronische Münzreform zuletzt A. Kunisz, Quelques remarques sur la réforme monétaire de Néron, in: Les «dévaluations» à Rome. Époque républicaine et impériale, Collection de l'École Française de Rome 37, Rom 1978, 89–97, und M. A. Levi, Corso dei prezzi e riforma monetaria Neroniana, in: Les «dévaluations» etc. 2, Rom 1980, 173–183.
21 Andere Erwähnungen z. B. Martial I,41,3; X,3,3. Die Schwefelhölzer wurden nicht als Streichhölzer (selbstentzündliches Material), sondern als Zunder (leichtentzündliches Material) verwendet: G. W. M. Harrison, Martial I,41: Sulphur and Glass, CQ 37 (1987) 203–207. – Daß das Altglas bei der Glasherstellung wiederverwendet wurde, bestreitet W. R. Smyth, Statius, Silvae 1,6,73–4 and Martial 1,41,3–5, CR 61 (1947) 46–47 unter Berufung auf Plinius, Naturalis Historia XXXVI,199; wohl aber hätten die *musivarii* (die Hersteller von Mosaiken) dafür Verwendung gehabt.
22 Siehe z. B. Tacitus, Annalen II,85,4. Wie sich das Verhältnis der Römer zu den Juden im Laufe der Geschichte entwickelte, hat neuerdings M. Pucci Ben Zeev 1987 ausführlich dargestellt.
23 Vgl. dazu z. B. auch Tibull I,6,45 ff.; Lucan I,565; Juvenal 6,511.

Exkurs A:

1 Über die Rolle des Klientelverhältnisses in der römischen Gesellschaft informiert, allerdings sehr trocken und schematisch, Rouland 1979.
2 Die Astronomen benutzten ein anderes, dem unseren entsprechendes Zeitsystem.
3 Plinius, Naturalis Historia VII,214.
4 Buchner 1982.
5 Dies geschah im Jahre 30 v. Chr.
6 So eine Wasseruhr wurde von einem ihr zugeordneten Sklaven bedient.

Stiftungen von Wasseruhren samt Bedienungssklaven sind erhalten: CIL XII,1893; 2522.

7 Aufbruch vor Tagesanbruch: Martial X,70,5 und Horaz, Epistulae I,7,88; halbverdautes Frühstück: Statius, Silvae IV,9,48; Zittern vor Kälte: Martial IX,92,5; Waten durch Matsch: Martial XII,29,8.

8 Martial XII,29,11.

9 ibid. 12.

10 Der *quadrans* war die kleinste Einheit des römischen Münzsystems, das folgendermaßen aufgebaut war:
1 Aureus = 25 Denare = 100 Sesterze = 400 Asse = 1600 Quadranten.
1 Denar = 4 Sesterze = 16 Asse = 64 Quadranten
1 Sesterz = 4 Asse = 16 Quadranten
1 As = 4 Quadranten.

11 Iuvenal 1,97.

12 «*Galla mea est*», inquit, «*citius dimitte; moraris? / profer, Galla, caput! – Noli vexare, quiescit.*»

13 Vgl. etwa Iuvenal 1,119.

14 Vgl. hierzu auch Horaz, Epistulae II,2,68 f.

15 *prosequi* und *reducere*: Martial XI,24,1; Begleitung ins Bad: III,36,5.

16 Horaz, Sermones II,6,44: *hora quota est? Thraex est Gallina* (der Name des Gladiators) *Syro par? / matutina parum cautos iam frigora mordent!*

17 Darüber klagt Martial, als er, in seine spanische Heimat zurückgekehrt, selber als Patron fungieren muß (XII,68).

18 Horaz, Epistulae I,7,47.

19 Der griechische Originaltext enthält ein hübsches, nicht übersetzbares Sprachspiel: Dem Imperativ «Lebe» entspricht im Griechischen das Wort ZHΘI. Die Buchstaben, aus denen es besteht, stehen im Griechischen zugleich aber auch für die Ziffern 7,8,9 und 10, für die Nummern *der* Stunden also, die zum «Leben» genutzt werden sollen!

20 Martial X,48,3.

21 Vgl. Horaz, Epistulae I,7,71: *post nonam*; Martial I,108,9: *decuma hora*.

22 Horaz, Sermones I,6,110–131; Seneca, Epistulae ad Lucilium 83,3–6; Plinius, Epistulae III,1.

23 Die *palaestra* steht hier auch für den Besuch der Thermen, der sich an die sportlichen Übungen ganz selbstverständlich anschloß.

24 Meiner Übersetzung liegt die Textversion Friedländers und Izaacs (*gressu timet ire licenti*) zugrunde. Die Handschriften haben *gressum* bzw. *gressu metire licenti.*

Kapitel IV

1 Martial hat das zum Anlaß für ein hübsches kleines Gedicht (I,108) genommen, in dem er sich witzig-frech zunächst einmal wegen des weiten Weges von nun an für die morgendliche *salutatio* entschuldigt, dafür aber als Dauergast für die nachmittägliche Hauptmahlzeit (*cena*) ankündigt.

2 Auch Juvenal nennt den Esquilin in diesem Zusammenhang (5,78), und auch bei ihm werden, wie in dem im folgenden zu besprechenden Martial-

gedicht, die Strapazen beschrieben, die der Klient auf sich nehmen muß, um seinem Patron die morgendliche Aufwartung zu machen: Während seine Frau im warmen Bett weiterschlafen kann, muß er den steilen Weg zum kalten Esquilin hinaufsteigen und gerät dabei oft in Gewitterhagel oder strömenden Regen.

3 Plinius, Naturalis Historia IX,77.

4 Cassius Dio LIV,23,1–6.

5 CIL VI,31572.

6 Cassius Dio LIV,23,6.

7 Über die propagandistischen Absichten, die Augustus mit der Errichtung der Portikus und des Heiligtums verfolgte: M. B. Flory, Sic exempla parantur. Livia's Shrine to Concordia and the Porticus Liviae, Historia 33 (1984) 309–330.

8 Martial X,20,6–9. Die Kirche S. Martino ai Monti trug deshalb früher den Beinamen «in Orfea». Ein Versuch, das Erscheinungsbild dieses Brunnens anhand von anderen ausgegrabenen Orpheusbrunnen zu rekonstruieren: C. Picard, Lacus Orphei (ad Martial, Epigr. libr. X,20), REL 25 (1947) 80–85.

9 *Rex* war eine damals übliche Bezeichnung für einen Patron.

10 Varro, De lingua Latina V,25.

11 Lanciani 1985 (1897), 355.

12 Horaz, Iambi 5,99f.: *insepulta membra differunt lupi / et Esquilinae alites.*

13 Tacitus, Annalen II,32,3.

14 ... *mille pedes in fronte, trecentos cippus in agrum / hic dabat, heredes monumentum ne sequeretur.* Horaz spielt hier auf einen verbreiteten Typ von Grabaufschriften an: Zuerst wurden die Maße der Grabparzelle angegeben (Ausdehnung entlang der Gräberstraße, Tiefe), dann folgte die Formel «*hoc monumentum heredes non sequitur* («Dieses Grabmonument geht nicht in den Besitz der Erben über»), abgekürzt H·M·H·N·S (Vgl. etwa auch Petron 71,5 ff.). Die Formel ist hier natürlich ironisch angewandt: Es wird so getan, als ob der gesamte Armenfriedhof die Grabparzelle dieser beiden wäre.

15 Wenig vertrauenerweckende Spekulationen über die Lage und Bauweise der *Turris Maecenatis*: A. M. Colini, La Torre di Mecenate, RAL 34 (1979) 239–250.

16 Ort in den Sabinerbergen, 5 km südlich von *Tibur*/Tivoli.

17 Im lateinischen Text steht: «nach dem Höhenzug des Vatermörders Telegonus»: Telegonus war der andere Sohn des Odysseus, den dieser mit Circe gezeugt hatte. Auf der Suche nach dem Vater nach Ithaka kommend, tötete er ihn unwissentlich. Den Römern galt er als der Gründer der Stadt Tusculum.

18 Das im lateinischen Text stehende *beatae* ist ironisch zu verstehen!

19 Sueton, Nero 38,2.

20 Martial X,20.

21 Dieser Haustyp ist ausführlich besprochen bei McKay 1980 (1975), 26–58.

22 Da man beim Essen lag, ist das Wort nicht ganz angemessen, man müßte eigentlich von «Liegeordnung» sprechen. Im lateinischen Text steht auch tatsächlich *concubitus*, ein Wort, das hier auch insofern gut paßt, als es daneben noch «Beilager, Beischlaf» bedeutet.

23 Vgl. den Properz-Kommentar von Rothstein zu V,37.

24 Catull 55,6 ff.; Ovid, Ars amatoria I,67 (und, in Anspielung auf diese Stelle, auch Martial XI,47,3 f.). Siehe auch unten Kap. VI, S. 96.

25 Über dieses *respicere* s. u. Kap. XI, S. 199.

26 Siehe Vers 43.

27 Auf unsere Properzelegie spielt Goethe in seiner Römischen Elegie XXII (19–22) an.

Kapitel V

1 Königszeit: Servius Ad Aeneidem I,291; Republik: Livius I,19,3; Augustus: Res gestae II,13; Nero: Sueton, Nero 13,2; Vespasian: Orosius VII,3,7; XIX,4.

2 Die Rede ist von den Legionsadlern, die die Parther 53 v. Chr. bei Karrhae erbeutet hatten, als sie das Heer des Marcus Licinius Crassus vernichtend schlugen. Augustus erreichte 21 v. Chr. durch Verhandlungen ihre Rückgabe.·

3 «Väter» (*patres*) wurden bekanntlich die Mitglieder des römischen Senats genannt.

4 Quirinus nannte sich der unter die Götter erhobene erste König Roms, Romulus.

5 Juvenal 10,58–77.

6 Der ältere Sohn war schon vorher hingerichtet worden.

7 Wir wissen davon u. a. aus der Verteidigungsrede Ciceros für Milo, deren überarbeitete Fassung uns erhalten ist (bes. Pro Milone 90 f.), und aus dem antiken Kommentar des Asconius zu dieser Rede.

8 Neubau: Cassius Dio XL,50,2; abschätziges Urteil Ciceros über ihn: Cicero, De finibus V,2.

9 Cicero, Epistulae ad Atticum IV,16,8: *forum laxare et usque ad Atrium Libertatis explicare.*

10 Ich werde die antiken Berichte über die Ermordung und Bestattung Caesars im Kapitel XI (S. 202 ff.) besprechen.

11 Die Identifikation dieser Bögen und ihr Standort sind umstritten. Folgendes ist der archäologische Befund: Es gibt Reste eines dreitorigen Bogens aus augusteischer Zeit zwischen Caesar- und Castortempel, dicht dahinter hat R. Gamberini Mongenet 1950–53 dann noch Reste eines eintorigen entdeckt. (Ein Bericht darüber findet sich bei Andreae 1957, 151–172.) Lange Zeit war es communis opinio, daß der eintorige Bogen der von Actium sei, der dicht davorstehende dreitorige der auf einer Münze von 18/17 v. Chr. abgebildete Partherbogen, der ihn ersetzt habe. Vor kurzem hat jedoch Coarelli (1985, 258 ff.) die auch von E. Simon (1986, 86 f.) zustimmend aufgenommene These vertreten, der eintorige Bogen sei identisch mit einem bei Cassius Dio XLIX,15,1 erwähnten Bogen, der dem Octavian nach dem Sieg von Naulochos über Sextus Pompeius gewährt wurde; der dreitorige dicht davor sei der Actiumbogen; der Partherbogen habe auf der anderen, nördlichen Seite des Caesartempels zur *Basilica Aemilia* hin gestanden. Es ergibt sich eine Gestaltung des östlichen Forumendes, wie sie schon

vor der Entdeckung der Reste des eintorigen Bogens 1889 Richter angenommen hatte. – Meiner Meinung nach sollte man jedoch noch eine andere Möglichkeit in Erwägung ziehen, nämlich daß es zwei Actiumbögen gegeben hat, einen älteren und einen jüngeren, der ihn später ersetzt hat. Der ältere aus dem Jahre 29 wäre mit dem eintorigen zu identifizieren, dessen Reste Gamberini Mongenet entdeckt hat. Ich vermute, daß er wegen Baufälligkeit wieder abgerissen werden mußte (und tatsächlich hat Gamberini Mongenet bei seinen Ausgrabungen Indizien von Baufälligkeit entdeckt, nämlich Spuren eines Risses im Fundament und Reste von Absteifungen und Stützmauern: siehe Andreae 151!) und in veränderter Gestalt (dreitorig) und ein wenig näher zum Forum hin neu errichtet wurde. Einen Hinweis auf die Zeit, in der dies geschehen sein könnte, geben die 16 v. Chr. geprägten Münzen, auf denen ein vom Partherbogen deutlich verschiedener, dreitoriger Bogen abgebildet ist.

12 Cicero, De natura deorum II,6; Dionysius Halicarnassensis, Antiquitates VI,3; Plinius, Naturalis Historia XXXIII,38. Livius (II,20,12) erklärt die Tempelgründung allerdings etwas nüchterner damit, daß der römische Feldherr nach der Schlacht, als die Reiterei die Verfolgung der fliehenden Feinde aufnahm, für den Fall, daß man auch das Lager der Feinde einnehme, dem Patron der Reiter, Castor, diesen Tempel gelobt habe.

13 In der Republik wurden öffentliche Handlungen in der Regel unter freiem Himmel vollzogen, Gerichtsverhandlungen z. B. am östlichen Ende des Forums. Erst in der Kaiserzeit setzte sich die Tendenz durch, sie in das Innere von Gebäuden zu verlegen. Die politischen und ideologischen Implikationen dieser Entwicklung analysiert J. M. David, Le tribunal dans la basilique. Évolution fonctionelle et symbolique de la république à l'empire, in: Architecture et société . . ., Actes du Colloque international organisé par le Centre national de la recherche scientifique et l'École Française de Rome 1980, Collection de l'École Française de Rome 66, Paris 1983, 219–241.

14 Vgl. etwa Plinius, Epistulae II,14,10f.

15 Offenbar ein Sohn der neuen Frau aus ihrer ersten Ehe.

16 Die «Kranzrede» galt als die glanzvollste rhetorische Leistung des großen attischen Redners Demosthenes.

17 Ich schließe das aus der sorgfältigen Trennung der beiden Gruppen in dem Ausdruck *superiore basilicae parte qua feminae qua viri.*

18 Plinius, Epistulae I,5,2 ff.; I,20,14; II,11,22; II,20,2 ff.; IV,2,1 ff,; VI,2,1 ff.; Tacitus, Historiae IV,42,1 ff.

19 Das liegt in dem Ausdruck *infanti,* den Martial hier für das Kind gebraucht.

20 Der Name des Gerichts («Hundertmänner») ist hier wörtlich genommen, obwohl es, wie wir aus dem Pliniusbrief wissen, insgesamt 180 Richter waren.

21 Minerva galt als die Göttin der Künste und Wissenschaften.

22 *Arpinum* war der Geburtsort Ciceros.

23 Die Spuren dieser Tür sind von G. Lugli, Monumenti minori del Foro Romano, Rom 1947, 33 identifiziert worden.

24 Lukan läßt Metellus auf die Sakrosanktheit seiner Person anspielen.

25 Der Reihe nach wird angespielt: auf die mazedonischen Könige Philipp V.

und Perseus, welche von den Römern 197 bzw. 168 v. Chr. besiegt wurden; auf König Pyrrhus von Epirus, der 282 bis 275 die Stadt Tarent in ihrem Krieg gegen die Römer unterstützte und dabei u. a. versuchte, den römischen Konsul Fabricius zu bestechen; auf die Eroberung Kretas durch Q. Caecilius Metellus Creticus 67 v. Chr.; auf die durch den jüngeren Cato geleitete Umwandlung von Zypern in eine römische Provinz 58 bis 56 v. Chr.; auf den Triumph des Pompeius über Mithridates von Pontus 61 v. Chr.

26 Plinius, Naturalis Historia XXXIV,30.

27 Festus 177; Porphyrio zu Horaz, Iambi 16,13.

28 In diese Jahre fiel der blutige Perusinische Krieg, und die beginnenden Spannungen zwischen Antonius und Octavian schienen auf eine bewaffnete Auseinandersetzung hinauszulaufen; sie wurde durch den Pakt von Brundisium nur knapp und nicht auf Dauer vermieden.

29 Horaz stört sich hier offenbar nicht an dem Widerspruch, der zwischen der Auffassung des *Lapis Niger* als Grab des Romulus und der z. B. bei Livius (I,16,1) überlieferten Legende besteht, daß Romulus spurlos zu den Göttern entrückt worden sei. Man umging diese Schwierigkeit, indem man den *Lapis Niger* als das für Romulus *vorgesehene* Grab umdeutete (Festus L. 177: *Romuli morti destinatum*), welches nach seiner Entrückung dann für jemanden anderen (für seinen Ziehvater Faustulus oder für seinen zweiten Nachfolger Tullus Hostilius) genutzt worden sei. Siehe hierzu T. N. Gantz, Lapis Niger, the Tomb of Romulus, PP 29 (1974) 350–361. Zusammenfassend zum *Lapis Niger* zuletzt F. Castagnoli, Il Niger Lapis nel Foro romano e gli scavi del 1955, PP 39 (1984) 56–61. Vgl. auch Coarelli 1983, 165 ff.

30 Das Statius-Gedicht wurde, wie wir aus der Einleitungsepistel der *Silvae* erfahren, vom Kaiser selbst in Auftrag gegeben!

31 Neuerdings wird sogar die Identität des Sockels in Frage gestellt: Die drei Travertinblöcke, die man bisher immer für die Fundamente der Beine des Riesenrosses gehalten hat, seien in Wirklichkeit steinerne Behälter für die von Livius (V,40,8) erwähnten Gefäße (*doliola*), in welchen die Vestalinnen, bevor sie 387 vor den Galliern aus der Stadt flüchteten, sakrale Gegenstände auf dem Forum vergraben hatten; so jedenfalls die These von C. F. Giuliani & P. Verducchi, Il Foro Romano. L'area centrale, Florenz 1980, 35–50, die von Coarelli 1983, 286 zustimmend übernommen worden ist.

32 Athene/Minerva wurde von Domitian als persönliche Schutzgottheit betrachtet.

33 Gemeint ist wohl der Brand unter Nero, 64 n. Chr.

34 Man erinnere sich hier an die im Kapitel III, S. 39 erwähnte grausame Bestrafung der der Unzucht bezichtigten Obervestalin Cornelia.

35 Livius VII,6,1–6. Eine zweite, davon divergierende Gründungslegende wird ebenfalls bei Livius (I,12 f.) erzählt. In Wirklichkeit war der *Lacus Curtius* wohl ein sogenanntes *Puteal* (was gewöhnlich mit «Blitzgrab» übersetzt wird): ein ungefähr wie ein Brunnen aussehendes Monument, das die Einschlagstelle eines Blitzes markierte. – Über die verschiedenen antiken Deutungen des *Lacus Curtius* hat A. Akerström, Lacus Curtius und seine Sagen, Acta Instituti Romani regni Sueciae 2, Lund 1932, 72–83 gehandelt.

36 Mit «Sumpf» (*palus*) spielt Statius auf die zweite bei Livius überlieferte
Legende an, wonach der *Lacus Curtius* eine sumpfige Stelle mitten auf dem
Forum war, die bei den Kämpfen zwischen den Römern und Sabinern nach
dem Raub der Sabinerinnen eine Rolle spielte. Das ist wahrscheinlich eine
Erinnerung an die Zeiten vor der Anlage der Wasserabzugskanäle, als die
Senken zwischen den sieben Hügeln Roms häufig überschwemmt waren.
So sagt etwa Ovid in seinen «Fasten» (VI,401–406): «Diese Gegend, wo jetzt
die Foren sind, bedeckten einst feuchte Sümpfe; / von übergetretenem
Tiberwasser waren die Gräben gefüllt; / der Lacus Curtius dort, auf dem im
Trocknen die Altäre stehn, / ist jetzt feste Erde, aber vorher war es ein Teich;
/ und wo das Velabrum die Prozession zum Circus hin zu führen pflegt, / da
standen einst nur Weiden und unfruchtbares Schilfrohr.»

37 Genauer gesagt handelt es sich um den im Dezember 69 ausgetragenen
Endkampf der Flavianer und Vitellianer um den Besitz der Hauptstadt.
Welche Rolle Domitian in ihm spielte, werde ich erzählen, wenn ich im
Kapitel VIII («Kapitol und Arx») die Taciteische Darstellung dieser Ereig-
nisse bespreche.

Kapitel VI

1 Rekonstruktion dieses Brunnens: R. B. Ulrich, The Appiades Fountain of
the Forum Iulium, MDAI (R) 93 (1986) 405–423.

2 Sueton, Augustus 56,2. – Gros 1976, 91 f. hat aber darauf aufmerksam
gemacht, daß Augustus bei der Errichtung seiner Bauten nicht nur hier,
sondern offenbar ganz grundsätzlich den urbanistischen Kontext, den er
vorfand, so wenig wie möglich antastete. Er verfuhr bei seinen Bauten also
analog wie in der Politik, wo er bei der Begründung der neuen, monarchi-
schen Strukturen die bereits bestehenden republikanischen Institutionen so
weit wie möglich respektierte.

3 Die Platzbreite verhält sich zur Breite der Tempelfront wie diese zur Cella-
breite; und wie das Peristyl nicht die ganze Cella umgibt, so umgibt auch
die Portikus des Platzes nicht den ganzen Tempel (Gros 1976, 92).

4 Unter diesem Datum ist er auch in zwei inschriftlich überlieferten römischen Festkalendern, dem Feriale Cumanum und den Fasti Maffeiani einge-
tragen. Velleius Paterculus II,100 und Cassius Dio LX,5,3 nennen statt
dessen den 1. August. Der Widerspruch ist bis heute nicht überzeugend
aufgeklärt. Zuletzt hat sich dazu geäußert C. J. Simpson, The Date of
Dedication of the Temple of Mars Ultor, JRS 67 (1977) 91–94.

5 Der Dichter nutzt hier für die Tatsache aus, daß im Mai die Länge der Nächte
mehr und mehr abnimmt.

6 Ich übersetze damit den hier von Ovid verwendeten traditionellen Beinamen des Mars: *Gradivus*.

7 Cassius Dio LV,10,2.

8 Eine solche Gegenüberstellung des ältesten Hirtenrom und des weltbeherr-
schenden Rom der Gegenwart findet sich auch in der zeitgenössischen
Literatur mehrfach, z. B. Vergil, Aeneis VIII,97–100; Tibull II,5,55–60; Pro-

perz IV,1,1–4.- Warum ich von der communis opinio abweiche, begründe
ich unten Anm. 10.

9 Dies wird u. a. bei Livius I,10,4–7 berichtet. Vgl. auch Properz IV,10.

10 Ich komme jetzt noch einmal auf meine von der communis opinio abwei-
chende Deutung der Giebelskulpturen zurück. Sie werden, wie gesagt, z. T.
anders gedeutet: der auf dem Felsblock sitzende Jüngling als Romulus mit
dem Augurenstab, der im rechten Spitzwinkel liegende Flußgott als Tiber,
die liegende Figur im linken Spitzwinkel als Personifikation des Palatin. Die
Schlüsselrolle bei der Deutung fällt dem sitzenden Jüngling zu. Mein
Einwand gegen seine Deutung als Romulus: Romulus käme dann in dem
sonst so konsequent konzipierten Bildprogramm des Augustusforums als
einziger (und auch im Unterschied zu seinem Pendant Aeneas) *zweimal* vor.
Identifiziert man aber die Figuren so, wie ich es vorschlage, ergibt sich ein
bis ins Letzte schlüssiges System: In der Mitte stünde Mars, flankiert von
Venus und Fortuna. Links von Venus stünde die Personifikation des Hirten-
rom, das ihr Sohn Aeneas bei seiner Ankunft vorfand, und der Fluß, an
dem es lag. Rechts neben Fortuna sitzt die Personifikation des siegreichen
Rom, die mit Fortunas Hilfe aus jenem Hirtenrom erwuchs, und der ferne
Strom, bis zu dem hin es unter Augustus sein Herrschaftsgebiet ausdehnte.
Und das Giebelprogramm fände seine konsequente Fortsetzung in den
Hauptfiguren der beiden Apsiden, die genau in der Flucht des Giebels, aber
niedriger aufgestellt sind: Auf der Seite von Venus, Hirtenrom und Tiber
steht Venus' Sohn Aeneas, dargestellt in dem Moment, wo er seinen Vater
Anchises aus dem besiegten Troja hinausträgt; damit beginnt jene Wanderschaft, die ihn schließlich zum Hirtenrom gelangen lassen wird. Und auf
der Seite von Fortuna, *Roma Victrix* und Euphrat steht Romulus, dargestellt
in dem Moment, wo er nach siegreichem Zweikampf die *spolia opima*
davonträgt. Damit beginnt jene von der Fortuna begünstigte Entwicklung,
die Rom zur Herrscherin über den ganzen Erdkreis machen wird.

11 Eine Position in der Platzmitte nimmt z. B. Zanker 1970,12 an.

12 H. T. Rowell (The Forum and Funeral imagines of Augustus, MAAR 17
(1940) 131–143; Vergil and the Forum of Augustus, AJPh 62 (1941) 261–276)
hat darauf hingewiesen, 1) daß das Bildprogramm des Augustusforums in
der Beschreibung vorgeformt ist, die Vergil (Aeneis VII,170–191) von der
Vorhalle des Palastes des Latinus gibt – er vermutet infolgedessen, daß
Vergil an seiner Konzeption mitgewirkt haben könnte – ; 2) daß es in
gewissem Sinne bei den Leichenfeiern für Augustus, die wohl von ihm
selber testamentarisch festgelegt worden seien, reproduziert worden ist. –
Zum Bildprogramm des Augustusforums vgl. auch Zanker 1970; T. Frank,
Augustus, Vergil, and the Augustan Elogia, AJPh 59 (1938) 91–94; St. A.
Hurlbut, A Roman «Hall of Fame», CW 13(1920)162–169.

13 Ganz entsprechend erhielt ja auch der Gott, dem der palatinische Apollotempel geweiht war, nachträglich eine zweite, die erste überdeckende
Bedeutung: Dem Apoll von Naulochos, dem der Tempel ursprünglich
gelobt worden war, überlagerte sich der Apoll von Actium; die Erinnerung
an eine Schlacht des Bürgerkriegs wurde überlagert durch die Erinnerung
an den Sieg gegen die Ägypterin Kleopatra.

Kapitel VII

1 Vgl. auch Martial I,2,7 f.; 3,1. Zum *Argiletum* als Straße der Buchhändler: T. Peck, The Argiletum and the Roman Book-Trade, CPh 9 (1914) 77 f.

2 Im Lateinischen steht *ad Pirum* («zum Birnbaum»). Vgl. dazu Kap. III, S. 40.

3 Birt 1917/18.

4 Über Papyrusrollen ausführlich Turner 1968; vgl. auch Hunger 1961, I,43–47.

5 Gleichbedeutend mit einer Aufforderung, das Buch in die Hand zu nehmen.

6 Gleichbedeutend mit einer Aufforderung, die Buchrolle jetzt aufzurollen und einen Blick auf den Inhalt zu werfen.

7 Man soll «Versfuß» verstehen. Das ganze ist eine Anspielung darauf, daß im elegischen Versmaß auf jeden Hexameter ein kürzerer Pentameter folgt.

8 Das Einreiben mit Zedernöl sollte das Papier gegen Mottenfraß und Fäulnis schützen. Das Papier nahm dabei eine gelbliche Farbe an.

9 G. Lugli, Commento topografico all'elegia Iª del IIIº libro dei Tristia, in: F. Arnaldi u. a. (Hrsg.), Studi Ovidiani, Rom 1959, 29–37, hier 32, meint, wohl auf Grund dieses Verses, der im Gedicht beschriebene Weg habe beim *Atrium Libertatis* begonnen und zunächst über das Caesarforum geführt. Aber man kann ihn auch so verstehen, daß der Fremdenführer auf die vom *Argiletum* her sichtbare Außenfassade des Forums weist oder auf das, was vom Forum selbst durch eines der Eingangsportale hindurch zu sehen ist.

10 Das «auf deiner Seite» liegt in dem *ista*, denn *iste* ist das auf die zweite Person bezogene Demonstrativpronomen.

11 Livius I,12,1–7.

12 Der Eichbaum ist dem Jupiter heilig.

13 Der Lorbeerbaum ist bekanntlich dem Apoll heilig.

14 Velleius Paterculus II,81,3.

15 Carettoni 1983, vgl. auch ders. 1988. Der bei Ovid erwähnte Eingang führte in den auf der oberen Terrasse gelegenen Teil des Hauses, von dem nichts mehr erhalten ist.

16 Vgl. etwa Cicero, Philippica II,110 über die beinahe göttlichen Ehrungen, die Caesar schon zu seinen Lebzeiten zuteil geworden waren: Er hatte *pulvinar simulacrum fastigium flamen* zugestanden bekommen.

17 Über diese «Abzeichen der Alleinherrschaft», «Kennmale des Palastes» und ihre Vorgeschichte handelt Alföldi 1973,6–17.

18 Livius, Periochae 134.

19 Dies ist wohl eine Anspielung auf den Ehrentitel *Pater patriae*, der Augustus 2 v. Chr. verliehen worden war.

20 *alterni pedes* spielt wieder, wie Vers 12, auf den fürs elegische Distichon charakteristischen Wechsel von Hexameter und Pentameter an.

21 Vers 61 f.; vgl. auch Ars amatoria I,73 f. Zur Deutung des Bildprogramms des Tempels und der Portikus siehe neuerdings Lefèvre 1989.

22 Der große Stadtbrand des Jahres 64 n. Chr. verschonte den Tempel, beschädigte oder zerstörte aber offenbar die ganze übrige Anlage (Vorplatz,

Portikus und Bibliothek). Deshalb wurde sie unter Domitian zugeschüttet und auf einem höheren Niveau, das der oberen Terrasse des Augustushauses entsprach, neu errichtet. Die erhaltenen Reste der Bibliothek sind die der neuen, domitianischen, die aber wahrscheinlich genau über der augusteischen lag (so Carettoni 1978). – Wie eine solche öffentliche Bibliothek im Inneren aussah, erläutert Strocka 1981, 298–329, speziell zur Palatinischen Bibliothek: 307 f.

23 Das wenige, was sich vom Apollotempel erhalten hat, ist von Lugli 1953 beschrieben und analysiert worden. Eine zusammenfassende Interpretation all dessen, was uns über dem Tempelkomplex bekannt ist, findet sich bei Zanker 1983 und neuerdings bei E. Lefèvre 1989; vgl. auch E. Simon 1986, 19–25.

24 Vers 3: *tanta erat in speciem.*

25 Danaos und seine 50 Töchter waren vor seinem Bruder Aigyptos aus Ägypten nach Argos geflohen. Als die 50 Söhne des Aigyptos dorthin kamen und die Danaiden zu heiraten verlangten, befahl der Vater diesen, einzuwilligen, in der Hochzeitsnacht dann aber ihre Männer zu ermorden. (Auf diesen Mordbefehl spielte hier das gezückte Schwert des Danaos an.) Alle, bis auf eine, gehorchten dem Vater und müssen nun in der Unterwelt in der bekannten Weise für diesen Gattenmord büßen: Sie müssen ewig mit durchlöcherten Gefäßen Wasser schöpfen. – Nach den Scholien zu Persius 2,56 waren den Danaiden bronzene Reiterstandbilder der Aigyptossöhne gegenübergestellt. Man fragt sich allerdings, wo die dann insgesamt 101 Statuen Platz gefunden haben sollen. Kopien von einigen der palatinischen Danaiden sind vielleicht die 6 Bronzestatuen, die im 18. Jahrhundert in der Villa dei Papiri bei Herculaneum gefunden worden sind (Zanker 1983,27 und, mit etwas anderer Deutung, Simon 1986,21).

26 In der ersten Hälfte des Pentameters (Vers 6) sind die Worte, welche Ruhe und Stille bezeichnen, zusammengestellt, in der zweiten die, die Musik, Gesang und Klang bezeichnen: *marmoreus tacita carmen hiare lyra.*

27 Nicht zufällig steht das Wort, das den Kunstwerkcharakter der Rinder klarmacht, direkt neben dem, welches ihre Lebendigkeit hervorhebt: *artifices vivida.*

28 Vgl. Ovid, Tristia III,1,60: *candida templa.*

29 Der Tempel des *Apollo Medicus* oder, wie er nach seinem Erneuerer auch genannt wird, des *Apollo Sosianus* befindet sich am Südrand des Marsfelds gleich neben dem Marcellustheater.

30 Der Liris ist der Grenzfluß zwischen Latium und Campanien.

31 Cales war ein berühmter Weinort in Kampanien.

32 Vgl. z. B. Epikur, Ratae sententiae 15.

Kapitel VIII

1 Tacitus gebraucht den Plural wohl, weil es mehrere, aus verschiedenen Zeiten stammende Gebäude waren.

2 Das wird durch den lateinischen Ausdruck «*erigere aciem*» ausgedrückt.

3 Das wird durch *egressi* angedeutet.

4 Erst neuerdings hat F. Coarelli 1985, 80–83 wieder die Vermutung geäußert, der Tarpeische Felsen sei bei der Gemonischen Treppe, also auf der Forumsseite der *Arx* gewesen. Von dieser Lokalisierung geht auch T. P. Wiseman 1978, 168 aus.

5 Diese Überlegungen bestätigen die alte, zuletzt noch von P. Gros 1976 vertretene Lokalisierung. – Das obere Ende der *Centum gradus* ist wahrscheinlich auf den Fragmenten 31a-c der Forma Urbis abgebildet (Gros 1976, 97–99).

6 Wörtlich: «nach Veranstaltung der Vogelschau».

7 83 v. Chr.

8 Es folgt eine kurze Darstellung der Geschichte des Tempels vom Zeitpunkt, da er, noch unter dem letzten König, gelobt worden war, bis zur Gegenwart.

9 Vgl. hierzu etwa A. Briessmann, Tacitus und das flavische Geschichtsbild, Hermes Einzelschriften 10, Wiesbaden 1955, 73 ff.

10 Flavius Josephus, Bellum Iudaicum IV,645–649, insbesondere 649; Sueton, Vitellius 15,3; Cassius Dio LXIV,17,3.

11 Sueton, Domitianus 1,2.

12 Vgl. auch Statius, Thebais I,21; Silvae I,1,79 (oben S. 89 ff. besprochen); Sueton, Domitian 13. Diese angebliche Abtretung der Herrschaft an den Vater, deren Domitian sich übrigens selber vor dem Senat rühmte, ist auf einem der beiden sogenannten Cancelleria-Reliefs dargestellt, die in den Vatikanischen Museen aufbewahrt werden.

13 Von einem anderen privaten Dankopfer auf dem Kapitol spricht Juvenal in seiner «Frauensatire» (6,47): Man solle die Schwelle des Kapitolinischen Tempels küssen und der (dort mit Jupiter und Minerva zusammen verehrten) Juno eine Kuh opfern, wenn man eine Frau gefunden hat, die sittsam ist.

14 Servius ad Aen. XII,119.

15 Die Reihenfolge wird durch die Worte *ducimus* («wir führen»: Praesens), *dabitur* («es wird gegeben werden»: Futur) und *procul quatit* («es zerrt noch ganz fern vom Altar an seinem Strick») angedeutet.

16 Juvenal 10,66.

17 So ist z. B. das Opfer*lamm* bei Tibull geradezu das Symbol bescheidener Vermögensverhältnisse: Tibull I,1,21 f.; II,1,15; vgl. I,10,26, wo an seine Stelle ein Schwein tritt.

18 Genauer müßte es heißen: ein Ochse – da dem Jupiter nur verschnittene Tiere geopfert werden durften.

19 Offenbar eine damals wegen ihrer Korpulenz notorische Frau.

20 Der *Clitumnus* ist ein umbrischer Nebenfluß des Tiber.

21 Auf den ersteren Vorgang wird hier Vers 84 (*farra imponere cultris*) verwiesen, auf den zweiten Vers 8 (*spargere vino*).

22 Zum Gebet bei den Römern: G. Appel 1909. Zur rituellen Rechtswendung: S. Eitrem 1914, 46.

23 In der Porticus, die das Caesarforum zum *Clivus Argentarius* hin begrenzt, läßt sich eine Bedürfnisanstalt nachweisen.

24 *In omnibus Vacerra quod conclavibus / consumit horas et die toto sedet, / cenaturit Vacerra, non cacaturit.*

Kapitel IX

1 Martial V,20,9. Vgl. auch Horaz, Sermones I,6,126; Ovid, Tristia III,12,19–22; Epistulae ex Ponto I,8,37. – Mit *Virgo* ist die übers Marsfeld zu den Agrippathermen hin laufende *Aqua Virgo* gemeint oder auch der *Euripus*: der steingefaßte, von Fußwegen begleitete Abflußkanal der Agrippathermen (vgl. Frontin, De aquaeductu 84). Über ihn vgl. F. Coarelli 1977, 830.

2 Im Lateinischen steht *Aeolia*, nach dem Windgott Aeolus.

3 Über die von Agrippa hier und auf dem benachbarten Marsfeld errichteten Bauten Shipley 1933. Shipley hat sein Buch allerdings verfaßt, bevor noch G. Gatti 1934 die *Saepta* richtig lokalisierte.

4 Der Verlauf dieser antiken Wasserleitung ist im modernen Stadtbild Roms durch folgende Punkte bezeichnet: durch die Fontana di Trevi, die noch heute durch sie gespeist wird; durch die Stelle, wo am Corso (beim Palazzo Sciarra) die Reste des Claudiusbogens, der sie über die *Via Flaminia* führte, gefunden wurden; und durch das Pantheon, wo sie sich nach Süden wandte, um die dahinterliegenden Agrippathermen zu speisen.

5 Nach Shipley 1933, 74 war es nicht, wie häufig angenommen, ein Wandgemälde, sondern eine Statuengruppe, die in dem buchsbaumbepflanzten Park bei der Portikus aufgestellt war (vgl. Martial III,20,12, wo von *delicatae sole Europae tepentes post meridiem buxos* die Rede ist).

6 Daß die «*Europa*» zu Martials Zeiten offenbar ein beliebter Treffpunkt von Müßiggängern war, erfahren wir im Epigramm XI,1 (Vers 13): *turbam habet otiosam ... Agenoris puella.*

7 Vers 4: *laudat Achilleos, sed sine fine, pedes. Finis* bezeichnet hier wohl das von Selius *erstrebte* Ende seiner Lobeshymnen: die Einladung zum Abendessen.

8 Hierüber gibt es zwei neuere Gesamtdarstellungen: Harris 1972 (der Verfasser ist Philologe); Lukas 1982 (der Verfasser ist Sportwissenschaftler).

9 Laufen: Seneca, Epistulae 15,4. (Bei älteren Leuten konnten ausgiebige Spaziergänge an die Stelle des Laufens treten: Plinius, Epistulae III,1,7 f.) – Schwimmen: Horaz, Carmen I,8,8. – Hoch- und Weitsprung: Seneca, Epistulae 15,4; Martial XIV,49. Die Sprunggewichte wurden offenbar auch für Hantelübungen verwendet: Martial VII,67,6; Juvenal 6,421 (siehe Courtneys Kommentar zu dieser Stelle!). – Speer- und Diskuswurf: Horaz, Carmen I,8,11 bzw. I,8,10; Sermones II,2,13; Martial XIV,164. – Reifentreiben: Ovid, Tristia II,486; vgl. Properz III,14,6, wo allerdings vom alten Sparta die Rede ist. – Ringen: Martial VII,32,9; 67,5 (hier wird der griechisch ἀφή genannte Staub oder Sand erwähnt, mit dem die Ringer den Gegner bewarfen, um bei den Griffen nicht von seinem eingeölten Körper abzugleiten – vgl. dazu auch Ovid, Metamorphosen IX,35; Sueton, Nero 45,1; Plinius, Naturalis Historia XXXV,168. – Boxen: Horaz, Carmen III,12,7; Martial VII,32,5. – Fechten: Horaz, Carmina I,8,10; Martial VII,32,8. – Gymnastik mit Hanteln: Sie wurde z. T. so exzessiv betrieben, daß man sie mit modernem Body-building vergleichen kann. Kritik Senecas daran: Epistulae 15,2 ff. – Ballspiele allgemein: Leon 1946, 320; Wegener 1938. – Speziell über das «Harpastum» handelt S. Meudner, Das Spiel Phainunda-Harpastum, Gymnasium 66 (1959) 517–524.

10 eigentlich: «Salber» *(unctor)*.

11 Ich nehme in meiner Übersetzung die Vermutung von Lukas 1982, 95 auf, der *pila paganica* von *pagus* («Dorf», «Bezirk») ableitet. Die verschiedenen Arten von Bällen werden von Martial auch XIV,45–48 aufgezählt.

11a *Servire* hier im Sinne des juristischen Terminus technicus «mit einer Servitut belastet sein».

12 Damit ist hier sicherlich der sogenannte *Euripus* gemeint (s. o. Anm. 1).

13 Der Name «Selius» könnte von dem griechischen Wort für «Buchseite», «Kolumne» (auf einer Papyrusrolle): σελίς abgeleitet sein und auf einen literarisch tätigen Menschen hinweisen!

14 Die in der Frauensatire Juvenals (6,247 ff.) erwähnten athletischen Mannweiber sind sicherlich eine Ausnahme.

15 Thetis versteckte bekanntlich ihren Sohn Achill, als Mädchen verkleidet, bei den Töchtern des Königs Lykomedes von Skyros, um zu verhindern, daß er am Trojanischen Krieg teilnehmen müsse.

16 Über die römischen Wahlversammlungen grundlegend Taylor 1966.

17 Die Zenturiatskomitien mußten, ihrem ursprünglich militärischen Charakter entsprechend, sowieso vor der Stadt abgehalten werden, denn kein Heer durfte, außer bei den Triumphzügen, den von der sakralen Stadtgrenze *(pomerium)* umgrenzten Bereich betreten.

18 Mit den dazu notwendigen Vorbereitungen beauftragte Caesar Oppius und Cicero. Letzterer schreibt in dem Brief Ad Atticum IV,16,8: *Iam in Campo Martio saepta tributis comitiis marmorea sumus et tecta facturi eaque cingemus excelsa porticu, ut mille passuum conficiatur.* Was mit *«tecta»* gemeint ist, ist nicht ganz klar: eine ständige Überdachung für jedes einzelne *saeptum*? oder (wie Taylor 1966, 49 meint) Vorrichtungen, die im Bedarfsfall das Aufziehen von Sonnensegeln möglich machten?

19 Cassius Dio LV,8,3.

20 Gatti 1934, 126–128.

21 Tacitus, Annales I,15,1: *e campo comitia ad patres translata sunt.*

22 Dies war schon unter Augustus anläßlich der Einweihung des *Forum Augustum* einmal vorgekommen (Sueton, Augustus 43,1; Cassius Dio LV,10,7), unter Caligula geschah es dann häufig (Sueton, Caligula 18,1), auch unter Claudius einmal (Sueton, Claudius 21,4).

23 Im lateinischen Text steht *«Cordus, alpha paenulatorum».* – Über die verschiedenen Arten von Mänteln *(lacernae, paenulae):* F. Kolb, Römische Mäntel, paenula, lacerna, μανδύη, MDAI (R) 80 (1973) 69–167.

24 Das bedeutet: Die Stangen der *sella gestatoria* ruhten nicht direkt auf den Schultern der Träger, sondern wurden über Riemen getragen.

25 Wörtlich: «welche die Bretter des geheimen Schaugerüstes bewahrt.»

26 Gemeint sind Becher in Form eines kleinen Korbes.

27 Ganz ähnlich Juvenals Aufzählung dessen, was der reiche Adlige kauft (7,133): *pueros, argentum, murrina, villas.*

28 Darauf deutet V,4 *prostituere* («davorstellen») hin.

29 Grundlegend über die Möbel der griechisch-römischen Antike, mit vielen Abbildungen, Richter 1966 (Tische: 110–113; Liegen aller Art: 105–109).

30 Vgl. Martial II,43,9; IX,22,5. Schlichtere Tischplatten waren danach aus Buchenholz, schlichtere Fußgestelle aus Ton.

31 Diese damals hochgeschätzte Bronzelegierung war angeblich durch Zufall entdeckt worden, als bei der Brandschatzung Korinths durch die Römer (146 v. Chr.) geschmolzenes Erz, Silber und Gold ineinanderflossen (Florus, Epitome de Tito Livio I,32,7 (II,16,7); vgl. auch Petron, Satyrica 50; Statius, Silvae II,2, 68).

32 Über *vasa murrina* A. I. Löwental, D. B. Harden, Vasa murrina, JRS 39 (1949) 31–37; vgl. auch D. B. Harden, Vasa murrina again, JRS 44 (1954) 53; D. Venturo, I vasi murrini. Il contributo delle fonti classiche, Antiqua 3 (1978) 45–48.

33 Über Juwelen: Barini 1958 (mit Abbildungen).

34 Reste dieses Tores haben im 16. Jahrh. noch existiert: Gatti 1943–44. Abbildung auf einer Münze: B. Sesler, Arco di Domiziano all'Iseo Campense in Roma, RIN 57 (1955) 88–93.

35 Iversen 1968, 78–80. Über die Reliefdarstellungen auf den Seitenflächen seines «Pyramidion» (der kleinen Pyramide, die einen Obelisken oben abschließt) und die auf sie bezogenen Hieroglypheninschriften auf den entsprechenden Seiten des Schaftes O. Marucchi, Sur certains fragments de l'obélisque de la Place Navone aujourd'hui au Musée égyptien du Vatican, BCAR 45 (1917) 103–124.

36 Über das *Iseum Campestre* handelt ausführlich Roullet 1972, 23–32.

37 Tacitus, Annales II,85,4; Sueton, Tiberius 36.

38 Ausführliche Darstellung der Geschichte des Isiskultes in Rom: Malaise 1972, 362 ff.

39 Apuleius, Metamorphoseis XI,23 f.

40 Isis wurde in Ägypten ursprünglich als Bringerin der Nilflut verehrt. Da diese kommt, wenn die Sonne im Zeichen des Hundes steht, wird Isis oft als Hündin (*Sothis*) dargestellt.

41 Vgl. hierzu I. Becher, Der Isiskult in Rom – ein Kult der Halbwelt? ZAeS 96 (1970) 81–90.

42 Z. B. Tibull I,3,30 (Isis ist angeredet): *Delia . . . ante sacras lino tecta fores sedat / bisque die resoluta comas tibi dicere laudes / insignis turba debeat in Pharia.* Vgl. auch Ovid, Amores II,13,17; Ars amatoria III,635; Tristia II,298; Epistulae ex Ponto I,1,52.

43 Tibull I,3,26; Properz II,33,1–4; IV,5,34; Ovid, Amores I,8,74; III,9,34 (in Anspielung auf die Tibullstelle); Ars amatoria III,653; vgl. auch Juvenal 6,535f.; Apuleius, Metamorphosen XI,23.

44 Ähnlich die kurze Schilderung von Isisgläubigen bei Seneca, De vita beata 26,8.

45 Wörtlich: «über den ganzen Acker des hochmütigen Königs» – eine Anspielung darauf, daß das Marsfeld ursprünglich dem letzten König Tarquinius Superbus gehört hatte und erst nach seiner Vertreibung dem Kriegsgott geweiht worden war.

46 *Ovile* heißt Schafspferch, ist also eine Umschreibung von *saeptum*.

47 Bei den Isisfeiern im November wurden Tod und Wiederaufleben des Osiris rituell nachvollzogen, und die Gläubigen begleiteten das dargestellte Ge-

schehen mit Klage- bzw. Freudenrufen. – Anubis hatte einen Hundekopf; der betreffende Priester lief also bei diesen Feiern mit einer Hundemaske herum.

48 Gemeint ist die der Isis heilige Uräusschlange.

49 Inwieweit der Bericht glaubwürdig ist, läßt sich natürlich nicht mehr feststellen. H. R. Moehring, The Persecutions of the Jews and the Adherents of the Isis Cult at Rome A. D. 19, NT 3 (1959) 239–304, interpretiert ihn als Novelle in hellenistischem Stil, die Josephus in apologetischer bzw. polemischer Absicht in seine historische Darstellung eingefügt habe: Er solle dem Leser suggerieren, daß im Gegensatz zu den schuldlos vertriebenen Juden die Isispriester und ihr Kult damals aus gutem Grund verfolgt wurden.

50 Sechs Sistren, die man Ende des vorigen Jahrhunderts beim Ponte Sisto und beim Ponte Umberto gefunden hat, gehören wahrscheinlich zu den damals in den Tiber geworfenen Gegenständen: F. W. von Bissing, Sul tipo dei sistri trovati nel Tevere, BSAA 31 (1937) 211–224.

51 XI,47,4: *Cur nec Pompeia lentus spatiatur in umbra / nec petit Inachidos limina? Ne futuat.* Angespielt wird auf Ovid, Ars amatoria I,67.

52 Properz IV,5,34; Ovid, Amores I,8,73f.; Ars III, 635f.

53 In einem anderen Epigramm (II,78) spottet er über ein *balneum*, das unzureichend beheizt war: Er empfiehlt dem Besitzer, es im Sommer als Aufbewahrungsort für Fische zu verwenden.

54 Über das römische Münzsystem s. Exkurs A, Anm. 10.

55 Titusthermen: Martial III,36,5; Nerothermen: II,48,8; VII,34,5.

56 Martial VI,42,16–18; vgl. Petron 28,1; Seneca, Epistulae ad Lucilium 83,5. Das *Laconicum* funktionierte also ähnlich wie unsere Sauna.

57 Tacitus, Annalen XV,37,2.

58 Zum *Euripus* Coarelli 1977, 830; Quilici 1983, 69.

59 Das kann man u. a. aus einigen hübschen Epigrammen dieses Dichters entnehmen, etwa, wo er sagt (IX,33): «Wenn du, Flaccus, aus einem Bad Beifallsklatschen hörst / dann wisse: Dort ist gerade Maros Schwanz», oder wo er eine Frau fragt, warum sie nicht mit ihm zusammen ins Bad gehe, und dann alle nur möglichen Körperfehler aufzählt, deren sie sich möglicherweise schämt – einige von ihnen hätte ein Badeanzug mit Sicherheit bedeckt (Martial III,72; vgl. auch III,51).

60 Die Schilderung bezieht sich allerdings nicht auf Rom, sondern wahrscheinlich auf den Badeort Bajae am Golf von Neapel.

61 Nacheinander wird angespielt 1. auf die Geburt der Venus aus dem Schaum des Meeres, 2. auf den schönen, in sich selbst verliebten Jüngling Narziß, der unablässig sein Spiegelbild im Wasser bewunderte und darüber zugrunde ging, 3. auf Diana, die beim Baden im Wald von dem Jäger Aktäon überrascht wurde und ihn zur Strafe dafür in einen Hirsch verwandelte, so daß ihn seine eigenen Jagdhunde zerrissen.

62 Grundlegend über die bei römischen Bauten verwendeten Gesteinssorten: Gnoli 1971. Einen anschaulichen Eindruck von ihrer Vielfalt und Farbenpracht vermittelt die Marmorsammlung des Antikenmuseums in Berlin-Charlottenburg. Es gibt zu ihr einen Katalog mit sehr schönen Farbabbil-

dungen (H. Mielsch, Buntmarmore aus Rom im Antikenmuseum Berlin, Berlin 1985).

63 Attis war ein schöner phrygischer Jüngling, in den sich die Göttin Kybele verliebt hatte. Als er sie mit einer Nymphe betrog, schlug sie ihn mit Wahnsinn. Er entmannte sich und verblutete.

64 Vgl. Seneca, Epistulae 86,7 (über die Luxusbäder seiner Zeit): *quantum statuarum, quantum columnarum est nihil sustinentium, sed in ornamentum positarum impensae causa!* Siehe auch H. Manderscheid, Die Skulpturenausstattung der kaiserzeitlichen Thermenanlagen, Monumenta artis Romanae 15, Berlin 1981.

65 *thermulis*: Martial will durch dieses Wort ausdrücken, daß das *balneum* des Etruscus zwar in der Größe hinter den öffentlichen Thermen zurückbleibt, aber, was die Ausstattung betrifft, ihnen durchaus gleichgestellt werden kann.

66 Das kann man aus dem «denn» (*nam*) schließen, mit dem Vers 13 beginnt. Es begründet das «verschmäht» (*spernit*): «Selbst in diese schäbigen Badeanstalten geht er zum Schluß noch – *denn* in den komfortableren Thermen war er natürlich schon vorher.»

67 *Das recurrit* in Vers 15 nimmt das *currit* von Vers 3 wieder auf.

Kapitel X

1 Horaz, Sat. II,8,3; Sueton, Nero 27,2.

2 Vgl. Martial III,36,5, wo Martial sich beklagt, daß Fabianus ihm zumute, ihn in der 10. Stunde oder sogar noch später ins Bad zu begleiten.

3 Daß Nero es liebte, an öffentlichen Orten (*publicis locis*) *convivia* abzuhalten – z. B. im *Circus Maximus* oder auf einem Floß inmitten des *Stagnum Agrippae* bzw. der Naumachie des Augustus (Tacitus, Annalen XV,37; Sueton, Nero 27,2), wird als ungewöhnlich hervorgehoben und als Unsitte kritisiert: «Er verfuhr mit der ganzen Stadt,» sagt Tacitus, «als ob sie sein eigenes Haus wäre.»

4 Von daher erklärt es sich, daß «*cenaculum*» mit der Zeit die Bedeutung «Oberstock», «im Oberstock eines Hauses gelegene Mietwohnung» annahm.

5 Varro bei Gellius, Noctes Atticae XIII,11,2: *dicit . . . convivarum numerum incipere oportere a Gratiarum numero et progredi ad Musarum, ut, cum paucissimi convivae sunt, non pauciores sint quam tres, cum plurimi, non plures quam novem.*

6 Martial X,48,6.

7 Martial III,50,3; Horaz, Sermones II,8,77.

8 Horaz, Epistulae I,5,22 (s. u.); Sermones II,4,81; Varro, De lingua Latina IX,47.

9 Ich schließe das aus Martial XII,28,3, wo von einer *mappa dextra*, die der Gast im Auge behalten soll, damit sie ihm nicht gestohlen werde, und einer *mappa sinistra*, die er festhalten soll, gesprochen wird.

10 Hermogenes ist ein sprechender Name, bedeutet «Sohn des Hermes» – und Hermes war, wie man weiß, u. a. auch der Gott der Diebe.

11 Von diesem typischen Ablauf einer *cena* erklärt sich die römische Redensart

«*ab ovo usque ad mala*» («vom Ei bis zum Obst»), die unserem «von A bis Z» entspricht. Siehe zum Beispiel Horaz, Sermones I,3,6, und: A. Otto, Die Sprichwörter und sprichwörtlichen Redensarten der Römer (1890), Hildesheim 1962, unter *ovum*.

12 Siehe etwa Horaz, Sermones II,8,13–17.

13 Grundlegend über die bei den Römern üblichen Nahrungsmittel und Gerichte: J. André 1981. Unterhaltsam zu lesen und mit vielen Abbildungen: Salza Prina Ricotti 1983.

14 Martial war, wie wir schon wissen (s. o. Kap. III, S. 42), Besitzer eines kleinen Landgutes bei Nomentum.

15 *herba salax*. Die Gleichsetzung mit dem Raukenkohl (*eruca*) rechtfertigt sich aus Martial III,75,3.

16 Verlegenheitsübersetzung: Es läßt sich nicht mehr feststellen, welcher Fisch als *lacertus* bezeichnet wurde.

17 «*una ponetur mensa*» ist am besten so zu verstehen, daß der Eßtisch auswechselbare Platten hatte, auf denen die einzelnen Gänge auf- bzw. wieder abgetragen wurden; hier ist das nicht nötig, da es nur *einen* Hauptgang gibt.

18 Es handelt sich also um ein «geschlagenes» Tier, das notgeschlachtet werden mußte.

19 Siehe auch Martial V,78,26–28.

20 Z. B. Epistulae II,1,114–117.

21 Vgl. auch Martial V,78,25.

22 Horaz, Sermones II,8 (Cena Nasidieni); Petron, Satyrica 27–38 (Cena Trimalchionis); Juvenal 5 (Cena Virronis).

23 Vgl. hierüber auch Plinius, Epistulae II,6.

24 Martial III,29; XI,37; 54.

25 Nicht die Leda des Mythos ist gemeint, sondern eine Zeitgenossin Martials, die diesen Namen trug. Sie war offenbar für ihren Mangel an Sauberkeit bekannt.

26 Absichtlich gebraucht der Dichter hier «*iacet*» statt des üblichen «*accubat*», welches das *seitliche* Liegen mit aufgestütztem Ellbogen bezeichnete.

27 Sie sitzt auf der Außenkante des Bettes, lehnt sich zu ihm zurück.

28 *ebrius* hier = «voll mit Flüssigkeit».

29 Witzig, daß gerade ein Kastrierter diese Aufgabe hat!

30 Die Leckerbissen sind witzig auf die Empfänger abgestimmt: Die Ringer erhalten Kraftessen, der *concubinus*, mit dem er homosexuellen Verkehr hat, erhält ein Hinterteil.

31 Über diese von Martial verabscheute Spezialität des antiken Marseille siehe X,36.

32 Im lateinischen Text steht *Cosmianis ampullis*: Cosmus war der berühmteste Parfumier der Zeit.

33 Das Parfümgefäß, das ja im Besitz des Gastgebers bleibt, ist kostbar: Es soll seinen Reichtum demonstrieren; sein Inhalt dagegen, der an die ärmeren Gäste verteilt wird, darf billig sein.

34 Wörtlich: «von vielen sieben Unzen fassenden Trinkgefäßen».

35 Zu diesem Gedichttyp: Hiltbrunner 1972.

36 Martial V,78; X,48; XI,52; Juvenal 11. In den Martialgedichten X,48 und

XI,52 erstreckt sich die Einladung auch auf den gemeinsamen Besuch eines Bades vor dem Essen.

37 In der wohl an denselben Torquatus gerichteten, später verfaßten Ode IV,7 wird Vers 23 ganz entsprechend sein *genus* (seine vornehme Abkunft) hervorgehoben.

38 Das Jahr (28 v. Chr.) wird, römischer Art entsprechend, durch den Namen des einen der beiden in diesem Jahr amtierenden Konsuln bezeichnet. Der lateinische Terminus technicus für «abgefüllt» ist *diffusum*, im Gegensatz zu *natum* («gewachsen»). Es haben sich Weinamphoren mit Aufschriften erhalten, auf denen sowohl Ernte- wie Abfülldatum, außerdem der Name des Weinhändlers angegeben sind, z. B. CIL XV,4539: TIB. CLAUDIO. P. QUINCTILIO COS (= 13 v. Chr.) / A(nte). D(iem). XIII K(alendarum). IU-N(iarum).(= 20. Mai) / VINUM DIFFUSUM. QUOD. NATUM. EST / DUO-BUS LENTULIS COS (= 18. v. Chr.) / AUTOCR(ates). Zwischen Ernte und Abfüllung konnte, wie man sieht, eine Lagerungszeit von mehreren Jahren liegen. Der von Horaz genannte Wein ist also, wenn man die Epistel mit Kießling-Heinze auf 20 v. Chr. datiert, mehr als 8 Jahre alt!

39 Daß Moschus verurteilt wurde, wissen wir aus Tacitus, Annales IV,43,5.

40 ... *dat veniam somnumque dies*: Von verblüffender Knappheit und im Deutschen kaum nachzumachen ist die Zusammenstellung eines abstrakten und eines konkreten Objektes nach *dat*.

41 Im lateinischen Original steht *aestivam... noctem. Aestivam* kann hier nicht bloße Zeitangabe sein: Dagegen spricht schon das Datum (es ist bereits Herbst!), aber auch die Art und Weise, wie das Wort durch weite Absperrung vom Bezugswort stark hervorgehoben ist. Es bezeichnet vielmehr, wie schon Kießling-Heinze gesehen haben, eine besondere Qualität dieser Herbstnacht: die noch ganz sommerlich milde Temperatur.

42 «*benigno sermone*» schließt beides ein.

43 *potare et spargere flores / incipiam.* Sehr hübsch übrigens, wie er sich schon bei der Formulierung des Entschlusses, sich gehen zu lassen, *sprachlich* gehen läßt: Das fürs Trinken gewählte Wort (*potare*) hat, im Gegensatz zu seinem Synonym *bibere*, die Konnotation «in großen Mengen trinken», «zechen», «saufen».

44 Beide Wirkungsarten des Weins werden in der Ode I,18 einander gegenübergestellt.

45 Im lateinischen Text findet sich hier ein hübsches, nicht übersetzbares Wortspiel: Das am Versanfang stehende *fecundi*, als Attribut von *calices* etwas seltsam (man kann aber an *fecundus fons* denken), ist gesetzt, weil es 1. mit dem *fecere* zusammenklingt, und 2. sich nur ganz wenig: nur durch einen Vokal, von *facundus*, einem Synonym des am Versende stehenden *disertus*, unterscheidet.

46 Im Lateinischen steht «die zusammengezogene Armut» (*contracta paupertas*), es wird also der subjektive Aspekt der Armut betont: Der Arme, im schamvollen Bewußtsein seiner Armut, zieht sich in sich zusammen, «macht sich klein».

47 Das logische Subjekt von *imperor* bleibt im lateinischen Text offen. Man kann *a te*, aber auch *a deo* ergänzen.

48 Im Lateinischen steht «... *ut coeat par / iungaturque pari*». Bei der Prägnanz,
welche das Horazische Latein immer hat, ist zu vermuten, daß mit den
beiden Verben «*coire*» und «*iungi*» zweierlei Verschiedenes gemeint ist: das
Zusammenkommen der Gäste, das zum Teil von ihnen abhängt, d. h.
davon, ob sie der Einladung folgen – deshalb Aktiv! –, und die Anordnung
der Plätze bei Tisch, welche ihnen vom Gastgeber zugewiesen wird –
deshalb Passiv!

49 Ich halte es für notwendig, in dem Vers «*et nisi cena prior potiorque puella
Sabinum*» das überlieferte -*que* in ein -*ve* abzuändern.

50 Das liegt in dem zum Imperativ «*rescribe*» überflüssig hinzugesetzten und
infolgedessen stark hervorgehobenen «*tu*» am Anfang von Vers 30.

51 Eine ähnliche Auffassung findet sich schon bei Cicero ausgesprochen
(Epistulae ad Familiares IX,24,3): . . . *communitas vitae atque victus remissioque
animorum, quae maxime sermone efficitur familiari, est in conviviis dulcissimus, ut
sapientius nostri quam Graeci; illi ‹συμπόσια› aut ‹σύνδειπνα›, id est compotatio-
nes aut concenationes, nos ‹convivia›, quod tum maxime simul vivitur.*

Exkurs B:

1 Grundlegend über die römischen Feste (allerdings auf die Zeit der späten
Republik beschränkt) Scullard 1985. Eine gewisse Ergänzung dazu bietet
Herz 1978. Eine Darstellung des Forschungsstandes: Harmon 1978.

2 Die Festlichkeiten wurden im Laufe der Zeit immer mehr ausgedehnt. Die
im folgenden angegebenen Verhältnisse sind die der frühen Kaiserzeit.

3 Vgl. Kap. XIII, Abb. 62.

4 Dionysius Halicarnassensis, Antiquitates Romanae VII,72.

5 In der Antike wurden die Theatervorhänge nicht hochgezogen, sondern in
einen Schlitz an der Vorderseite der Bühne versenkt.

6 Die Ortsangabe (*via Flaminia ad primum lapidem*) ist auf einer Inschrift
überliefert (CIL I² p. 311). Der erste Meilenstein muß, falls die Zählung von
dem Stadttor unterhalb der *Arx* begann, auf der Höhe des Augustusgrab-
mals gestanden haben. Da dort aber nach unserer Kenntnis der antiken
Bebauung für einen Hain kein Platz war, nimmt man an, die Angabe
besage: zwischen dem ersten und dem zweiten Meilenstein, aber näher am
ersten. Das führt auf eine Position nicht weit außerhalb der Porta del
Popolo: So C. Hülsen in einem Zusatz zu H. Schenkl, Der Hain der Anna
Perenna bei Martial, MDAI(R) 21(1906)211–219, hier 219. – Ein ähnliches
Fest des einfachen Volks war das Gründungsfest des Tempels der *Fors
Fortuna* am 24. Juni. Die beiden Tempel dieser Göttin lagen von Rom aus
tiberabwärts, und deshalb war eine gemeinsame Bootsfahrt, bei der viel
getrunken wurde, Teil der Feier (Ovid, Fasti VI,771–784).

7 Der Tiber wird *advena* genannt, weil die Gegend nördlich von Rom, aus der
er kommt, einst etruskisches Gebiet war.

8 Ovid spielt hier auf das im März noch kühle Wetter an.

9 D. h. obwohl sie nur ihre Tuniken anhaben.

10 Nestor überlebte nach Homer drei Menschengenerationen.

11 Ich ergänze das aufgrund der Verse 675 und 695.

Kapitel XI

1 Vitruv V,9,1.

2 Cicero, Brutus 72.

3 Livius, Periochae XLVIII. Vgl. auch Tacitus, Annales XIV,20,2.

4 Gellius, Noctes Atticae X,1,7. Vgl. auch Tertullian, De Spectaculis 10. Tacitus, Annales XIV,20,2 berichtet, daß dies konservative Kreise nicht davon abhielt, trotzdem Kritik gegen diesen ersten ständigen Theaterbau Roms zu äußern. – Die Kombination eines Theaters mit einem Tempel war übrigens nichts absolut Neues: Pompeius konnte sich auf Vorbilder im italischen Bereich, z. B. in *Gabii, Tibur* und *Praeneste* berufen (siehe Hanson 1959, 29–39; vgl. auch Hill 1943/44). Ungewöhnlich war nur das Größenverhältnis zwischen beiden: Ein riesiges Theater war mit einem relativ kleinen Tempel kombiniert. – Im allgemeinen nimmt man an, daß ein auf der Forma Urbis eingezeichneter Annex der Cavea diesen Tempel bezeichnen soll. Dies ist neuerdings von L. Richardson, A Note on the Architecture of the Theatrum Pompei in Rome, AJA 91 (1987) 123–126, in Zweifel gezogen worden: Er meint, daß damit eher eine von Bäumen begleitete Allee gemeint sei. Hätte er recht, dann wäre der Venustempel sogar noch kleiner und, ebenso wie die vier Heiligtümer personifizierter Tugenden, die für das Theater außerdem noch nachweisbar sind (CIL I² p. 324; vgl. Hanson 52), völlig in den oberen Umgang der Cavea integriert gewesen.

5 Cicero, Ad fam. VII,1,6: ... *me subinvitaras* ... *ut ad te aliquid eius modi scriberem, quo minus te praetermisisse ludos paeniteret.*

6 Horaz, Sermones I,10,7 über die Mimen des Laberius.

7 Quintilian VI,3,29.

8 Man kann daraus entnehmen, daß Tierhatzen und athletische Vorführungen zu Horazens Zeiten oft ebenfalls im Theater stattfanden, vielleicht als zweiter Programmpunkt nach dem Bühnenstück.

9 Wörtlich: «nachdem der Vorhang heruntergelassen worden ist»: Im römischen Theater der damaligen Zeit wurde der Vorhang bei Beginn des Stückes bekanntlich nicht hochgezogen, sondern er verschwand nach *unten* in einen Schlitz des Bühnenbodens. Darüber ausführlich: Beare 1977, 257–264.

10 Demokrit galt in der römischen Antike als der «lachende Philsoph» (lachend über die Torheit der Menschen) – wofür unsere Stelle der früheste Beleg ist.

11 Wörtlich: «zugeschmiert».

12 Zur Pantomime grundlegend Rotolo 1955/56. Vgl. auch Weber 1983, 158–182.

13 Tristia II,519; V,7,25.

14 Vgl. hierzu Weber 1983, 172–177.

15 Juvenal 6,80 (ein vornehmer Römer ist angesprochen): *testudineo tibi, Lentule, conopeo / nobilis Euryalum myrmillonem exprimit infans.* (Myrmillo bezeichnet einen bestimmten Typ von Gladiatoren.)

16 Calpurnius Siculus, Bucolica 7,26: ... *venimus ad sedes, ubi pulla sordida veste / inter femineas spectabat turba cathedras. / nam quaecumque patent sub aperto libera caelo, / aut eques aut nivei loca densavere tribuni.*

17 Ovid, Ars amatoria I,97: *ruit ad celebres cultissima femina ludos.*

18 Ovid, Amores II,7,3; Ars amatoria I,109; vgl. Properz IV,8,77.

19 Am ausführlichsten handelt darüber Rawson 1987. Vgl. auch Kolendo 1981; Bollinger 1969, 1–24.

20 Sueton, Claudius 6,1: ...*spectaculis advenienti* (scil. *Claudio*) *assurgere et lacernas deponere solebat* (scil. *equester ordo*). Vgl. auch Cassius Dio LXVII,8,3.

21 Martial XIV,28 (Begleitgedicht für einen solchen Sonnenschirm): *Accipe quae nimios vincant umbracula soles: / sit licet et ventus, te tua vela tegent.* Über die Technik der Sonnensegel Graefe 1979.

22 Dekret: Sueton, Augustus 44,1; Gesetz: Plinius, Naturalis Historia XXXIII,32 – siehe auch Rawson 1987, 86.

23 Martial IV,2.

24 Sueton, Domitian 8,3: *licentiam theatralem promiscue in equite spectandi prohibuit.*

25 V,8; 14; 23; 25; 35; 41; VI,9. Vgl. auch II,29; III,95,10; Juvenal 3,153–159 und T. P. Malnati, Juvenal and Martial on Social Mobility, CJ 83 (1988) 133–141.

26 Ovid, Ars amatoria I,67; III,387; vgl. auch Properz II,32,11; Martial XI,47,3.

27 Die erste Meinung vertritt G. Marchetti-Longhi, Theatrum Lapideum, Curia Pompeja e Trullum Dominae Maraldae, RPAA 12 (1936) 271–319, hier 280, die zweite ist communis opinio. Sie kann sich darauf berufen, daß Martial (II,14,10) von einem «doppelten» Hain (*duplex nemus*) spricht, und daß auf den betreffenden Fragmenten der Forma Urbis der Innenhof der Portikus tatsächlich eine symmetrische Zweiteilung aufweist.

28 Marchetti-Longhi (s. vorige Anmerkung), 269 und Étienne 1977.

29 Plutarch, Caesar 66 ff.; Cassius Dio XLIV,16 ff.; Appian, Bellum Civile II,114 ff.

30 Ajax bezichtigte die Griechen deswegen der Undankbarkeit, weil sie trotz der Heldentaten, die er für sie verrichtet hatte, die Waffen des gefallenen Achill nicht ihm, sondern dem Odysseus zugesprochen hatten.

31 Die berühmte Ansprache, die Shakespeare (Julius Caesar II,2,75 ff.) dem Antonius in den Mund legt, ist also ganz und gar frei erfunden.

32 Caesars Asche wurde allerdings dann, wie vorgesehen, auf das Marsfeld ins Familiengrab der Julier überführt.

33 Sueton, Caesar 88; Cassius Dio XLVII,19,1.

34 Sueton, Augustus 31,5.

Kapitel XII

1 Horaz, Carmina I,2,13; Statius, Silvae IV,4,6; CIL VI,3147; 31555.

2 Der Name ist von *sublica* = «eingerammter Pfahl» abgeleitet.

3 Über die Brücken Roms ausführlich Le Gall 1953, 75–102.

4 Vgl. auch Horaz, Sermones II,3,37 f.

5 S. o. Kap. II, S. 33.

6 Vgl. auch Juvenal 5,8.

7 Forma Urbis fr 42; Plutarch, Poplicola 8.

8 Livius X,47,6; Valerius Maximus I,8,2; Ovid, Metamorphoseis XV,622–744.

9 Z. B. CIL I²,26–29; VI,30843; 30846. – Zu den Ex-voto siehe auch Guarducci 1971, 278.

10 Sueton, Claudius 25,2.

11 Die Reste der Travertinummantelung sind von F. Kraus, Die Prora an der Tiberinsel in Rom, MDAI (R) 59 (1944) 159–172, sorgfältig beschrieben und analysiert worden.

12 Ovid, Met. XV,5,737.

13 Das erinnert an die bekannte Anekdote vom Kaiser Vespasian bei Sueton (Vespasian 23,3): Sein Sohn Titus kritisierte, daß er die Nutzung des Urins der öffentlichen Bedürfnisanstalten durch die Tuchwalker mit einer Steuer belegt hatte. Daraufhin hielt ihm der Kaiser ein Geldstück unter die Nase und fragte. «Stört dich der Geruch?» –»Nein», antwortete Titus. –»Aber es ist aus Urin gemacht.» – Die auf diese Anekdote zurückgehende Redensart *«pecunia non olet»* ist eine spätere Prägung.

14 Auch in der Einzahl wird ein Park durch den Plural *horti* bezeichnet; *hortus,* der Singular, bezeichnet einen kleineren Hausgarten. Vgl. hierzu ThLL s. v. *hortus,* col. 3016,71 ff.

15 Naumachie: Velleius Paterculus II,100; Sueton, Augustus 43,1; Frontinus, De aquaeductu urbis Romae 11,1; 22,4; Cassius Dio LV,10,7; Ovid, Ars amatoria I,171 f.; Martial, Liber spectaculorum 28. – Park Caesars: Sueton, Caesar 83,2; Cassius Dio XLIV,35,3; Appian, Bellum civile II,143.

16 Catull, c. 11,18.

17 G. Lugli, La pianta dell'antica casa della Farnesina, MEFR 50 (1938) 5–27, hier 25–27.

18 A. Elter, Vaticanum, RhM 46 (1890) 112-138.

19 Plinius, Nat. Hist. XVIII,20; Livius III,26,8. Die Stelle wurde später in Erinnerung daran *prata Quinctiana* genannt. Sie lag wahrscheinlich am Südrand des *Vaticanum,* gegenüber den *Navalia.*

20 Tacitus, Ann. XV,44,4.

21 Horaz, Carmina II,3,18. – Die gelbliche Farbe des Tiber erklärte sich damals, anders als heute, aus dem Sand, den er mit sich führte: Vergil, Aeneis VII,31: *Tiberinus ... multa flavus harena.*

22 Martial XII,57,21. S. o. Kap. III, S. 43.

23 Zu den Bechern des Mentor s. o. Kap. IX, S. 151.

24 Über die Tiberschiffe handeln L. Casson 1965; Le Gall 1953, 216–231. – Die langsamen Treidelschiffe, die hier den schnellen *lintres* (langen, schmalen Flußbooten mit geringem Tiefgang) entgegengesetzt werden, hießen *naves caudicariae* (abgeleitet von *caudex* = Planke). Genauere Beschreibungen finden sich bei Casson (36–38) und Le Gall (226–230).

25 Beide Namen, der antike und der moderne, erinnern an die Schlacht, die hier 87 v. Chr. während des sogenannten *Bellum Octavianum* ausgefochten wurde und in der Cinna und Marius die Führer der einen, der Konsul Octavius der Führer der anderen Seite waren.

26 Im Lateinischen Text steht hier die schwerverständliche, absichtlich widersprüchliche Formulierung *«lati collibus eminent recessus»*: «Breite Zurückweichungen ragen aus den Hügeln hervor». Das *eminent* ist m. E. auf die Stützmauern von Terrassen zu beziehen, die aus dem Hügelabhang «hoch-

ragen», *recessus* bezeichnet die horizontale Fläche der Terrasse, die von deren Vorderkante «zurückweicht» bis zu der Linie, wo die Böschung wieder beginnt:

27 Überliefert ist: *et quod virgineo cruore gaudet* («und (*der Ort*), der sich an Jungfrauenblut freut»). Nirgendwo sonst jedoch gibt es einen Hinweis, daß der Anna Perenna irgendwann einmal eine Jungfrau geopfert worden wäre. W. F. Otto, Römische Sagen, WS 34 (1912) 319–331, hier 323, Anm. 1 hat deshalb vermutet, es sei die Opferung eines weiblichen Jungtieres gemeint; R. Lamacchia, Annae festum geniale Perennae, PP 13 (1958) 381–404, hier 382, meint, daß Martial vielmehr auf das ausgelassene Fest der Göttin anspiele, bei dem wahrscheinlich so manches Mädchen seine Jungfräulichkeit verloren habe; andere schlagen noch andere Deutungen vor. Aber alle diese Erklärungsversuche haben ihre Schwierigkeiten. Mich selber überzeugt am meisten eine auf E. Assmann, Zu Mart. IV 64, RhM 61 (1905) 637–639 zurückgehende Konjektur: VIRGINEOLIQUORE (statt des überlieferten VIRGINEOCRUORE). Sie läuft auf die Aussage hinaus, daß der Hain der Anna Perenna mit Wasser aus der *Aqua Virgo* bewässert worden sei. Der überlieferte Text läßt sich aus ihr paläographisch verblüffend leicht ableiten – man braucht sich nur vorzustellen, daß das L irrtümlicherweise als C gelesen wurde, und daß das Q in der Abschrift allzunahe an das voranstehende I herangeraten war: LIQ → CR. Auch inhaltlich spricht etwas für diese Konjektur: Die Wirkung solcher Bewässerung – ein im Vergleich zu seiner Umgebung besonders üppiges Grün des Hains – wäre auch vom Monte Mario zu sehen gewesen – so O. Immisch, Der Hain der Anna Perenna, Ph 83 (1928) 183–192, hier 191, der allerdings eine andere Konjektur (*virgine crudiore*) vorschlägt.

28 ... *facti modo divitis Molorchi.* Friedländers Deutung («der dann aber auch reich geworden sein muß») verbietet sich wegen des Part. Perf., das Vorzeitigkeit bezeichnet.

29 In diesen Gärten wuchsen, von einem hundertköpfigen Drachen bewacht, die goldenen Äpfel, welche die Mutter Erde dem Königspaar des Himmels (Zeus und Hera) als Hochzeitsgeschenk dargebracht hatte.

30 Darauf hat bereits A. Elter, Vaticanum, RhM 46 (1890) 112–138, hier 114 hingewiesen, später F. Bruni, Su quale Gianicolo sorgeva la villa di Giulio Marziale?, Capitolium 24 (1949) 124–127, und U. Scamuzzi, M. Valerio Marziale e la villetta sul Gianicolo oggetto dell'epigramma IV,64, RSC 13 (1965) 183–189, hier 188 f.

31 Wie schon bei dem «glückselig» des zweiten Verses ist auch hier eine leise Personifizierung zu beobachten: Die Kuppe «genießt». Und wie oben das «*recumbunt*» eine stimmungshafte Konnotation hatte – indem es an ein *convivium* erinnerte –, so hat sie hier das «*sereniore*»: «*serenus*» kann nicht nur Klarheit des Himmels, sondern auch Heiterkeit der Stimmung bezeichnen.

32 Auf die Stadt waren auch, wie wir aus dem Epigramm VII,17 erfahren, die

Fenster der Bibliothek des Landhauses gerichtet (1 f.): *Ruris bibliotheca delicati, / vicinam videt unde lector urbem* ...

33 Lukrez II,1 ff.

34 S. o. Exkurs B, Anm. 6.

35 *Essedum* ist ein aus Gallien stammender, zweirädriger Wagentyp.

36 Die in der weiter oben zitierten Properz-Passage klar herausgearbeitete Unterscheidung zwischen schnellen Segel- oder Ruderschiffen und langsamen Treidelschiffen (Properz I,14,3 f.) ist m. E. auch hinter Martials Beschreibung zu erkennen: Die *helciarii* verweisen eindeutig auf die Treidelschiffe (*naves caudicariae*), *volent* auf die schnelleren anderen Schiffe (z. B. die *lintres*), auf die wahrscheinlich auch *nauticum celeuma* zu beziehen ist. Unsere Stelle widerlegt übrigens die Behauptung von Le Gall 1953, 257, die *naves caudicariae* seien tiberaufwärts nie weiter als bis zum *Pons Sublicius* gefahren.

37 Dem inmitten eines weitläufigen Parks gelegenen Stadthaus des Sparsus hatte Martial, wie erinnerlich, gerade das umgekehrte Kompliment gemacht: Es sei *rus in urbe* (XII,57,21).

38 Das «Du» in den Versen 26 ff. ist das allgemeine, unserem «man» entsprechende Du.

39 *istis* verweist auf die 2. Person, ist aber zugleich, wie so oft, pejorativ gefärbt. Von daher kann man überlegen, ob nicht auch schon die Eigenschaften, die hier Tibur und Setia zugeschrieben werden (*gelidum, pendula*), eine negative Konnotation haben: Tibur ist «eiskalt», Setia «hängt» in prekärer Position am Berghang.

40 Nach der Darstellung des Polybios VI,55,3 ertrinkt er. – Eine interessante religionshistorische Deutung der Legende findet sich bei M. Delcourt, Horatius Cocles et Mucius Scaevola, FS W. Deonna, Collection Latomus 28, Brüssel 1957, 169–180, hier 177 f. Vgl. auch Dionysius Halicarnassensis, Antiquitates Romanae III,45,2; IX,68,2.

41 Der wahre Grund war wohl ein anderer: Die erste Überbrückung eines heiligen, weil als Gott vorgestellten Flusses war für die Römer ein Akt von auch religiöser Bedeutung (von der die Benennung des höchsten römischen Priesters als *Pontifex* = «Brückenbauer» noch heute Zeugnis ablegt!); das Bauwerk hatte infolgedessen einen sakralen Charakter. Deshalb durfte bei Erneuerungen seine altertümliche Bauweise nicht verändert werden. So Le Gall 1953, 81.

42 Plinius, Naturalis Historia XXXVI,100: *Sine ferreo clavo ita disponitur contignatio, ut eximantur trabes sine fulturis ac reponantur. Quod item Romae in Ponte Sublicio religiosum est, posteaquam Coclite Horatio defendente aegre revolsus est.* Vgl. auch Dionysius Halicarnassensis, Antiquitates IX,68,2; III,45,2.

Kapitel XIII

1 In Wirklichkeit erklärte sich Lage des *Forum Boarium* wohl daraus, daß hier eine Tiberfurt war, durch die schon vor Errichtung der ersten Brücke das Vieh vom anderen, «etruskischen» Ufer herüber in die Stadt getrieben

werden konnte. In der Livianischen Version der Legende ist diese Erklärung immerhin angedeutet (I,7,4).

2 Latte 1960, 214.

3 Angaben nach Humphrey 1986, 124.

4 Nach Livius XXXIII,27,3 ff. errichtete L. Stertinius 169 v. Chr. aus den Beutegeldern seines spanischen Feldzugs einen mit vergoldeten Statuen geschmückten Bogen (*fornix*) «*in maximo circo*».

5 Humphrey 1986,97. – Auf dem Relief von Foligno (s. Abb. 62) ist er gut zu erkennen.

6 Dionysius Halicarnassensis II,68,3.

7 Über ihre Nymphomanie: Plinius, Naturalis Historia X,172.

8 Britannicus, Sohn des Claudius und der Messalina, war der Kronprinz.

9 Wörtlich: «zum Götterlager».

10 Spleen et Idéal XXVI.

11 Ars amatoria I,137 f.: *Nil opus est digitis, per quos arcana loquaris, / nec tibi per nutus accipienda nota est; / proximus a domina nullo prohibente sedeto....*

12 Einen Vergleich beider Texte stellt E. Thomas an (Ovid at the Races. Amores, III,2; Ars amatoria, I,135–164, FS M. Renard I (Collection Latomus 101), Brüssel 1969, 710–727).

13 Tristia IV,10,7 f.

14 Im Circus war auch die Scheidung der Stände erst spät eingeführt worden und wurde nie streng eingehalten: Den Senatoren wurden hier erst unter Claudius feste Plätze reserviert (Sueton, Claudius 21,3), den Rittern erst unter Nero (Sueton, Nero 11,1; Plinius, Naturalis Historia VIII,21); aber auch danach blieb es dem Einzelnen überlassen, ob er davon Gebrauch machen wollte (Cassius Dio LX,7,4; vgl. auch Plinius, Epistulae IX,23,2). Zur Sitzordnung im Circus siehe auch Rawson 1987, 112 f.

15 «Herrin» (*domina*) ist in der römischen Liebeselegie der übliche Ausdruck für «Geliebte».

16 Erwähnung von Sitzkissen: Ars amatoria I,159 f.; Martial XIV,160.

17 Das entsprechende Rezept in der Ars: Vers 157 f.

18 Ars amatoria III,775 (aus dem Abschnitt über die Beischlafstellungen): *Milanion umeris Atalantes crura ferebat.* – Die Atalante des Mythos ist eine laufschnelle Jägerin, Milanion ihr Verehrer, der sie nach langer Werbung schließlich erobert.

19 Weder der Titusbogen noch die beiden neben den *carceres*, rechtwinklig zu ihnen, in die Arena führenden Eingänge können die *Porta pompae* gewesen sein: Sie hatten Stufen, waren also für das Durchfahren von Wagen nicht geeignet: Humphrey 1986, 97, auch hier Abb. 63. Für die Identifizierung des Mitteltores der *carceres* mit der *Porta pompae* spricht auch, daß es auf mehreren antiken Abbildungen größer dargestellt ist als die Tore der übrigen Boxen.

20 Zum «lachenden Philosophen» Demokrit s. o. Kap. XI, Anm. 10.

21 Die *toga picta* war eine goldbestickte Purpurtoga, die ebenfalls zur Tracht des Triumphators gehörte.

22 Zur Sitte der *sportula* s. o. Exkurs A, S. 50.

23 Als erstem Herrscher wurden, schon zu seinen Lebzeiten, Caesar *tensa*,

ferculum und ein Platz in der Götterloge (*pulvinar*) des Circus zugesprochen: Sueton, Caesar 76,1; Cassius Dio XLIII,45,3; XLIV,6,3; XLVII,18,4.

24 In der griechischen Fassung Res gestae des Augustus (19) ist von einem ναός die Rede.

25 Die anderen fuhren wahrscheinlich durch die *Porta pompae* wieder hinaus und warteten hinter den *carceres*, bis sie an die Reihe kamen.

26 Man beachte das emphatische Perfekt in Vers 66: *praetor... misit equos* = «Der Prätor hat die Pferde *schon* losgeschickt.»

27 Humphrey 1986, 154–156.

28 Cassiodor, Varia III,51,9 führt diese Sitte auf einen Vorfall der Zeit Neros zurück: Als sich damals der Start eines Rennens einmal sehr lange verzögerte, weil der Kaiser, auf dessen Erscheinen im Circus gewartet werden mußte, noch beim Essen war, habe Nero zum Zeichen dafür, daß er mit einem Beginn in seiner Abwesenheit einverstanden sei, eine Serviette aus dem Fenster des Speisesaals werfen lassen. Wahrscheinlich war der Brauch zu Neros Zeit aber längst eingeführt – jedenfalls vermittelt eine Stelle in der Nero-Vita Suetons diesen Eindruck (22,2): Wenn der Kaiser selbst als Wagenlenker im Circus auftrat, so heißt es dort, habe einer seiner Freigelassenen die *mappa* von der Stelle aus geworfen, von der sie gewöhnlich die Magistrate werfen: *unde magistratus solent*.

29 Versuch einer Rekonstruktion: Humphrey 1986, 157–170.

30 Eine ausführliche, gut verständliche Darstellung dieser komplizierten Verhältnisse, die sich in allen Rennbahnen des römischen Reiches wiederholten, bei Humphrey 1986, 18–24.

31 So der Ratschlag der «Ars amatoria» (I,145 f.).

32 Er befolgt damit ein Rezept, das in der «Ars amatoria» (I,146) so formuliert wird: «Für wen auch immer *sie* sich engagiert, für den engagiere auch *du* dich».

33 In der modernen Literatur ist die Benennung «*Spina*» für die Mittelbarriere üblich geworden. Sie kommt in den antiken Texten jedoch nur einmal vor, und erst im 6. nachchristlichen Jahrhundert (Cassiodor, Varia III,51,8). – Eine sehr ausführliche Besprechung der Mittelbarriere findet sich bei Humphrey 1986, 175–294.

34 Daß Ovid hier (Vers 69) den Singular verwendet, ist dichterische Freiheit.

35 Seine Bruchstücke wurden in der Regierungszeit von Papst Sixtus V. 1587 ausgegraben, und er wurde auf der Piazza del Popolo wieder aufgestellt.

36 Der bei Livius XLI,27,6 für das Jahr 174 v. Chr. bezeugte Eier-Rundenzähler ist wohl der vor den Startboxen. Der Eier-Rundenzähler auf der Mittelbarriere dürfte also ebenfalls erst von Agrippa aufgestellt worden sein.

37 Die Preisgelder des Scorpus: Martial X,74,5 f. Grabepigramme Martials auf ihn: X,50 und 53.

38 Diese Deutung verdanke ich O. Primavesi.

Kapitel XIV

1 Ausführlicher über den Großen Brand und seine Ursachen Beaujeu 1960, 65–71.

2 Sueton, Nero 38,2; Cassius Dio LXII,16,2.

3 Tacitus, Annales XV,39,3: . . . *pervaserat rumor* . . . Für Sueton (Nero 38,2) und Cassius Dio (LXII,18,1) ist es ein Faktum.

4 Sicherlich verschont geblieben waren die Regionen I (*Porta Capena*) und XIV (*Trans Tiberim*). Bei den beiden anderen handelt es sich wahrscheinlich um die Regionen VI (*Alta Semita*) und VII (*Via Lata*).

5 Ausführlich darüber Balland 1965, 350–358.

6 Dazu s. o. Kapitel II, S. 29.

7 Sueton, Nero 16,1: *ante insulas ac domos porticus, de quarum solariis incendia arcerentur*; vgl. Tacitus, Annales XV,43,1: . . . *additis* . . . *porticibus, quae frontem insularum protegerent.* – Gemeint ist wohl die Bekämpfung von Bränden in benachbarten oder gegenüberliegenden Gebäuden.

8 Tacitus, Annales XV,42,1: *usus est patriae ruinis.*

9 Zur *Domus Aurea* L'Orange 1942; Fabbrini 1983.

10 Van Deman 1925; vgl. auch diess., 1923. Bei dieser Gelegenheit wurde übrigens auch das Wohnhaus der Vestalinnen (das *Atrium Vestae*) neu gestaltet.

11 Historia Augusta, Vita Hadriani 19,12f. Die Basis des Kolosses wurde 1936 entfernt, die Stelle im Pflaster markiert.

12 Dazu H. Prueckner, S. Storz, Beobachtungen im Oktogon der Domus Aurea, MDAI (R) 81 (1974) 323–339. Es scheint mir aber nicht korrekt, diesen achteckigen Raum mit drehbarer *Decke* mit dem runden, *selbst* drehbaren Raum gleichzusetzen, von dem der Sueton (Nero 31,2) spricht.

13 Diese Heilquellen werden in Bagni di Tivoli noch heute genutzt.

14 Sueton, Nero 39,2. Veii liegt 17 km nördlich von Rom.

15 Sueton, Otho 7,1.

16 Das Wort wurde später zur allgemeinen Bezeichnung für die Ränge von Zuschauertribünen, gleichgültig ob im Theater, Amphitheater oder Circus.

17 Dasselbe gilt übrigens für die Tierhatzen aus Anlaß der Eröffnung des Pompeiustheaters: Plinius, Naturalis Historia VIII,20; Cassius Dio XXXIX,38,1; vgl. Cicero, Ad familiares VII,1,3.

18 Sueton, Caesar 39,3.

19 Plinius, Naturalis Historia XXXVI,116.

20 Plinius, Naturalis Historia XXXVI,117–120.

21 Sueton, Augustus 29,5; Cassius Dio LI,23,1; Strabo V,236.

22 Cassius Dio LIX,10,5.

23 Sueton, Nero 12,1; Tacitus, Annales XIII,31,1.

24 Die kurze Bauzeit erklärt sich dadurch, daß die Thermen als private Palast-Thermen schon vorher bestanden hatten und nun nur noch für den öffentlichen Gebrauch umfunktioniert werden mußten.

25 Zu den Sonnensegeln römischer Theater und Amphitheater: Graefe 1979; speziell zum Sonnensegel des Kolosseums: N. Goldman, Reconstructing the Roman Colosseum Awning, Archaeology 35 (1982) 57–65.

26 Erhaltene solche Namens-Inschriften aus spätantiker Zeit: CIL VI 32099–32151.

27 CIL VI 32089 und 32363.

28 Als Hyrkanien bezeichnete man das Land an der Südostecke des Kaspischen Meeres.

29 Über die ganz Serie B. Campbell, Martial's Slain Sow Poems. An Esthetic Analysis, C&M 30 (1969) 347–382.

30 Die Antithese gezeugt/geboren entspricht nicht der gängigen Version des Mythos, nach der Semele ihr Kind, den kleinen Bacchus, schon 6 Monate im Leib getragen hatte, als sie an Jupiter die fatale Bitte richtete, sich ihr einmal in seiner ganzen Majestät zu zeigen – was ihr das Leben kostete.

31 Zum Hain der Hesperiden s. o. Kap. XII, Anm. 29.

32 Sueton, Caligula 57,4. Das Stück wird auch von Juvenal (8,187) erwähnt.

33 Freie Übersetzung von *nimio pectore*.

34 Galen II,385 (Kühn); Celsus, De medicina, Prooemium 43.

35 Gemeint ist der erste Konsul der jungen Republik.

36 Abdera war eine griechische Stadt an der thrakischen Ägäisküste, deren Einwohner als geistig beschränkt galten – worauf ja auch der Titel von C. M. Wielands bekanntem Roman anspielt.

37 Lateinisch: *tunica molesta*. So nannte man eine Tunika, deren Stoff mit einem leicht brennbaren Material getränkt war. Sie wurde dem Verurteilten übergezogen und dann angezündet. Vgl. etwa Seneca, Epistulae 14,5; Juvenal 8,235.

38 Seneca, Epistulae 7,4: *interfectores interfecturis iubent obici et victorem in aliam detinent caedem; exitus pugnantium mors est.* Man beachte, wie hier der Doppelsinn von *exitus* ausgenutzt wird: Das Wort kann auch den Abgang von der Arena bezeichnen; hier bezeichnet es den *exitus mortalis*.

39 Seneca a. a. O.: *haec fiunt, dum vacat arena… Intermissum est spectaculum. «Interim iugulentur homines, ne nihil agatur.»* …

40 Seneca, Epistulae 90,45; 95,33. Vgl. auch Cicero, Tusculane disputationes II,41.

41 Petron 117,5; Seneca, Epistulae 37,1; Horaz, Sermones II,7,58.

42 Sueton, Claudius 21,6.

43 Schol. zu Persius 5,119: *gladiatores victi ostensione digiti veniam a populo postulant*; Martial, Liber spectaculorum 29,5; Quintilian VIII,5,20.

44 Tücherschwenken: Martial XII,28,7; Daumensenken: Juvenal 3,36.

45 Martial II,75,5 f.

46 Dies geschah übrigens auch noch unter Domitian gelegentlich: Sueton, Domitian 4,1. Für größere Darbietungen dieser Art verwendete Titus im Jahre 80 jedoch die ältere «Naumachie des Augustus», die sich auf der anderen Tiberseite befand: Martial, Liber spectaculorum 28; Sueton, Titus 7,3; Cassius Dio LXVI,25,3 f.

47 Castor und Pollux galten als die Schutzpatrone der Seeleute.

48 Vermutungen, wie der Mechanismus funktioniert haben könnte, bei J. F. Killeen, What was the linea dives (Martial VIII,78,7)?, AJPh 80 (1959) 185–188.

49 Sueton, Augustus 98,3; Nero 11,2. Über *sparsiones* ausführlich H. Nibley,

Sparsiones, CJ 12 (1944–45) 515–543. Bei Seneca, Epistulae 74,6 werden sie als Metapher für die Geschenke der Fortuna benutzt.

50 Martial VIII,78,9 ff.; Sueton, Augustus 98,3; Nero 11,2.

51 Martial erwähnt eine *sparsio*, bei der nicht die gebratenen Vögel selber, sondern Berechtigungsmarken ausgestreut wurden, damit die Kleider der Empfangenden nicht beschmutzt, die Vögel selbst im Gebalge des Publikums nicht zerrissen würden (VIII,78,11 f.): *nunc implere sinus securos gaudet et absens / sortitur dominos, ne laceretur, avis.*

Kapitel XV

1 Jordan I,3,202, Anm. 6. Vgl. auch Martial III,47,1; Juvenal 3,13.

2 Altar: Augustus, Res gestae II,11. – Tempel: Martial VIII,65,1: *Fortunae Reducis fulgentia late / templa nitent.*

3 Martial VIII,65,8: *hic gemini currus numerant elephanta frequentem,/ sufficit immensis aureus ipse* (scil. *Caesar*) *iugis.*

4 Aus diesem Grund nennt Juvenal an anderer Stelle (8,160) die *Porta Capena* «*Idymaea porta*» = «palästinensisches Tor».

5 Gemeint sind Schnittlauch und Porree.

6 Das Fleisch solcher Ferkel galt als besonders zart. Das von den heutigen Römern so geschätzte Milchlamm (abbacchio) ist die moderne Entsprechung.

7 *togatus*: Das Wort bezeichnet, wie wir bereits wissen, auch den Klienten.

8 Das «trotzdem» (*tamen*) hat wohl den Sinn: «trotz des hohen Anspruchs, der in dieser Behauptung liegt».

9 Verus war im Jahre 126 n. Chr., also unter der Regierung Hadrians, zum dritten Mal Konsul.

10 Zu einigen der im folgenden besprochenen Epigramme siehe Johnson 1953/54.

11 Lachesis ist diejenige der drei Parzen, welche den Lebensfaden «zuteilt» (gr.: λαγχάνει).

12 Ein sprechender Name: «der in jeder Hinsicht Vorzügliche»:

13 Vgl. hierzu Martial XII,57,5 (s. o. Kapitel II, S. 32, Anm. 32).

14 *Cumae* war von der Insel Euböa aus gegründet worden.

15 Vgl. z. B. Martial II,19,3; X,5,3; XII,32,10.

ABBILDUNGSVERZEICHNIS

(Abkürzungen: Alinari = Archivi Alinari; F = Fotoarchiv antiker Münzen am Institut für griechische und römische Geschichte II der Universität Frankfurt; Fototeca Unione = Fototeca Unione presso Accademia Americana, Rom; Gnecchi = F. Gnecchi, I medaglioni romani, Mailand 1912; Helbig = W. Helbig, Führer durch die öffentlichen Sammlungen klassischer Altertümer in Rom, Tübingen 1963; INR = Institutsnegativ des Deutschen Archäologischen Institutes Rom; PM = G. Carettoni u. a., La Pianta Marmorea di Roma antica, Rom 1955; RIC = H. Mattingly, E. A. Sydenham, The Roman Imperial Coinage, London 1923 ff. – Abbildungen ohne Angabe sind vom Verfasser gezeichnet.)

24. Reste des Monuments unter dem Lapis Niger (Zeichnung bei H. A. Stützer, Rom, Köln 1979, S. 49)
25. Porträtbüste des Kaisers Domitian, Rom, Museo Nuovo = Helbig II, 1752 (Alinari)
26. Sesterz aus der Zeit des Domitian (verschollen; Abbildung nach E. Nash, Pictorial Dictionary of Ancient Rome, New York 1981, Abb. 476)
27. Plan der Kaiserforen
28. Porträtbüste des Augustus (München, Glyptothek)
29. Augustusforum, Rekonstruktionsmodell von I. Gismondi (Alinari)
30. Augustusforum, heutiger Zustand (Fototeca Unione)
31. Der Giebel des Mars-Ultor-Tempels. Reliefdarstellung von der aus der Zeit des Kaisers Claudius stammenden Ara Pietatis Augustae (INR 1931)
32. Augustusforum: Schema des Bildprogramms
33. Plan: Der Weg von Ovids Buch vom Argiletum zur Bibliothek beim Tempel des Apollo Palatinus (Ovid, Tristia III, 1). Die in der Bildlegende erwähnte Hypothese von M. Strocka bei Lefèvre 1989 (Abb. 9)
34. Aureus aus der Zeit des Augustus (12 v. Chr., RIC² Augustus 419): Das Haustor des Augustus (London, British Museum)
35. Apollo zwischen Diana und Latona, davor eine Sibylle. Altarbasis, Sorrent, Museo Correale (INR 6518)
36. Das Kapitol im Jahre 69 n. Chr. (nach Tacitus, Historiae III, 71 f.)
37. As aus der Zeit Vespasians (71 n. Chr., RIC Vespasian 469): Porträtbüste Vespasians / Tempel des Iupiter Optimus Maximus auf dem Kapitol (F)
38. Latrine in der Nähe des Forums von Ostia Antica (Foto F. Loos)
39. Plan des Marsfeldes
40. Fragmente der Forma Urbis mit Saepta und Serapaeum, eingezeichnet in den modernen Stadtplan (nach PM, Textband, S. 98)
41. Sesterz aus der Zeit Vespasians (71 n. Chr., RIC Vespanian 453): Isistempel (F)
42. Statue der Isis mit Isisklapper und Situla (Alinari)
43. Schema der Sitzordnung bei einer römischen *cena*
44. Hellenistisches Grabrelief (Basel, Antikenmuseum): Totenmahl – Die Erstpublikation dieses Reliefs durch Rudolf Känel wird demnächst in der Reihe «Epigraphica Anatolica» erfolgen. Ich danke Herrn Känel und dem Direktor des Basler Antikenmuseums, Herrn Prof. Dr. E. Berger, für die freundliche Abbildungserlaubnis.
45. Fragmente der Forma Urbis mit Theater und Portikus des Pompeius, eingezeichnet in den modernen Stadtplan (nach PM, Textband S. 103)
46. Fragmente der Forma Urbis mit der Umgebung des Marcellustheaters, eingezeichnet in den modernen Stadtplan (nach PM, Textband S. 90)
47. Porticus Octaviae, heutiger Zustand (Alinari)
48. Marcellustheater, Rekonstruktionsmodell (INR 73.998)
49. Marcellustheater, heutiger Zustand (Fototeca Unione)
50. Porträtbüste Caesars aus seinen letzten Lebensjahren, Turin, Museo d'Antichità (INR 57.438)
51. Pons Fabricius (Fototeca Unione)
52. Die Reste des Schiffsbugs an der Tiberinsel (INR 76.559)

SACHREGISTER

Mietpreise 31
Mimus 194 ff.
missilia 267
missio 262
Mittelbarriere im *Circus Maximus* 236
Möbel 33 f., 152 f.
Monte Mario 215
munera 185, 247 ff., 260 ff.

Naumachien 265
Naumachie des Augustus 213, 265
navis caudicaria 214²⁴, 219³⁶
nomenclator 50

Obelisk: der Sonnenuhr des Augustus 16, 46; im Vorhof des Iseum 155; auf der Tiberinsel 212; im Circus Maximus 236
Isis: Darstellungen 156 f.; Kult und Kultlegende 158 ff.
Opfer 136 ff.
orbis (Tischtyp) 171
Orpheusbrunnen 57
Oxymoron 41, 86

pagina 108
Palatin 106 ff.
Pantomime 197 f.
Park des Maecenas 59
Partherbogen des Augustus 74¹¹
plaustrum 27
pomerium 158, 206
Pompa circensis 231
Pons: *Aemilius* 208; *Cestius* 208, 212; *Fabricius* 208, 210; *Mulvius* 15, 219; *Neronianus* 208, 214; *Sublicius* 208, 221 f.
Porta: *Capena* 25, 269, 271; *Esquilina* 57; *Collina* 21, 39, 126; *Palatii* 113; *Pompae* (im *Circus Maximus*) 231 ff.
Porticus: *Argonautarum* 154; der Danaiden 117, 119 f.; *Claudii* 246, 251; *Liviae* 53 ff.; *Meleagri* 154; *Octaviae* 112, 117, 191; *Pompei*: 64, 96, 162, 201 ff.; *Quirinus* 38; *Vipsania* 44, 144
praefectus urbi 127
praetor hastarius 75, 78

praetor urbanus 95
prandium 51, 142
Priap (Gartenfigur) 59
proletarii 148
pulvinar 234
pulvinus 172
puticuli 59

quadrans 50, 163
Quirinal 37 ff.

raeda 25
Regia 73, 113, 206
Reiterstandbilder: Caesar 93, 95; Domitian 89 ff.
Rennställe 240
respicere (im Theater) 64²⁵, 199, 228
retiarius 261
Rhetorik 79 f.
Rhetorisierung der Dichtung 81 f.
Rindermarkt 223 ff.
Rundenzähler im *Circus Maximus* 237 f.
rus (Landgut) 214 f.

salutatio 49 f.
Saepta 148 ff., 247
Sänfte 26
sanitäre Einrichtungen 29
Saturnalien 154, 187
Saturnalienmarkt 154
Schauspiele 22 f., 185 ff.
Schriftrolle 108
Schwefelholzhändler 44, 267
Scipionengrab 273
scyphus 182
semita 27
Serviette 172 f.
sigma (Typ eines Speisesofas) 152, 171
Simpelveld, Sarkophag von 34
Sitzordnung: im *Circus Maximus* 227 f.; in Theater und Amphitheater 198 ff.
sistrum 157
situla 157
Sklaven 57 f., 152
Sklavenfriedhof 57 f.
Sonnensegel 173, 200, 252